普通高等教育"十一五"国家级规划教材

普通高等教育汽车服务工程专业规划教材

汽车营销学

张国方　主编

人民交通出版社

内 容 提 要

作为普通高等教育“十一五”国家级规划教材，本书针对我国汽车产业的发展和高等教育的需要，运用现代营销的理论和方法，对汽车营销的各项活动进行了全面系统的论述。全书共分十三章，主要内容包括：汽车营销环境、汽车营销战略与营销管理、汽车用户购买行为研究、汽车市场营销调研与市场预测、汽车市场发展特征、汽车产品策略、汽车定价策略、汽车分销与物流策略、汽车促销策略、汽车服务策略、汽车营销的信息化策略以及汽车国际市场营销等。

本书是汽车服务工程专业的本科教材，也可供汽车生产与销售服务企业员工及相关从业群体培训、学习使用。

图书在版编目（CIP）数据

汽车营销学 / 张国方主编 .-- 北京 ：人民交通出版社，2008.11

ISBN 978-7-114-07419-6

Ⅰ. 汽… Ⅱ. 张… Ⅲ. 汽车 – 市场营销学 – 高等学校 – 教材 Ⅳ.F766

中国版本图书馆 CIP 数据核字（2008）第 150267 号

书　　名：**汽车营销学**
著 作 者：张国方
责任编辑：李　斌
出版发行：人民交通出版社股份有限公司
地　　址：（100011）北京市朝阳区安定门外外馆斜街 3 号
网　　址：http://www.ccpress.com.cn
销售电话：（010）59757973
总 经 销：人民交通出版社股份有限公司发行部
经　　销：各地新华书店
印　　刷：北京市密东印刷有限公司
开　　本：787×1092　1/16
印　　张：20. 25
字　　数：507 千
版　　次：2008 年 11 月　第 1 版
印　　次：2016 年 6 月　第 11 次印刷
书　　号：ISBN 978-7-114-07419-6
定　　价：41. 00 元
（有印刷、装订质量问题的图书由本社负责调换）

前　言

Qianyan

进入21世纪以来，伴随国家汽车产业发展政策的调整，我国汽车产业进入健康、持续、快速发展的轨道。在汽车工业大发展的同时，汽车消费主体日益多元化，广大消费者对高质量汽车服务的渴求日益凸现，汽车厂商围绕提升服务质量的竞争业已展开，市场竞争从产品、广告层面提升到服务层面，这些发展和变化直接催生并推进了一个新兴产业——汽车服务业的发展与壮大。

当前，我国的汽车服务业正呈现出"发展快、空间大、变化深"的特点。"发展快"是与汽车工业本身的发展和社会汽车保有量的快速增长相伴而来的。"空间大"是因为我国的汽车普及率尚不够高，每千人拥有的汽车数量还不及世界平均水平的1/3，汽车服务市场尚有很大的发展潜力，汽车服务业将是一个比汽车工业本身更庞大的产业。"变化深"一方面是因为汽车后市场空前繁荣，蓬勃发展，大大拉长和拓宽了汽车产业链。汽车技术服务、金融服务、销售服务、物流服务、文化服务等新兴的业务领域和服务项目层出不穷；另一方面是因为汽车服务的新兴经营理念不断涌现，汽车服务的方式正在改变传统的业务分离、各自独立、效率低下的模式，向服务主体多元化、经营连锁化、运作规范化、业务集成化、品牌专业化、技术先进化、手段信息化、竞争国际化的方向发展。特别是我国加入WTO后，汽车产业相关的保护政策均已到期，汽车服务业实现全面开放，国际汽车服务商快速进入，以上变化必将进一步促进汽车服务业向纵深发展。

汽车工业和汽车服务业的发展，使得汽车厂商和服务商对高素质的汽车服务人才的需求比以往任何时候都更为迫切，汽车服务业将人才竞争视作企业竞争制胜的关键要素。在这种背景下，全国高校汽车服务工程专业教学指导委员会（筹）顺应时代的呼唤，组织全国高校汽车服务工程专业的知名教授，编写了汽车服务工程专业规划教材。

本套教材总结了全国高校汽车服务工程专业的教学经验，注重以本科学生就业为导向，以培养综合能力为本位。教材内容符合汽车服务工程专业教学改革精神，适应我国汽车服务行业对高素质综合人才的需求，具有以下特点：

1. 本套教材是根据全国高校汽车服务工程专业教学指导委员会（筹）审定的教材编写大纲而编写，全面介绍了各门课程的相关理论、技术及管理知识，符合各门课程在教学计划中的地位和作用。教材取材合适，要求恰当，深度适宜，篇幅符合各类院校的要求。

2. 教材内容努力做到由浅入深，循序渐进，并处理好了重点与一般的关系；符合认知规律，便于学习；条理清晰，文字规范，语言流畅，文图配合适当。

3. 教材努力贯彻理论联系实际的原则。教材在系统介绍汽车服务工程专业的科学理论与管理应用经验的同时，引用了大量国内外的最新科研成果和具有代表性的典型例证，分析了发展过程中存在的问题，教材内容具有与本学科发展相适应的科学水平。

4. 教材的知识体系完整，应用管理经验先进，逻辑推理严谨，完全可以满足汽车服务行业对综合性应用人才的培养要求。

在我国汽车产业发展进步的过程中，现代营销观念及其指导下的方法论，在汽车营销实践中得到较为充分的贯彻和应用。同时，汽车营销者们又在丰富多彩的实践中对汽车营销的理论和方法实现了创新和超越，迫切需要一本新书对这些实践进行系统总结和研究。另一方面，国内越来越多的高校开设了汽车服务工程专业或者在相关专业中设立了汽车营销专业方向，他们也迫切需要一本能够反映当今汽车营销特点的新教材问世。在这种背景下，国家教育部在2006年批准将《汽车营销学》列入"国家'十一五'规划教材"序列，高等学校汽车服务工程专业教学指导委员会(筹)同年在武汉召开工作年会，讨论了该专业的"十一五"教材规划，也将本教材列入编写出版计划，委托武汉理工大学担任主编单位，由人民交通出版社负责出版发行。

参加本书撰写的有(按章节顺序排列)：张国方教授(第一章、第五章、第七章、第九章的第一至三节和第五节)，曾娟副教授(第二章、第九章的第四节、第十章)，李江天博士(第三章、第八章)，蔡云讲师(第四章、第十三章)，王伟副教授(第六章)，宋景芬副教授(第十一章)，王宇宁副教授(第十二章)。张国方教授对全书进行了统稿。本书在撰写过程中，参考了国内外市场营销和有关汽车营销的书籍和论文等文献。在此，谨向原著(作)者表示敬意和谢意。感谢武汉理工大学和人民交通出版社帮助和支持本书的编写和出版。

本书作为普通高等学校汽车服务工程专业的规划教材，将对汽车服务工程专业和相关专业(方向)的教学起到促进作用。此外，本书也可以作为国内汽车服务业就业群体学习提高和职工培训的教材或参考读物使用。

由于时间仓促，本套教材定有许多不足之处，敬请广大读者和同仁使用后批评指正，以便教材再版时修正。

全国高校汽车服务工程专业教学指导委员会(筹)

2008年8月

目 录

Mulu

第一章 概 论

现代市场营销诞生于第二次世界大战后的美国,并于20世纪80年代初期导入我国大陆地区。西方市场营销的先进理论和成功经验,一旦与我国的经济改革相结合,极大推进了我国企业的营销活动,提升了企业的经营绩效,特别是中国加入WTO后,我国企业的市场营销活动与国际先进水准的差距迅速缩小,我国的汽车企业当然也不例外,营销活动的开展越来越深入和丰富,汽车营销的经验与规律不断地得到总结和完善。本章将讨论市场与市场营销的涵义,现代营销观念的确立和演进,我国汽车工业体系与汽车市场的形成与发展,汽车营销学的研究对象及其研究方法等内容。

第一节 市场与市场营销

在现代市场经济条件下,几乎所有的经济现象与经济活动都与市场有关,几乎所有经济方面的学科都不同程度地涉及市场的概念。市场营销作为"一门建立在经济科学、行为科学和现代管理理论基础上的应用科学"(美,Philip Kotler)更是离不开市场。那么"市场"该富有怎样的涵义呢?

一、市场(Market)

市场是商品经济的产物,哪里有商品生产和交换,哪里就会有市场。因此,市场才成为人们使用最频繁的术语之一。但市场的概念又是随着商品经济的发展和使用场合的不同而变化的,纵然如此,以下的归纳与总结却大体上代表了人们对市场概念的理解和运用。

1. 市场是商品交换的场所(Places for goods to be exchanged)

早期,在商品经济尚不发达的时候,市场的概念总是与时间概念和空间概念相联系的,人们总是在某个时间聚积到某个地方完成商品的交换,因而市场被看作是商品交换的场所,即所谓"日中为市,至天下之民,聚天下之货,交易而退,各得其所"。至今,人们仍习惯地将市场看作是商品交换的场所,这种市场形式目前仍很普遍,如商场、集贸市场、汽车交易市场等。

2. 市场是各种商品交换关系的总和(General commodity exchange relationship)

从功能角度看,市场的作用在于商品交换,使产品转换为商品,因此交换是市场的经济实质。在现代社会,商品交换已经突破了时间和空间的限制,特别是现代金融信用、交通运输、通信事业的发展,人们可以在任何时间和任何地方达成交易,实现商品交换。因此,现代的市场已经不再是指具体的商品交易场所,而是泛指或特指商品的交换关系,代表着各种商品错综复杂交换关系的总和。显然,这一概念更为深刻地揭示了市场的本质属性,丰富和发展了市场的概念。

市场既然是商品的交换关系,自然就反映了商品的供求关系,并进而可以调节商品的供求关系,包括供求在数量和结构上的关系。这样,市场便可以调节交易主体(供给者、购买者及其他交易参与者)之间的利益关系,因此市场就成为一只调节社会经济活动的“看不见的手”(英,亚当·斯密)。

经济学就是在上述意义上理解和运用市场概念的,市场既被用于宏观经济研究,如研究社会总供给与社会总需求的关系以及政府相应的经济调控行为,又用于微观经济研究,如研究具体产业或产品的供求关系等。

3. 市场是某种商品的总需求(Total demand of one product)

随着经济的高度发展,商品的日益丰富,越来越多的商品出现供过于求,厂商的生产能力出现闲置。在商品交换关系中,买方的需求成为商品交换的决定性因素,买方在交换关系中居于主导地位,因而市场的内涵就主要是指需求。市场营销就是在这个意义上理解和运用市场概念的。

市场营销站在卖方的角度专门研究买方的需求,是帮助卖方研究、认识和占领买方需求的有力武器,是卖方营销活动的工具。对于卖方来说,自己就代表了供给,所以市场就只有需求(包括潜在需求)。因而有人这样描述市场:市场 = 购买者 + 购买力 + 需求欲望。这里市场专指买方及其需求,而不包括卖方。卖方则与其竞争对手(卖方的同行)一起组成某个产业,他们之间属于竞争者,而不是市场。所以在市场营销中,市场往往等同于需求,不加区别。平时大家所讲的“市场疲软”就是针对需求不足而言的。

尽管市场营销是在需求意义上运用市场概念的,但这并不是说企业市场营销活动的全部工作仅仅就是正确地评估需求数量,而是还必须研究本企业可能占领的市场份额及占领的方法策略等,这就是丰富多彩的营销活动。所以对企业而言,市场与营销不可分割,市场营销就是要研究如何去适应买方的需要,如何组织整体营销活动,如何拓展销路,以达到企业的经营目标。

以上列举了3种经典的市场概念。在现代社会里,市场成为整个社会经济的主宰者,是社会经济生活的指挥棒和调节器,其作用被大大地加强了,其含义不可能是单一所指。此外,人们也常常借用市场术语,表达一些非经济现象或非经济关系。

二、市场营销(Marketing)

我国已经普遍认同和接受的“市场营销”,源自对英文 Marketing 一词的翻译,其含义既不仅仅是指对市场进行静态描述和解释的“市场学”(Markets),不只是静态地研究市场、流通、供求关系及价值规律的经济科学,也不仅仅是限于旨在强调重视销售技巧与推销方法的“销售学(Selling,台港地区称为‘行销学’)”,而是既包括市场需求研究,又包括丰富多彩营销活动的一门交叉学科。按照现代经营观念,企业并不只是考虑如何把生产出来的东西卖出去,而更主要的是生产前就要考虑产品应是适销对路的。

权威的美国学者 Philip Kotler 认为:“市场营销最主要的不是推销,推销只是市场营销的一个职能(并且常常不是最重要的)。因为准确地识别出消费者的需要,发展适销对路的产品,搞好定价、分销和实施有效的促销活动,产品就会很容易销售出去。”其研究的对象和主要内容是“识别目前未满足的需要和欲望,估量和确定需要量的大小,选择和决定企业能提供最好服务的目标市场,并且决定适当的产品、劳务和计划(或方案),以便为目标市场服务。”这就是说,市场营销主要是涉及企业在动态市场上如何有效地管理其交换过程和交换关系,以提高经营效果,实现企业目标。或者换一句话,市场营销的目的,就在于了解消费者的需要,按照消费者的需要来设计和生产适销对路的产品,同时选择销售渠道,做好定价、促销等工作,从而使这些产品可以轻而易举地销售出去,甚至“使推销成为多余”(美,Peter. F. Druoker)。

另一位美国学者 E. J. 麦卡锡说:“市场营销活动应从顾客开始(而不是从生产过程开始),应由市场营销部门(而不是由生产部门)决定将要生产什么产品。诸如产品开发、设计、包装的策略,定价、赊销及收账的政策,产品的销售地点以及如何做广告和如何推销等问题,都应由营销部门来决定。但这并不意味着市场营销要把传统的生产、设计、财务等工作全部接过来,而只是说市场营销为这些活动提供指导。”

1985 年美国市场营销协会对市场营销所作的定义为:“市场营销是关于构思、货物和劳务的设计、定价、促销和分销的规划与实施过程,旨在导致符合个人和组织目标的交换。”

综上所述,市场营销是一种从市场需要出发的管理过程。它的核心思想是交换,是一种买卖双方互利的交换,即卖方按买方的需要提供产品或劳务,使买方得到消费满足;而买方则付出相应的报酬,使卖方亦得到回报和实现企业目标,双方各得其所。

市场营销是一门经济方面的、具有综合性和边缘性特点的应用科学,是一门经营管理的“软科学”。从某种意义上说,它既是一门科学(因为凝聚着诸多原理或理论),又是一门艺术(因为体现了一系列营销方法,即“问题、分析、管理和决策的方法体系”,或称之为方法论)。其研究对象是企业的市场营销活动和营销管理,即如何在最适当的时间和地点,以最合理的价格和最灵活的方式,把适销对路的产品送到适当的用户手中。

三、市场营销的形成和发展

历史进入 20 世纪后,以美国为代表的资本主义世界,经济迅速增长,商品生产趋于供过于求,消费主义逐渐兴起,政府的宏观管理加强,导致企业的销售活动不断地发展。于是在美国的一些大学里诞生了一些以总结和概括企业销售实践活动的课程,对企业的销售活动进行了总结、表达与研究,从而开了营销领域研究之先河。这些课程以经济学、行为科学和早期管理学为基础,涉及对企业经营思想、销售手段和生产战略等许多方面的内容,形成“市场营销学”的雏型。但当时的销售研究主要限于推销和产品广告领域,尚未形成自己的理论体系。

真正的现代市场营销是二战后在美国形成的。这是由于美国在二战后世界经济恢复时期,其经济实力迅速超过老牌劲旅——英国,一跃成为资本主义的头号强国。商品供给迅速超过商品需求,绝大部分商品市场成为买方市场,卖方之间的竞争空前激烈,使买方处于可以选择和左右市场的主导地位,因而原有的销售理论和方法面临着严峻的挑战。于是销售学在理论上发生了重大变革,研究的范围突破了流通领域,日益与企业生产经营的整体活动密切结合起来,研究的重点转为买方市场条件下的企业经营活动,形成了以市场需求为中心的现代营销观念及其指导下的一系列现代企业经营战略和方法,并得以广泛传播和运用,取得了显著的实践成效。

进入 20 世纪 50 ~ 60 年代,市场营销在世界各地得到广泛传播,可以说商品经济愈发达的地方,市场营销也就愈兴盛。其间,大量的市场营销研究组织和学术著作纷纷诞生,极大地推进了市场营销向纵深发展。大体上说,市场营销是市场经济条件下企业竞争的有效手段,是现代企业不可或缺的经营武器。现在,就世界范围来看,市场营销在理论上仍以美国处于领先地位,但日本企业在营销实践上的卓著成绩,特别是20世纪70~80年代曾一度为全世界所瞩目。

改革开放前,我国长期受到西方世界的经济封锁和执行计划经济体制,否定、抵制市场经济,缺少市场营销发展的环境。在长达30年的时间里,市场营销学的研究和传播在我国大陆基本中断,内地学者和企业对国外迅速发展的市场营销学知之甚少。改革开放后,西方的现代市场营销理论在我国得以传播,特别是一些学术团体的成立及其富有成效的工作,极大地推动了市场营销在我国的传播、研究和运用,也促进了我国企业界对现代营销理论的应用和自主创新。

20世纪90年代中期以来,是我国市场营销理论研究结合中国具体实际提高、创新的时期。其基本背景是,随着国内经济结构的变化、外资企业的大量进入,买方市场特征日益明显,中国市场竞争空前激烈。在这种形势下,强化营销和营销创新成为企业的主要课题,中国营销学术界主要进行了以中国企业实现"两个转变"(即计划经济向市场经济转变,从粗放经营向集约化经营转变)为主题和以"跨世纪的中国市场营销"为主题的营销创新研究,取得一批有价值的研究成果。我国汽车企业也是在这一期间才真正逐步学会运用现代市场营销理论成果的。

市场营销的诞生,至今不过几十年的历史,但其发展很快,影响很深,并受到世界各国的普遍重视。其原因就在于它适应了社会化大生产和市场经济高度发展的客观需要。在现代社会,市场对社会资源分配起着基础性作用,指挥和调节着经济的运行,决定着每个企业的生存和发展、前途和命运。因此,每个企业都不能不去关心它、认识它、重视它。否则,就会遭受市场无情的惩罚,在竞争中失败。

第二节　现代营销观念的确立

如上所述,市场营销是一种综合经营活动,是企业通过一定方式使顾客的需求得到满足、并实现一定利润的商业过程。这种有意识的经营活动,是在一定的经营思想指导下进行的,这种指导思想即是营销观念或营销管理哲学。它是企业经营活动的一种导向,一种观念,是用以指导企业的生产、经营、销售的一种思维。营销观念是否恰当,对企业经营的成败兴衰,具有决定性的意义。

根据西方对市场营销活动研究的看法,营销观念的发展大体上经历了4个阶段,即生产中心观念阶段、推销中心观念阶段、市场营销观念阶段及社会营销观念阶段。其中,生产中心观念和推销中心观念合称为传统营销观念,是"以企业为中心的营销观念",而市场营销观念及社会营销观念则被合称为现代营销观念,分别是"以顾客为中心的营销观念"和"以社会长远利益为中心的营销观念"。

一、生产中心观念(Production Concept)

生产中心观念也称作生产导向。这种观念认为企业的一切经营活动应以抓生产为中心,企业能生产什么就生产什么,市场也就卖什么,即所谓"以产定销"。

在这一经营观念指导下,企业经营要解决的中心课题是生产问题,表现之一就是如何扩大产量和降低产品成本。其基本经营理念是:产量扩大,成本和价格就会下降,于是顾客就会增多,从而又支持产量扩大,形成良性循环。这种观念似乎很有道理,但不能脱离具体条件,如果某种商品确因生产规模小、价格高而影响销路,企业坚持这种观念一定会取得成功。反之如果价格不是影响顾客购买的主要因素,产品的用途、功能不能满足顾客需要,即便是免费派送也未必能够赢得顾客。应当看到的是,随着现代社会生产力的提高,传统产业企业的实力越来越接近,市场竞争日益加剧,企业在规模和成本上的竞争空间已越来越小(受最小极限成本制约),因而这种生产观念作为指导企业经营的普遍观念已逐步退出历史舞台。一般认为,生产观念(产量观念)的适用条件是产品确有市场前景,但因成本和售价太高而影响市场销售,只有通过大力提高产量,降低成本,方能扩大销路的情形。

如果说上述生产观念是注重"以量取胜"的话,那么另一种观念则表现为以质取胜,也有人将这种观念称作产品观念(Product Concept)或质量观念(Quality Concept)。其基本理念是:企业经营的中心工作是抓产品质量,只要产品质量过硬,经久耐用,就会顾客盈门,企业就会立于不败之地。这种观念同样不能脱离具体条件,如果产品确实有市场,但因质量太差而影响销路,企业坚持这种观念就会大有作为。否则,其他因素不能满足顾客需要,即使质量再好的产品也不会畅销。在现代市场经济高度发达的条件下,这种生产观念也是不合潮流的。因为现代市场需求的层次是不断提高的,能够更好地满足市场需求的产品层出不穷,如果企业的产品不能及时满足市场的更高要求,老产品质量再好也不可能持久地占领市场。

需要说明的是,虽然两种生产观念已不合潮流,不能很好地满足现代市场营销的要求,但并不是说企业就可以不重视提高生产效率,降低成本,狠抓产品质量等基本工作,而是说仅仅做好了这些工作还很不够。特别是汽车工业作为大批量、专业化、社会化大生产的典型代表产业,汽车厂商必须力求充分发挥规模经济效益,苦练降成本、上质量等基本功,并在此基础上再采取适宜的现代营销手段,企业才会兴旺发展。

二、推销观念(Selling Concept)

推销观念产生于20世纪30年代初期,当时由于资本主义世界经济大萧条,大批产品供过于求,销售困难,卖方竞争加剧,企业担心的已不是生产问题,而是销路问题,因而推销技术特别受到企业的重视,并逐步形成了一种推销经营哲学。其基本理念是:企业经营的中心工作不再是生产问题,而是销售问题,抓销售就必须大力施展推销和促销技术,激发顾客的购买兴趣,强化购买欲望,努力扩大销售。其基本手段就是广告和人员推销。推销观念的适用条件是:产品尚有一定的消费潜力,但消费者因为对商品的功能认知不够,或者对购买渠道、交易条件不甚了解,需求受到抑制等。

推销观念以抓推销为重点,比生产中心观念前进了一大步。但它仍没有脱离以生产为中心的"以产定销"范畴。因为它只是注重对既定产品的推销,至于顾客需要什么,购买产品后是否满意等问题,则未给予足够的重视。因此,在经济进一步发展,产品更加丰富,竞争更加激烈的条件下,推销观念也不合时宜了。但推销观念对后来市场营销观念的形成奠定了基础,正是由于推销人员和营销管理人员发现只是针对既定产品的推销,其效果很有限,企业的经营活动必须对市场需要予以足够重视和研究,在生产时就要考虑产品是否会有销售前景,从而将营销活动视作企业经营的整体活动(不是单纯的销售活动)。

三、市场营销观念(Marketing Concept)

市场营销观念或市场主导观念,是一种全新的经营哲学,它是一种以顾客需要为导向、"一切从顾客需要出发"的观念。它把企业的生产经营活动看作是一个努力理解和不断满足顾客需要的过程,而不仅仅是生产或销售产品的过程;是"发现需要并设法满足之",而不是"将产品制造出来并设法推销之",是"制造适销对路的产品",而不是"推销已经制造出来的产品"。因此"顾客至上"、"顾客是上帝"、"顾客永远正确"等口号,才成为现代企业的经营座右铭。

市场营销观念取代传统观念,是企业经营思想上的一次深刻变革。与传统观念相比,根本区别有4点:①起点不同,传统观念是在产品生产出来之后才开始经营活动,而市场营销观念则是以市场为出发点来组织生产经营活动。②中心不同,传统观念是以卖方为中心,以产定销,而市场营销观念则是以市场需要为中心,以销定产。③手段不同,传统观念主要采用促销手段,而市场营销观念则主张通过整体营销(营销组合)手段。④终点不同,传统观念以将产品售出获取利润为终点,而市场营销观念则将利润看作是顾客需要得到满足后愿意付出给企业的回报,产品售出后,要继续跟踪顾客,不断实施产品改进,以便企业在后续的生产经营活动中能够更好地满足顾客需求,因此市场营销的整体活动永远没有终点。

市场营销观念有4个主要支柱:目标市场、整体营销、顾客满意和盈利率。它从选定的市场出发,通过整体营销活动,实现顾客满意,从而提高盈利率。市场营销观念的产生和被广泛应用以及技术进步的作用,对二战后资本主义的市场经济发展做出了不可估量的贡献。

四、社会营销观念(Social Marketing Concept)

随着社会经济的发展,大量不可再生资源日益枯竭,生态环境遭到破坏,环境污染日益严重,通货膨胀,忽视社会服务等,严重威胁着社会公众的利益和消费者的长远利益,威胁着人类生活水准和福利的进一步提高,也威胁着经济的可持续发展。这种情况表明,现代市场营销活动有很多副作用,而市场营销观念又不能将其抑制或消除,因此只要企业从顾客需要出发,产品适销对路,就是符合市场营销的观念,需要修正,从而产生了人类观念(Human Concept)、理性消费观念(Intelligence Consumption Concept)、生态消费观念(Ecological Imperative Concept)等,其共同点就是注重社会公众利益,故统称为社会营销观念。

社会营销观念不是对市场营销观念的否定,而是对其进行修正和完善。这种观念要求企业将自己的经营活动与满足顾客需求、维护社会公众利益和长远利益作为一个整体来对待,不急功近利,自觉限制(并不总是依靠政策和法律强行推进)和纠正营销活动的副作用,并以此为企业的根本经营责任。

现代营销观念的确立与发展,固然是资本主义市场经济发展的产物,但也是市场经济条件下企业经营经验的总结和积累。它告诉人们,企业仅仅生产价廉物美的产品,仅仅依靠生产出产品后再千方百计地去推销,并不能保证商品价值的实现,而只有深入地理解和适应消费者的需要,并以此组织营销活动,同时维护公众长远利益,保持经济的可持续发展才是真正的经营之道。这就是促使营销观念发展变化的综合因素,也应该成为我国市场经济建设的基本共识。当前,我国特别重视经济领域的资源节约、资源循环、环境友好、节能减排,重视人与环境、资源和社会的和谐,强调经济社会的可持续发展,要求以科学发展观统筹一切工作，这些观念和要求反映在企业的生产经营活动中，就是社会营销观念。

由此可见，营销观念不是一些空洞的概念，它具有非常具体的内涵。下面再通过一个案例说明营销观念对企业发展壮大，乃至生死存亡的重要意义。

在世界汽车工业的发展史上，亨利·福特（Henry Ford，1863～1947）是一位叱咤风云的大人物，他发明的汽车生产流水线使得寻常百姓买得起汽车，他的生产实践也推动了人们对生产管理的研究，为早期管理科学的发展奠定了基础。然而就是这样一位世界级人物，也只是辉煌一时，未能辉煌一世。

美国汽车大王福特曾先后于1899年和1901年与别人合伙经营汽车公司，但均因产品（高价赛车）不适合市场需要，无法经营而告失败。福特汽车公司创办于1903年，第一批福特汽车因实用、优质和价格合理，生意非常兴隆。1906年福特又重蹈覆辙，面向富有阶层推出豪华汽车，结果大众都买不起，福特车的销售量直线下降。1907年福特总结了过去的经验教训，及时调整了经营指导思想和经营战略，实行“薄利多销”，于是生意又魔术般回升。当时，美国经济衰退已露头角，许多企业纷纷倒闭，唯独福特汽车公司生意兴隆。到1908年初，福特按照当时百姓（尤其是农场主）的需要，做出了明智的战略性决策：从此致力于生产规格统一、品种单一、价格低廉、大众需要又买得起的“T型车”，并且在实行产品标准化的基础上组织大规模生产。此后近10年，由于福特车适销对路，销量迅速增加，产品供不应求，获得了巨大的商业成功。到1925年福特汽车公司一天就能造出9109辆“T型车”，平均每10s生产一辆。在20世纪20年代前期的几年中，福特汽车公司的年利润竟高达6亿美元，成为当时世界上最大的汽车公司。

到20世纪20年代中期，随着美国经济增长，人们收入及生活水平提高，形势又发生了变化。公路四通八达，路面大大改善，马车时代坎坷、泥泞的路面已经消失，消费者也开始追求时尚。可是，简陋而千篇一律的“T型车”，虽然价格低廉，但已不能招徕顾客，因此福特“T型车”销量开始下降。面对现实，福特仍自以为是，一意孤行，坚持其生产中心观念，置顾客的需求变化于不顾，诚如他宣称：“无论你需要什么汽车，我只有黑色的”。生产观念体现得多么淋漓尽致。1925年，他在公司推销员全国年会上听到关于“T型车”需要根本改进的呼吁后，静坐了两小时后说：“先生们，依我看，福特车的唯一缺点是我们生产得还不够快。”就在福特固守他那种陈旧观念和廉价战略的时候，通用汽车公司（GM）却时时刻刻注视着市场的动向，并发现了良机，及时地做出了适当的战略性决策：适应市场需要，坚持不断创新，增加一些新的颜色和款式的汽车，因此须相应提高销售价格。于是“雪佛兰”车开始排挤“T型车”。1926年“T型车”销量陡降，到1927年6月，福特不得不停止生产“T型车”，改产“A型车”。这次改产，福特公司不仅耗资1亿美元，而且这期间通用汽车公司乘虚而入，占领了福特汽车市场的大量份额，致使福特汽车公司的生意陷入低谷。后来，福特公司虽力挽狂澜，走出了困境，但福特公司从此失去了车坛霸主地位。

福特没有认识到：在动态市场上，顾客的需要是不断变化的，正确的经营指导思想是正确经营战略和企业兴旺发展的关键。如果经营观念正确，战略得当，即使具体计划执行得不够好，经营管理效率不够高，也许尚能赢利；反之，如果经营指导思想失误，具体计划执行得越好，则赔钱越多，甚至破产倒闭。

从福特身上可以看到，一个企业家，纵然他曾是多么成功，如果不能高瞻远瞩，洞察事物发展的客观规律，不能与时俱进，制订正确的发展战略，也终将难免失败。但对身处实践中的企业家来说，要做到摆脱经验的束缚是不容易的，这需要企业家的“天才”和智慧。

五、当代营销观念的创新

随着人类社会进入新世纪和新经济时代，世界经济正以势不可挡的趋势朝着全球市场一体化、企业生存数字化、商业竞争国际化、竞争对手扩大化等方向发展，互联网、知识经济、高新技术特征明显，企业的经营进一步打破了地域阻隔的限制，如何在全球贸易体系中占有一席之地，如何赢得更大的市场份额和更广阔的市场前景，如何开发客户资源和保持相对稳定的客户队伍，已成为影响企业生存和发展的关键问题。在这样的背景下，新型营销理念层出不穷，例如基于环境友好的绿色营销，基于整合各种营销要素的整合营销，基于协调各种营销关系的关系营销，基于客户关系管理的营销（如一对一营销、直接营销等），以及基于现代网络技术的网络营销、电子商务等。总的来看，这些营销理念和营销手段是对现代营销观念及其指导下的营销方法的继承和发展，中心仍然是围绕顾客满意，并注重营销道德。

1. 顾客满意（Customer Satisfaction）

通过满足需求达到顾客满意，最终实现包括利润在内的企业目标，是现代市场营销的基本理念。然而在具体的实践工作中，真正落实顾客满意却并非易事，还需要不断强化“利润是顾客满意的回报”这一观念。

顾客满意，既是顾客本人再购买的基础，也是影响其他顾客购买的要素。对企业来说，前者关系到能否保持老顾客，后者关系到能否吸引新顾客。使顾客满意是企业赢得顾客，占领和扩大市场，提高营销绩效的关键。研究还表明，吸引新顾客要比维系老顾客花费更高的成本，因此企业必须十分重视提高顾客的满意度，争取更多高度满意的顾客，建立顾客忠诚。

顾客满意，是顾客的一种主观感觉状态，是顾客对企业的产品和服务满足其需要程度的体验和综合评估。影响顾客满意的因素，主要是顾客购买后实际感受到的价值是否与其期望得到的价值相符，或者说是顾客得到的总价值与其付出的各种成本相比是否令其满意，通常可以用顾客的让渡价值去研究顾客满意问题。

客户让渡价值是指顾客与企业的交往过程中，顾客从企业那里获得的总价值与顾客支付的总成本的差额。顾客获得的总价值指顾客购买企业的产品或服务所期望获得的一组利益，它包括产品价值（产品的功效价值）、服务价值（产品的附加价值）、人员价值（营销和服务人员的素质和工作质量带给顾客的价值）、形象价值（产品的精神价值）等。顾客支付的总成本指顾客为购买企业的产品或服务所支付的货币资金、耗费的时间、精力以及体力等成本的总和。

企业为了争取顾客，战胜竞争对手，巩固或提高企业产品的市场占有率，往往容易采取顾客让渡价值最大化策略。但追求顾客让渡价值最大化常常会增加企业的经营成本，减少利润。因此，在市场营销实践中，企业应掌握一个合理的“度”，而不是片面强调顾客让渡价值最大化，以确保实现顾客让渡价值所带来的利益超过因此增加的成本费用。换言之，企业顾客让渡价值的大小，应以企业和顾客实现“双赢”为原则。

2. 绿色营销（Green Marketing）

绿色营销具有广义和狭义两个概念。广义的绿色营销系指企业营销活动中体现的社会价值观、伦理道德观，充分考虑社会效益和生态效益，自觉维护自然生态平衡和环境友好，自觉抵制各种有害营销。而狭义的绿色营销，主要指企业在市场营销活动中，谋求消费者利益、企业利益与人类环境利益的协调。实施绿色营销的企业，对产品的创意、设计和生产，以及定价与促销的策划和实施，都要以保护生态和环境为前提，力求减少环境污染，保护和节约自然资源，维护人类社会的长远利益，实现经济的可持续发展。

3. 整合营销(Integration Marketing)

整合营销是一种更注重营销要素整体作用的观念。它比营销组合观念(又作策略，见后续内容)更强调营销因素的整体作用，要求各种营销因素方向一致，形成合力，共同为企业的营销目标服务。整合营销观念改变了将营销活动作为企业经营管理的一项职能的观点，它要求企业把所有的活动都整合和协调起来，努力为顾客的利益服务。同时，强调企业与市场之间互动的关系和影响，努力发现潜在顾客和创造新市场，注重企业、顾客和社会的共同利益。

整合营销除了整体特征外，还具有动态特征和顾客关怀特征，强调企业应该把与顾客之间的交流、对话、沟通放在特别重要的地位，并形成以顾客为中心的新的“4C 营销组合”(详见后续内容)。

4. 关系营销(Relationship Marketing)

关系营销，将建立与发展同所有利益相关者之间的关系作为企业营销的关键变量，把正确处理这些关系作为企业营销的核心。它把营销活动看成是一个企业与消费者、供应商、分销商、竞争者、政府机构和其他公众发生互动作用的过程，企业营销活动的核心在于建立并发展与这些公众的良好关系。因而企业经营管理的对象也就不仅仅是内部可控因素，其范围扩展到外部环境的相关成员。企业和这些相关成员包括竞争者的关系并不是完全对立的，其所追求的目标存在相当多的一致性，关系营销的目标也就在于建立和发展企业和相关个人及组织的关系，取消对立，成为一个相互依赖的事业共同体。

关系营销，十分注重维系现有顾客，认为丧失现有顾客无异于失去市场和失去利润的来源。有的企业推行“零顾客背离”(Zero Defection)计划，目标是让顾客没有离去的机会。这就要求企业要及时掌握顾客的信息，随时与顾客保持联系，并追踪顾客的动态。因此，仅仅维持较高的顾客满意度和忠诚度还不够，还必须分析顾客产生满意感和忠诚度的根本原因。只有找出顾客满意的真实原因，才能有针对性地采取措施维系顾客。满意的顾客会对产品、品牌乃至公司保持忠诚，忠诚的顾客会重复购买某一产品或服务，不为其他品牌所动摇，且会购买企业的其他产品，同时顾客的满意宣传，有助于企业树立良好形象。此外，满意的顾客还会参与和介入企业的营销活动过程，为企业提供广泛的信息、意见和建议。

5. 客户关系营销(Customer Relationship Management，CRM)

客户关系营销，又被称为客户关系管理。它源于关系营销，但又不同于关系营销。CRM 认为客户是企业最重要的资源，在越来越激烈的市场竞争中，高质量的客户关系正在成为企业唯一重要的竞争优势。所以 CRM 比关系营销更注重企业与客户的关系，它借助现代数据库和管理信息系统等手段，以客户让渡价值(客户获得的价值)为核心，通过完善的客户服务和深入的客户分析来满足客户的需求，在使客户让渡价值最大化的同时，实现企业的价值。这是一种基于现代“双赢原则”的营销理念。

CRM 既是一种营销管理思想，又是一套管理企业与客户关系的运作方法体系。一方面，CRM 要求以“客户为中心”来构架企业，追求信息共享，完善对客户需求的快速响应机制，优化以客户服务为核心的工作流程，搭建新型管理系统；另一方面，CRM 实施于企业与客户相关的所有业务领域，使企业与客户保持一种卓有成效的“一对一”关系，建立客户驱动的产品/服务设计和向客户提供更快捷、更周到的优质服务，以吸引和保持更多的客户资源。所以CRM是新型的商业驱动器，是信息社会中厂商的竞争利器，它与ERP（Enterprise Resources Planning，企业资源计划）、SCM（Supply Chain Management，供应链管理）并称为现代企业提高竞争力的三大法宝。

CRM还是一套基于数据库的管理软件（有人将CRM视作数据库营销），它综合集成了数据库与数据仓库技术、数据挖掘技术、在线分析处理（OLAP，On-Line Analysis Process）、Internet技术、面向对象技术、客户机/服务器体系、销售自动化技术以及其他相关技术成果，能够为企业的销售、客户服务和决策支持等领域提供一个业务自动化的解决方案，使企业有了一个面向客户的前台。

CRM借助现代网络技术，相对传统营销方式而言，可以大大降低营销运作成本，加之由于可以准确地寻找客户，并能实现在线信息交换，从而可以大大发展一对一营销等新型业务形式，进而为大批量定制和大批量推销等先进业务形态提供支撑。

6. 网络营销与电子商务

随着数字社会和e化时代的到来，网络技术已渗入当今社会和经济的各个方面，电子商务、虚拟现实等网络技术已经走向实际应用。网络营销（On-line Marketing或Cyber Marketing），是企业营销实践与现代信息通信技术、计算机网络技术相结合的产物，是指企业以电子信息技术为基础，以互联网（Internet）为媒介进行的各种营销活动的总称。这些营销活动包括网络调研、网络广告、电子商场、网络新产品开发、网上定价、网络促销、网络分销、网上服务等。

网络营销符合顾客主导、成本低廉、使用方便、充分沟通的要求，也可以使得企业的营销活动始终和三个流动要素（信息流、资金流和物流）结合并流畅运行，形成企业生产经营的良性循环。

电子商务（e-Commerce，EC或e-Business，EB），主要是指将销售业务借助计算机网络系统完成商品交易的形式。其中计算机网络系统包括企业网络（Intranet）和互联网络（Internet），网上完成的商务内容包括网上商品资源查找、网上定价、在线谈判、网上签约、网上支付等具体与商品销售环节相关的手续。电子商务不能等同于网络营销，电子商务虽然在形式上有时依靠互联网络，但它只是网络营销的部分业务。无论网络营销，还是电子商务都需要物流配送的支撑，才能最终完成有形商品的实物交割。

网络营销和电子商务，丰富了营销或销售的形式，其意义主要不是在于营销观念的变革，而是在于它们促进了营销方式和手段的创新。

7. 关于营销道德（Marketing Moral）

营销道德是调整企业与所有利益相关者之间关系的行为规范的总和，是客观经济规律及法制以外的约束企业营销行为的力量。营销道德最根本的准则，应是维护和增进全社会和人民的长远利益。凡有悖于此者，都属于不道德行为，如不公平交易、交易欺诈、信息不真实、资源过分浪费、过度包装增加环境负荷、强制推销、污染环境、不正当竞争等现象。

营销道德的建立，根本上需要广大企业的积极参与和自我约束营销行为，但也离不开政府引导、新闻媒体和消费者的舆论监督，必要时也需要行政机关和司法机关进行强制处理。企业界要切实地以先进的营销观念为指导，自觉端正企业的经营态度和营销行为。

第三节　我国汽车工业体系和汽车市场的形成与发展

一、我国汽车工业体系的形成与发展

我国的汽车工业是在新中国成立后的几十年内才逐步发展起来的。新中国成立后，中央就开始了建立我国汽车工业的筹划工作。从 1953 年兴建第一汽车制造厂开始发展到今天，我国汽车工业的发展总体上经历了三个阶段。

1. 第一阶段从 1953 年到 1978 年，是我国汽车工业的基本建设阶段

这个阶段，我国汽车工业在高度集中的计划经济体制下运行。由于经济基础薄弱，国家采取了集中力量重点建设的方式，先后建成了一汽和二汽等主机厂及一批汽车零部件厂，为我国汽车工业的发展奠定了基础。当时的汽车产品主要是中型载货汽车，全部由国家计划生产、计划销售。由于缺乏竞争机制和其他种种原因，在长达近 30 年的时间内，我国汽车工业的发展比较缓慢。

这一阶段，我国汽车工业的发展大体上又可分为两个历史时期，即：

1）从 1953 年到 1967 年为我国汽车工业的初创时期

第一汽车制造厂于 1953 年开始在长春市兴建，仅用 3 年时间建成，并于 1956 年 10 月开始批量生产载质量 4t 的解放 CA10 系列载货汽车，从而结束了中国不能生产汽车的历史。

1958 年，一汽又试制出我国第一辆轿车——东风牌轿车，毛泽东主席在乘坐后表示赞赏，并勉励一汽人继续为振兴我国汽车工业作贡献。之后，一汽又开始试制并小批量生产红旗 CA770 型高级轿车。

在一汽逐步扩大生产的同时，我国各地相继建成了一批汽车制造厂，并生产汽车。例如济南试制并生产了黄河牌重型载货汽车，南京试制并生产了跃进牌轻型载货汽车，北京试制并生产了吉普车车型。同期，全国各地也纷纷试制轿车，但由于技术和条件限制，产品质量经受不了使用考验而被迫停产。

2）从 1968 年到 1978 年为我国汽车工业自主建设时期

这一时期由于一汽投产已经 10 年，我国汽车工业蕴藏着一定的发展潜力，而汽车产品在品种和数量上都满足不了当时经济发展和国防建设的需要，于是国家决定在内地再新建一批汽车制造骨干企业。

1968 年，在湖北省十堰市开始动工兴建我国规模最大的第二汽车制造厂。1975 年，二汽的第一个车型 EQ230 诞生并生产。1978 年 7 月，又开始投产其主导产品 EQ140。同期，我国又建成了生产重型汽车的四川汽车制造厂和陕西汽车制造厂。这批企业的建成，标志着我国汽车工业进入了自己进行产品设计和工厂设计的新阶段。

这期间，一些省、市、自治区利用本地的工业基础，开始发展地方汽车工业，有的地方汽车企业还形成了一定的生产能力，成为地方汽车工业的生产阵地。但这些地方企业主要是仿制当时汽车产品的主要车型，并采用各类汽车底盘开发各类变型汽车、专用汽车、改装汽车，有的企业还独立开发了重型载货汽车、矿用自卸车和微型客货车等。与此同时，国民经济各部门，如原交通部、原商业部等，也组织布点了一批汽车制造厂、改装厂，从事本部门所需各类汽车的生产与改装。

总之，经过第一阶段的发展，我国汽车工业实现了零的突破。到 1978 年，汽车生产能力

达到近 15 万辆的规模。但相对来讲，汽车工业发展还存在着生产增长速度慢、产品品种“缺重、少轻（即缺重型车、少轻型车），轿车生产近乎空白”的事实，不能满足国家进一步发展的需要，汽车工业尚待大发展。

2. 第二阶段从 1979 年至 2001 年，是我国汽车工业的结构调整阶段

这个阶段，也可以分为两个历史时期。

1）从 1979 年至 1993 年，我国汽车产业的产量获得极大发展

在这一时期内，随着国家经济体制改革的不断深入，计划经济模式被逐步打破，市场配置资源的作用被加强，竞争被强化。我国汽车工业开始走出自我封闭发展模式，开始与国际汽车工业的合作，通过 KD 生产方式①、技术引进、消化吸收和建设改造，汽车产品结构由单一的中型货车，变为中型货车与重、轻、微型货车以及乘用汽车多品种同时发展，基本上改变了“缺重、少轻”的产品面貌，整个汽车工业在产品品种上有了明显进步。

同时，汽车工业受市场需求的巨大拉动，在中央和地方两个积极性的推动下，一批地方性和行业性的汽车企业应运而生。汽车生产能力获得了快速增长，汽车产量迅速增加，从 1978 年到 1993 年汽车生产保持年均 15.4% 的增长速度，1992 年产销量首次突破 100 万辆大关，我国首次成为世界汽车生产排名前十名的国度。

历经这个历史时期，我国汽车产业在产量和产品品种获得巨大发展的同时，也产生了投资散乱、生产集中度②（Production Concentration）不高等问题，汽车产业在产品质量、企业综合素质和市场竞争实力等方面的能力没有明显提高。

2）从 1994 年至 2001 年，我国汽车产业的结构获得极大调整

这个时期，我国宏观经济持续实施“软着陆”的调控政策，转变经济的增长方式，全面进入市场经济建设，国民经济逐步实现“两个转变”，即国家经济体制由计划经济体制向市场经济体制转变，企业经营从粗放经营向集约化经营转变。

经过这个时期的发展，特别是 1994 年国家颁布实施了第一个《汽车工业产业政策》，在其导向下，我国汽车工业在产品结构、企业结构和用户需求结构等方面得到极大调整，汽车工业的综合素质得到提高，汽车生产稳步增长，国际合作更加广泛，私人资本进入汽车领域，汽车工业整体实现由卡车工业向轿车工业和汽车零部件工业的转变，汽车市场也实现从单一的公费购车向多元化市场结构转变。这些变化为后来汽车产业应对入世和获得持续发展，打下了坚实基础。

总之，经过第二阶段的发展，我国汽车工业实现了生产的快速发展，汽车总产量从 1978 年的 15 万辆，发展到 2001 年的 234 万辆，中国成为世界上汽车产量前 8 位的国家。同时，汽车的产品品种得以极大丰富，产品的性能和质量得到较大提高。特别值得一提的是，这个阶段以 1986 年上海轿车工业的大规模建设为标志，拉开了我国现代化轿车工业建设的历程，并先后在全国形成了数个轿车生产基地。轿车生产量从 1986 年的 1.25 万辆发展到 2001 年的 70 万辆，轿车产量在汽车总产量的比例相应地从不足 3% 提升到 30%。

3. 第三阶段从 2002 年开始，直到目前，是我国汽车工业与国际接轨的阶段

这个阶段，中国经济开始全面参与国际经济大循环（以 2001 年 12 月 11 日中国正式加

---

① KD 生产方式，是在许可证及其他相关技术交易的条件下，引进全套零部件进行组装生产，再逐步国产化（制造的本地化）的生产过程。这是一种在一定时期内能够带动商品贸易的国际技术贸易方式。

② 生产集中度指产销量最大的几家企业的总产量占行业同期总产量的比例。

入 WTO 为标志)。至 2006 年,中国的汽车进口管理完全达到 WTO 规定的发展中国家的平均水平,开放了汽车市场,我国汽车工业开始全面面临国际竞争与合作。

这个阶段,我国汽车产业发展具有以下主要特点:

1)汽车产销规模实现快速增长

入世以来,我国经济持续保持 10% 左右的增长速度,经济总量由 2001 年的 10.8 万亿元,增长到 2007 年的 24.6 万亿元,经济总量跃居世界第四。人均 GDP 也相应由 8622 元增长到 18713 元。宏观经济的快速增长和居民收入的持续增加,使商用车和乘用车两个领域的客户群迅速增加(表 1-1)。特别是从 2002 年以来,在私人购车拉动下,我国汽车市场出现井喷行情。2007 年,我国的汽车产销数量均达到 888 万辆,超过德国成为全球第三大汽车生产国。同时,超过日本,成为全球第二大新车销售市场。我国作为世界汽车生产和消费大国的地位已经确立,我国汽车市场需求增长成为世界汽车需求增长十分重要的组成部分(表 1-2)。

入世后我国汽车生产增长情况 表 1-1

年份	2002	2003	2004	2005	2006	2007
汽车总产量(万辆)	325	444	507	570	727	888
同比增长率(%)	38.90	36.60	14.20	12.40	27.50	22.10
乘用车产量(万辆)	110	202	232	393	523	630
乘用车同比增长率(%)	77.78	83.64	14.85	69.40	33.08	20.46

我国汽车生产及需求增长占世界汽车生产及需求增长的份额 表 1-2

年份	2002	2003	2004	2005	2006	2007
世界汽车总产量(万辆)	5900	6070	6450	6655	6921	7307.2
中国汽车产量(万辆)	329	444	507	571	728	888
中国汽车产量所占比例(%)	5.58	7.31	7.86	8.59	10.52	12.2
世界汽车产量净增量(万辆)	270	170	380	205	266	386.2
中国汽车产量净增量(万辆)	95	115	63	64	157	160
中国汽车产量净增量占世界产量净增量的比例(%)	35.19	67.65	16.58	31.22	59.02	41.48

2)汽车产品结构发生重大变化

我国汽车工业在入世后,不仅产销规模快速增长,产品结构也发生了重大变化。以 2007 年为例,当年汽车生产 888 万辆,其中乘用汽车 630 万辆,占 70.9%;商用汽车 258 万辆,占 29.1%。与此同时,我国汽车的市场结构,私人消费购车达到 80%,社会集团购车降为 20%。这种生产与消费结构,已经与美国等世界汽车工业先进国家基本一致,表明我国汽车工业的产品结构基本实现国际接轨。

从我国汽车保有量(Vehicle Population)及其构成看,也表现出上述变化。目前,我国汽车保有量大幅上升。据公安部 2007 年 7 月发布的信息,截至 2007 年 6 月,我国民用汽车保有量达到 5355 万辆,挂车 80 万辆,其中私人汽车保有量 3239 万辆,占汽车保有量的比例达 60.48%,汽车驾驶人口达到 1 亿人;其中,轿车保有量达到 1545 万辆,私人轿车保有量 1149 万辆,私人消费占轿车市场的 77% 左右。

3)汽车产品质量得到极大提高

入世后,我国汽车产品的性能和质量较以往有了显著提升。如轿车的平均故障间隔里程,从2001年的15000km,提高至2007年的30000km,里程增加1倍;重型商用汽车的无大修里程相应地从20万km提高到80万km。

4)企业综合素质得到全面提升

在应对世界汽车工业挑战的过程中,我国汽车产业的素质得到了质的增强,汽车企业十分注重积蓄并初步形成参与国际竞争的实力。

各汽车企业借助国际合作的机遇,顺应国企改革的潮流,持续推进了体制、机制的改革和调整,基本完成了现代企业制度的建立。初步建立了"产权明晰、权责明确、政企分开、管理科学"的现代企业制度,为参与市场竞争创造了前提。在与跨国公司的合作竞争中,汽车企业通过学习、创新、超越,快速吸收了以丰田管理模式为核心的精益管理思想,对QCD(质量、成本、交货期)的控制能力显著增强。使汽车行业成为我国主要产业中学习进步最快、管理水平最高、专业化程度和劳动效率最高的现代化产业。

在汽车企业素质普遍增强的同时,我国的骨干汽车企业均保持了快速发展的态势。以一汽、上汽和东风为代表的行业前三强企业集团,全部实现由10万辆级到百万辆级的跃升,并在销售额上达到了世界企业500强的标准。

入世后,面对越来越激烈的国际竞争和越来越多的国际合作机遇,我国汽车企业通过跨国并购、委托开发、技术引进、联合开发、模仿创新、自主发展等途径和发展方式模式,逐步加大了自主品牌的开发力度,一批自主品牌的乘用汽车纷纷问世,自主品牌轿车的市场销售日益增加(表1-3)。2007年,我国自主品牌汽车的市场占有率平均达到58%,其中商用车达到95%,乘用车达到40.5%(轿车为26.35%)。

自主品牌轿车的市场销量(万辆)　　表1-3

年　份	2002	2003	2004	2005	2006	2007
自主品牌轿车销量	27.7	45.5	47.4	72.6	104.5	124.0

在与跨国公司合作竞争中,我国企业自主创新、自主品牌建设意识普遍增强,推进自主创新的积极性不断提高,对自主研发投入的力度不断加大,研发经费从2001年的58.6亿元,增加到2006年244.7亿元。

基于汽车企业在生产经营、成本控制、技术开发和质量管理等方面的提高,我国汽车产品的国际市场竞争能力显著提高。入世后,我国汽车出口快速增长,持续保持年均80%的增长速度。2007年,我国实现汽车整车出口61万辆(表1-4),汽车产品(含零部件)出口金额达到408亿元(人民币),实现进出口贸易的顺差1121.53亿元;另一方面,我国汽车产品的出口市场也由以前的中东、拉美和俄罗斯等新兴市场,扩展到了欧美市场,主要汽车企业均建立了较稳定的目标区域市场,营销服务网络也在积极构建之中,一些企业已开始建立海外组装工厂。

近年我国汽车产品出口情况　　表1-4

年　份	2004	2005	2006	2007
汽车整车出口(万辆)	7.6	16.4	34.3	61.2
汽车产品出口金额(亿元,人民币)	124	167	289	408

5)汽车工业成功经受入世考验

入世后，我国政府对汽车产业的健康发展十分重视，一方面执行入世谈判关于汽车产业开放的有关承诺；另一方面在 WTO 规则框架下，研究和适时推出相关政策，引导和扶植汽车产业的健康发展，营造良好的产业发展环境。国家发布了《汽车产业政策》，明确了汽车产业发展的方向，提出要把汽车产业建设成为国民经济支柱产业的目标任务；发布了《汽车品牌销售管理实施办法》、《汽车贸易政策》，为建立统一、开放、竞争、有序的汽车市场，规范汽车销售管理，发挥了积极作用；发布了《机动车登记办法》、《道路交通安全法》、《缺陷汽车召回管理规定》，使汽车的使用环境得到改善，消费者权益得到维护；发布了多项汽车金融、汽车保险、二手车流通的政策法规，规范了后市场业务的经营行为，促进了后市场业务的健康发展；停止了化油器汽车的生产，发布了《乘用车燃油消耗限制》，先后实施了欧Ⅰ、欧Ⅱ、欧Ⅲ排放法规，加大了汽车产品的节能、减排力度，促进了汽车产品性能、质量水平的提高。

在国家政策的扶植下，我国汽车企业抓住宏观经济持续发展，汽车需求快速增长的有利时机，加大了与国际汽车厂商合作、学习的力度，加快企业的体制、机制改革，强化企业生产经营、产品研发、技术进步、成本质量管理等能力的建设，重视汽车营销与服务，全面增强企业的综合素质和市场竞争能力，使得我国汽车产业成功经受了入世考验，汽车产业不仅没有遭到入世前部分人士担心的“毁灭性打击”，而且还获得巨大发展。

根据我国汽车产业发展的总体战略目标，到 2020 年，我国汽车将实现年产销 2000 万辆，占全球份额的 25% 左右；汽车产业增加值占同期 GDP 的比重将达到 3%；将形成 2 ~ 3 家年产销能力达到 400 万辆以上的企业集团；产品的自主开发技术水平将接近日韩，自主开发产品在国内市场份额占 70% 以上。可以说，几代中国人的“汽车强国”之梦，即将实现。

二、我国汽车工业的战略地位

我国已在 20 世纪 90 年代初，明确将汽车工业列为国民经济的支柱产业予以扶植和发展。汽车工业是国民经济的支柱产业，这种战略地位是我国经济社会发展和汽车产业自身的特点所决定的。

所谓支柱产业(Mainstay Industry)是指产品市场广阔，在国民经济中具有辐射面广、关联度大、牵动力强的产业。由于它的启动和发展可以促进其他产业发展，甚至对国民经济的起飞起直接的推动作用，进而可以提高一个国家的科技水平和综合国力。

一般认为，支柱产业应具有以下特征：①产品市场广阔，对经济增长贡献度高，在国民经济中具有突出地位；②对其他产业波及效果大，牵动力强，能够大面积促进相关产业的发展；③有利于优化国民经济的产业结构，促进产业结构高级化；④能够创造大量的就业机会。

1. 汽车产品市场广阔，汽车工业对经济增长的贡献程度高

当今世界，汽车已经成为现代物质生产和社会运转的重要平台，汽车是否广泛使用成为衡量一个地区或国家是否发达的标志，汽车是现代社会物质文明最重要的象征。

我国的现代化，必然要求交通方式和交通工具的现代化。我国正在致力于建设以快速列车、高速公路、立交桥、地铁、轻轨、空运、海运为组成内容，各种交通运输方式彼此协作、相互协调发展的现代化综合交通体系。由于汽车既可以作为公共交通工具，又可以作为个人交通工具；既适合大小批量不一的货物运输，又适合多点多向、运距可近可远的旅客运输；同时，汽车还是与其他运输方式衔接，实现接力运输最理想的工具，因此汽车具有使用上的灵活性、快捷性、方便性、适应性和广泛性，现代公路交通是现代交通体系最重要的组成部分。

我国作为一个幅员辽阔、人口众多的大陆国家，物质生产和经济运转需要现代公路交通的强力支持。随着百姓生活水准的提高，方便、快捷、舒适的公路交通也是满足人们出行的客观需要。在这样的国情和发展背景下，汽车在我国已经呈现出市场广阔、需求量大的特点，并且在未来较长时期内，这种需求趋势仍将维持下去，入世后我国汽车市场的快速增长便是最好的例证。

汽车是高价值、大批量的产品，是世界上唯一的一种零件数以万件计、年产量以千万辆计、保有量以亿辆计、售价以万元计的商品。汽车产业的广阔市场（量变），能够创造巨大的产值，可以起到直接促进国民经济增长的作用（质变）。

从我国经济增长的实际情况看，2000～2004年，汽车工业每年新增产量所形成的增加值，平均占当年全部新增GDP的11.6%，平均可带动当年GDP增长1个百分点以上。专家预计，2005～2010年汽车工业每年形成的新增加值，平均可带动每年GDP增长1.8个百分点。

世界发达国家汽车工业发展都与国民经济发展直接相关，并基本保持与GDP的同向增长。日本经济高速发展的15年间，国民生产总值增长了6倍，而汽车工业的产值却增长了57倍。汽车工业完成的工业增加值在其国内生产总值中的比重，西欧平均为7%，日本在10%以上，美国也超过5%。因而，有人从数量上理解支柱产业完成的工业增加值，占同期国内生产总值（GDP）的比例，应不小于5%。

目前，我国汽车工业完成的工业增加值，占同期国内生产总值（GDP）的比例在2%左右。尽管如此，改革开放以来，我国汽车工业的发展速度一直位居机械工业之首，也明显高于同期国民经济的发展速度，从增长趋势看，我国汽车工业在国民经济中的地位引人注目。

总之，汽车经济拉动了国民经济的增长，对国民经济发展的贡献度高，地位突出。

2. 汽车工业在国民经济中占有突出地位

汽车工业是一个高投入、高产出、集群式发展的产业部门。汽车工业自身的投资、生产、研发、供应、销售、维修；前序的原材料、零部件、技术装备、物流；后序的油料、服务、报废回收、信贷、咨询、保险，直至广告、租赁、驾驶员培训、汽车运输、汽车救援、汽车美容、汽车运动、加油站、基础设施建设、汽车旅游、汽车旅馆、汽车影院、汽车餐厅等，构成了一个无与伦比的长链条、大规模的产业体系。

汽车产业链长，辐射面广，能带动钢铁、机械、电子、橡胶、玻璃、石化、建筑、服务等150多个相关产业的发展，汽车消费的拉动作用范围大、层次多，已经成为了社会经济的主导产业，是典型的波及效应大的产业，波及效应（相关产业为汽车工业服务所形成的增加值）是数倍于汽车工业本身的效益。

汽车工业的发展对整个国民经济发展的牵动力非常大。当这种作用被充分认识，并得到尊重时，汽车工业便会成为促进国民经济发展的积极因素；反之，它便会成为经济发展的制约因素。

3. 汽车工业科技创新和科技成果吸收能力强，有利于促进国民经济产业结构升级

汽车市场的竞争，实质上是现代科技的较量，是技术创新的竞争。汽车厂家纷纷建立技术中心，投入大量的资金开展技术和产品创新；政府对汽车关键技术及其关联科技也保持较大的经费投入，如我国科技部在“十五”、“十一五”期间均设有电动汽车重大科技专项；高等院校、科研机构和汽车企业，承担了大量与汽车相关的科研课题。

汽车一直是最强大的科技产业之一。汽车诞生100多年来，汽车的技术进步使得汽车

的面貌日新月异，汽车工业变得日益强大和成熟。内燃机技术、变速器技术、底盘/驱动技术、汽车轮胎技术、车身技术等成功应用于现代汽车，使得汽车发动机的功率大大提高，燃油消耗率大大降低，实现了汽车高功率、高速度和高经济性的相互协调。20 世纪 70 年代以后，汽车在安全、节能和环保方面又有了新的突破和进展。蓄电池、各种电机性能的改进推动了新能源汽车的诞生。特别是电子技术与汽车技术的结合，使得汽车技术又有一个新的质的飞跃，如今各种先进技术和装备，如微型电子计算机、无线电通信、卫星导航等新技术、新设备和新方法、新材料，广泛应用于汽车工业，汽车正在走向电子化、网络化、智能化、轻量化、能源多样化。同时，汽车的能耗、噪声和污染等公害日将减少，安全性、经济性、舒适性、使用方便性日益提高。汽车科技是国家整体提高科技水平的领头羊，是国家创新工程的重要阵地。

汽车工业的发展，不断地对相关产业提出新的要求，促进相关产业的技术进步。例如，高性能燃料和润滑油、特种钢材和有色金属、子午线轮胎、工程塑料、夹层玻璃和钢化玻璃、汽车电子设备等，就大大推动了石油工业、冶金工业、橡胶工业、化学工业、玻璃工业、电子工业的技术进步。现代汽车科技涉及到空气动力学、人机工程学、结构力学、机械工程学、热力学、流体力学、材料学、工业设计学等多个学科，它们紧密相连，相互依附、相互促进。

汽车工业还是带头应用最新技术成果的行业。通过新技术在汽车行业的试验、研究和完善，最后推广和运用到其他工业。组合机床、自动生产线、柔性加工系统、机器人、全面质量管理等新技术、新工艺、新方法，都是在汽车工业最先得到推广和应用。汽车工业是消化吸收科技成果（尤其是高科技成果）最强的工业部门之一，如世界上 70% 的机器人被应用于汽车工业，CAD/CAM 技术正被广泛用于汽车设计和生产，以电子产品为代表的一大批高科技产品在汽车上的装车率日益提高。机械、电子、化学、材料、光学等众多学科技术领域取得的成就都在汽车上得到了体现和应用。

未来汽车的发展，还将推动各种高新技术和边缘学科的发展。如材料科学、人机工程、电子技术、能源科学、汽车空气动力学、车辆地面力学、汽车轻结构学、汽车轮胎学等。

汽车工业的发展，直接促进国家产业结构的升级。由于汽车工业的水平几乎代表着一个国家的制造业水平、工业化水平和科技水平，汽车科技及其相关科技对其他产业的辐射，直接促进有关产业的进步，特别是技术含量相对较高产业的发展，从而使得国家的产业结构不断走向高级化。如美国的产业结构，由 1880 年以纺织、食品、木材加工为主体，发展到 1950 年以汽车、钢铁、石油、机械制造为主体，经过 70 年的时间，完成了产业结构由轻工业向重工业乃至深加工工业的产业结构转换。在转换中，汽车工业的发展起了极为重要的带动作用。又如日本，战后先后出现过三组带头主导产业：第一组是电力工业；第二组是石油、石化、钢铁等工业，第三组是以汽车工业为龙头的先进制造业。前两组工业的发展为汽车工业的大规模发展创造了必要条件，而汽车工业在形成一定规模后，便全面带动了日本制造产业的发展，实现制造业向深加工、高价值的转换。

产业结构的升级，提高了产业的国际竞争能力，必将导致国家出口产品结构的优化，形成以深加工、高附加值为主的出口结构。二战后，汽车“国际贸易第一大商品”的地位从未被撼动。2006 年世界汽车产品贸易额突破万亿美元，其中，日本汽车出口连续第五年实现增长，德国的汽车出口业是欧洲最大的对外经济贸易，一些发展中国家，如巴西、墨西哥、马来西亚，都把汽车作为出口创汇的重要手段。

4. 汽车产业能够提供众多的就业机会

汽车产业的发展,可以创造大量的就业机会。有统计数字表明,汽车工业每提供1个就业岗位,上下游产业的就业人数是10~15个。在几个主要汽车生产国和消费国中,与汽车相关的工业和服务业都拥有较高的就业人数,尤其是汽车服务业的就业人数自20世纪80年代以来大幅度增长,就业比重明显提高。据德国汽车工业协会统计计算,1997年德国汽车产业的直接和间接就业人数达到500万人,其中汽车产业直接就业人数为67万人,配套工业行业间接就业人数为98万人,与汽车销售和使用有关的间接就业人数为335万人,汽车产业间接就业人数为直接就业人数的6.5倍。

由于我国存在着大量剩余劳动力,就业矛盾突出,汽车产业对于多方面扩大就业途径,带动间接就业特别是服务业就业的增长,具有比其他国家更大的作用。据有关投入产出分析提供的资料,1997年,与汽车产业相关的主要上游产业的完全就业人数为273万人,是汽车产业直接就业人数的1.5倍;与汽车产业相关的主要服务业的间接就业人数达到1726.5万人,是汽车产业直接就业人数的9.52倍;因此汽车产业间接就业人数高达1999.5万人,是直接就业人数的11.02倍。

目前,世界主要汽车生产国汽车产业提供的就业机会,约占这些国家总就业机会的20%左右。在我国,2005年汽车产业就业人数已达4215万人,占全国就业人数的10%,有专家预测到2030年,将达1亿人以上。汽车产业对于多方面扩大就业途径,带动间接就业特别是服务业就业的增长,具有非常重要的作用。这种作用,无论是其经济意义,还是其政治意义,都是不可低估的。

综上所述,汽车工业具有支柱产业的特征。把汽车工业列入支柱产业予以扶植和发展,是保证我国经济持续、健康发展的重要举措之一。

三、我国汽车市场的形成与发展

我国汽车市场的形成过程,与西方国家存在着较大差别。西方国家的汽车市场是在其商品经济发展过程中自然形成的,而我国的汽车市场是通过经济体制改革而形成的。按照市场机制(价格机制、供求机制和竞争机制),在我国汽车生产、流通和消费各环节的作用程度不同,我国汽车市场的形成过程大体可以分为如下三个阶段。

1. 孕育阶段

从1978年宏观经济体制开始转轨,到1984年城市经济体制改革着手实施,这7年是我国汽车市场的孕育阶段。从汽车产品的流通看,这一阶段开始从严格的计划控制,出现局部松动,但仍具有较浓厚的计划色彩。

1978年,中共中央《关于加快工业发展若干问题的决定》指出:加强物资管理,要统一计划,统一调控,但中央对一部分计划外分配的国产汽车,允许各省、市、自治区自行安排分配。1981年,国务院批转《关于工业品生产资料市场管理暂行规定》,规定各生产企业在完成国家计划前提下有权自销部分产品,企业自身利益开始得到承认,汽车产品流通也开始向市场化转变。但严格地说,这一阶段汽车产品分配仍属于国家计划控制之下,只是在管理方式和严格程度上有所改变。汽车产品的指令性计划由1980年的92.7%下降到1984年的58.3%,表明计划管理有了较大松动。由于在这一阶段,指令性计划对汽车的生产与流通仍占主导地位,企业自销与市场机制只是处于补充地位,计划体制没有根本改变,汽车市场尚未真正形成。

2. 诞生阶段

从1985年以后,市场机制在汽车产品流通中的作用日益扩大,并逐步替代了传统的计划流通体制,汽车流通的双轨制向以市场为主的单轨制靠拢,市场机制开始成为汽车产品流通的主要机制。这一阶段的特点是正面触及旧体制的根基即计划分配体制,大步骤缩小指令性计划,大面积、深层次地引入市场机制,为形成汽车市场创造了条件。至1988年,国家指令性计划只占当年国产汽车产销量的20%,1993年进一步下降到7%,并在一些中心城市建立了全国性的汽车交易市场、零部件市场、汽车自选市场、展销市场等有形市场。

在这一阶段,由于市场机制对汽车生产、流通和使用的作用越来越大,并上升至主导地位。因而可以说,我国的汽车市场已经全面形成。

3. 市场主体多元化成长阶段

这一阶段以1994年我国开始全面进入市场经济建设为标志,并持续至2010年或稍后一些时间。届时汽车工业基本建成国民经济支柱产业,汽车工业将在数量和品种结构方面,基本满足国内市场需要,市场主体将以私人消费为主导,从而使汽车市场转入私人消费主导阶段。

目前这个阶段的主要市场特点是:市场机制进一步被充分尊重,那些影响和制约汽车市场发育的不和谐因素将逐渐减少,甚至得以消除;市场需求的规模迅速扩大,市场需求主体由过去比较单一的公费购买,向公务需求、商务需求和私人需求转变,并且私人需求的份额逐步增加至主导地位;进口汽车与国产汽车的竞争逐步加剧,从数量竞争到深层次竞争都更为明显。

综上所述,我国汽车市场的形成与发展,必将为我国汽车企业既提供更大的市场营销空间,又搭建更为严厉的竞争舞台。汽车企业要有足够清醒的认识,并充分重视营销研究工作。这种必要性表现如下:

第一,我国正处于市场经济建立的过程中,旧体制虽已基本被打破,但新体制的完善却还有待时日,经济生活中的不规范现象常常发生,我国又加入了世贸组织,这就表明我国汽车营销将面临非常复杂的营销环境。

第二,随着我国经济的持续快速增长,人们收入水平的提高,我国汽车工业尤其轿车工业,面临一些黄金机会,但同时来自国内外的市场竞争又空前激烈,这表明我国汽车市场营销活动的特点将大不同于以往。从过去的历史看,我国汽车企业的营销活动还缺乏成熟性,尤其是受到需求活跃的影响时,现代营销观念及其指导下的一系列活动不能始终如一地得到贯彻和运用,我们还需要掌握调节市场需求的营销艺术。

第三,中国经济已经开始同世界经济接轨,已经迈出全面参与国际经济大循环的步伐。中国汽车工业也被迫要同诸如通用、丰田等世界级跨国公司展开一场力量悬殊的竞争,中国汽车工业被迫要在国际、国内两个汽车市场上同国际汽车工业巨头短兵相接,展开营销大战。

以上分析表明,搞好我国的汽车市场营销研究,比以往任何时候都有更大的现实意义和历史意义。

第二章　汽车营销环境

任何企业的市场营销活动，都不可能孤立地进行，必然受到企业内外相互联系、相互制约的各种因素的影响。这些因素就是企业市场营销的环境，因此，企业必须重视对市场营销环境的研究。市场营销环境，按其对企业营销活动的影响方式、影响程度和影响范围的不同，可以区分为微观环境和宏观环境。营销管理者的任务就是要不断评估环境因素变化产生的营销机会和不利威胁，安排适当的营销策略，使之与不断变化的营销环境相适应，努力创造或改变顾客的需求，取得良好的营销业绩。

第一节　市场营销微观环境

微观环境（Micro-environment）系指与企业关系密切、能够直接影响企业服务顾客能力的各种因素，包括企业自身、供应商、销售渠道、顾客、竞争对手和公众等。这些因素构成企业的价值传递系统，而这个系统的运行（运作）效率，在很大程度上决定着企业市场营销的绩效。通常，微观环境对企业营销活动的影响具有直接性和局部性，企业对微观营销环境在一定程度上也具有可控性，企业可以结合自身的营销目标，对部分微观环境因素进行必要的调整和控制。

一、企业的内部环境

企业内部环境（Enterprise Inner Environment）系指企业的类型、组织模式、组织机构、研发能力及企业文化等因素。其中企业组织机构，即企业职能分配、部门设置及各部门之间的关系，是企业内部环境最重要的因素。

一般而言，企业内部基本的组织机构包括：高层管理部门、财务部门、产品研发与技术部门、采购部门、生产部门、营销部门等。这些部门之间的分工是否科学、协作是否和谐、精神是否振奋、目标是否一致、配合是否默契，都会影响营销的决策和营销方案的实施。营销部门必须与其他部门密切合作、相互支持，方可有效地开展市场营销活动，如营销计划必须征得高层同意方可实施，营销资金需要财务部门筹措、调度和管理，营销需要技术部门开发适销对路和生产部门生产质量上乘的产品，需要会计部门核算销售收入与营销费用等。从营销角度看，企业内部的所有部门都必须“想顾客所想”，并在工作行动中协调一致，共同提供上乘的顾客价值和顾客满意。

企业内部环境是企业提高市场营销的工作效率和效果的基础。因此，企业管理者应强化企业内部管理，为市场营销创造良好的营销内部环境。下面通用汽车公司超越福特汽车公司的案例，便表明了企业内部管理对企业发展的重要性。

1908 年,通用的创始人威廉·杜兰特(William Crapo Durant)发起,在新泽西州以当时陷入经营困境的别克(Buick)公司为核心,成立了通用汽车公司(General Motor Corporation,简称 GM)。在随后的 10 多年内,由于当时美国的汽车厂商众多,除福特致力于生产廉价的 T 型车外,其他汽车公司大多没有明显的经营特色,踌躇满志的杜兰特,通过投资和交换股份等形式,在化工大王皮埃尔·杜邦(Pierre DuPont)的支持下,历经曲折,先后将雪佛兰(Chevrolet)、凯迪拉克(Cadillac)、奥兹莫比尔(Oldsmobile)、庞蒂克(Pontiac)等公司全部收归至通用公司旗下。1916 年,杜兰特在特拉华成立新的通用公司,1919 年,当时世界上最大的办公大楼通用汽车大厦建成,通用公司总部迁至底特律。

可是,杜兰特在注重通用扩张的同时,忽视了公司的经营管理和工作效率,也缺乏治理大公司的管理经验,各分公司仍然各自为政,产品重复竞争,导致通用公司 1920 ~ 1921 年出现最严重的危机。1920 年,杜兰特被迫离开通用公司,当时已经处于部分退休状态的杜邦再度出山,担任总裁,并选择阿尔弗莱德·斯隆(A. P. Sloan)接替杜兰特担任总经理。斯隆一上任,就提出改组通用公司管理体制的计划。

斯隆改组计划的核心,是用制度控制代替个人控制,将公司的决策权和经营权分开,建立协调控制与分散经营相结合的管理体制。公司董事会拥有决策权,负责经营方针政策的制订和协调控制,将各子公司改组为经营部门(事业部),拥有充分的经营权,是成本和利润责任中心。新计划于 1923 年初开始推行,决定凯迪拉克专门生产高档汽车,奥兹莫比尔和别克生产中高档汽车,雪佛兰和庞蒂克生产中低档汽车,这样通用公司便以多档次、多品种、多样式、多价格的汽车,向单一品种的福特汽车发起挑战。1924 年,斯隆继承杜邦的董事长职务后,又创造性地提出分期付款、旧车折价、年年换型、密封车身等"四条销售原则",减轻了客户的经济负担,年年换型使得通用汽车始终保持对媒体与大众的吸引力。经过 3 ~ 4 年的不懈努力,通用公司获得了持续发展。1928 年,其汽车产量超过福特公司,并在以后一直雄居世界车坛霸主地位,这标志着斯隆的改组计划取得了圆满成功。

斯隆创立的管理大型企业集团的新模式,奠定了现代企业的组织模式,被喻为"企业管理史上的一次划时代的革命"。他的成功也表明,管理也是生产力,是企业的生命。

二、生产供应者

生产供应者(Product Supplier)系指向企业提供生产经营所需资源(如设备、能源、原材料、配套件、半成品等)的组织或个人。供应商的供应能力包括供应成本(供应价格)、供应的产品或服务的质量、供应的及时性(交货期及交货的节拍)等,这些能力短期将影响企业的生产和销售数额,长期将影响顾客的满意度。所以企业应不断地处理好同生产供应者之间的关系,本着合作、共赢的原则,打造富有竞争力的产品供应链条,为企业的市场营销营造有利的"小气候"。

对汽车企业的市场营销而言,企业的零部件(配套协作件)供应者尤为重要。汽车企业不仅要选择和规划好自己的零部件供应者,而且还应从维护本企业市场营销的长远利益出发,配合国家有关部门对汽车零部件工业和相关工业发展的政策,促其发展。我国的不少汽车厂商对其生产供应商采取"货比三家"的政策,既与供应商保持大体稳定的配套协作关系,又让供应商之间形成适度的竞争,从而使本企业的汽车产品达到质量和成本的相对统一。事实证明,这是一种对汽车厂商的生产经营活动具有较好效果的措施。

但值得关注的是,入世以后,随着我国汽车整车市场竞争的加剧,整车厂商往往习惯于降价促销，并迫使协作、配套的零部件供应商降低供应价格。在这个降价过程中，整车厂商往往很少考虑供应商的价格空间及其承受能力，结果导致供应商抱怨很多，出现过度节省材料、牺牲产品质量或者亏损经营等现象。正确的做法应该是，按照"双赢"的原则和以共同发展为目标导向，整车厂商与供应商共同协商，共同确定降价的幅度和目标，并通过科技进步和提高管理水平及员工素质等方法，增强供应商的综合竞争能力。现代企业管理理论特别强调供应链管理，整车厂商应认真规划好自己的供应链体系，将供应商视为战略伙伴，不要为了自己的短期利益而过分牺牲供应商的利益，应让整个供应链提高市场竞争力和市场应变力。

三、营销中介

营销中介(Marketing Intermediaries)系指协助汽车厂商从事市场营销的组织或个人。营销中介对汽车厂商市场营销的影响很大，如影响到汽车厂商的产品市场覆盖、营销效率、经营风险、资金融通等。因而汽车厂商应重视营销中介的作用。营销中介的种类包括中间商、物流商、营销服务机构和汽车金融服务机构等。

1. 中间商

中间商，也称销售渠道公司，系指能帮助汽车厂商寻找顾客并最终把产品售卖出去的商业组织或个人。一般商品的中间商主要有批发商、零售商等，汽车产品的中间商包括代理商、特许经销商等。

2. 物流商

物流商系指专门帮助汽车厂商运入原材料、协作配套件和运出产成品(如商品车)的商业组织和个人，其主要业务包括运输、储存、包装、商检等作业。目前，我国汽车行业越来越广泛采取"谁销售，谁负责物流"的运行模式，即销售者负责自己所销售商品的物流或招募物流服务商完成物流工作。上述中间商、物流商的相关知识将在本书后续内容中再具体讨论。

3. 营销服务公司

营销服务公司系指专门向汽车厂商提高营销相关服务业务的商业组织和个人，主要包括市场调查公司、广告公司、信息传媒机构、营销咨询机构等。由于这些公司在服务资质、服务能力、服务质量及服务价格等方面差异较大，汽车厂商在选择营销服务机构时，应认真考察比较，择优利用。

4. 汽车金融服务机构

汽车金融服务机构系指为促进汽车厂商的产品(含服务)营销，专门提供金融服务的机构，包括商业银行、信贷联盟、信托公司、汽车金融服务公司、保险公司和汽车企业集团财务公司等。它们能够为交易提供金融支持或对货物买卖中的风险进行保险。

(1)商业银行。在我国，商业银行是汽车消费贷款的主要供应商，也是唯一可以吸收公众存款的汽车金融机构。多年来，受我国经济体制和金融自由化发展程度的影响，商业银行无论是风险管理还是产品创新，同发达国家相比都还存在一定差距。我国商业银行尽管垄断着近80%的资金资源，并占据绝对主要的汽车消费信贷市场的份额，但是目前提供的汽车金融产品非常有限，基本只有分期贷款这种产品，而且产品的同质性很强。

(2)信贷联盟。信贷联盟最早起源于19世纪40年代的美国。它由会员发起，旨在提高会员经济和社会地位而创立，并以公平合理的利率为其会员提供金融服务的一种非赢利性信用合作组织。资金来源除了会员存款和储蓄外,还可以向银行、其他信贷联盟筹借。

(3)信托公司。信托公司有两种不同的职能,一是财产信托,即作为受托人代人管理财产和安排投资;二是作为真正的金融中介机构,吸收存款并发放贷款。近年来,信托公司的资产组合越来越趋于分散化,它与商业银行的差别越来越小,为增强自身竞争力,他们开始大量持有或设立其他专业化附属机构,如专门的汽车金融服务机构。

(4)汽车金融公司。国外的汽车金融公司是办理汽车金融业务的企业,通常隶属于汽车销售母公司,向母公司及其下属经销商提供贷款服务,并为经销商向消费者提供多种选择的贷款或租赁服务提供金融支持。设立汽车金融公司是推动母公司汽车销售的一种手段。由于它们与汽车制造商、经销商关系密切,具有成熟的运作经验和风险控制体系,因而能为消费者、经销商和生产商提供专业化、全方位的金融服务。在国外,汽车金融公司的发展已经非常成熟。

汽车金融公司的发展在中国才刚刚起步。按照《汽车金融公司管理办法》的定义,是指经中国银行监督管理委员会依据有关法律、行政法规和办法批准设立的,为中国境内汽车购买者及销售者提供贷款的非银行金融企业法人。我国汽车金融公司的资金来源主要有股东投资、接受境内股东单位3个月以上期限的存款和向金融机构借款。其主要业务范围:提供购车贷款业务;办理汽车经销商采购车辆贷款和营运设备贷款包括展示厅建设贷款和零配件贷款以及维修设备贷款等;转让和出售汽车贷款应收款业务;为贷款汽车提供担保;与购车融资活动相关的代理业务;经中国银行业监督管理委员会批准的其他信贷业务。

(5)汽车企业集团财务公司。按照《企业集团财务公司管理办法》的规定,企业集团财务公司是指以加强企业集团资金集中管理和提高企业集团资金使用效率为目的,为企业集团成员单位提供财务管理服务的非银行金融机构。它的资金来源主要有股东投入、成员单位的存款和同业拆借。其从事的业务主要有:对成员单位办理财务和融资顾问、信贷签证及相关的咨询、代理业务;协助成员单位实现交易款项收付;经批准的保险代理业务;对成员单位提供担保;办理成员单位之间的委托贷款和委托投资;对成员单位办理票据承兑与贴兑;办理成员单位之间的内部转账和相应的结算、清算;对成员单位办理贷款和融资租赁等。目前我国已有7家汽车企业集团设立了财务公司。在汽车消费信贷领域,由于资金来源有限,经营管理缺乏经验等原因,其在汽车金融领域的专业化优势还有待发挥。

四、顾客(消费者)

一般来说,顾客(Customer)市场可分为5类,消费者市场、企业市场、经销商市场、政府市场和国际市场。消费者市场由个人和家庭组成,他们仅为自身消费而购买商品和服务。企业市场购买商品和服务是为了深加工或在生产过程中使用。经销商市场购买产品和服务是为了转卖,以获取利润。政府市场由政府机构组成,购买产品和服务用以服务公众,或作为救济物资发放。最后是国际市场,由其他国家的购买者组成。以上每个市场都有各自的特点,营销人员需要认真研究,有针对性地开展营销工作。

五、竞争者

任何企业的市场营销活动都要受到竞争者(Competitor)的挑战,这是市场营销的又一重要微观环境。现代市场营销理论认为,竞争者有各种不同的类型,企业应针对不同类型的竞争者分别采取不同的竞争策略。

从汽车消费需求的角度划分,企业的竞争者包括欲望竞争者、平行竞争者、产品形式竞争者和品牌竞争者。欲望竞争者是指提供不同的产品以满足不同需要的竞争者。平行竞争者是指能够提供不同产品满足同一种需求的竞争者。例如,摩托车、小轿车的生产经营者之间,就互相成为平行竞争者。产品形式竞争者是指产品功能相似,但提供不同级别、款式、性能的竞争者,如提供不同产品档次的汽车厂商就是产品形式的竞争者。品牌竞争者是指产品基本类同,但品牌不同的竞争者,如"凯美瑞"与"雅阁"的产品档次一致,相互之间就成为品牌竞争者。

在汽车行业的竞争中,卖方密度、产品差异、市场进入难度是3个特别需要重视的方面。卖方密度是指同一区域市场中同一级别(或品牌)汽车经销商的数目。该数目的多少,直接影响到某一级别(或品牌)汽车市场份额的大小和竞争激烈的程度。产品差异是指不同级别(或品牌)的汽车在结构、技术或性能等方面的差异程度。这种差别会形成一种竞争关系。市场进入难度是指某个新汽车厂商试图进入某个市场时所遇到的困难程度。例如,在新兴的亚洲汽车市场上,新加坡和越南都对外国汽车公司的进入设置了不少障碍,获得当地政府准许就特别困难。

六、有关公众

公众(Publics)系指对企业的营销活动有实际潜在利害关系和影响力的一切团体和个人。一般包括新闻媒介、政府机关、社团组织以及一般群众等。

公众对企业市场营销的活动规范、对企业及其产品的信念等有实质性影响,如新闻媒体对消费者具有导向作用,政府机关决定有关政策及其动态,一般公众的态度影响消费者对企业产品的信念等。现代市场营销理论要求企业采取有效措施,与重要公众保持良好关系、树立良好企业形象。为此,企业应适时开展正确的公共关系活动,认真履行企业的社会责任,做好非盈利事业的策划、规划和管理。

第二节 市场营销宏观环境

企业的市场营销活动除了应重视研究本企业微观营销环境的具体待点外,更重要的是要研究市场营销的宏观环境。宏观环境(Macro-environment)系指能影响整个微观环境和企业营销活动的广泛性因素,通常包括人口环境、自然环境、科技环境、经济环境、政策法律环境以及社会文化环境。一般地说,宏观环境因素对企业的市场营销具有强制性、不确定性和不可控性等特点。一旦宏观环境发生变化,对某个行业或几个行业中的所有企业都会产生影响,企业只能密切关注这些因素的变化并努力去适应这些变化。上述宏观环境与微观环境和企业营销活动之间的关系如图2-1所示。

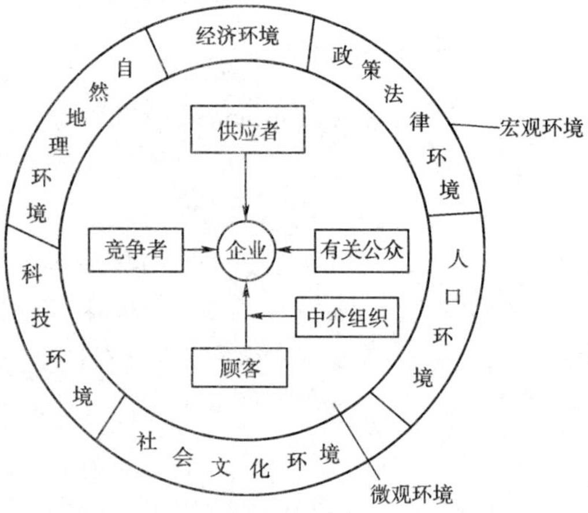

图2-1 市场营销环境构成

一、人口环境

人口环境(Demography Environment)系指一个国家和地区(企业目标市场)的人口数量、人口质量、家庭结构、人口年龄分布及地域分布等因素的现状及其变化趋势。人口环境是一切社会经济活动的基础和出发点,是影响企业市场营销的基本宏观因素。

对汽车营销产生影响的人口变动趋势主要表现在:

1. 人口总量增长

随着科技进步、生产力发展和生活条件的改善,世界各国的人口平均寿命大为延长,死亡率大幅度降低,尽管出生率有所下降,但总人口仍呈现增长态势,这为汽车营销提供了新的潜在市场。

2. 人口的地域分布出现城市化、郊区化趋势

城市化是工业化和现代化的必然趋势。随着社会经济的发展,农村剩余人口大量向城市转移,直接促进城镇人口的增加,加快城镇的发展。另一方面,由于市区人口拥挤,空气污染和噪声污染严重,市区人口不断向郊区流动,出现在市区上班、在郊区居住的格局。二战后,发达国家的城市人口大量流向郊区,近年来我国也明显呈现这种趋势。以上变化,无疑都将增加汽车的消费需求,给汽车产业的发展创造市场机会。

3. 人口年龄老龄化、家庭规模小型化、人口性格独立化

随着经济发展,人口平均受教育程度提高,独生子女增多,使得社会的家庭规模减小,单亲家庭和空巢家庭增加;成年男女的经济比较独立,工作流动性增强,人们工作和生活的节奏加快,使得人口更富有个性和独立性;人口平均寿命延长,老年人的人口比重增加,社会出现老龄化现象。这些变化为汽车营销都会增加新的市场机会,如私家车消费数量,能够彰显车主个性的车辆,方便老年人驾驶的车辆,需求都会增加。

汽车区别于其他交通工具的显著特点是其具有速度快和活动半径大的优势。在传统观念里,汽车只是中青年人的坐骑。如果依此定位,汽车市场的容量将非常有限。为了扩大市场容量,汽车厂商必须将目标市场向前和向后延伸。向前延伸的基本含义是占领青年市场(如就业前后的青年人),生产出符合他们胃口的汽车,重视青年人在私家车购买决策中的作用。向后延伸的基本含义是占领老年人市场,生产出符合老年消费者需要的汽车。美国福特汽车公司推出的“福特老人”系列轿车就是专门为60岁以上的老人设计的。该车考虑了老年人大多腿脚不便、反应迟钝的特点,不但车门较宽、门槛较低,而且特别配备了主动驾驶座、放大的仪表盘和后视镜,按钮式制动以及自动锁车系统等以适应老年人对安全性和方便性的特殊要求,深受老年人欢迎。汽车市场向后延伸,这在人口老龄化的社会里,是非常重要的。

汽车营销人员在研究人口环境时,还应注重区别人口环境对国际、国内两个汽车市场的不同影响。如对西方发达国家而言,由于汽车尤其轿车已经作为耐用消费品广泛地进入家庭,人口因素就是营销者必须充分重视的环境因素。而对国内汽车市场,由于汽车正处于私人消费的普及时期,人口因素正在成为越来越重要的环境力量。在这个时期,营销者应着重研究高收入阶层的人口数量、职业特点、地理分布等因素的现状及其发展变化,加强对我国人口具体特点的研究,以抓住不断增加的营销机会。

二、自然环境

自然环境(Natural Environment)系指影响社会生产的自然因素,主要包括资源环境、土

地环境、地理环境、生态环境和能源环境等因素。

1. 资源环境(Natural Resources)

汽车的大量生产和使用,需要消耗大量的自然资源,如钢铁、有色金属、橡胶、石化、木材、水资源等。汽车工业越发达,汽车普及程度越高,汽车生产消耗的自然资源也就越多,而自然资源总的变化趋势是日益短缺,因此自然资源将对汽车厂商构成一个长期的营销约束条件。

为了减少资源约束对汽车营销的不利影响,汽车厂商应努力减少资源消耗,提高原材料的综合利用率和循环利用率,并通过技术进步,积极发展新型材料和代用材料。二战以后,汽车生产大量采用轻质材料和新型材料,每辆汽车消耗的钢材平均下降10%以上,自重减轻达40%,为节约钢铁资源做出巨大贡献。

2. 土地环境(Land Resources)

土地资源是否丰富,直接关系到道路交通条件和城市交通条件的好坏,如公路、城市道路、停车场、加油站、维修站的建设,都需要占用必要的土地资源,因此土地是汽车使用非常重要的环境条件。总体来讲,随着人口增长和城市化进程加快,土地资源对汽车营销也是一个长期的约束条件。但在一定的发展阶段,一个地方或城市拿出必要的土地资源,改善交通条件和促进城市发展也是必需的,这时可能就会改善汽车的使用环境,从而促进汽车需求的增长。因此,土地资源对汽车营销的影响是通过公路交通和城市道路交通条件而间接影响的。

1)公路交通

道路交通因素是指一个国家或地区由道路条件及交通条件所决定的影响因素。其中道路条件包括:公路(含城市道路)的通车里程、不同等级公路的构成、公路的质量、公路网布局、公路附属设施等因素的状况。交通条件包括:公路的交通流量、车均道路长度或面积、立体交通、混合交通及交通管理水平等因素的状况。

道路交通条件的好坏不仅直接对汽车的行驶速度、行车安全、燃料及运行材料消耗、汽车运输服务质量、运输距离产生重大影响,而且使人们对汽车运输方式的选择和利用也产生直接影响,从而构成汽车市场营销的一大重要因素。

长期以来,我国公路建设与国外先进水平相比,存在着公路数量少、密度低、等级低,造成公路建设滞后于汽车工业发展,汽车通过能力差,各种车辆混流等状况。近年来,我国公路建设的步伐加快,预计到2020年,我国高速公路将建成总规模为8.5×10^4km,连接北京、各省市首府、中心城市、主要交通枢纽、重要口岸的“7918”公路主干线,四通八达的高等级公路网将改变人们的出行方式,有力地促进汽车市场的发展。

2)城市道路交通

城市道路交通是汽车尤其私家轿车使用环境的又一重要因素,它包括城市的道路面积占城市面积的比例、城市交通体系及结构、道路质量、道路交通流量、立体交通、车均道路密度以及车辆使用附属设施等因素的现状及其变化趋势。

由于我国城市的布局刚性较大,城市布局形态一经形成,改造和调整的困难很大,我国城市道路交通的发展面临较大的土地供给压力,因而城市道路交通条件对汽车营销的约束作用,相对公路交通而言更为明显一些。

有关方面现正着手考虑通过建立现代化的城市交通管理系统、增加快速反应能力和强化全民交通意识等手段,提高城市交通管理水平。同时,国家和各城市也将更加重视对城市交通基础设施的建设，改善城市道路交通的硬件条件。随着我国城市道路交通软、硬件条件的改善，城市道路交通对我国汽车营销的约束作用将会有一定的缓解。

3. 地理环境(Geographical Environment)

地理环境主要包括一个地区的地形地貌、山川河流等自然地理因素。地理因素对汽车营销的影响有：自然地理对经济地理尤其对道路交通条件(如道路的宽度、坡度、弯度、平坦度、坚固度、耐久度、隧道涵洞及道路桥梁里程等)具有决定性影响，从而对汽车产品的具体性能有着不同的要求。因而汽车厂商应向不同地区推出性能不同的汽车产品。例如，在我国西南高原地区，汽车运输承担了大部分的运输任务，针对其海拔高、山高坡陡等地理特点，有的汽车厂商在这一地区销售带有废气涡轮增压装置及电涡流缓速器的车辆，就深受广大用户的欢迎。

地理环境还常常决定一个地区的自然气候条件，包括大气的温度、湿度、降雨、降雪、降雾、风沙等情况以及这些因素的季节性变化。自然气候对汽车的冷却、润滑、起动、充气效率、功率的发挥、制动性能以及对汽车机件的正常工作和使用寿命等，均会产生直接的影响，同时对驾驶员的工作条件也有实质性的影响。因而汽车厂商在市场营销的过程中，应向目标市场推出适合当地气候特点的汽车产品，并做好相应的技术服务。

4. 生态环境(Ecological Environment)

生态环境系指人类及地球上动植物赖以生存和发展的各种环境因素。随着人类社会物质文明的发展，生态环境遭到严重破坏，个别地方甚至出现毁灭性破坏。传统石油燃料汽车的大量使用，会明显地增加空气污染，对人类的生存环境造成较大的压力，这成为传统汽车的诟病。

日趋恶化的生态环境，已经引起人类自身的高度警觉，环保意识日益增强，各国环境保护的法规越来越健全，执法也越来越严格，这对石油燃料汽车的营销构成很大的约束。为了应对这种挑战，汽车生产大国的政府及其汽车厂商，纷纷投入巨资，加强对汽车节能、改进排放新技术的研究，积极开发新型动力和新能源汽车。现在被普遍采用的汽车电子燃油喷射系统、废气再循环、三元催化净化器等降低排放污染的技术，就是汽车工业为适应环境保护的产物。未来的汽车将采用更多的新材料和新技术，并且将大大减少对环境造成的污染。例如，电动汽车、混合动力电动汽车、燃料电池电动汽车等即将成为未来汽车的主流。

5. 能源环境(Energy Environment)

能源环境泛指为汽车提供动力的各种能源形式。虽然能源形式的类别很多，但能够转化为汽车动力的能源种类却是有限的，目前汽车产品广泛利用的能源形式主要有石油(包括汽油和柴油)、石油液化气、天然气等几种，部分特定场合下还包括电能、氢能、生物能(生物柴油)等。

从营销角度看，能源的形式、能源供给是否充足以及能源供给的结构比例，直接影响到用户对汽车产品品种的选购，甚至是否实施购买行动。传统石油虽然增加了环境污染，但仍然是目前理想的汽车燃料，因此石油资源成为国家能源安全的重要要素。另一方面，为了减少传统石油对环境的污染，提高能源的战略安全和综合利用，各国政府及其汽车厂商，近年来均投入巨资开发汽车节能技术、寻找替代能源和发展新能源汽车，以应对能源危机。例如，国内各大汽车公司都纷纷开发了低油耗的经济型轿车，并及时投放市场，取得了较好的销售业绩。

三、科技环境

科技环境(Science-technological Environment)系指一个国家和地区整体科技水平的现状及其变化。作为汽车营销环境的一部分,科技环境不仅直接影响汽车企业内部的生产和经营,还同时与其他环境因素相互依赖、相互作用,特别是与经济环境、社会文化环境的关系更密切。技术革命不仅使原有的汽车产品变得陈旧落后,而且改变了汽车生产、销售人员的原有价值观,因此,如果汽车厂商不及时跟上科技发展,就可能被淘汰。

从汽车营销角度看,科技环境的影响表现在以下几方面。

1. 科技水平的整体进步为汽车营销增加机遇

一个国家或地区科技水平的整体进步,会直接促进国民经济的发展,增强百姓的消费实力,从而有利于汽车厂商赢得更多的营销机会。

2. 汽车营销的竞争本质是汽车科技的竞争

汽车厂商谁掌握和应用了先进的汽车科技成果,必然会在产品成本、产品质量、产品性能等方面赢得竞争优势,从而掌握汽车营销的主动权。当前,汽车科技的发展方向主要有:

1)汽车电子化

对于传统汽车,电子技术是综合解决节能、减排、安全、舒适等课题最有效的技术手段,当代汽车电子是汽车科技最活跃的因素。汽车电子化包括的主要技术有:

改善汽车排放和节能性能的电子技术。这类技术,往往可以同时起到降低排放和节约能源的效果,如电子燃油喷射技术、发动机电控系统或发动机综合管理系统等。目前,这类技术发展相对比较成熟,在汽车上的装车率较高。

汽车安全电子技术。由于汽车安全包括主动安全和被动安全,因此相应的电子技术也可以分为两类。其中,主动安全电子技术有 ABS 电子控制防抱死制动系统、ASR 驱动防滑系统、EDL 电子差速锁、EBD 电子制动力分配装置、ESP 电子增稳系统、轮胎压力监测系统、雷达测距报警系统、车辆安全状态监控系统、智能车灯等;被动安全电子技术有安全气囊、安全带等。

提高汽车舒适性的电子技术,包括自动空调控制系统、座椅位置调节与记忆系统、自动变速器控制系统、电子控制悬架系统等。

其他电子技术,如电子防盗系统、电子控制转向系统、车身附件电子控制系统、门窗或门锁控制系统、电源控制系统、电子仪表等。

2)汽车网络化

随着汽车采用的电子控制系统和控制器数目的增加,在整车控制系统中连接的传感器和分布的控制信号也越来越多。如果仍采用常规的布线方式,将导致车上电线数目急剧增加。为了减少汽车电器线束,保证各电子控制系统的电子控制单元(控制器)之间能够快速准确地进行大容量的数据通信,从 20 世纪 80 年代中期开始,汽车采用了车载局域网 CAN (Controller Area Network)技术,利用计算机总线技术进行数据通信和数据传输,使汽车电器与电子控制系统各控制器实现信息共享和多路集中控制,从而改变了汽车电气系统传统的布线方式和单线制控制模式。

20 世纪 90 年代以后,车上媒体网络、线控系统网络和智能交通系统网络的研究开始兴起,在网络协议、软硬件支撑技术和元器件等方面进入试制阶段。

随着汽车视听设备、通信设备和信息服务设备的广泛应用,1998 年汽车媒体网络 MOST

(Media Oriented Systems Transport)诞生。因此,现代高档汽车的网络由车载局域网CAN、局部连接网络LIN(Local Interconnect Network)及媒体MOST网络构成。其中,局部连接网络简称LIN(Local Interconnect Network),是由国际上的几大汽车公司和通信设备公司共同组成的LIN联合体,提出的一个汽车底层网络协议。LIN网络及其开发应用,将会降低车上电子系统开发、生产、使用和维护的费用。

3)汽车智能化

汽车智能化是当代汽车技术的重要发展方向,它有利于降低汽车驾驶的劳动强度,甚至实现无人驾驶,有利于提高汽车的安全性。当前,随着人工神经网络、模糊识别与控制、图像实时处理等人工智能技术的发展,智能汽车正变得越来越成为可能。

汽车智能化首先是实现智能交通的需要。当前,世界各个经济发达国家,都纷纷投入巨资开发和实施智能交通系统(Intelligent Transport Systems,简称ITS)。近年来我国也逐步加大了ITS的技术开发力度。智能交通系统综合采用了计算机技术、控制技术和现代通信技术,使车辆和道路智能化,形成了安全快速的道路交通环境。智能交通系统,由于可以实现实时通信,预测和引导交通,缓解交通拥堵,削减交通事故,提高交通安全,管理交通需求,提供交通信息服务,实时组织车辆调度,实现电子快速收费,事故及时救援等功能,因此,其被认为是目前解决交通综合问题的最有效手段。现阶段,智能交通系统的部分成果,已经在国内外的一些城市开始投入实际应用。在智能交通环境下,汽车必须要具备一定的智能,才能充分发挥智能交通系统的优势。

汽车智能化也是提高交通安全的需要。如汽车智能的防撞系统,通过对障碍物、汽车运行姿态的实时检测,准确判断发生碰撞的可能,随时提醒驾驶人员注意安全,并适时采取必要的措施以避免碰撞危险或减轻事故危害。

汽车智能化还是减轻驾驶劳动强度的需要。如声控操作系统,可以使驾驶员在汽车行驶过程中,通过声音下达某些指令,如打开收音机、选择频率、调节空调温度、拨打电话等操作。

未来汽车的智能驾驶辅助系统,甚至可以代替驾驶员进行车辆的安全驾驶。安装在汽车前后、两侧或四角的环境摄像系统或光学传感器,对汽车前后左右一定区域的环境目标,进行不停地扫描和监视,车载计算机对环境信息进行分析计算,得出某种正确的操作指令,如同人的大脑一样,指挥执行机构操纵汽车。

4)汽车轻量化

汽车轻量化对于合理利用各种材料,降低汽车自重,提高能源的有效利用率,降低油耗,减少排放,均具有重要意义,因此它是当代汽车的又一个重要发展方向。汽车轻量化的途径主要包括优化结构设计和选用轻量化材料。

结构优化设计,可以使得汽车的结构布局更加合理,结构尺寸更小,结构更为紧凑,在保证结构强度、刚度满足机械性能要求的前提下,降低非结构件的重量,减少材料的使用,从而实现汽车的轻量化。

选用轻量化材料,包括减少使用自重较大的铸铁、铸钢等传统汽车材料,提高使用高强钢的比例,推广使用轻质的、高强度的铝合金、镁合金等有色合金材料,增加工程塑料、碳纤维增强树脂基复合材料、有机纤维复合材料等非金属材料的使用率等。

5)能源多样化

能源多样化和开发利用新型能源,对于汽车节约传统石油资源,合理利用现有的各种能源形式，解决能源危机，降低汽车有害废气（主要包括一氧化碳、碳氢化合物、氮氧化合物、硫化物、铅化物等）、颗粒物和温室气体（二氧化碳）排放，具有十分明显的意义。

汽车能源多样化的途径，主要是开发利用除传统汽油、柴油以外的油气资源，可再生的生物燃料资源和其他清洁能源等。

作为适合汽车使用的油气资源，主要包括天然气和液化石油气（LPG）。其中，天然气来自地表下的矿物层或海洋中的可燃冰，其利用形式包括压缩天然气（CNG）、液化天然气（LNG）和吸附天然气（ANG）；而液化石油气则是从石油中提炼出来的。CNG 和 LPG 是理想的点燃式发动机燃料，燃气成分单一、纯度高，与空气混合均匀，燃烧完全，一氧化碳（CO）和微粒物的排放量较低；燃烧温度较低，氮氧化合物（NO_x）的排放也较少；稀燃特性优越，低温起动及低温运转性能好。使用这两类燃料的汽车，既可采用单燃料系统，又可采用双燃料系统。所谓双燃料系统，系指汽车上同时具有一个汽油或柴油燃料系统和一个压缩天然气或液化石油气系统，汽车可由其中任意一个系统提供燃料，并能容易地由一个系统过渡到另一个系统。目前，天然气汽车和液化石油气汽车，技术已经成熟，作为城市公共汽车和出租车已经在很多地方广泛使用。

生物燃料的常见种类包括乙醇（又称酒精）和生物柴油等。由于乙醇来自各种植物的发酵处理，而生物柴油则是由植物油经过脱甘油处理而来，因此，生物燃料属于可再生的能源。以乙醇为例，其来源就非常广泛，制取技术也比较成熟，最新的利用纤维素原料生产乙醇的技术，可利用的原料几乎包括了所有的农林废弃物、城市生活有机垃圾和工业有机废弃物。目前，乙醇与汽油或柴油以任意比例掺和的灵活燃料，基本不需要改造现有发动机，已经在汽油汽车上得到广泛使用，起到良好的节能、降污效果。而生物柴油，其制取技术也日臻成熟，成本迅速下降，正在作为矿物柴油的替代品，将越来越多地用于载货汽车。

其他清洁燃料包括甲醇、二甲醚（DME）、燃料氢等。它们都可以从煤炭资源中提炼，如用煤直接提炼甲醇，利用甲醇再合成二甲醚，从焦碳厂或化工厂生成的伴随气体中提取氢气等。当然，以上清洁燃料也可以从植物等有机物质中提取。当出现电力富余时，也可以将富余的电力用于电解水而获得氢气。这表明，我们可以更合理地利用各种能源形式，为汽车寻找到更充裕的燃料。这对于煤炭资源和水电资源相对比较丰富，而石油资源相对比较贫乏的我国而言，具有非常重要的现实意义。

以上各种燃料，均被用于内燃机缸内燃烧。发动机的工作原理与矿物汽柴油内燃机完全一样，相应的汽车尚不能做到零排放（即使氢燃烧也不可避免会产生 NO_x）。

燃料电池电动汽车、蓄电池电动汽车或太阳能电动汽车才是真正的零排放汽车。燃料电池电动汽车，主要依靠燃料（如氢）和氧气，通过电化学反应（而不是燃烧方式），产生电能，进而驱动汽车；而蓄电池电动汽车，则主要依靠蓄电池储存的电能驱动汽车。太阳能电动汽车，依靠太阳电池作电源，当太阳照射到电池板时，通过光电转换产生电能，驱动汽车行驶。目前，电动汽车成为中外汽车界研发的热点，汽车大国甚至将其作为重要的国家战略。其研究成果已经在一些特定类型的车辆上得以应用。当然，受当今人类整体科技水平的限制，电动汽车的实用性还不够好，离广泛使用尚有一定的差距。如果说蒸汽车、内燃机汽车是自走式车辆历史上的两次革命，那么电动汽车有可能引起第三次革命。

6）生产柔性化

在激烈的汽车市场竞争中，汽车厂商越来越重视提高顾客的满意度，充分满足汽车消费者的个性化需求。在这种背景下，汽车厂商也改变了传统的大批量生产体制（Mass Production)，基于准时供应(Just In Time, JIT)、精益生产(Lean Production)、组装自动化和计算机网络技术等先进生产和管理技术，采取大批量定制(Mass Customarization)模式，实现汽车多品种的柔性生产。

总之，节能、减排、安全，成为当代汽车发展需要解决的三个突出课题。从某种意义上讲，它们也是当今世界政治的主题。要解决好这些课题，汽车科技必须充分吸收电子信息科学、能源科学和材料科学等相关学科的发展成果。

3. 科技进步促进了汽车营销的现代化

科技进步特别是信息技术、网络技术、办公自动化等技术成果在汽车营销领域的应用，带来了汽车营销策略的革新，促进了汽车营销手段的现代化，提高了汽车营销的工作效率和工作效果。如汽车厂商建立汽车营销管理信息系统、营销环境监测系统以及营销预警系统，增强了企业营销决策的能力；基于互联网和企业局域网，企业可以异地实现产品的同步开发，可以实施网络调研，进行网上促销和与消费者实现“一对一”的销售互动，让消费者参与企业的营销过程，减少市场的不确定因素；可以彻底突破时间和空间的限制，开展电子商务(e-Commence 或 e-Business)，在网上实现订货和结算，并借助物流体系完成商品交付。

四、经济环境

经济环境(Economic Environment)指那些能够影响顾客购买力和消费方式的经济因素。多年的实践经验表明，国民经济形势的好坏与汽车市场是否景气，二者具有密切的相关性，宏观经济对全社会的消费能力和汽车产品的需求量具有决定性影响。因此，经济环境是汽车营销最重要的宏观环境因素。

经济环境包括狭义经济环境和广义经济环境。狭义经济环境特指消费者收入、储蓄与信贷、消费者支出模式等情况；广义经济环境除包括狭义经济环境外，还包括国家和地区的经济发展水平、发展速度、产业结构、社会经济发展战略和发展计划、市场供求状况、货币供应量、就业状况和物价变化等宏观经济的发展情况。

汽车营销者应重点关注以下经济指标，并通过这些指标研究经济环境的变化。

1. 消费者收入

消费者收入(Consumer Income)可以分为名义收入、实际收入、可支配的个人收入和可随意支配的个人收入等类别。其中消费者名义收入(Nominal Income)，又称作货币收入，是指消费者的工资、退休金、薪水、津贴、奖金、股票收入(含红利)、利息收入、租金收入、受捐赠收入、继承性收入和中奖收入等各类收入的总和。

实际收入(Real Income)是消费者名义收入扣除通货膨胀、风险储备、个人税赋后实际得到的收入。其中，风险储备主要指国家规定的必须由消费者个人缴纳的各项风险储备金，不应包括消费者个人自愿选购的商业性保险。我国目前规定，具有劳动收入的人都必须按其工资收入的一定比例缴纳社会保险，包括养老保险、失业保险、工伤保险、医疗保险和生育保险，社会上俗称“五大保险”。这些保险除劳动者个人缴纳一部分外，大部分由劳动者所奉职的单位或雇主缴纳，并由政府的劳动部门负责管理。个人税赋系指消费者按照国家相关法令之规定，需要缴纳的税赋，如个人所得税、利息税、遗产税等。

可支配的个人收入(Disposable Personal Income)是指消费者的名义收入扣除政府或法律规定的必须由消费者个人缴纳的各项刚性开支后，消费者可用于现实消费和支配的收入。这些刚性支出包括社会保险金、个人税赋、罚款、学费、住房公积金等，不包括通货膨胀。其中，住房公积金是我国政府规定的住房专项基金，劳动者按其工资收入的一定比例缴纳，劳动者雇主必须等额配套缴纳，两部分共同构成劳动者的住房公积金本金，本金及其利息在劳动者退休时一次性返还给劳动者。劳动者如果购买商品住房，可以提取自己的住房公积金本金，并可以申请住房公积金贷款，以用于支付房款。

可随意支配的个人收入（Discretionary Income）是指可支配的个人收入再扣除消费者个人的基本生活支出（食物、衣服等）和固定支出（房租、商业保险、分期付款、抵押借款等）后，消费者可随心所欲支配的收入。一般情况下，可随意支配的个人收入主要用于对奢侈品的需求。

汽车营销人员应对不同的消费者群体，研究消费者收入（尤其消费者可随意支配的个人收入）及其变化情况，掌握收入分配和使用情况，以便研究消费者的汽车需求及其购买能力。

2. 消费者储蓄与消费信贷

消费者的现实购买力，除与消费者收入因素有关外，还与消费储蓄（Consumption-savings）和消费信贷（Consumption Credit）直接相关。从动态的观点来看，消费者储蓄会降低现实购买力，但会增加潜在或未来的购买力。现代社会，消费者的储蓄形式除传统的银行存款方式外，还包括对债券、基金、股票、外汇、黄金、返还型保险产品等金融资产的投资，以及对投资型房地产等不动产的投资等。这些形式的储蓄在一定条件下，大都可以转化为现实的购买力。不管哪种储蓄，消费者如果认为其回报下降或存在储蓄风险时，往往就会将储蓄变现，增加现实消费。当然，消费者也会改变储蓄方式，优化储蓄组合，以期望获得良好的储蓄或投资回报。

消费者信贷是指消费者以个人信用或其财产为保证，从金融机构那里获得一定的贷款，并将贷款作为消费资金用于购买商品或服务，或者直接从供应商那里提前获得商品或服务的消费现象。消费者信贷的主要形式包括短期赊销、分期付款、“一次贷款、分期偿还”和信用卡透支等。消费者信贷与消费者储蓄正好相反，它会增加现实购买力，但会削减潜在或未来的购买力。

3. 消费者支出

消费者支出（Consumption Expenditure）是指消费者的收入支出结构，以及这种结构随消费者收入变动而变化的情况。德国经济学家恩格尔研究发现，随着居民家庭收入的增加，用于购买食物的支出比例会下降，而用于交通、休闲、保健、教育以及储蓄等方面的支出比重会大大上升。经济学界将这种现象称为恩格尔定律，并使用恩格尔系数（The Engle's Coefficient）作为度量指标。

$$恩格尔系数(\%) = (食品支出额/个人或家庭支出总额) \times 100\%$$

恩格尔定律表明，消费者的支出模式及其变化受恩格尔系数的支配。恩格尔系数不同，消费者的支出结构模式也会不同。因此，恩格尔系数成为衡量一个国家、地区或消费者个人家庭富裕程度的指标，国际上广泛采用恩格尔系数评价人民群众生活水平的状况。根据联合国粮农组织提出的标准，该系数在59%以上为贫困，50%～59%为温饱，40%～50%为初步富裕（小康），30%～40%为富裕，低于30%为最富裕。图2-2反映了近年来我国城镇和农村居民家庭恩格尔系数的变化情况。

图2-2表明，我国城镇、农村居民用于食品消费的比例在逐年下降，说明人民的生活水平在逐年提高。在这个变化过程中，其他消费支出的比例也在变化（图2-3）。

从图 2-3 看出，我国城镇居民在食品、衣着方面支出比例逐年下降的同时，在医疗保健、教育、住房、交通等方面的支出比例呈逐年上升趋势，这与恩格尔定律是一致的。特别是我国城镇居民在交通方面的支出比例呈现明显增长的趋势，这为汽车营销创造了良好的需求环境。

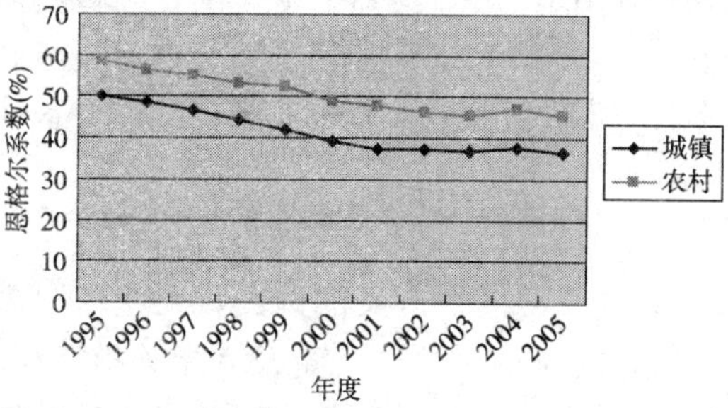

图 2-2　我国城镇、农村家庭恩格尔系数变化曲线（来源于国家统计报告）

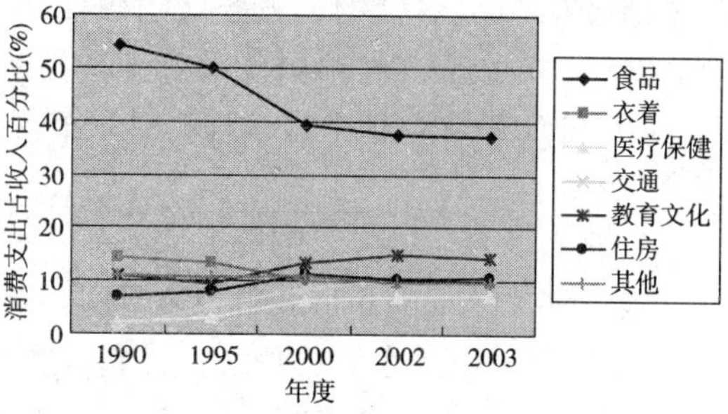

图 2-3　城镇居民消费支出变化趋势图（来源于国家统计报告）

消费者的支出模式除普遍受收入因素影响外，从消费者个体而言，支出模式还受家庭所处的寿命周期阶段及其居住地点的影响。如新婚夫妇和没有孩子的丁克家庭，在交通、娱乐（旅游）方面的支出比例较高；有孩子读书的中青年家庭，在住房、教育方面的支出比例较高；老两口家庭在医疗、保健、旅游方面的支出比例较高；居住地点与工作地点相距较远的人群，在交通方面的支出比例较高等。

汽车营销者要注意研究消费者支出模式及其变化走势，以便更好地把握汽车消费市场及目标顾客群，赢得汽车营销的商机。

4. 国内生产总值

国内生产总值（Gross Domestic Product，GDP），是指在一定时期内（一个季度或一年），一个国家或地区的经济中所生产出的全部最终产品和劳务的价值，即全部最终商品与劳务的总量乘以“货币价格”或“市价”而得到的总价值，通常由消费、私人投资、政府支出和净出口额四个部分组成。GDP 被公认为是衡量国家宏观经济发展水平（国力与财富）及经济运行状况的最佳指标。

汽车营销者常常通过 GDP 指标研究国家宏观经济情况，对国家经济调控政策和未来汽车市场的发展走势进行预测和判断。一般而言，当 GDP 总量增加，GDP 的增长率为正数时，即显示经济处于扩张阶段，特别是增长率较高时，全社会消费能力可能大大增强，往往会对汽车产品有着旺盛的需求；反之，如果增长率较小或者为负数时，表明经济进入衰退时期，汽车市场会急剧下挫。我们在应用 GDP 指标时，要注意扣出通货膨胀对 GDP 的影响，尽量使用以“可比价格”或“不变价格”计算的实际国内生产总值及其变化率。

汽车营销者要熟悉国家经济调控政策的基本规律，即当 GDP 大幅增长或 GDP 增长率过高时，往往会诱发通货膨胀，中央银行就有可能提高利率，紧缩货币供应，经济的高增长及利率的上升会增强货币的吸引力，可能出现本币对外币的升值和汇率上涨，从而不利于出口而有利于进口；反过来，如果经济处于衰退状态，消费能力降低，中央银行就有可能减息以刺激经济增长，利率下降会削弱货币的吸引力，可能出现本币对外币的贬值和汇率下降，进而抑制进口而利于出口。

我国经济近十年来一直保持“又好又快”地发展，并在未来一定时期内将继续保持这种发展态势，国家综合经济实力和百姓收入的快速提高，为汽车需求量的增长奠定了坚实的基础。

与国内生产总值相类似的指标，还有国民生产总值(Gross National Product,GNP)。国民生产总值指一个国家或地区的国民，在一定时期(一个季度或一年)内创造的以货币表现的全部最终产品(含货物和服务)价值的总和，它等于国内生产总值加上来自国外的劳动报酬和财产收入减去支付给国外的劳动者报酬和财产收入。当一个国家的经济外向度较低时，GNP与GDP在数值上很接近。对汽车营销者而言，应用GNP的意义与方法，与GDP是完全一样的。

5. 国民收入

国民收入(National Income,NI)具有广义概念和狭义概念。广义的国民收入泛指国民生产总值、国民生产净值、国民收入、个人收入、个人可支配收入5个总量及其相关指标；狭义的国民收入是指一个国家在一定时期(通常为一年)内物质资料生产部门的劳动者新创造的价值的总和，即社会总产品的价值扣除用于补偿消耗掉的生产资料价值的余额，或者说是社会总产值中扣除物质消耗后的剩余部分。

国民收入的表现形态有两种：①价值形态的国民收入=社会总产值-已消耗的生产资料价值；②实物形态的国民收入=社会总产品-已消耗的生产资料。

国民收入的计算方法有3种：①收入法，是通过加总本国居民、公司和个人直接得到的当期货物和服务生产的收入，即要素收入之总和。对这种由所有要素收入之和给出的国内总收入，只要随库存增值对之进行调整，就可以得出按要素成本计算的国内生产总值；如果再加上来自国外的财产净收入，就可得出国民生产总值。②支出法，是把消费支出和投资支出进行加总，从而得出按市场价格计算的国内总支出。它只是总和最终购买价值，而把所有对中间货物的支出排除在外。③产出(产品)法，是汇总该国的工业和生产性企业在每一生产阶段上的增加值。这些增加值之和得出按要素成本计算的国内生产总值，若再包括来自国外的财产净收入，它就能给出国民生产总值。由此可见，反映国民收入的主要统计指标仍然是国内生产总值或国民生产总值。

国民收入作为一个国家一定时期内新创造的价值的总和，能够比较准确地反映这个国家新增加的物质财富，因而是反映一个国家国民经济发展水平和整体经济活动的综合性宏观经济指标，也是反映宏观经济效益的综合指标。当采用人均国民收入时，则可以直接反映这个国家社会生产力的发展水平和人民生活水平。

6. 工业增加值

工业增加值(Value Added,Industrial Value Added,或 Industrial Added Value)，是指工业企业在报告期内以货币形式表现的工业生产活动新增加的最终成果，是工业企业全部生产活动的总成果扣除了在生产过程中消耗或转移的物质产品和劳务价值后的余额。其计算方法为：工业增加值=工业总产值-工业中间投入+本期应交增值税。其中，工业总产值包括本期生产的成品价值、对外加工费收入、自制半成品在期末和期初的差额价值；工业中间投入是指工业企业在报告期内用于工业生产活动而一次性消耗的外购原材料、燃料、动力及其他实物产品和对外支付的服务费用(包括支付给工业、农业、批发零售贸易业、建筑业、运输邮电业等物质生产部门的服务费用和支付给保险、金融、文化教育、科学研究、医疗卫生、行政管理等非物质生产部门的服务费用)；本期应交增值税是指工业企业在报告期内应缴纳的增值税额。

增加值是国民经济统计和核算的一项基础指标，各部门的增加值之和就是国内生产总值。工业增加值可以反映工业企业的投入、产出和经济效益情况，因此它也是反映国民经济状态的重要指标，常常被汽车营销者用于研究宏观经济的运行形势。

总之，汽车营销者应十分注重经济环境的研究，把握宏观经济的发展态势和潜在消费者群体的购买能力。

五、政策与法律环境

营销学中的政策与法律环境，又叫政治环境(Political Environment)，是指能够影响企业市场营销各项活动的相关政策、法律以及制定它们的权力组织。政治是经济的集中表现，而法律则是政治的集中表现。政治环境直接与国家的体制、宏观经济政策相联系。市场经济并不是放任自由的市场，从一定意义上说，市场经济本质上属于法律经济。政策与法律环境是汽车营销最重要的环境因素。

随着改革开放的深入，我国已形成了独具特色的社会主义市场经济体制。在市场经济条件下，政企分开，真正有发言权的是市场。按经济规律管理经济，按市场规律管理市场，给汽车营销带来了无限的生机，极大地调动了汽车厂商的积极性和创造性。

当前，我国的政策、法律环境对汽车营销的影响主要有以下几方面。

1. 加入WTO给我国的汽车营销带来挑战的同时也带来了机遇

中国加入WTO，给国内汽车厂商的市场营销带来一定挑战。这种影响，一方面表现在部分汽车产品特别是轿车的技术和价格上，使得国产汽车在技术不能领先的条件下，价格优势变得荡然无存。根据中美双方达成的协议，我国从2005年1月1日以后取消进口许可和配额限制，2006年7月1日后，轿车和客车的平均关税将降到25%，货车的关税降到20%～30%，汽车零部件的平均关税降至10%。这样的关税达到WTO关于发展中国家汽车进口关税的平均水平，这将使很多国产汽车丧失原有的价格优势。另一方面，根据我国加入WTO的承诺，在汽车服务领域必须部分或全部对外资开放，包括汽车销售与服务、汽车进出口、汽车分销物流、汽车维修与保修设备、汽车配件与汽车用品、汽车金融与信贷、汽车保险、二手车交易等市场，由于欧美日等汽车大国拥有服务理念、品牌、资金、技术、管理和市场运作的优势，使得很多国产汽车过去长期依靠服务保护的根基被动摇，我国汽车厂商、汽车服务商在汽车服务领域的经营竞争面临空前压力。

在面对挑战的同时，我国汽车厂商也将迎来巨大的市场机会，表现在：①加入WTO，可以促进我国汽车产业的厂商结构、产品结构、投资结构等为主要内容的产业结构的升级和调整，一批低素质的汽车厂家将停产、转产、破产和改造后向大型汽车集团靠拢，净化汽车市场的竞争环境。②加入WTO，有利于促进我国汽车厂商与国外汽车跨国公司开展全面的合资、合作，促进汽车技术进步和经营管理水平提高。③加入WTO，关税的降低，市场的开放，新的消费理念、消费观念的引入将推动汽车服务贸易体系的全面建立，使汽车服务水平向国际标准靠拢，加快改善汽车消费环境的进程。④加入WTO，要求我国汽车企业在组织结构、规模经济、技术进步、管理文化和经营战略等各方面必须有新的进步与提高，从而推动我国汽车产品质量的提高和企业素质的全面提升。⑤加入WTO，将使我国逐步融入汽车产业的全球采购、制造、销售、研发体系中，进入汽车产业的全球分工体系，有利于合理利用国内、国际两个市场、两种资源，集中力量发展具有市场和资源优势的产品，并在合资、合作中提升产品的技术含量与质量，实现净出口的增长，推动优势产品出口，提高我国汽车产品在全球市场上的份额。

总之,入世虽然给我国汽车工业带来了现实的挑战,但只要国内汽车厂商正视这个事实,励精图治,就会抓住潜在的市场机遇而大有作为。入世几年来,我国汽车厂商充分抓住政策和市场机遇,成功实现汽车产品的进口替代,并在技术、生产和经营素质等方面得到快速提升,经营业绩令人刮目相看,充分表明我国汽车企业完全有能力参与国际汽车市场竞争。

2.《汽车工业产业政策》给国内汽车产业发展增加了积极力量

1994 年我国颁布实施《汽车工业产业政策》,2004 年再次颁布实施《汽车产业发展政策》及其配套政策(如《乘用车燃料消耗限值》等),规范了我国汽车工业的发展模式,加快了国内汽车生产企业产品更新换代的速度,调动了外商向我国汽车工业投资和转让技术的积极性,促使我国汽车工业有了长足的进步,汽车产业的整体水平获得快速提升。

3.《缺陷汽车产品召回管理规定》和汽车"三包"政策保护了消费者的利益

2004 年 10 月 1 日起开始实施的《缺陷汽车产品召回管理规定》和即将出台的《汽车"三包"技术规范》,规范了汽车厂商的质量保障服务标准,消除了缺陷汽车安全隐患给社会带来的不安全因素,维护了汽车消费者和社会公众的利益。由汽车经营者按照国家有关规定对有问题的汽车承担修理、更换、退货的产品担保责任,强化了汽车生产经营者的质量责任,保护了消费者的权益。

4.《汽车金融公司管理办法》规范了汽车消费信贷业务管理

经国务院批准,2003 年 10 月中国银行业监督管理委员会颁布第 4 号令《汽车金融公司管理办法》(配套政策还有《汽车贷款管理办法》)。该《汽车金融公司管理办法》的颁布实施是我国履行加入 WTO 有关承诺、规范汽车消费信贷业务管理的重要举措,将对培育和促进汽车融资业务主体多元化、汽车消费信贷市场的专业化产生积极和深远的影响,对促进我国汽车产业发展、推动国民经济持续健康发展也将发挥积极作用。

5.《汽车品牌销售管理实施办法》将规范汽车销售行为

商务部等部门联合发布,于 2005 年 4 月正式实施《汽车品牌销售管理实施办法》(相关政策还有《二手车流通管理办法》、《汽车贸易政策》等)。该《办法》着重对实施汽车品牌销售的车型范围和时间,汽车生产企业建立完善的汽车品牌销售服务体系,汽车供应商、品牌经销商的资质条件、设立程序、行为规范以及政府部门的监督管理等做出了规定。汽车品牌销售的核心是授权销售,即品牌销售需经授权,从事汽车品牌销售活动应当先取得汽车生产企业或经其授权的汽车总经销商授权。这一管理方式的目的是,明确各方责任,增强汽车品牌销售经营主体的服务意识,避免经销商相互推诿,便于实现责任追究,最终维护广大消费者的利益。

6. 税费政策仍然是国内汽车市场发展的制约因素

税费政策仍然是制约我国轿车市场进一步扩展的制约因素。目前,我国针对汽车产品征收且对用户负担较大的税费项目有:①特别消费税。该税种是 1994 年国家税制改革中设置的一个税种,它是在对货物普遍征收增值税的基础上,选择少数消费品再征收一道消费税,目的在于调节产品结构,引导消费方向。现阶段国家对乘用车、摩托车、汽车轮胎和汽车燃油等汽车产品及用品征收消费税,乘用车整车消费税的税率如表 2-1 所示。消费税计入汽车销售价格,针对汽车产品生产者征收。②车辆购置附加税。该税种针对汽车整车征收,由购买者购车时缴纳,其税率为汽车价格扣出增值税后的价值(公告价格)的10%。③养路费。该收费是国家授权交通管理部门针对所有在用车辆收取的公路养护基金,其费率按汽车吨位(客位)或车型不同而不同,缴纳方式是汽车用户按月度缴纳(一般用户会按季度、半年或年度缴纳),而不论其车辆的实际使用情况。为与国际惯例接轨,体现"谁用路、谁交钱"的公平原则,以及促进用户节约燃油和减少环境污染,我国现阶段的养路费有向燃油附加税改革的趋势,改革方案已经由国家发改委酝酿数年,待择时实施。

乘用车消费税税率 表2-1

排量(V,L)	$V \leqslant 1.0$	$1.0 < V \leqslant 1.5$	$1.5 < V \leqslant 2.0$	$2.0 < V \leqslant 2.5$	$2.5 < V \leqslant 3.0$	$3.0 < V \leqslant 4.0$	$4.0 < V$
税率(%)	3	3	5	9	12	25	40

此外,汽车用户承担的税费项目还有车船使用税、保险费、过路过桥费,有些地方还收取其他费用(如武汉市针对所有城区车辆按年度收取过江费,上海市针对新车上牌收取汽车牌照费等),各地的交通罚款也是比比皆是。总之,汽车的各种收费较多,收费项目及收费额度不尽合理,不仅引起广大汽车用户的抱怨,而且也在一定程度上抑制了汽车的消费需求。

7. 了解政策法律的变化趋势有利于汽车营销者争取市场竞争的主动地位

市场经济越发达,国家的经济立法也会越完善。我国现阶段正致力于完善市场经济的法律体系,政策法律将呈现以下变化趋势:①保护经济主体的利益,为企业营造公平的竞争环境。如反垄断法、公平竞争法、反倾销法、反补贴法、进口保障法等。②保护消费者的利益,为人民群众营造健康的消费环境。如消费者权益保护法、产品安全法、反交易欺诈法、反暴利法等。③保护社会的公共利益,为国家营造可持续的发展环境。如安全生产法、交通安全法、环境保护法、资源节约法等。④在注重政策法律完善的同时,执法力度将越来越严格。对汽车营销而言,围绕汽车的安全性、排放性和节能降耗等主题的法律法规和技术标准将越来越完善和严格,执法力度越来越强,这已经成为势不可挡的发展趋势。

汽车营销者除应遵守政策法律外,还应遵守社会规范和商业道德。由于形成文字的法律法规,在条文的设立和执行过程中,不可能解决所有的经济行为弊端,因此营销者要自觉遵守一个国家或民族长期形成的社会规范和商业道德,自主约束不正当或不恰当的经济行为。现实生活中,许多企业制定了企业社会责任的管理目标,为企业赢得良好的社会口碑和树立了很好的企业形象;相反地,有些企业却出现商业丑闻,违背了社会规范和商业道德,为人民群众所不齿,给企业造成巨大的无形资产损失。

此外,市场营销人员还要了解公众利益团体的主张动向。在市场经济条件下,单靠政府的力量是不够的,必须有群众自己的利益团体。这些团体往往与政府和新闻媒体等权力或资源机构联系密切,从而成为一种重要的社会监督力量。1985年,我国成立了"中国消费者协会",消费者不仅能够对不合格产品进行投诉,对不法牟利者进行防范与制裁,而且能够了解到作为消费者应该具有的合法权利,以及维护自身合法权利的有效途径。随着我国市场秩序的进一步完善,各种消费者组织还会逐步建立、健全起来。对此汽车营销人员要有充分的认识。

总之,汽车营销者既要善于应对各项政策法律的挑战,又要善于捕捉政策法律所带来的市场机会。

六、社会文化环境

社会文化环境(Social and Cultural Environment)的含义有广义和狭义之分。广义的文化又称社会文化,指人类历史实践过程中所创造的物质财富和精神财富的总和。它是由人类自身所创造的一部分社会环境,包括政治、经济、科学技术、知识信仰、艺术、道德、法律、社会规范等方面构成。人类学家将之定义为“在人类一定的群体中形成的世代相传的生活方式的总和”。狭义的文化,则仅就社会的意识形态而言,即精神文化,指一个国家、地区或民族的传统文化,如价值观念、伦理道德、生活方式、风俗习惯、行为规范和宗教信仰等。

社会文化包括核心文化和亚文化。核心文化是人们持久不变的信仰和价值观,它具有世代相传,并由国家机构予以强化和不易改变的特点。亚文化是按民族、经济、年龄、职业、性别、地理、受教育程度等因素划分的特定群体所具有的文化现象,它根植于核心文化,但比核心文化容易改变。

传统观念认为,市场营销是一种经济活动,经济因素是决定市场营销环境的唯一主要因素。但是,单纯用经济因素已不足以说明消费者行为的特点,例如它不能解释为什么两个收入完全相同的人或人均收入相近的两个国家,他们在消费模式上迥然不同的现象。近年来,虽然国际贸易往来越来越频繁,发达国家居民收入水平和经济技术水平越来越接近,在一定程度上产生了需求的趋同性,但实际上各个国家的消费者在需求爱好、消费模式上,却仍然存在很大的差异性。由此可见,非经济因素对市场营销具有相当重要的作用。市场营销活动不仅是经济活动,也是一种文化活动。

社会文化环境对汽车营销的影响有:①它影响着人们的行为方式(包括购买行为),对企业不同的营销活动(如产品设计、造型、颜色、广告、品牌等)具有不同的反应程度。例如,某些性能先进、款式国际流行、深受外国人欢迎的“溜背式”汽车(两厢车),在中国20世纪90年代的汽车市场上却遇到了销售不畅的麻烦,这同我国传统的审美观念有直接的关系。国人认为,这种车型“不符合国情”,致使有关企业不得不为改变上述文化观念,花费大量的促销费用。②亚文化的发展与变化,决定了市场营销活动的发展与变化。例如,在20世纪60年代以前,由于受二战和战后物资相对匮乏的影响,人们的心理还非常庄重、严肃,世界汽车多以深色为主。之后,由于世界汽车工业的中心向日本转移,因为日本人喜欢白色,而且人们已开始追求自由自在的生活,世界汽车的流行色也变得轻快、明亮(如白色、银灰色)。

营销者也可以利用亚文化的相对易变性,充分发挥主观能动作用,可以引导亚文化向有利于本企业市场营销的方向发展。如中国人对日本产品总是抱有一种复杂情绪,丰田公司就专门针对中国市场,设计了“车到山前必有路,有路就有丰田车”的广告词。这则广告就是利用了中国的文化,宣传自己的产品。在文字上做到了“醒目、上口、简短、明了、含蓄、深刻”,表达了丰田车无路不走、无处不在、无高不攀、无人不爱的特点,并取得营销上的成功。

第三节　汽车厂商适应营销环境变化的策略

营销者必须善于分析营销环境的变化,研究相应的对策,提高企业市场营销的应变能力。只有如此,企业才能在“商战如兵战、市场无常势”中立于不败之地。

一、营销环境分析方法

企业只有不断地适应各种营销环境的变化,方可顺利地展开营销活动。为此,企业除了在技术上建立营销环境监测和预警系统,加强对营销环境变化的预测外,还必须掌握环境分析工具。从而主动调整营销策略,使企业的营销活动不断地适应营销环境的变化。

对汽车厂商而言,并非所有的环境机会都具有相同的吸引力,也不是所有的环境威胁都产生相同的压力,因而企业对于每种营销环境的变化给企业带来的机会或威胁,应从数量上或程度上予以分析,运用比较的方法,找出和抓住最有吸引力的营销机会,避开最严重的环境威胁,这种分析方法就是环境分析。

环境分析的具体方法可以通过选择“潜在吸引力(或危害性)”和“成功可能性(或出现威胁的可能性)”两个指标进行。根据这两个指标的具体特点去评价某种环境变化的具体特点。环境分析的具体过程可用图 2-4 表示。如果某种环境变化对企业营销机会的“潜在吸引力”大,而企业营销活动的“成功可能性”也大,即处于图 2-4a)中右上角部分,表明该种环境变化将对企业的营销活动非常有利,企业应当抓住这样的机会。反之,如果某种营销环境变化对企业营销活动的“潜在危害性”大,而这种“危害出现的可能性”也大,即处于图 2-4b)中右上角部分,即表明该种环境变化将对企业的营销活动产生非常不利的影响,企业应及时调整营销策略,以避开或减轻营销环境变化对企业营销活动的威胁。

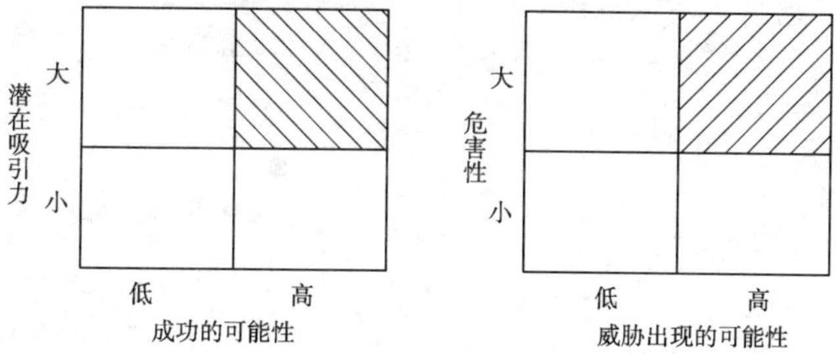

a) b)

图 2-4 营销环境分析方法

a)机会分析;b)威胁分析

弄清营销机会和避免环境威胁,是企业取得营销业绩和谋求发展的重要前提。如果综合地考察企业面临的营销机会和环境威胁,企业在营销环境的变化过程中所处的地位和类型可能是:①理想企业;②风险企业;③成熟企业;④困难企业,如图 2-5 所示。显然,以理想企业所处的环境最好,以困难企业所处环境最差。因此,各汽车企业对自己所处的地位和类型应保持清醒认识。

二、营销环境变化的应对措施

为了适应环境变化,企业必须在营销实践中找到一些行之有效的措施,如:

(1)加强市场营销计划的弹性。富有弹性的市场营销计划,有利于发挥营销计划的先导作用,使企业在实施营销计划时能够适应营销环境的变化。因此,企业在制订营销计划时,应做到:①在市场营销基本计划的基础上,制订多种营销应急预案。②实施滚动性营销计划。使营销计划和决策既处于大体形成,又处于实验性状态,采取“走一步、看一步”的计划方案。③计划指标要有合理的上限和下限幅度。

(2)重视后备资源的建设。企业在制订应急方案后，应抓紧落实应急措施和办法，积蓄打赢“应急战”的资源和力量。

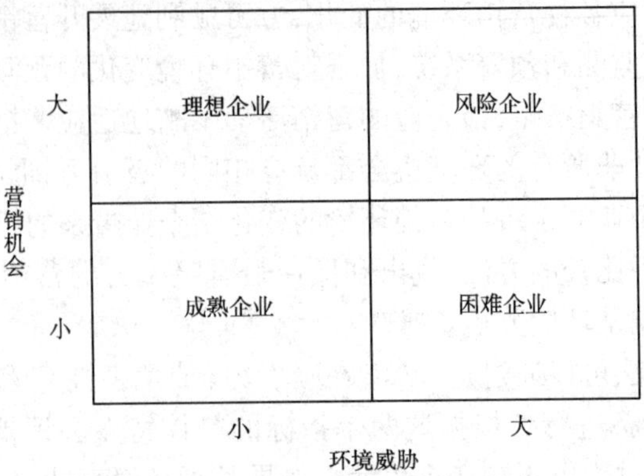

图2-5　营销环境变化时企业的类型

(3)提高控制水平。包括对流动资金、生产物资、生产指挥和中间商等市场营销重要因素的控制水平。

(4)建立快速应变的组织保证体系。企业在组织领导体制上要有“统一指挥、个人负责”的指挥系统，完善企业内部的信息共享机制，加强各部门的协调配合，提高整个组织的灵活性和协调性。

第三章　汽车营销战略与营销管理

“取得卓越业绩是所有企业的首要目标,战略(Strategy)和运营效益(Operational Effectiveness)是实现这一目标的两个关键因素”(美,迈克尔·波特)。汽车厂商应充分重视营销战略的正确决策,认真做好营销管理,方可取得良好的营销绩效。本章将对汽车厂商的战略规划、市场竞争战略、目标市场营销战略、顾客满意战略和汽车营销管理等内容进行讨论。

第一节　汽车厂商的战略规划

中国加入WTO后,我国汽车厂商面对的不确定因素越来越多,使企业在分析判断自己未来发展方向和实现途径时,面临越来越多的难题。为了解决这些问题,汽车厂商必须在重视过程管理的基础上转向战略管理,制订适应环境变化和企业自身条件的战略规划。

一、战略规划的基本概念及战略管理理论的演变

1. 战略及战略规划的概念

战略(Strategy),源于希腊语的stratagia,原为军事用语,指的是作战谋略。许多学者与企业高层管理者分别赋予企业战略不同的含义。有的人认为企业战略应当包括企业目标、宗旨等层次的内容,即广义的企业战略;有的人则认为企业战略不应该包括这些内容,而是指纯粹的策略或战术的组合,即狭义的企业战略。

著名的战略管理专家迈克尔·波特认为:战略一是创造一种独特、有利的定位;二是在竞争中做出取舍,确定什么可以做什么可以不做;三是在企业的各项运营活动之间建立一种统筹与协调。战略从本质上讲,是要通过一种模式,把企业的目的、方针、政策和经营活动有机地结合起来,促使企业形成自己的特殊战略模式和专门的竞争优势,并将不确定的环境具体化,根据环境有效地解决各项管理问题。

美国哈佛商学院教授安德鲁斯认为,战略是目标、意图或目的以及为达到这些目的而制订的主要方针和计划。显然,作为企业总体经营的战略,是一种决策模式,它决定和揭示了企业的目的和目标,提出了实现目的的重大方针与计划,界定了企业所从事的生产经营领域,规范厂商的经营类型,以及决定了企业对员工、顾客和社会应做出的贡献。战略决策是在较长时间内有效地影响着企业资源配置的管理行为,战略模式的某些方面在相当长的时期里不会发生变化,如保证产品和服务的质量、采用高新技术、维护和谐的劳资关系等。但是,战略模式的某些方面可能会随着时间推移而有所变化,如延伸产品系列、改进制造过程等。因此,在制订企业战略和实施企业战略时,经理人员要树立权变的思想,辩证地处理变与不变的关系,在保证企业充满活力的前提下,提高战略的相对稳定性。

美国著名战略学家安索夫则认为，战略是贯穿于企业经营与产品和市场之间的一条“共同经营主线”。他认为战略应该由4个要素组成，即：①产品与市场范围；②竞争优势；③协同作用；④增长向量。按照安索夫的定义，企业在制定战略时，应当首先确定自己的经营性质。企业可以按照产品系列的特性确定自己的经营性质，也可以根据构成产品系列的技术来确定经营的性质。尽管企业有可能向不同的用户销售一系列不同产品，但制造这些不同产品的技术基本上是一致的，或彼此之间在技术上有着一定的关系。无论怎样确定自己的经营性质，在产品和市场之间总是存在着一种内在联系，安索夫称这种内在联系为“共同经营主线”。通过分析企业的“共同经营主线”，能够把握企业的未来发展方向，同时，企业也可以正确地运用这条主线，指导自己的内部管理活动以实现企业既定的目标。

综合各学者的观点和我国汽车工业发展的现实特征，我们认为汽车厂商的战略是指汽车厂商为了自身的生存、稳定和发展，根据其所处的外部环境变化和内部资源条件，对企业发展目标以及实现组织目标途径的总体谋划。

战略规划(Strategic Planning)是指按照一定的步骤，使用成熟的战略规划方法和工具，对获得的企业经营相关的数据与资料进行分析，最后得出一个结构化的战略方案，该方案由企业的经营目标、经营能力与变化中的营销机会相适应的一系列计划组成。

需要说明的是，战略规划并不只是要预言将来要发生什么事，也不是只提前考虑以后5年的决策。更重要的是，战略规划是一种思考的工具，思考为了取得预期的成果现在应该做些什么，怎样做和谁去做等。

2. 有关战略的几个基本概念

1）企业使命

企业使命(Business Mission，Corporate Mission)是指企业战略管理者确定的企业生产经营的总方向、总目的、总特征和总体指导思想。它反映了企业管理者的价值观和企业力求为自己树立的形象，揭示了本企业与同行业其他企业在目标上的差异，界定了企业的主要产品和服务范围，以及企业试图去满足的顾客需求。

企业使命的问题，是基于企业“我们的业务是什么”、“我们的业务将是什么”以及“我们的业务应该是什么”等一系列看似简单却又难以回答的问题延伸出来的。不同的企业因其规模、发展阶段的不同，具有不同的战略使命。一般说来，应从5个方面审视企业的使命：①使命应富有想像空间，并且可以持续很长的时期。②使命应分清楚企业的主要目标，弄清楚企业为什么而存在。③使命应清楚地描述企业的主要活动和希望获得的行业地位。④使命应该阐明企业的关键价值观。⑤使命应该是企业有愿望也有能力完成的。

2）企业目标

企业目标(Enterprise Goal，Enterprise Target)是指在企业总体战略框架下，为企业和职工所提供的具体方向，以及企业在一定时期内要达到的预期成果。企业目标都有时限，目标所规定的时间期限越长，目标所包含的具体内容就越少。一般来讲，企业目标由以下3个层次组成：

第一层次是社会加于企业的目标。如企业必须为社会提供所需要的优质产品和服务的目标，企业生产经营活动必须考虑可持续发展的目标，企业生产经营活动必须考虑商业道德和承担社会责任的目标等。

第二层次是企业整体的目标。它是指将企业作为一个利益共同体的目标。如企业提高经济效益的目标，企业增强自我改造和技术装备的目标，企业改善员工生活、保障员工劳动安全的目标等。

第三层次是企业员工的目标。如提高员工的个人经济收人，培养员工工作兴趣等。

3）企业战略要素（Strategic Factors）

一般说来，企业战略由企业经营范围、资源配置、竞争优势、协同作用四个要素组成，这也是进行企业战略管理的重要依据。

经营范围（Business Scope）是指企业从事生产经营活动的领域。它既反映出企业目前与其外部环境相互作用的程度，又反映出企业计划与外部环境发生作用的要求。对于大多数企业来说，应该根据自己所处的行业、自己的产品和市场来确定经营范围。只有产品与市场相结合，才能真正形成企业的经营业务。企业确定经营范围的方式可以有多种形式。从产品角度来看，企业可以按照自己产品系列的特点来确定经营范围，也可以根据产品系列内含的技术来确定自己的经营范围。在一般情况下，企业使命与顾客需求是不相矛盾的。在多种经营的情况下，企业便不能只从某一行业的角度来定义自己的经营范围，需要多方位、多层次地研究自己的市场和顾客。

资源配置（Resource Allocation）是指企业过去和目前资源和技术组合的水平和模式。资源配置的优劣状况会极大地影响企业实现自己目标的程度。因此，资源配置又被视为形成企业核心竞争力的基础。资源配置是企业现实生产经营活动的支撑点。企业只有采用其他企业很难模仿的方法，取得并运用适当的资源，形成独具特色的技能，才能在市场竞争中获得主动。如果企业的资源贫乏或处于不利的境况时，企业的经营范围便十分狭窄，竞争优势也无从说起。

竞争优势（Competitive Advantage）是指企业通过其资源配置的模式与经营范围的正确决策，所形成的与其竞争对手优越的市场竞争地位。20 世纪 60 年代以来，无论是国际市场上还是国内市场上，竞争日趋激烈，战略管理的学者们将注意力转向了经营领域里的竞争行为。有的学者认为个别产品和市场的特性可以给企业带来强有力的竞争地位。有的学者认为，企业的竞争优势来源于企业所选择的资源和技能的应用方式。实际上，竞争优势既可以来自企业在产品和市场上的地位，也可以来自企业对特殊资源的正确运用。

协同作用（Synergistic Action）是指企业从资源配置和经营范围的决策中所能发现的各种共同努力的效果。就是说，合力要大于分力的简单相加之和，即“1 + 1 > 2”的效果。一般来说，企业的协同作用可以分为投资协同、生产协同、销售协同、管理协同四类：

投资协同作用产生于企业内各经营单位联合利用企业的设备、共同的原材料储备、共同研究开发的新产品，以及分享企业专用的工具和专有的技术。

生产协同作用产生于充分地利用已有的人员和设备，共享由经验曲线形成的优势等。这里所指的经验曲线，是指当某一产品的累积生产量增加时，产品的单位成本趋于下降的趋势。

销售协同作用产生于企业使用共同的销售渠道、销售机构和推销手段来实现产品销售活动。老产品能为新产品引入市场，新产品又能为老产品拓展市场；老市场能为新市场提供示范，新产品又能为老产品扩大市场范围。这样，企业便可以减少费用，获得较大的收益。

管理协同作用是一种无形的力量，当企业的经营领域扩大到新的行业时，如果在管理上遇到未曾处理过的类似问题时，企业管理人员就可以利用在原行业中积累起来的管理经验，有效地指导和解决这些问题。这种不同的经营单位可以分享以往的管理经验的作法就是管理协同。

3. 战略管理理论的演变

战略管理理论指导着企业战略规划的实践，是企业战略规划的基本出发点。汽车厂商的战略规划者很有必要了解战略管理理论的基本演变。

企业战略理论研究时间从20世纪60年代开始，在时间跨度上主要经历了以下几个发展阶段。

1)20世纪60～70年代

20世纪60年代初美国著名管理学家钱德勒首开企业战略问题研究之先河。钱德勒认为，企业经营战略应当适应环境——满足市场需求，而组织结构又必须适应企业战略，随着战略的变化而变化。在此基础上，形成了两个相近的学派："设计学派"和"计划学派"。设计学派由阿尔弗雷德·D·钱德勒以及安德鲁斯提出，将战略形成视为一个概念作用的过程。其前提是战略形成是一个有意识思维的过程；首席执行官就是战略家；战略形成一个完整观念时，设计过程才结束；战略是明确的。该学派认为评估企业的优势与劣势是战略设计的基本步骤，而现实中评估是很难准确的，一般说来优势比企业想象的要小，而劣势却要大，并认为战略与结构互相决定。该学派没考虑何时制订、如何制订、何时停止战略，将战略贯彻与执行分离。但其提出的著名的"SWOT"分析法为战略分析作出了巨大贡献，意义深远。

计划学派则将战略形成看作一个正式的过程，安索夫在《公司战略》中提出，战略包括四方面内容：产品与市场定位、企业经营方向和趋势、协同效果大于局部效果、竞争优势。该学派的前提基于战略产生于有意识的正式规划过程，过程被分解为清楚的步骤；首席执行官负责整个战略过程，战略实施由全体计划人员负责；战略应当明确制定出来，以利于贯彻。

2)20世纪80年代

20世纪80年代初，以哈佛大学商学院的迈克尔·波特为代表的竞争战略理论取得了战略管理理论的主流地位。波特认为企业战略的核心是获取竞争优势，一个企业竞争优势的建立涉及到两个基本问题：一个是由产业长期盈利能力及其影响因素所决定的产业吸引力，即产业结构，一个是决定企业在产业内相对竞争地位的因素。他认为，并非所有产业都提供均等的持续盈利机会，产业固有的盈利能力是决定该产业中某个企业盈利能力的一个必不可少的因素。但在大多数产业中，不论其产业平均盈利能力如何，总有一些企业比其他企业获利更多，其原因在于这些企业获得了更好的相对位置，这种相对位置的获得取决于企业内部的"活动"或"价值链"。企业可以通过价值链活动和价值链关系(包括一条价值链内的活动之间及两条或多条价值链之间的关系)的调整来实施其基本战略。波特竞争战略的基础是产业分析，他认为行业的竞争情况由五种基本的竞争力量决定：进入威胁、替代威胁、买方的议价能力、供应方的议价能力和产业内对手的竞争强度。

3)20世纪90年代早期

20世纪90年代，基于资源观的竞争战略理论得到了长足的发展，这一理论将企业看作是人力资源和物质资源的一个结合体。企业之所以不同，是因为所拥有的资源具有独特性，企业利用这些独特性的资源或能力建立或实施自己的战略，如低成本战略或差异化战略，从而为企业带来良好绩效。如Barney认为企业竞争优势来自于其所拥有的"战略相关资源"。他指出，对于企业而言，并不是所有的物质、人力和组织资本都是战略相关资源，只有那些能够促使企业创造和实施战略并改善其效率和效果的资本才是战略相关资源，也就是说只有能够促进企业实现持续竞争优势的资源才是企业的战略性资源。这种资源应该具有四个特性，即有价值、稀少、难于模仿、不可替代。1990年，普拉哈拉德和哈默发表了《企业核心能力》一文,对上述理论进行了进一步的发展,进而形成了战略理论中的“核心能力学派”。该理论假定企业具有不同的资源(包括知识、技术等),形成了独特的能力,资源不能在企业间自由流动,对于某企业独有的资源,其他企业无法得到或复制,企业利用这些独特的资源是企业形成竞争优势的基础。该理论强调企业内部条件对于保持竞争优势以及获取超额利润的决定性作用,在战略管理实践上要求企业从自身资源和能力出发,在自己拥有一定优势的产业及其相关产业进行经营活动,从而避免受产业吸引力诱导而盲目进入企业经营上没有优势的产业。核心能力理论弥补了注重企业外部分析的波特结构理论的缺陷,但也存在因过分关注企业的内部因素致使企业内外部分析失衡的缺陷。为了解决这一问题,1995 年,David J. Collins 和 Cynthia A. Motgomery 提出了企业的资源观,认为公司可看作是各种资源的不同组合,只有公司拥有了与预期业务和战略最匹配的资源,该资源才最具价值。公司的竞争优势取决于其拥有的有价值的资源。价值的评估不能局限于企业内部,而要将企业置身于其所在的产业环境,通过与其竞争对手的资源比较,从而发现企业拥有的有价值的资源。

4)20 世纪 90 年代中后期至今

20 世纪 90 年代以前的企业战略管理理论,大多比较侧重讨论对抗竞争和形成竞争优势。20 世纪 90 年代中期,产业环境动态化、竞争全球化、顾客需求多样化、技术创新快速化等各种变化趋势使企业逐渐认识到,如果想要发展,必须与其他公司共同创造消费者感兴趣的新价值。企业必须培养以发展为导向的协作性经济群体。在此背景下,通过创新和创造来超越竞争开始成为企业战略管理研究的一个新焦点。

人们关注的焦点开始转向企业间各种形式的战略联盟。这一理论强调竞争合作,认为竞争优势是构建在自身优势与他人竞争优势相结合的基础上。但是,联盟本身固有的缺陷,以及基于竞争基础上的合作,使得这种理论还存在许多有待完善之处,企业还在寻求一种更能体现众多优越之处的合理安排形式。

1996 年,美国学者穆尔提出了“商业生态系统”这一全新概念,打破了传统的以行业划分为前提的战略理论的限制,力求“共同进化”。穆尔把商业活动分为开拓、扩展、领导和更新四个阶段,建议高层经理人员经常从顾客、市场、产品、过程、组织、风险承担者、政府与社会等七个方面来考虑商业生态系统和自身所处的位置,他认为系统内的公司通过竞争可以将毫不相关的贡献者联系起来,制定着眼于创造新的微观经济和财富的战略,以创造一种崭新的商业模式。

以上各种战略管理理论侧重点不同,各有优势和不足,汽车厂商的战略制定者在制定战略时可以根据实际情况综合考虑。

二、企业战略规划的基本层次及基本内容

1. 战略规划的基本层次

一般来讲,汽车厂商的战略可以划分为以下 3 个重要的层次。

1)总体战略(Overall Strategy)

总体战略是有关企业全局发展的、长期的、整体性的、带有挑战性的战略,在企业战略中属最高层次的战略,主要回答企业应该在哪些领域里进行活动。从企业的经营范围选择、经营发展方向到企业各经营单位之间的协调,从有形资源的配置和充分利用到整个企业价值观念、文化环境的建立,都是总体战略的重要内容。总体战略的制定与推行者主要是企业的

高层管理人员。

总体战略需在充分考虑了市场机会与市场威胁、企业的产业类型、企业的优势与劣势、企业有形资源和无形资源的价值、企业核心能力与核心竞争力的构成、市场进入业务单元的战略选择、业务组合分析、竞争地位评估、多种业务的集团资源战略、基于价值链的成功要素整合等问题的基础上做出。

2）经营战略（Operation Strategy）

在大型企业，特别是企业集团，往往从组织形态上，把一些具有共同战略因素的二级单位（如事业部、子公司），或其中的某些部分组合成一个战略经营单位（Strategic Business Unit, SBU）。经营战略是诸如事业部或子公司等战略经营单位的战略。经营单位战略在企业总体战略的制约下，指导和管理具体经营单位的计划和行动，为企业的整体目标服务，它主要是针对不断变化的外部环境，在各自的经营领域内有效地竞争，并协调各职能层的战略，使之成为一个统一的整体。资源配置、竞争优势通常是经营单位战略中最重要的组成部分。经营单位战略的制订者主要是各事业部或子公司的负责层。

3）职能战略（Functional Strategy）

职能战略是企业内主要职能部门的短期战略计划。期限一般在1年左右，以便职能部门管理人员把注意力集中在当前需要进行的工作上，并及时根据已变化的条件做出相应的调整。职能部门的战略在总体战略所提出的战略方向指导下，进一步明确各职能部门在实施企业总体战略中的责任和要求，为负责完成年度目标的管理人员提供具体的指导，使他们知道如何有效运用研究开发、营销、生产、财务、人力资源等各方面的经营职能，实现年度目标。协同作用（单个职能中各项活动的协调和联合）、资源配置是职能部门战略的关键要素。职能部门战略的制定者主要是各职能部门的管理人员。

2. 战略规划的基本内容

战略规划的内容包括：①制订企业战略目标，包括近期目标和中长期目标。近期目标一般指年度目标，是企业中长期目标的一部分，根据年度制订计划安排，是企业当前急待解决的问题和当年需完成的工作任务；中长期目标根据企业发展的进程制订，描绘企业发展前景的规划蓝图，是战略目标的主要内容。②根据企业的目标，选择企业可以竞争的经营领域。③合理配置企业经营所必需的资源，使各项经营业务相互支持、相互协调。④规划企业价值观念、文化环境的构建。

三、战略规划制定的原则与制定方法

1. 战略规划的制订原则

汽车厂商在制订战略规划时，通常应遵循以下各项基本原则：

（1）坚持企业能力与战略目标、有利条件与不利因素相统一的原则。分析在充分利用有利因素、最大限度限制不利因素的条件下，企业可达到怎样的能力，并找到企业能力与战略目标的最佳结合点。

（2）遵循汽车工业发展的客观规律，坚持走专业化、社会化、高起点的道路，兼顾市场容量与经济规模相统一、培植产品开发能力和增强发展后劲等原则。

（3）考虑社会责任，坚持把企业利益和社会利益统一起来的原则。

（4）分清战略决策和业务决策的区别，战略目标要明确具体，具有可操作性，要考虑获利能力。

(5)坚持一次规划、分步实施、突出重点的原则。企业要处理好眼前与长远、改革与发展、已有基础与新事业拓展等关系，围绕总体战略目标，突出重点，分阶段付诸实施。

(6)坚持适时修订、补充和完善的原则。企业家应根据外部条件和企业对比力量的变化适时审查战略规划，并审时度势地做出调整。

(7)坚持按科学程序办事的原则。严格的科学程序是正确制定并执行战略规划的有力保证。

2. 战略规划的制订方法

在遵循以上原则的同时，战略规划的制订还有一些特定的方法。这些方法的形式有：

(1)自上而下的方法。这种方法是先由企业总部的高层管理人员制定企业的总体战略，然后由下属各部门根据自身的实际情况将企业总体方案具体化，形成系统的战略方案。这种方法要求企业高层管理人员对下属各部门的工作十分了解，对企业全局的把握能力强。其优点是企业高层管理人员能牢牢把握住整个企业的经营方向，并能对下属各部门实施有效控制。缺点是难以充分发挥中下层管理人员的积极性和创造性。

(2)自下而上的方法。这是一种先民主后集中的方法。企业最高管理层要求各部门积极提交战略方案，并对各部门提交的方案进行必要修改、协调平衡，然后才形成企业的总体战略规划。这种方法要求企业有着浓厚的民主作风，且中下层管理人员素质较高。其优点是可发挥各级人员的积极性和创造性，集思广益，战略的贯彻实施较为容易。缺点是各部门战略方案较难协调。

(3)上下结合的方法。这种方法通过企业最高管理层和下属各部门管理人员共同参与、沟通协商来制订战略规划。这种方法比较值得推荐，它结合了自上而下和自下而上这两种方法的优点，但又克服了它们的不足，制定出来的战略规划具有较好的协调性、创造性和可操作性。

(4)战略小组的方法。这种方法是指企业负责人与其他高层管理人员组成一个战略制订小组。小组中，一般由总经理任组长，其他的人员构成则依小组的工作内容不同具有很大的灵活性，通常是吸收与所要解决问题关系最密切的人员参加。这种方法目的性强、效率高。

四、战略规划制定的程序

企业战略制订过程中的思想、程序和方法大同小异。对绝大多数的企业来说，战略制订的一般思想是通过内、外部环境的分析，在找出企业所面临的外部机会与威胁、内部的优势与劣势的基础上，寻求能最大限度利用内部优势和机会，并尽可能地减少内部劣势和回避外部威胁的一种方案，该方案企业能够更有效地分配企业资源并营造相对于其他企业的竞争优势，使企业获得可持续发展。因此，战略规划的制订程序可以概括为：识别和鉴定企业现行战略→分析企业的外部环境→评价企业的内部条件→匹配企业的内、外部因素→拟定备选方案→比较和评价各备选方案→确定企业的最佳战略方案。

五、战略规划制订的工具和方法

汽车厂商的管理者在战略制订过程中，除了要遵循战略管理的一般原则、一般程序和方法，努力培养自己敏锐的直觉外，还应更多地学习、掌握、运用战略制订工具和方法，运用现代科学的最新技术成果，不断提高战略计划目标的科学性与准确性。

1. SWOT 分析

SWOT 是一种分析方法,用来确定企业本身的竞争优势(Strength),竞争劣势(Weakness),机会(Opportunity)和威胁(Threat),从而将公司的战略与公司内部资源、外部环境有机结合。因此,清楚的确定公司的资源优势和缺陷,了解公司所面临的机会和挑战,对于制订公司未来的发展战略有着至关重要的意义。

1)竞争优势(S)

竞争优势是指一个企业超越其竞争对手的能力,或者指公司所特有的能提高公司竞争力的因素。例如,当两个企业处在同一市场或者说它们都有能力向同一顾客群体提供产品和服务时,如果其中一个企业有更高的赢利率或赢利潜力,那么,就认为这个企业比另外一个企业更具有竞争优势。

竞争优势来源于以下方面:①技术技能优势,包括独特的生产技术,低成本生产方法,领先的革新能力,雄厚的技术实力,完善的质量控制体系,丰富的营销经验,上乘的客户服务,卓越的大规模采购技能。②有形资产优势,包括先进的生产流水线,现代化车间和设备,拥有丰富的自然资源,优越的不动产地点,充足的资金,完备的资料信息。③无形资产优势,包括优秀的品牌形象,良好的商业信用,积极进取的公司文化。④人力资源优势,包括关键领域拥有专长的职员,积极上进的职员,很强的组织学习能力,丰富的经验。⑤组织体系优势,包括高质量的控制体系,完善的信息管理系统,忠诚的客户群,强大的融资能力。⑥竞争能力优势,包括产品开发周期短,强大的经销商网络,良好的供应商伙伴关系,对市场环境变化的灵敏反应,市场份额的领导地位。

2)竞争劣势(W)

竞争劣势是指公司缺少的某种东西或做的不好事项,或指某种会使公司处于劣势的条件。

可能导致内部弱势的因素有:缺乏具有竞争力的技能、技术;缺乏有竞争力的有形资产、无形资产、人力资源、组织资产等;丧失关键领域里的竞争能力等。

3)潜在机会(O)

潜在机会是指影响公司战略的重大因素,主要为市场机会。公司管理者应当确认每一个机会,评价每一个机会的成长和利润前景,选取那些可与公司财务和组织资源匹配、使公司获得的竞争优势的潜力最大的最佳机会。

潜在的发展机会可能是:客户群呈现扩大趋势或产品能够进一步细分市场;技能、技术向新产品新业务转移,利于客户群增加;供应链具有前向或后向整合的机会;市场进入壁垒降低;获得并购竞争对手的机会;市场需求增长强劲,可快速扩张;出现向其他地理区域扩张,扩大市场份额的机会等。

4)外部威胁(T)

外部威胁是指在公司的外部环境中,存在着某些对公司的盈利能力和市场地位构成威胁的因素。公司管理者应当及时确认危及公司未来利益的威胁,作出评价并采取相应的战略行动来抵消或减轻它们所产生的影响。

外部威胁可能产生于:出现强大的即将进入市场的新竞争对手;替代品抢占本企业的销售额;产品的市场增长率下降或市场需求减少;汇率和外贸政策的不利变动;人口特征和社会消费方式的不利变动;客户或供应商的谈判能力提高;商业周期进入萧条阶段。

企业在进行优劣势分析时,必须从整个价值链和供应链上,将企业与竞争对手作详细的对比。如产品是否新颖，制造工艺是否复杂，销售渠道是否畅通，价格是否具有竞争力等。如果一个企业在某一方面或几个方面的优势正好是该行业企业应具备的关键成功因素，那么，该企业的综合竞争优势也许就强一些。需要指出的是，衡量一个企业及其产品是否具有竞争优势，只能站在现有潜在用户角度上，而不是站在企业的角度上。企业在维持竞争优势过程中，必须深刻认识自身的资源和能力，采取适当的措施。因为一个企业一旦在某一方面具有了竞争优势，势必会吸引到竞争对手的注意。一般地说，企业经过一段时期的努力，建立起某种竞争优势；然后就处于维持这种竞争优势的态势，竞争对手开始逐渐做出反应；而后，如果竞争对手直接进攻企业的优势所在，或采取其他更为有力的策略，就会使这种优势受到削弱。所以，企业应保证处于持久的竞争优势。

当然，SWOT 分析法不是仅仅列出四项清单，最重要的是通过评价公司的强势、弱势、机会、威胁，最终得出以下结论：在企业现有和即将面临的内外部环境下，如何最优地运用自己的资源，如何建立自己未来的资源，建立和发挥自己的竞争优势。

2. PEST 分析

PEST 分析法是一个常用的分析工具，它通过四个方面的因素分析从总体上把握宏观环境，并评价这些因素对企业战略目标和战略制定的影响。宏观环境又称一般环境，是指影响一切行业和企业的各种宏观力量。对宏观环境因素作分析，不同行业和企业根据自身特点和经营需要，分析的具体内容会有差异，但一般都应对政治（Political）、经济（Economic）、技术（Technological）和社会（Social）这四类主要外部环境因素进行分析。简单而言，称之为 PEST 分析法。

1）政治法律环境

政治环境包括一个国家的社会制度，执政党的性质，政府的方针、政策、法令等。不同的国家有着不同的社会性质，不同的社会制度对组织活动有着不同的限制和要求。即使社会制度不变的同一国家，在不同时期，由于执政党的不同，其政府的方针特点、政策倾向对组织活动的态度和影响也是不断变化的。重要的政治法律变量包括：执政党性质、政治体制、经济体制、政府的管制、税法的改变、各种政治行动委员会、环境保护、产业政策、投资政策、国防开支水平、政府补贴水平、反垄断法规与重要大国关系、地区关系、对政府进行抗议活动的数量、严重性及地点、民众参与政治行为。

2）经济环境

经济环境主要包括宏观和微观两个方面的内容。宏观经济环境主要指一个国家的人口数量及其增长趋势，国民收入、国民生产总值及其变化情况以及通过这些指标能够反映的国民经济发展水平和发展速度。微观经济环境主要指企业所在地区或所服务地区的消费者的收入水平、消费偏好、储蓄情况、就业程度等因素。这些因素直接决定着企业目前及未来的市场大小。重要的关键经济变量有：GDP 及其增长率、贷款的可得性、可支配收入水平、居民消费（储蓄）倾向、利率、通货膨胀率、规模经济、政府预算赤字、消费模式、失业趋势、劳动生产率水平、汇率、证券市场状况、外国经济状况、进出口因素、不同地区和消费群体间的收入差别、价格波动、货币与财政政策。

3）社会文化环境

社会文化环境包括一个国家或地区的居民教育程度和文化水平、宗教信仰、风俗习惯、审美观点、价值观念等。文化水平会影响居民的需求层次；宗教信仰和风俗习惯会禁止或抵制某些活动的进行；价值观念会影响居民对组织目标、组织活动以及组织存在本身的认可与否；审美观点则会影响人们对组织活动内容、活动方式以及活动成果的态度。关键的社会文化因素有：结婚与离婚数、妇女生育率、人口出生死亡率、人口预期寿命、性别角色与性别比、平均教育状况、城市城镇和农村的人口变化、人口迁移、对外来人口的态度、社会保障计划、生活方式、购买习惯、对道德的关切、消费与投资倾向、对职业和工作的态度、对退休的态度、对质量和服务的态度、对闲暇的态度、污染控制、对能源的节约、社会活动项目、社会责任、对权威的态度、对政府的信任度、种族平等状况、宗教信仰状况、特殊利益集团数量。

4）技术环境（Technological Factors）

技术环境除了要考察与企业所处领域的活动直接相关的技术手段的发展变化外，还应及时了解：国家对科技开发的投资和支持重点、该领域技术发展动态和研究开发费用总额、技术转移和技术商品化速度、专利及其保护情况等。

3. 波特“五力”模型

“五力”模型是由哈佛大学教授迈克·波特（Porter）提出的，他认为决定企业盈利能力首要的和根本的因素是产业的吸引力。而行业中存在着决定竞争规模和程度的五种力量，这五种力量综合起来影响着产业的吸引力。竞争战略从一定意义上讲是源于企业对决定产业吸引力的竞争规律的深刻理解。因此，波特“五力”模型是企业制定竞争战略时经常利用的战略分析工具。

“五力”模型所包括的五种主要力量是：供应商的讨价还价能力（Supplier Bargain Ability），购买者的讨价还价能力（Buyer Bargain Ability），潜在进入者的威胁力（Threat of Potential Entrants），替代品的威胁力（Threat of Substitutes），以及来自同行业目前的竞争力（Competitiveness）。一种可行战略的提出，首先应该包括确认并评价这五种力量，不同力量的特性和重要性因行业和公司的不同而变化，如图3-1所示。

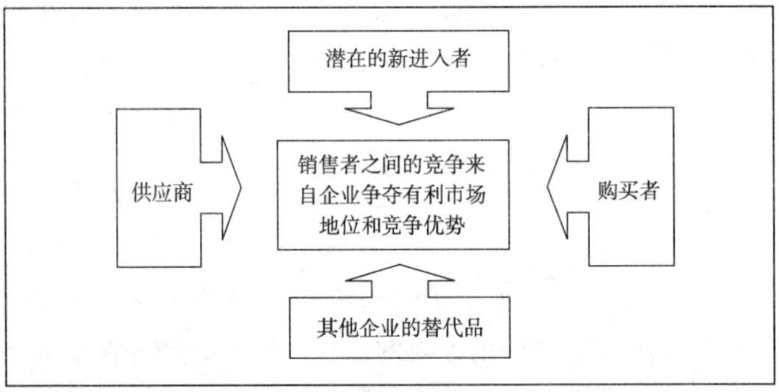

图3-1　波特的“五力”模型

1）供应商的讨价还价能力

供应商影响一个行业竞争者的主要方式是提高价格（以此获取买方的盈利），或者降低所提供产品或服务的质量。

影响供应商讨价还价能力主要因素有：供应商所在行业的集中化程度；供应商产品的标准化程度；供应商所提供的产品在企业整体产品成本中的比例；供应商提供的产品对企业生产流程的重要性；供应商提供产品的成本与企业自己生产的成本之间的比较；供应商提供的产品对企业产品质量的影响；企业原材料采购的转换成本；供应商后向一体化的战略意图。

2）购买者的讨价还价能力

与供应商一样，购买者也能够对企业的盈利性造成影响。购买者能够强行压低价格，或要求更高的质量或更多的服务。为达到这一点，他们可能使生产者互相竞争，或者不从任何单个生产者那里购买商品。

影响购买者讨价还价能力主要因素有：集体购买；产品的标准化程度；购买者对产品质量的敏感性；替代品的替代程度；大批量购买的普遍性；产品在购买者成本中占的比例；购买者前向一体化的战略意图。

3）新进入者的威胁

一个行业的进入者通常带来大量的资源和额外的生产能力，并且要求获得市场份额。除了完全竞争的市场以外，行业的新进入者可能使整个市场发生动摇。尤其是当有步骤、有目的地进入某一行业时，情况更是如此。

新进入者威胁的严峻性取决于一家新的企业进入该行业的可能性、进入壁垒以及预期的报复。其中第一点主要取决于该行业的前景如何，行业增长率高表明未来的赢利性强，而眼前的高利润也颇具诱惑力。对于以上威胁，企业需要研究进入壁垒的条件因素，如汽车工业规模经济是进入壁垒的重要条件，此外还有产品的差异也是进入壁垒的主要条件之一。

4）替代品的威胁

替代品是指那些与客户产品具有相同功能或类似功能的产品。替代品会给企业甚至行业带来威胁，替代品竞争的压力越大，对企业的威胁就越大。

决定替代品竞争压力大小的因素主要有：替代品的盈利能力；替代品生产企业的经营策略；购买者转换成本的高低。

行业中的每一个企业或多或少都必须应付以上各种力量构成的威胁，而且必须面对行业中的每一个竞争者的举动。一般地，企业可以通过设置进入壁垒，包括增强产品差异化和提高顾客转换成本来保护自己。

以上五种作用力会随某个产业的发展而变化，可以决定产业内不同企业的盈利能力。企业可以通过其战略能改变五种作用力对自己的影响，从而从根本上改善产业的吸引力。

4. 波士顿矩阵法（BCG 分析法）

该种方法是波士顿咨询集团创立的，它选择市场增长率（Market Growth Rate）和相对市场占有率（Relative Market Share）两个指标作为分析工具。其中，市场增长率是指企业所在行业某项业务前后两个统计期（如年度）的市场销售增长的百分比，如年度销售增长率，这一百分比表示经营业务所在市场的吸引力。市场占有率，是指企业在统计期和某市场范围内，企业实现的销售量（额）占整个行业总销售量（额）的百分比，它反映企业在行业中的地位。而相对市场占有率，是指在统计期和某市场范围内，企业实现的销售量（额）与最大竞争对手实现的销售量（额）之比，用以反映企业与其竞争者的实力对比关系。

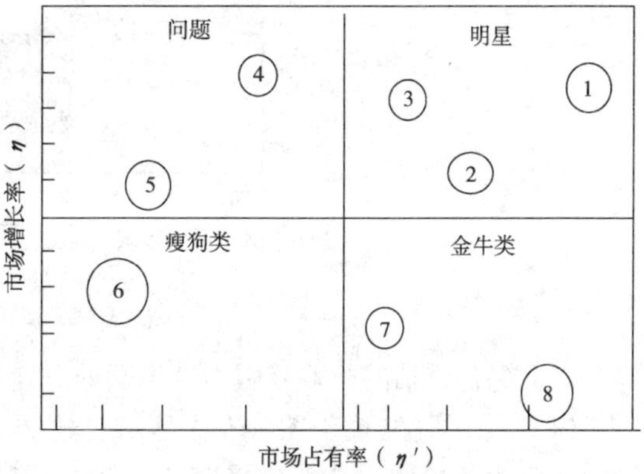

图 3-2　波士顿咨询集团法（BCG）分析矩阵

BCG 分析法，选择市场增长率 η 和相对市场占有率 η' 两个指标，组成“市场增长率/市场占有率”矩阵。其中市场增长率 η 的高低可依具体情况确定，图 3-2 假设以 10% 为分界线；相对市场占有率 η' 以 1.0 为分界线；图中的圆圈代表企业的战略经营单位或业务，圆圈的位置由各单位或业务的市场增长率和市场占有率的数值决定,圆圈的大小表示各单位或业务的销售额的大小。

依据以上分析方法,可以将企业的战略经营单位或业务划分为以下四种类型。企业对处于不同类别的单位或业务,应采用不同的投资战略。

(1)“明星”类。市场增长率和相对市场占有率都较高($\eta>10\%$,$\eta'>1.0$),此类业务一般处于迅速成长期,在增长上和获利上有着极好的长期机会,但需要大量的投资。企业应在短期内优先供给它们所需的资源,支持其快速发展。

(2)“金牛”类。市场增长率低,但竞争能力高($\eta<10\%$,$\eta'\geqslant1.0$),此类业务一般处于成熟的低速增长的市场之中,市场地位有利,盈利率高,本身不需要大量投资,是企业利润的主要来源,宜采用保持政策。

(3)“问题”类。市场增长率高,但竞争能力不强($\eta>10\%$,$\eta'\leqslant1.0$),此类业务一般是处于市场导入期,通常处于最差的现金流量状态。一方面,市场增长率高,需要大量的资金支持;另一方面,其相对市场份额较低,能够生成的资金很少,市场风险较大。企业要力求将此类业务转化成“明星类”业务;如果这种可能性不大,应考虑淘汰。在对此类业务决定是否进一步投资时,要判断使其转化为明星类业务所需的投资量,分析其未来盈利,两相比较,慎重行事。

(4)“瘦狗”类。市场增长率和竞争能力都不高($\eta<10\%$,$\eta'<1.0$),此类业务一般是处于衰退期或开发失败的,不宜过多地追加投入,如这类业务还能自我维持,则应缩小经营范围,加强内部管理;如已彻底失败,应及早清理业务或退出经营。

5. 通用电器公司法(GE 分析法)

该方法又被称为“多因素投资组合矩阵”分析法,是通用电器(General Electricity)公司创立的。它认为分析业务组合应选用更为全面的指标,因而选用两类指标:①行业吸引力,包括市场容量、销售增长率、利润率、竞争者强弱、商业周期性、季节性、规模经济等因素;②竞争能力,包括市场占有率、价格竞争力、产品质量、用户熟悉程度、推销效率和市场地理位置等因素。上述两类指标各分三级,排列组合后共九个方格,如图 3-3 所示。

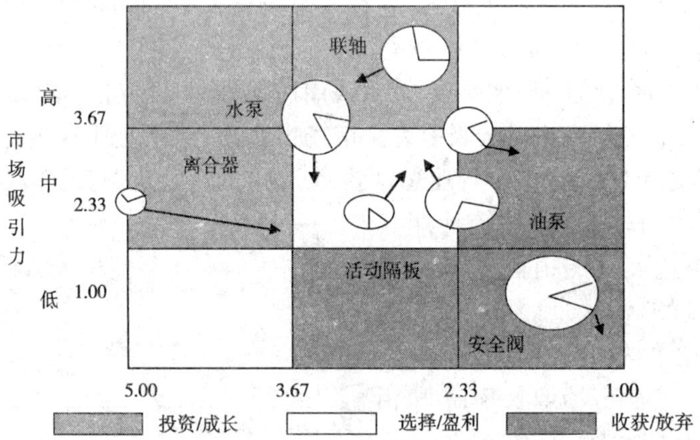

图 3-3 GE 模式分类业务优势

根据综合评估的行业吸引力和经营业务竞争能力,可将企业的战略单位或业务分为三类:

(1)“绿区”类,位于图中左上区域。这类业务具有很强的行业吸引力和竞争能力,是最强的战略业务单位。企业应采取拓展战略,追加投资,促其发展。

(2)“黄区”类,位于图中中部区域。这类业务不能同时具备较强的行业吸引力和竞争力,总吸引力处于中等状态。企业应采取选择/盈利战略。

(3)“红区”类,位于图中右下区域。这类产品的行业吸引力和竞争力都较弱,是没有前途的产品。企业不应再投资,宜采取收割/放弃战略。

六、企业的增长战略

当企业需要业务扩张时,企业总体战略规划中就要确定企业的增长战略(Growth Strategies)。通常,企业会首先在现有业务上寻找发展机会,再在与现有业务相关的领域拓展业务,然后再考虑与目前业务无关,但有较强吸引力的业务。这样,就有三种相应的增长战略。

1. 产品市场增长战略(Product-Market Growth Strategy)

这种战略又被称为密集式增长战略。具体包括:①市场渗透战略,指企业设法在现有市场上增加现有产品的市场份额。②市场开发战略,指企业以现有产品为基础,努力开发新市场,但这种努力的风险一般不应太大。③产品开发战略,指企业以现有市场为对象,开发新产品,为市场提供新功能的产品。

2. 一体化增长战略(Integration Growth Strategy)

这种战略是依托企业的现有业务,在相关领域寻求增长的战略。具体包括:①后向一体化战略(Backward Integration)。指企业收购一个或几个供应商以增加盈利或加强控制,如主机企业对供应厂家采取收购、控股和参股等方法,推进企业走向集团化,以达到稳定供应渠道、稳定产品质量、分享供应链上游利润的战略。②前向一体化战略(Forward Integration)。指企业自行生产其生产链上的下游产品或收购批发商或零售商以控制分销渠道的战略(与物流方向一致)。目前,汽车厂商通过合资、参股等形式对重要经销商进行投资,就是前向一体化战略。③水平一体化战略(Horizontal Integration)。指企业收购同一经营领域的竞争企业或经营单位。水平一体化战略,通过横向整合扩大企业的可利用资源,有利于提高市场占有率。

企业在选择利用一体化增长战略时,注意一定不要重复过去的“大而全、小而全”国有企业的老路上去,要注重培育企业自己的核心竞争力,努力扩张核心业务,充分做好核心业务的供应链管理。

3. 多样化增长战略(Diversified Business Growth Strategy)

这是一种与企业现有业务跨度较大的增长战略。具体包括:①同心多样化战略。指企业开发与本企业现有产品线的技术或营销有协同关系的新产品。如汽车厂商生产经营军用车辆、兵器、农业机械等。②水平多样化战略。指企业开发与企业现有产品在技术上关系不大的新产品,进入新的市场。③跨行业多样化战略。指企业发展与现有市场、技术和产品基本无关的新产品。例如,意大利菲亚特集团的经营范围涉及汽车、钢铁、房地产、金融等众多行业。通用、福特、雷诺、丰田等汽车公司也都是跨行业多样化经营的大型跨国公司。跨行业多样化经营最大的优点在于可分散行业风险,但企业在决定跨行业经营时,应选准行业,切不可轻率地闯进陌生行业。

七、战略规划的实施

汽车厂商确立了战略规划后,还必须将处于战略思想阶段的战略计划目标转变为战略行动,即实施战略。可以这么说,战略制定关注做正确的事,战略实施则关注把事做正确。

战略实施强调通过实际行动实现战略计划目标，这个行动过程主要包括以下具体方面：制定年度目标、拟定相应政策、激励公司员工、有效分配资源、营造战略文化、构建有效机构、调整目标市场、准备财务预算、完善信息系统并调动员工实施战略的积极性。在战略实施过程中，必须做好战略实施的组织工作、控制工作、监督工作和信息反馈工作。战略实施者需要制定纪律和激励员工，要协调企业的营销、财务、研究与开发和计算机信息系统等部门的活动，建立支持战略的企业文化和组织结构。

不同的汽车厂商，在战略实施过程中会遇到各种不同突发性、偶然性问题。战略实施强调原则上的灵活性、非常情况下的应变性和日常行动中的创造性。战略实施者应能动地采用各种"领导艺术"，调动一切积极因素，以最低的成本、最好的收益去实现战略计划目标，同时还要善于总结、不断创新。

第二节　汽车市场营销竞争战略

正如战略专家迈克尔·波特所说，"竞争优势是任何战略的核心所在"。在这个以战略取胜的年代，汽车厂商的战略根本点不限于产品的价格和性价比，而在于动态地建立和调整成功关键要素的竞争优势，只有这样，才能保证企业拥有持续的竞争力。要建立竞争优势，必须采取有效的竞争战略（Competitive Strategy）。

一、竞争对手分析

知己知彼，百战不殆。有效的竞争战略必须以对竞争对手的分析为基础。

1. 竞争对手分析的内容与步骤

一般来说，竞争对手分析的内容和步骤如下。

1）辨别企业的竞争者

通常，可以从产业和市场两个方面来辨别企业的竞争者。从产业方面来看，竞争者通常是与本企业提供的产品或服务相类似，并且有相似目标顾客和相似价格的企业，通常称之为"品牌竞争者"，这是通常辨别企业竞争者的方法。从市场方面来看，竞争者通常是与本企业争夺顾客的不同行业的企业，称为"欲望竞争者"。在这种情况下，顾客购买了竞争对手的产品或服务后，由于受到购买能力的限制，而抵消或降低了顾客对本企业产品或服务的需求欲望或购买能力，如房地产企业与轿车企业的竞争。

现代市场营销理论根据企业在市场上的竞争地位不同（如市场占有率高低），把企业分为四种竞争类型：市场领导者、市场挑战者、市场追随者和市场利基者。即：

（1）市场领导者（Marketing Leader）。指在市场上具有最高市场占有率的企业，如日本汽车市场上的丰田汽车公司，美国市场上的通用汽车公司等。主导企业在价格变动、新产品开发、分销渠道和促销策划等方面处于行业主导地位，是市场竞争的导向者，也是其他企业挑战、效仿或回避的对象。

（2）市场挑战者（Marketing Challenger）。指市场竞争地位仅次于主导企业，并能够经常向主导企业或其他竞争者发起挑战的企业。如日本汽车市场上的日产和本田汽车公司，美国市场上的福特汽车公司等。

（3）市场追随者（Marketing Follower）。指跟随、模仿主导企业或挑战型企业，并从事与之类似产品的生产与服务的企业。这类企业市场竞争地位处于挑战企业之后，一般不向其他企业主动发起挑战。

(4)市场利基者(Marketing Nicher)。指精心服务于某一细分市场,通过专业化经营来占领有利市场位置的企业。这类企业大多是综合竞争实力不强但产品特色明显的中小企业或新企业,一般不与骨干企业竞争。我国许多客车、专用车和特种汽车制造厂都属于这类企业。

及时而准确地辨别企业的竞争者,尤其是及时辨别潜在竞争者有时并不容易。20世纪60年代后期,日本汽车开始进入美国低档轿车市场,当时并没有引起美国汽车厂商的重视。美国人认为,日本车的设计不符合美国人的消费偏好,不可能成为美国汽车市场的主流产品,当时只有没有经济能力的大学生才买日本车。然而,随着20世纪70年代石油危机的到来,油价急剧上涨,美国汽车市场的外部环境发生了很大变化,这才使美国消费者关注日本车。美国人发现,日本车不仅省油,而且维修次数少,服务也好。于是,日本车开始深入美国人心,走俏市场,给美国本土的汽车工业造成了巨大冲击,并使美国在20世纪80年代丧失全球第一汽车生产大国的地位。

2)确定竞争者的目标和营销策略

企业在确定了自己的竞争者之后,还要进一步弄清每个竞争者的目标和营销策略。企业必须了解竞争对手在市场里找寻什么,竞争对手行为的驱动力是什么,还必须考虑竞争对手在利润目标以外的目标以及竞争对手的目标组合,关注竞争对手攻击不同产品和市场细分区域要达到的目标。此外,企业还必须弄清竞争者为达到其营销目标所采取的营销策略。在多数行业里,竞争对手可以分成几个追求不同战略的群体,采取相同或类似战略的一群企业称为战略性群体。企业必须确认竞争对手所属的战略群体,这关系到本企业的某些重要认识和决策。

3)确认竞争者的优势和劣势

评估竞争者的优势和劣势,目的是避其锋芒,找其弱点,攻其不备。确认竞争者的优势和劣势,必须广泛搜集竞争对手的信息。可以建立竞争对手信息采集分析系统来对竞争对手经营管理方方面面的信息进行采集。在资料搜集过程中,对手资料范围也可以根据实际情况给予增加或减少,每一个方面的资料和数据内容可以进行细化并加以初步分析。

2. *竞争对手分析方法*

前述战略规划分析工具,如波特的"五力"模型、波士顿矩阵分析等,也适用于分析竞争对手。以下再补充介绍迈克尔·波特的竞争对手分析模型和价值链分析方法。

1)竞争对手分析模型

波特在《竞争战略》一书中提出了竞争对手的分析模型。根据竞争对手分析模型,可从四个方面分析竞争对手:①分析竞争对手的现行战略,要列出竞争对手所采取的战略,并深入分析竞争对手目前正在做什么、将来能做什么,以便本企业能做出及时而有效的回应;②分析竞争对手未来目标,从而看出是什么因素在驱使竞争对手向前发展;③分析竞争对手的竞争实力,找出本企业与竞争对手的差距及企业在市场竞争中的优势和劣势,从而更好的改进本企业的工作;④分析竞争对手对自身竞争实力和产业的自我假设,从而清楚地看到竞争对手对自身的战略定位,以及他们对行业未来发展前景的预测。通过掌握这些正确或不正确的假设,可以从中找到发展的契机,从而使本企业在竞争中处于有利的地位。

2)价值链分析法

深入理解竞争对手的价值链,是企业制定竞争战略的一个有益和有效的方法。

迈克尔·波特认为:“每一个企业的价值链都是由以独特方式联结在一起的几种基本的活动类别构成的”,这些基本的活动类型有很大的潜力为顾客提供各自的价值,并帮助企业建立竞争优势。企业与其竞争对手的价值链差异就可能蕴含着潜在的竞争优势。

价值链分析包括以下内容:①识别价值活动。价值活动分为内部后勤、生产经营、外部后勤、市场营销、服务五种基本活动和采购、技术开发、人力资源管理、企业基础设施四种辅助活动;②确立活动类型。每类基本和辅助活动中都有直接活动、间接活动和质量保证三种不同类型,直接活动是指零部件加工、安装、产品设计、销售等直接为买方创造价值的各种活动;间接活动是指那些使设备维修与管理、工具制造、原材料供应与储存、新产品开发等使直接活动持续进行成为可能的各种活动;质量保证是指监督、视察、检测、核对、调整和返工等保证质量的各种活动;③分析企业的竞争优势。企业竞争优势主要来源于价值活动本身、价值链内部联系及企业价值链与供应商、渠道价值链和买方价值链之间的外部联系等三个方面。

二、汽车厂商的竞争战略与策略

每个企业都要依据自己的目标、资源和环境,以及在目标市场上的地位,来制订竞争战略和策略,即使在同一企业中,不同的产品也应有不同的竞争战略与策略。

1. 竞争战略

概括地讲,企业的竞争战略有以下几种基本形式。

1)成本领先战略(Cost Leadership Strategy)

成本领先战略在于追求规模经济、改进生产技术、提高运作效率、降低人工成本、优惠获取原材料等因素,获得低成本、低价格和较高市场占有率的优势,以赚取高于竞争者的利润,或建立进入壁垒把竞争者拒于市场之外。特别是规模经济在企业获取低成本中发挥着重要的作用。实施成本领先战略,通常要求企业具备较高的相对市场份额或其他优势(诸如与供应商的良好关系等)。

2)产品差异化战略(Products Difference Strategy)

差异化战略是将企业提供的产品或服务差别化,通过差别实现独特性。实现差异化战略可以有许多方式,如独特的形象设计、独特的技术应用、独特的性能结构、独特的功能满足、独特的商业网络和独特的经营运作等。最理想的情况是在几个方面都能够实现差异化。例如某企业不仅以其独特的商业网络和优良的零配件供应服务著称,而且以其优质耐用的产品质量享有盛誉。

差异化战略是企业赢得竞争成功的有效战略。但在推行差异化战略时,有时会使得企业付出很高的成本代价。

3)经营集中化战略(Business Centralization Strategy)

集中战略是集中力量为某一个或几个细分市场提供最有效服务的一种战略,通过充分满足顾客的特殊需要,从而争取局部竞争优势。如美国的联合服务汽车协会只为军官提供保险服务,在美国享有盛誉。因为军官们的流动性相对较高,联合服务汽车协会不必像其他承保人那样聘用昂贵的推销人员,可以节约服务费用,获得远低于全社会平均水平的赔偿的风险,从而实现经营成功。

波特认为,每一个公司必须明确地从这三种战略中择其一而为之,徘徊其间、战略不明的公司会处于极糟糕的竞争地位。但目前也有人对这种观点持不同看法,如有些研究者认为，一个在成本上领先的企业也不能忽视其产品的差异化。

在现实生活中，如果一个企业既能做到有效的差别，又能保持低廉的价格，实现战略融合，那么它就有可能成为市场的领导者。例如，丰田公司成本不是最低，但却能在行业中获得竞争优势，原因就在于做到了差异化和低成本的相对统一，从而为顾客提供了最佳的性价比。需要说明的是，战略融合虽然有着巨大潜力，但也伴随着巨大的风险，企业要警惕被夹在中间，无力做到不同战略的和谐统一。

值得关注的是，传统经营理念使得企业通常在以产品竞争为事实的基础上建立竞争战略，而没有认识到顾客的观念对于市场竞争的重要性。观念竞争战略认为，市场营销应紧紧围绕着顾客的观念进行，市场竞争不是产品本身之争，而是顾客观念之争。以丰田、日产、本田三个厂商为例，他们在日本本土市场的销量排序依次占据第一、二、三位，但在美国市场的排序却是第二、三、一位。这种市场差异，是产品事实竞争理论无法解释的，因为三家公司的产品，无论是质量、款式、动力、价格、服务等方面，都大体处于相似或相近的水平，理论上三家公司应该有相似或相近的市场表现。事实上，正是由于日、美两国消费者的信念差异才导致三家公司市场的差别。在日本，众所周知本田原来是一家生产摩托车的企业，即使本田汽车的质量很高，也很难改变日本民众“摩托车厂商”的信念；但在美国，消费者关于本田是“摩托车厂商”的信念便不是很浓，本田汽车的高质量就很容易被美国人接受。可以说，本田公司由于更善于运用观念竞争战略，才使得其在美国市场上赢得更好的竞争业绩。

除了以上战略外，还有创新取胜、优质取胜、技术取胜、服务取胜、速度取胜及宣传取胜等战略战术。

2. 竞争策略

各个汽车厂商由于在市场上所处竞争地位不同，故应采取不同的竞争策略（Competitive Tactics）。

1）市场领导者的竞争策略

市场领导者为了维护自己的优势，保住自己的领先地位，通常可采取以下三种策略：

（1）扩大市场需求总量。一般说来，市场领导者可从三个方面扩大市场需求量：①发现新用户；②开辟新用途；③增加使用量。

（2）保护市场占有率。市场领导者经常面临挑战者的进攻，必须严守阵地，加强防御，维持其市场地位。市场领导者可选择的防御策略有：①阵地防御，就是在现有阵地周围建立防线，只保护自己目前的市场和产品。这是一种静态的防御，如果将所有力量都投入这种防御，就可能变成“营销近视症”，例如，当年亨利·福特对他的T型车就染此疾患；②侧翼防御，指市场领导者除保卫自己的阵地外，还建立某些辅助性的基地作为防御阵地或必要时的反攻基地，特别是注意保卫自己较弱的侧翼，以防止对手乘虚而入，如前述的20世纪70年代美国几大汽车公司因没有注意侧翼防御，被日本抢去大片阵地；③以攻为守，即先发制人，在竞争者尚未进攻之前，先主动展开攻击；④反击防御，当市场领导者遭到进攻时，不能只是被动应战，应主动反攻入侵者的主要市场阵地，可实行正面反攻、侧翼反攻，或发动钳形攻势，以切断进攻者的后路；⑤运动防御，不仅防御目前的阵地，而且还要扩展到新的市场阵地，作为未来防御和进攻的中心；⑥收缩防御，在所有市场阵地上全面防御有时会得不偿失，在这种情况下，最好是实行战略收缩，即放弃某些疲软的市场阵地，把力量集中用到主要的市场阵地上去。

（3）提高市场占有率。设法提高市场占有率，是增加收益、保持领先地位的一个重要途径。美国的一项研究表明，市场占有率是与投资收益率有关的最重要的变量之一。市场占有率越高，投资收益率也越大。

汽车工业本身是一种垄断竞争行业，在我国目前情况下，市场领导者主要采取的是进攻策略。进攻的对象一般选择比自己实力差的中小企业，通过兼并、联合等多种形式推进汽车工业走向集中，最终形成只有少数几家大型企业集团有序竞争的汽车工业格局。这是被世界汽车工业发展反复证明过的有效竞争策略，也是符合汽车工业客观发展规律的。

2）市场挑战者的竞争策略

市场挑战者是市场中最具进攻性的企业。市场挑战者如果要向市场领导者和其他竞争者挑战，首先必须确定自己的战略目标和挑战对象，然后选择适当的进攻战略。

（1）确定战略目标和挑战对象。战略目标与进攻对象密切相关，对不同的对象应有不同的目标和战略。一般说来，挑战者可在下列三种情况中进行选择：①攻击市场领导者。挑战者需仔细调查研究领导者的弱点和失误，如研究市场上有哪些尚未被满足的需要，领导者有哪些使顾客不满意的地方等。这种挑战富有刺激性，挑战者应认真分析成功机遇和失败的风险，适时调整竞争战略，从而实现企业以弱胜强的长远目标。如通用汽车公司在20世纪20年代成功实现了对福特汽车公司的赶超；②攻击与自己实力相当者。设法夺取他们的市场阵地；③攻击小企业。将实力不如自己的竞争对手逐出竞争领域，或收编成自己的一部分。

加入世贸组织后，我国汽车产业实现了以前迫切希望的扩大规模、提高竞争力的愿望，但是我国汽车厂商总体规模依然偏小。从国际汽车产业发展现状来看，年产销100万辆以下的汽车公司已经不能单独存在，200万辆规模的也面临重组局面。战略重组、做大做强仍将是中国汽车业发展的必经之路。在我国汽车工业大发展的今天，各个企业应认真选择好自己的竞争对手，确立正确的竞争目标，抓住发展的有利时机，以使本企业获得更大的发展。

（2）选择进攻战略。在确定了战略目标和进攻对象之后，挑战者可供选择的进攻战略有：①正面进攻，集中全力向对手的主要市场阵地发动进攻，在这种情况下，进攻者必须在产品、广告、价格等方面超过对手，才有可能成功；②侧翼进攻，集中优势力量攻击对手的弱点，有时可采取"声东击西"的战略，佯攻正面，实际攻击侧面或背面，这又可分为两种情况：一种是地理性侧翼进攻，即在全国或全世界寻找对手力量薄弱地区；另一种是细分性侧翼进攻，即寻找领导者尚未为之服务的细分市场，在这些细分市场上迅速填空补缺；③包围进攻，在挑战者拥有优于对手的资源，并确信围堵计划的完成足以打垮对手时，可进行这种全方位、大规模的进攻；④迂回进攻，这是一种最间接的进攻战略，即完全避开对手的现有阵地而迂回进攻，具体办法有三种：一是发展无关的产品，实行产品多角化；二是以现有产品进入新的市场地区，实行市场多角化；三是发展新技术、新产品，取代现有产品；⑤游击进攻，主要适用于规模较小、力量较弱的企业，游击进攻的目的在于以小型的、间断性的进攻干扰对手的士气，但需注意的是，如果要想打倒对手，光靠游击战不可能达到目的，还需要发动更强大的攻势。

市场挑战者的进攻战略多种多样，一个挑战者不可能同时运用所有这些战略，但也很难单靠某一种战略取得成功，通常是设计出一套战略组合即整体战略，借以改善自己的市场地位。

3）市场追随者的竞争策略

由于这类企业一般不需自己投资研制新产品，获利能力一般并不差。这类企业多属实力不强的中小企业。如我国汽车行业的非骨干企业他们通常是生产与骨干企业类似的产品,甚至是购买骨干企业生产的零部件从事装配生产。他们通常也有三种策略:

(1)紧密跟随。这种战略是在各个细分市场和市场营销组合方面,尽可能仿效领导者。这种跟随者有时好像是挑战者,但只要它不从根本上侵犯到领先者的地位,就不会发生直接冲突。

(2)距离跟随。这种跟随者在目标市场、产品创新、价格水平和分销渠道等主要方面都追随领导者,但仍与领导者保持若干差异。这种跟随者可通过兼并更小的企业而使自己发展壮大。

(3)选择跟随。这种跟随者在某些方面紧跟领导者,而在另一些方面又自行其是。这种跟随者不是盲目跟随,而是择优跟随,在跟随的同时发挥自己的独创性,但不进行直接的竞争。选择跟随者之中有些可能发展成为挑战者。

追随者经营上不同于假冒伪劣者,他属于正常的经营者,其产品有自己的品牌和商标,产品上注明制造企业名称等,而假冒者则隐瞒实情,冒充其他企业名称及产品商标,旨在以假乱真、以次充好,属于不正当经营。

4)市场利基者的竞争策略

此类企业的竞争策略主要是寻找竞争对手所忽略的市场空隙,致力于在空隙中生存和发展。作为市场补缺者,要完成三个任务:创造补缺市场、扩大补缺市场、保护补缺市场。市场利基者只要仔细经营,通过为用户提供满意的产品和服务,通常可以获取较大的投资收益率,利润率常常超过大型企业。

在我国汽车市场上,目前还存在着众多的中小型企业。从长远看,此类企业应向着市场利基者发展。据资料介绍,在汽车生产大国,专用汽车的年产量占普通商用汽车产量的比例很高。如美国有近千家专用汽车厂,其中约有一半的企业职工不足20人,每种专用车的年平均订货水平只有几辆、几十辆。由此可见,生产特种、专用汽车是这批中小企业的良好出路,只要产品富有特色、产品质量过硬、价格合适,企业就会获得经营成功。

我国具有5000年的文明史,古代军事家为我们留下了丰富的军事战略战术理论。在今天,企业为了争夺市场,赢得顾客,市场竞争就像一场不流血的战争,充满着优胜劣汰。作为企业经营活动领军人物的企业家,应善于借鉴军事战略战术,将其正确地运用到现代企业营销活动中,以不断地提高本企业在市场竞争中的地位。

第三节　汽车目标市场营销战略

现代市场营销理论认为,企业通常无力在所有的市场上都能够形成优势地位。在这种情况下,企业应该对市场进行细分,对各个细分市场进行全面评估,根据自己的经营能力选择最恰当的细分市场作为自己经营的目标市场,并在目标市场上做好市场定位和有效地开展营销活动,从而取得经营成功。这就是目标市场营销战略,其基本过程,通常包括三个行动步骤,即市场细分、目标市场选择和市场进入。

一、汽车市场细分

随着汽车产业的快速发展,汽车产品线不断丰富,消费者的观念越来越趋向成熟和理性化,市场竞争不断加剧,因此,汽车市场细分化成为必然趋势,做好市场细分是企业推行目标市场营销战略的基本前提。

1. 市场细分的概念

所谓的市场细分(Market Segmentation),就是企业根据市场需求的多样性和购买者行为的差异性,把整个市场(即全部用户)划分为若干具有某种相似特征的用户群(即细分市场),以便执行目标市场营销的战略和策略。市场细分所形成的具有相同需求的用户群体称为细分市场,或子市场(分市场、次级市场等)。

市场细分概念的形成和出现,经历了如下三个阶段。

(1)大量营销阶段(Mass Marketing)。企业面向整个市场销售同一种产品,不考虑用户的需求差异,在生产观念指导下的营销战略即属此类。

(2)产品多样化营销阶段(Product Differentiated Marketing)。企业提供多种不同规格、质量、特色的同类产品,以向用户提供较大的选购范围。但是,企业只考虑自己现有的设计、技术能力而未研究顾客需求,缺乏明确的目标市场。

(3)目标市场营销阶段(Target Marketing)。从20世纪50年代开始,买方市场的严峻形势,使许多企业认识和接受了市场营销观念。这些企业在市场营销观念指导下,开始辨别各个不同的市场部分和购买群体,选择其中一个或几个市场部分为其目标市场,集中力量很好地为目标市场服务,逐渐开始了目标市场营销。

基于市场细分的目标市场营销理论的产生,被西方营销理论学家称为是"市场营销的一次革命"。它使传统营销观念和方法发生了根本性的变革,在市场营销理论和实践上均产生了巨大影响。市场细分及其目标市场营销不仅适合于实力较强的大型企业,还特别适合实力不强、资源相对有限的中小型企业。

2. 市场有效细分的标准和原则

通常,可按以下标准进行市场细分与划分:①地理位置;②人口特点,主要指消费者的年龄、家庭类型、性别、收入水平、受教育程度等;③购买者心理,主要指消费者的生活态度、个性、购买动机以及消费习惯等;④最终用户的类型;⑤用户规模;⑥用户的购买特点,主要指购买者的购买能力、购买目的、购买方式、购买批量、付款方式、采购制度和手续等。在大多数情况下,市场细分通常不是依据单一标准细分,而是把一系列划分标准结合起来进行细分。

为了使细分市场有效和富有意义,营销人员在进行市场细分时,必须要把握好一定的原则。这些原则包括:①差异性,指各细分市场客观上必须存在明确的差异;②可衡量性,指细分市场现有的和潜在的需求规模或购买力是可以测量的;③可进入性,指企业拟作为自己目标市场的那些细分市场,企业必须有能力进入,能够为之服务,并能占有一定的份额;④收益性,指企业在细分市场上要能够获取期望的盈利;⑤稳定性,细分市场不能变化过快。

3. 汽车市场常见的细分方法

通常情况下,可按以下方法对汽车市场进行细分。

(1)按汽车的基本用途不同,汽车市场可分为:①乘用车市场,指专门乘坐人员、坐位数不超过9座,并能够携带随身物品的各类车辆(包括轿车、越野小客车、运动休闲车等,轿车是主要部分)所构成的市场;②商用车市场,指除乘用车以外的所有客车、载货汽车和专用汽车等汽车产品所构成的市场。

(2)按我国对汽车产品类型的传统划分标准,汽车市场可分为:①载货汽车市场;②越野汽车市场;③自卸车市场;④专用汽车市场;⑤特种汽车市场;⑥客车市场;⑦轿车市场等。

在每类市场中，还可以进一步细分，如对载货轿车市场可以进一步分为重型、中型、轻型和微型载货汽车市场，对轿车可以进一步分为豪华轿车、高级轿车、中高级轿车市场、普及型轿车和微型轿车市场，对客车市场可以进一步分为大型、中型、轻型和微型客车市场。

(3)按购买者的性质不同，汽车市场可分为：①机关公务用车市场；②商务及事业性单位用车市场；③生产经营性用户需求市场；④私人消费性用户需求市场等。

(4)按汽车产品的完整性不同，汽车市场可分为：①整车市场；②部件市场(含二、三、四类底盘)；③汽车配件市场。

(5)按汽车使用燃料的不同，汽车市场可分为汽油车市场、柴油车市场、新型燃料车市场。

(6)按地理位置不同，汽车市场可分为城市汽车市场和农村汽车市场，也可以按照区域划分为不同的区域市场，如东部沿海地区、中部地区、西部地区等汽车市场，或者划分为东北、华北、华东、中南、西南和西北等区域市场。

(7)按汽车保有量变化与否，汽车市场可分为：①新增需求市场；②更新需求市场。其中，汽车保有量是指全社会拥有的可以上路行驶的各类汽车的总量(辆)。

(8)按是否具有军事用途，汽车市场包括：①军用汽车市场；②民用汽车市场。

(9)按是否属于首次向最终用户销售，汽车市场可分为新车市场、二手车市场等。

总之，汽车市场的细分，应选择恰当的变数，能够将汽车市场有效地细分开来，并有利于汽车厂商进行市场评估和开展目标市场营销。

二、目标市场选择

由于受到企业资源和能力的约束，并非所有的市场机会都是企业的营销机会，汽车厂商必须从各细分市场中选择最富有吸引力的市场作为自己的目标市场(Target Market)——即企业决定要进入的细分市场。

1. 目标市场评估

企业在选择目标市场时，必须首先对各细分市场进行评估，包括对市场潜力、竞争状况、本企业资源和营销能力等多种因素进行综合分析后，才能决定将哪些细分市场作为自己的目标市场。汽车厂商在选择目标市场时，通常应根据以下标准和原则对细分市场予以评估。

1)目标市场应具有足够的需求规模和增长潜力

企业进入某一市场总是期望能够有利可图，如果市场规模太小或者趋于萎缩状态，致使企业不能获得足够的利益，这样的细分市场便不宜作为目标市场。如果企业所选择的目标市场具有足够大的现实需求，或者具有良好的需求增长趋势，企业将这样的市场作为目标市场就会取得经营上的成功。尤其当这样的市场还未被竞争对手发现时，企业常常会赢得一个只属于自己的市场。如日本本田公司在美国就为自己的中高级轿车成功地找到了自己的目标市场——刚刚和即将富裕起来的中青年消费者市场。20世纪80~90年代，本田公司在向美国推出中高级轿车时，没有凭借其产品价格较低、技术含量较高等特点，去与“奔驰”、“奥迪”、“富豪”等高级轿车品牌，在一个已被瓜分的市场——即一部分早就富裕起来并拥有高级轿车的中老年消费者市场上展开竞争。本田公司根据预测，随着当时美国社会两人收入家庭的增多，年轻消费者可随意支配的收入将越来越多，涉足高级轿车市场的年轻人也将越来越多。与其在传统市场上与列强竞争，不如去开辟一个尚未被竞争对手重视的新兴市场。本田的成功经营，表明当初其目标市场选择是正确的。

2）目标市场应具有足够的吸引力

细分市场除了需要从需求规模和发展特征进行评估外，还需要从来自同行业竞争、潜在的新加入者的竞争、替代产品的竞争、购买者和供应商讨价还价能力等角度，综合评价细分市场的盈利性和吸引力。细分市场只有具备长期的盈利能力，才能够成为企业的具有市场吸引力的目标市场。

2. 目标市场选择

企业对细分市场进行科学评估后，还需要对自己的资源条件和经营能力进行评估，看看企业是否适合在某一细分市场上经营。企业只有选择那些自己有条件进入、能充分发挥其营销优势的市场作为目标市场，才有可能立于不败之地。

企业能力包括企业的市场营销能力、财务能力、生产能力、组织能力等，通常可以应用表3-1作为企业能力结构的分析工具。

企业能力结构分析表 表3-1

能力要素		现有能力评价			需要的能力水平			评价结论
		强	中	弱	强	中	弱	
市场营销能力	市场知名度和信誉							
	市场占有率							
	产品质量							
	产品成本							
	分销成本							
	销售力量							
	研究、开发、创新能力							
	地理优势							
	原材料优势							
财务能力	资金能力							
	筹资能力							
	盈利能力							
	资金稳定							
生产能力	新的先进设备							
	规模经济							
	满足需要的能力							
	员工素质							
	交货能力							
	技术与制造工艺							
组织能力	领导者素质							
	员工精神与企业文化							
	组织结构							
	对变化的响应能力							
	……							

下面是宝马(BMW)汽车公司20世纪70年代在美国选择目标市场的案例。在20世纪70年代中期,宝马汽车在美国市场上将目标对准当时的高级轿车市场。调查发现,当时美国的高级轿车消费者不喜欢宝马汽车,市场接受程度无法与其他高级轿车品牌媲美。于是,宝马公司决定将目标市场转向收入较高、充满生气、注重驾驶感受的青年人市场。因为该市场的消费者更关心汽车的性能,更喜欢能够体现不同于父辈个性和价值观的汽车。为吸引这个市场的消费者,厂商就突出宣传该车的高超性能,结果有了很大起色,到1986年销售量已接近10万辆。然而,到20世纪80年代末、90年代初,美国经济开始走向萧条,原来的目标消费者已经成熟,不再需要通过购买高价产品来表现自我,加上日本高级轿车以其物美价廉的优势打入美国市场,宝马汽车面临新的挑战。市场调查发现,消费者之所以喜欢“宝马”品牌的轿车,是因为它能给驾驶人一种与众不同的感觉,即“人驾驭车”而不是“车驾驭人”。驾驶“宝马”,消费者会感到更安全、更自信,因为消费者不仅可以感觉汽车、控制汽车,而且从“宝马”身上,他们还可以得到如何提高驾驶技术的反馈。于是,厂商又将目标市场对准下列三种人:相信“驾驶技术好的人应该驾驶好车”的消费者、为了家庭和安全希望提高驾驶技术的消费者、希望以高超驾驶技术体现个人成就的消费者。到1992年,尽管整个美国汽车市场陷入萧条,“宝马”的销售量却比1991年提高了27%。

三、目标市场营销战略与策略

企业在选择目标市场之后,就要仔细研究在目标市场上开展营销的战略和策略,认真做好市场定位和产品定位工作,以便正确开展目标市场营销。

1. 目标市场经营战略

企业进入目标市场时,首先要确定采取何种经营战略。经营战略的类型包括以下几种。

1)无差异化战略(Indistinctive Strategy)

无差异化战略是指企业在各个目标市场细分上,不考虑各子市场的特性差异,而只注重各子市场需求方面的共性,把所有子市场即产品整体市场看作为一个大的目标市场,设计一种产品和制订单一的市场营销组合,力求在一定程度上适应尽可能多的顾客需求。

实行无差异化营销战略的优点在于单一产品的生产可以减少生产与储运成本,无差异的促销可以节省促销费用。此外,企业还可以节约在市场调研、产品开发、制订各种营销组合方案等方面的营销投入。

这种战略对于需求广泛、市场同质性高且能大量生产、大量销售的产品比较合适。但是,事实上消费者对绝大多数产品的需求是不完全相同的。当众多企业推行无差异化战略时,往往会形成整体市场竞争激烈而一些顾客群的特殊需求却得不到满足的情况。

2)差异化战略(Distinctive Strategy)

差异化战略是指企业针对不同的细分市场设计不同的产品,并在定价、渠道和促销等方面都加以区别,以适应不同子市场的需求。

差异化战略通过不同的市场营销组合服务于不同的子市场,可以更好地满足不同顾客群的需要,通常会有利于扩大企业的销售总额,如果企业的产品可以同时在几个子市场上都具优势,就会大大增强消费者对企业的信任感。此外,该战略还可以分散企业的经营风险。差异化战略的主要缺陷在于增加了营销成本,还可能使企业的资源配置不能有效集中。资源丰富、能力强大的大型汽车厂商可以考虑实行这种营销战略。例如,美国通用汽车公司为“财富、目的和个性”各不相同的人生产不同的轿车。

3)集中战略(Concentric Strategy)

集中战略是指企业集中全部力量,只选择一个或少数几个性质相似的子市场作为目标市场,开发一种理想产品,实行高度专业化的生产与营销,试图在较少的子市场上占有较大的市场占有率。

集中战略特别适用于那些资源有限的中小企业,或初次进入新市场的企业。由于服务对象较集中,实行生产和营销的专业化,信息灵敏度强,成本支出减少,较容易在特定市场上取得支配性地位。但该战略最大的问题是风险也相对比较集中。

三种目标市场经营战略各有利弊。企业在进入目标市场时,必须考虑企业面临的各种因素和条件,如企业实力、产品、市场、竞争等特性。例如,钢铁市场的同质性较高,企业可以采取无差异营销,而对于汽车市场,企业最好采用差异性战略或集中战略。当竞争对手都实行无差异营销时,推行差异营销或集中营销的厂商最能获利。

2. 目标市场进入策略

企业进入目标市场,还必须讲究一定的策略。主要的进入策略有:①独立进入策略。企业依靠自身的力量,自己开发产品或服务,独立进行市场营销。这种策略需要企业具有必要的技术、资源、信誉及营销经验,它可以壮大企业的实力。②联合进入策略。企业依靠与合作者合作,共同开发市场,减轻独立进入市场的风险。这种策略要求合作各方能够优势互补,各取所长。③并购进入策略。企业通过并购方式,兼并或者控股,掌握相关企业的控制权,借被并购企业的原有资源进入市场。这种方式是大型企业拓展新业务的常见方式,如上汽集团就是通过与原柳州五菱汽车公司进行资产重组后,进入微型汽车市场的。

3. 市场定位

市场定位(Marketing Positioning),是指企业向其目标市场的消费者准确传导营销信息(如产品质量、价格、档次、价值取向、与竞争者的差异等),让目标用户对自己的营销特色留下深刻印象的过程。

1)市场定位战略

企业要做到准确定位,就要决策和实施恰当的市场定位战略。

(1)产品差别化战略。是从产品质量、产品特色等方面实现差别的战略。企业常常通过独特的产品特征实现产品的差别化,如日系车的经济性、美系车的宽敞性、德系车做工的精细性、沃尔沃的安全性,都是非常富有特色的。

(2)服务差别化战略。是向目标市场提供与竞争者不同的优质服务的战略。一般地,企业的竞争能力越强,越能体现在用户服务水平上,越容易实现市场差别化。如果企业将服务要素融入产品的支撑体系,就可以为竞争者设置"进入障碍",通过服务差别化提高顾客总价值。汽车作为技术密集的产品,实行服务差别化战略是非常有效的。

(3)人员差别化战略。是通过聘用和培训比竞争对手更优秀的人员以获取差别优势的战略。实践证明,市场竞争归根到底是人才的竞争,一支优秀的人员队伍,不仅会保证产品质量,还会保证服务质量。人员的素质通常包括人员的知识和技能、修养、诚实、责任心、沟通能力等。

(4)形象差别化战略。系指当产品在使用功效上与竞争者无明显差异的情况下,通过赋予产品不同的形象价值以获取差别的战略。

企业应结合自己的实力、产品优势及其他条件,综合分析研究,确立自己的定位战略。

2)市场定位的方法与过程

通常,可按下述程序进行目标市场定位。

(1)调查研究影响定位的因素。调查内容主要包括:①竞争者的定位状况,即企业要对竞争者的定位状况进行确认,并要正确衡量竞争者的潜力,判断其有无潜在的竞争优势。②目标用户对产品的评价标准,搞清楚用户最关心的问题,并以此作为定位决策的依据。

(2)选择竞争优势和定位战略。企业通过与竞争者在产品、促销、成本、服务等方面的对比分折,了解自己的长处和短处,从而认定自己的竞争优势,进行恰当的市场定位设计。

(3)准确地传播企业的定位观念。企业在做出市场定位决策后,还必须大力宣传,把企业的定位观念准确地传播给潜在用户,避免因宣传不当造成公众的误解,或者使得公众没有明确的认识。

4. 产品定位

产品定位(Product Positioning),是指企业通过一些重要的属性或要素,帮助消费者建立企业产品形象(相对于竞争产品)的过程,或者说是将市场定位企业化、产品化的过程。

1)产品定位的内容

在产品定位过程中,一般说来应该包括以下内容:①产品功能属性定位,即产品可以满足消费者怎样的需求;②产品线定位,即产品应该有怎样的产品系列和品种;③产品外观(含包装)定位,即产品应有怎样的外观形象或风格;④产品卖点定位,即向消费者提出怎样的购买主张最易被消费者认可;⑤基本营销策略定位,即企业应该做怎样的市场竞争者角色,确定怎样的价格策略、沟通策略与渠道策略等;⑥品牌属性定位,即确定怎样的品牌策略以及评估对企业各类品牌的价值影响。

2)产品定位分析

汽车厂商在进行产品定位前,必须进行产品分析。一般来说,应分析如下内容:①产品的性能,即分析产品的性能、特色、质量,与竞争对手相比存在的优势和劣势;②产品的外观,即分析产品的外观设计是否符合目标消费群体的审美取向和目标消费者的身份地位;③产品在产品线中的地位,即分析产品在企业整个产品类别及产品线中的地位与作用,以及企业可以调用多少资源来运作这个产品;④企业的分销能力与促销能力,即分析需要什么样的分销能力或促销能力才有可能使产品获得成功,以及企业是否具备这种能力;⑤企业的品牌属性,即分析企业是否形成品牌效应,品牌定位如何(在消费者心目中是怎样的品牌形象),以及规划企业的品牌发展方向。

总之,企业只有对目标市场和产品进行认真分析后,才能够对产品进行准确定位,并制订与之相对应的营销策略。

第四节　汽车营销的顾客满意战略

随着市场竞争的加剧,企业越来越注重竞争的效率,对顾客资源的争夺成为现代企业竞争的着力点,企业视之为克敌制胜的重要法宝。围绕提高顾客满意,培植顾客忠诚,不断丰富顾客资源,实施一系列顾客管理方法,成为现代市场营销理论研究和付诸实践的热点。

一、顾客满意战略的内涵

顾客满意(Customer Satisfaction,CS)概念的提出,最早源于美国。1986 年美国一家市场调查公司以顾客满意理念为指导,首次发表了顾客对汽车满意程度的排行榜。1991 年 5

月,美国行销协会召开了第一届 CS 会议,讨论如何以 CS 战略来应付竞争日益激烈的市场变化,经过 20 世 90 年代的酝酿和发展,CS 已经在发达国家得到了广泛的认可和应用。1991 年日本日立公司导入顾客满意战略,在日本电器行业产生了强大的冲击,很快在家电、电脑、机械制造等领域全面推广,并迅速扩展到银行、证券、流通、娱乐等服务性行业。目前,关于顾客满意的内涵基本形成了两类观点。

一种观点是从状态角度来定义顾客满意,认为顾客满意是顾客对购买行为的事后感受,是消费经历所产生的一种结果。如 Howard 和 Sheth (1969)认为顾客满意是"顾客对其所付出的代价是否获得足够补偿的一种认知状态";Oliver 和 Linda (1981)认为顾客满意是"一种心理状态,顾客根据消费经验所形成的期望与消费经历一致时而产生的一种情感状态";Westbrook 和 Reilly(1983)认为顾客满意是"一种情感反应,这种情感反应是伴随或者是在购买过程中产品陈列以及整体购物环境对消费者的心理影响而产生的";Kotler 则认为顾客满意是"指一个人通过对一个产品的可感知的效果(或结果)与他的期望值相比较后形成的感觉状态,是感知的效果和期望值之间的差异函数"。

另一种观点是从过程的角度来定义顾客满意,认为顾客满意是事后对消费行为的评价。如 Hunt (1977)认为顾客满意是"消费经历与期望至少相一致时而做出的评价";Engel 和 Blackwell (1982)认为顾客满意是"顾客对所购买产品与以前产品信念一致时所做出的评价";Tse 和 Wilton(1988)则认为顾客满意是"顾客在购买行为发生前对产品所形成的期望质量与消费后所感知的质量之间所存在差异的评价"。这些学者认为,在顾客满意的内涵中,评价过程是其核心组成部分。从过程角度对顾客满意的定义囊括了完整的消费经历,指明了产生顾客满意的重要过程。这种定义方法引导人们去关注产生顾客满意的知觉、判断和心理过程,比从状态角度的定义更具实用价值,也更多地为其他研究人员所采用。

由此可见,顾客满意是顾客在购买产品与服务的过程中或购买之后,对其所感知到的效用与购买前的预期之间差异的一种评价。如果感知效用达到或超过预期,顾客就会感到满意甚至惊喜(很满意);如果效用低于预期,顾客就会感到不满意。

顾客满意战略(Customer Satisfaction Strategy)以顾客满意为核心、以信息技术为基础、以顾客满意指标为工具而发展起来的一种现代市场营销观念和手段,也称为 CS 战略,或称顾客满意战略。其基本指导思想是:企业的整个经营活动要以顾客满意度为指向,从顾客的视点而非企业自身利益的观点去分析顾客的需求。顾客满意战略把顾客需求(包括潜在需求)作为企业设计和开发产品的源头,在产品功能、价格设定、分销促销、售后服务等方面以服务顾客为原则,最大限度地提升顾客的满意感;及时跟踪研究顾客购买的满意程度,并依此设定改进目标;及时修正并完善企业的经营环节,以稳定和提高顾客满意度,成功留住老顾客,保证企业的顾客资源不断扩大。

二、顾客满意的形成机制

要进行有效的顾客满意管理,就必须了解影响顾客满意的因素及其作用机制。因素分类(结构维度)及其形成机制,是设计一切顾客满意管理模式和管理方法的出发点。营销和管理理论发展至今,不同的学者从不同的视角对这些问题进行了研究。

1. 顾客满意的结构维度

顾客满意的结构维度是指决定顾客满意因素的结构层次。目前,对这个结构的认识,理论和实践上主要有三种观点。

1）单维结构

传统观点认为，顾客满意与不满意是一个一维变量的两极，它们不能同时出现，一个必然的出现，就不会有另一个必然的出现，即所谓的单维结构理论，如图 3-4 所示。

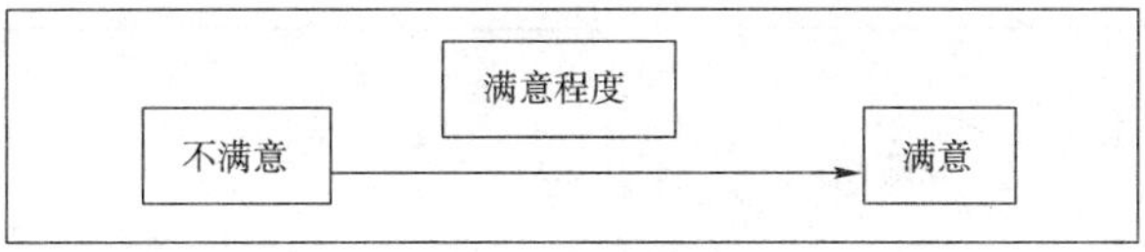

图 3-4　顾客满意的单维结构理论

从图 3-4 可以看出，单维结构理论假设顾客满意是一个两极结构，满意和不满意处于坐标轴上的两端。在这两极之间，存在着强度不同的满意或不满意。该理论假设，满意和不满意的影响因素是相同的，当满意因素未被满足时就导致顾客的不满意。

2）二维结构

Herzberg 等人在研究公司员工对工作的满意评价时，提出了著名的"双因素理论"，指出"满意的对立面不是不满意，而是没有满意"；"不满意的对立面不是满意，而是没有不满意"，在此基础上，Czepiel，Rosenberg 和 Akerele 等营销学者，提出了顾客满意的双因素结构，他们认为任何影响顾客满意的因素，都可以归结为两大类：保健因素——避免产生不满意；激励因素——产生满意。满意与不满意是两个完全不同范畴的概念，导致满意感的因素与导致不满意感的因素是彼此独立而不同的。由于满意和不满意不存在任何内在的关系，满意的程度与不满意的程度也无任何对应关系。一个顾客可能对同一产品同时存在着满意和不满意的两种感觉状态。如果用产品或服务的属性绩效为横坐标，顾客满意度为纵坐标，那么双因素理论可以用图 3-5 表示。

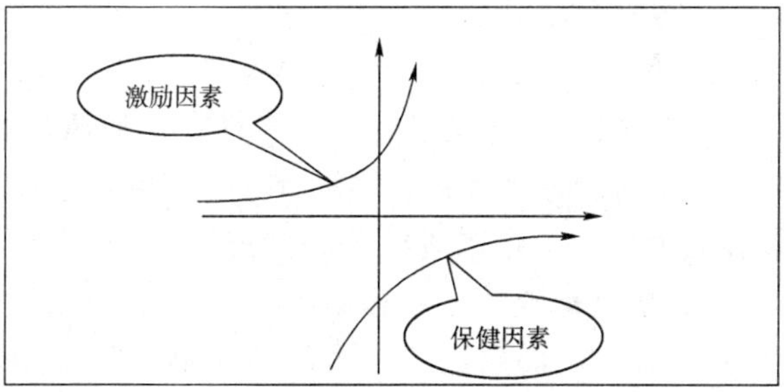

图 3-5　顾客满意双因素理论示意图

Swan 和 Combs 对双因素理论进行了修改，提出了工具性绩效（Instrumental Performance）和表达性绩效（Expressive Performance）来替代保健因素和激励因素的称谓。工具性绩效是指产品的物理绩效是否满足实际需要（也称物理绩效）；而表达性绩效则是指产品所带来的心理上的满足感（也称心理绩效）。他们认为，只有表达性绩效才会产生满意，而不尽人意的工具性绩效则导致不满意，可接受的工具性绩效并不能带来满意。

显然，双因素理论比单维结构理论对顾客满意的描述考虑的更全面，相对于单维结构理论而言，在双因素理论的观点下，营销人员所应追求的是顾客满意最大化和顾客不满意最小化这两个双重目标。

3）三维结构

在 20 世纪 70 年代末，日本的 Noriaki Kano 对双因素理论做了进一步的发展，他根据人的需求的三个层次，将影响顾客满意和不满意的因素分成三类：基本属性（Basic Feature）、绩效属性（Performance Feature）、激励属性（Excitement Feature）。如果将产品或服务的属性绩效作为水平坐标，以顾客满意度当作垂直坐标，则 Kano 模型可以用图 3-6 表示。

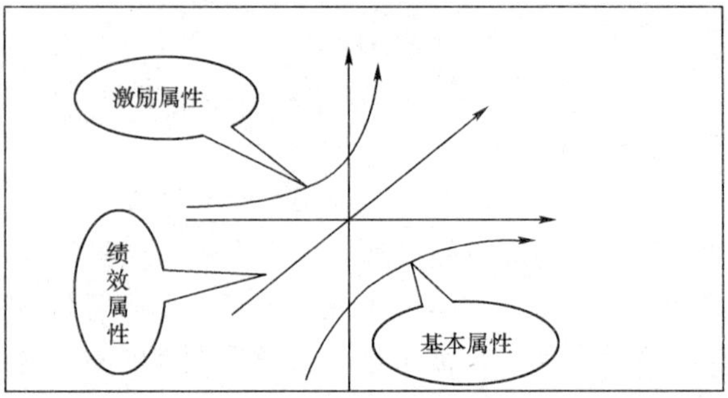

图 3-6　Kano 模型

基本属性是指顾客的一些需要，这些需要如果没有得到满足，将会导致顾客的高度不满意；而如果得到满足，也几乎不会产生满意。究其原因，是因为基本属性是顾客预期将要得到的。例如，当顾客来到汽车销售服务企业维修车辆时，他们都期望服务人员为其排除车辆的故障，如果企业不能顺利解决这一问题，顾客将会感到不满，甚至会抱怨。但如果汽车销售服务企业只是仅仅为顾客修好了车辆，顾客一般也不会给予特别的赞扬。

绩效属性使顾客满意程度正比于产品或服务的属性绩效水平。一般来说，绩效属性能够产生线性的反应，提高绩效属性的表现水平将带来相应满意水平的提高。如顾客来到汽车销售服务企业维修车辆时，一般都希望车辆能够尽快地得到修复，服务人员越是能够迅速而准确地排除故障，那么顾客就会越满意。

激励属性是指顾客得到的一些他们没有期望、没有要求、甚至认为不可能的产品或服务属性，这些属性的获得使顾客感到兴奋、愉悦。激励属性在任何执行水平上，都可以产生积极的顾客满意。例如，汽车销售服务企业在顾客没有要求和事先没有公告的情况下，在车辆故障排除后，免费为顾客提供车辆安全系统检测和清洗服务（特别是企业的竞争对手尚不提供类似服务时），顾客将会感到意外的惊喜和愉快。激励属性能使顾客产生指数级反应，它的小小改进将会产生相对较大的满意提升。然而，在对顾客进行调查时，他们往往不能清楚地表达出激励属性，因为他们不知道自己想得到什么。

值得注意的是，人的需要随着时间的推移而变化。一些属性在第一次被提供或介绍给顾客时，顾客会感到非常兴奋，但随着这类市场的不断熟悉和竞争对手的模仿，这些属性也就成了顾客所期望得到的属性了。因此，在 Kano 模型里，随着时间的变化，激励属性将变成绩效属性，并很可能变成基本属性。

2. 顾客满意的形成机制

自从 1965 年 Cardoz 首先对顾客期望（Expectation）、努力（Effort）和满意（Satisfaction）进行研究开始，理论界和企业界对影响顾客满意的形成机制进行了大量的研究和争论，提出了许多理论模型，比较有代表性和操作性较强的主要有以下几种。

1）传统（Traditional）顾客满意模型

传统顾客满意模型是一个将感知价值（Perceived Value）与顾客满意联系起来的模型，如图 3-7 所示。在这个模型里，感知价值是顾客根据产品或服务的属性与其感知绩效或整体绩效标准相比较后而形成的,感知价值对满意有三种影响效果:积极的影响(一般产生令人满意的结果)、消极的影响(一般产生令人不满意的结果)、零影响。从效果上看顾客的满意程度会影响到顾客的购买决策。

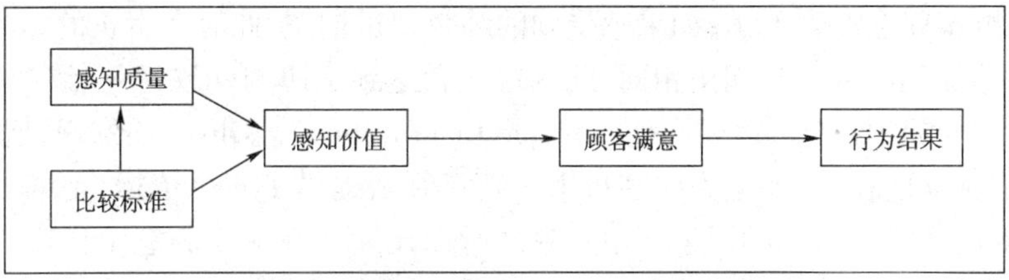

图 3-7 传统顾客满意模型

传统顾客满意模型在过去几十年里得到了广泛地研究,其理论要点有:①感知绩效通常不同于产品本身的客观绩效或技术绩效(特别是当产品或服务非常复杂且顾客不熟悉时)。②比较标准可以有不同的来源,这些来源因个人、情境和产品或服务类型的不同而广泛变化。③顾客满意感是一种心理状态,是一种态度,可用"复杂感情(Mixed Feeling)"来描述,顾客对消费产品或服务的不同部分可能有不同的满意层次。④满意感的结果包括产生重购意向、形成口碑和抱怨。这些结果是否发生也要受到其他变量的调节,比如,非常的不满未必产生抱怨行为,尤其是当顾客相信抱怨将没有任何作用时。

2)期望一致/不一致(Expectation Confirmation/Disconfirmation)模型

期望一致/不一致模型是目前顾客满意模型研究中占主流地位的一种观点,其思想是源于期望理论(Tolman 1932)。1980 年 Oliver 根据其研究成果正式提出了期望一致/不一致模型,如图 3-8 所示。

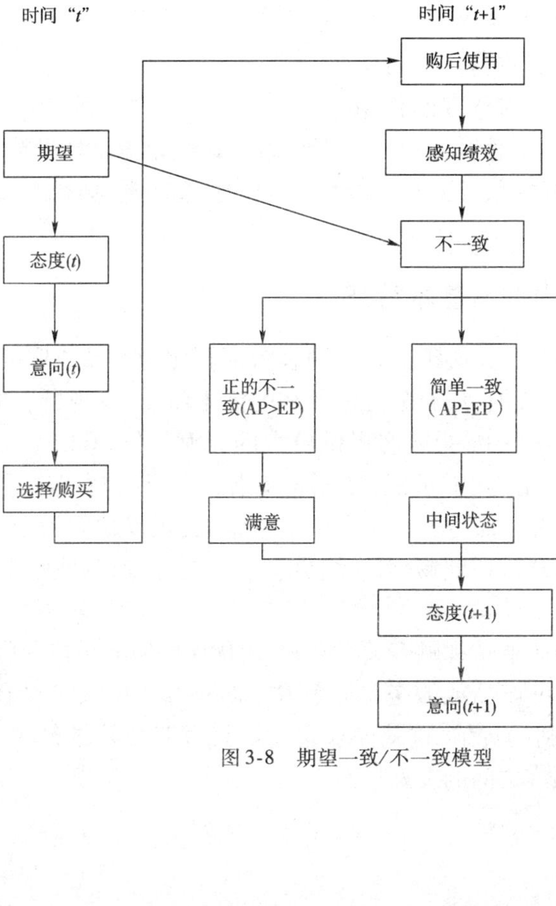

图 3-8 期望一致/不一致模型

这个模型认为，顾客在购买之前先根据过去经历、广告宣传等途径，形成对产品或服务绩效特征的期望，然后在购买和使用中去感受产品或服务的绩效水平，最后将感受到的绩效与顾客期望进行比较。比较的结果有三种可能情况：如果感受到的绩效低于期望，此时产生负的不一致，顾客就会产生不满；如果感受到的绩效超过期望，此时产生正的不一致，顾客就会满意；如果感受到的绩效与期望相同，此时这二者达到了协调一致，不一致为零，Oliver 和 Desarbo（1988）称这种状态为简单一致（Simple Confirmation）。Oliver 还发现，期望和不一致对满意度都有独立的作用，期望为顾客将来作满意判断提供了一个依据，是继不一致、绩效之后第三个对满意最有影响的因素。不一致之所以比期望在顾客满意中作用力更强，主要是因为期望随着时间的推移可能减弱，而不一致对满意的影响是由伴随着使用过程而产生的情绪经历造成的。与正的不一致相伴随的积极情绪将增加顾客做出满意判断的可能性；反之，与负的不一致相伴随的消极情绪则将减少顾客做出满意判断的可能性。

3）绩效（Performance）模型

尽管期望一致/不一致模型为理论界和企业界大多数人所接受，一些研究者还是对其提出了质疑，指出达到或超过期望值一定导致满意的观点在逻辑上是不成立的。例如，一位顾客在购买产品时，预期产品性能很差，事实上产品性能也的确很差，虽然实现了期望一致，但此时不可能令顾客产生满意。于是人们发现，顾客实际感受到的产品绩效也是影响其满意与否的一个重要决定因素，由此产生了绩效模型。

在绩效模型里，顾客对产品（或服务）绩效的感知是顾客满意的主要预期变量，他们的期望对顾客满意度有积极的影响，如图 3-9 所示。这里的绩效是相对于他们支付的货币而言，顾客所感知的产品（或服务）的质量水平。

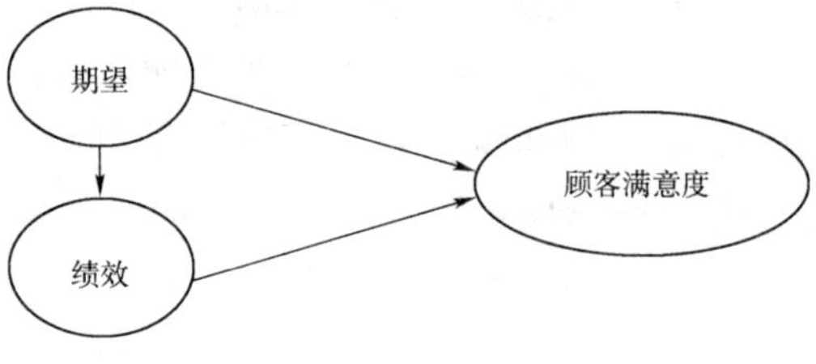

图 3-9　绩效模型

在这个模型中，期望对顾客满意度有直接的积极的影响。绩效和期望对满意度的作用大小取决于它们在该结构中的相对强弱。相对于期望而言，绩效信息越强越突出，那么所感受到的产品绩效对顾客满意度的积极影响就越大；绩效的信息越弱越含糊，那么期望对满意度的效应就会越大。

三、顾客满意战略的内容与基本特征

企业要实施顾客满意战略，首先必须具备将顾客需求转化为产品或服务的能力。企业在进行产品或服务的设计和开发时，应充分考虑顾客的需求特点，发现顾客的满意因素，并尽可能将其包含于产品或服务当中，为顾客提供更大的让渡价值（Customer Delivered Value）。同时还应充分重视顾客的潜在需求，引导顾客将潜在需求表达出来。企业应建立顾客参与机制，让顾客参与到产品或服务的开发和决策中来，真正以顾客为中心，建立富有活力的企业组织，并保证企业信息沟通顺畅，对一线员工予以充分授权，使整个企业组织形成对顾客需求的快速反应机制。

其次，顾客满意战略要求企业重视顾客关系管理，用优质的服务手段和服务产品向顾客提供价值。企业在向顾客提供产品或服务的过程中，应努力延长顾客保有期（顾客不流失），从而提高顾客对企业盈利的贡献，这就要求企业摈弃短期交易思想和行为，通过在与顾客的长期合作中，创建与顾客之间的友好局面。

第三，顾客满意战略是高度复杂的系统工程，需要企业内部各个部门及全体人员的积极配合，也需要全社会形成一个真正以"顾客导向"的市场运行机制。因此，企业应积极发挥能动性，调动一切可以支配的资源，创建企业的顾客满意战略系统，并不断地加以完善，从而最大限度地提供令顾客满意的服务。

顾客满意战略具有以下基本特征：①顾客导向。企业以顾客的观点而非企业利益的观点去设计和开发产品，尽可能地预先把顾客的不满因素从产品中去除，并顺应顾客的需求趋势(潜在需求)，预先在产品本身上创造顾客的深层满意。②自我完善。通过信息反馈系统，对服务体系的设计、执行过程等环节不断修正、完善，最大限度地发挥顾客满意战略管理的效用，提升顾客满意度。③高度互动。企业在实施顾客满意战略的过程中，注重与顾客的交互式合作，充分发挥顾客的积极作用，在高度互动中实现顾客满意。④界面友好。借助信息手段和IT技术，创造企业与顾客的友好界面，提高顾客服务的效率和效果。⑤组织创新。通过建立面对顾客需求的快速反应机制，培育鼓励创新的组织文化和保证组织内部的上下沟通，建立并完善以顾客为中心的学习型组织。⑥分级授权。加强员工培训，尤其一线员工的服务意识和水平，并通过逐级充分授权，使一线工作人员有充分的处理决定权和较强的责任意识，这是及时完成令顾客感到满意的服务的重要环节。

四、实施顾客满意战略的意义

实施顾客满意战略，在宏观和微观两个层次上均具有积极的意义。

1. 宏观层次

顾客满意战略正为越来越多的国家所重视，发达国家相继进行了顾客满意监测的研究。

1)顾客满意战略有助于促进国民经济的持续增长

由于发达国家工业化的程度较高，其生产率的上升空间已经很有限。虽然普遍认为，生产率的提高是提高经济发展水平、增强国家竞争力的重要途径，但生产率反映的是一国产出的"数量"，而顾客满意可以反映产出的"质量"。如果数量上的缓慢增长可以被质量上的增长所带来的收益弥补的话，那么实施顾客满意战略可以说是对经济发展的一种强力推动。

2)顾客满意战略有利于企业开拓新市场

许多国家正面临着不断增加的国际竞争的压力，本国的产品在外国市场上竞争，同时，外国的产品也在本国市场上竞争。而在一些发达国家中，国内的大部分市场呈现出一种饱和状态，且市场的成长也比较缓慢，这也就是为什么一些大跨国集团纷纷看好中国及一些发展中国家市场的最根本原因。因为在这些国家中，存在大量尚未被满足的顾客就是商机。但是，从长远来看，其总体趋势是供应者在不断增加，而有吸引力的新顾客的数量越来越少。而且，在竞争性的市场上，对手对本企业现有顾客基础的侵蚀，将直接导致企业的防御能力低下。为此，企业必须保持住已有的顾客基础。

3)满意水平是体现人民生活质量的重要标准

顾客的不满意可能由于所购买的产品或者服务本身质量的低劣所致，也有可能是由于顾客的特定需求没有得到满足。很难想象，在社会进步是以人民生活水平的提高为标准的前提下，一个市场上假冒伪劣产品泛滥、消费者的需求得不到满足的社会是运行正常的社会。因此，从这个意义上说，全国性的顾客满意水平的提高还是社会福利增加的一种表现。

2. 微观层次

1)顾客满意管理可以提高企业的市场份额，增加企业经营绩效顾客的满意程度将直接影响他们重复购买时的消费选择,影响企业的口碑效应,从而影响着企业市场份额的变化。1996 年 Sheila Kessler 对顾客满意程度与企业市场占有率的变化关系进行了研究。他透过人们的消费行为发现,顾客更倾向于同那些能让他们更满意的企业打交道。当某个企业的顾客没有从交易中得到满意时,他们就会转向更能令自己满意的其他公司。因此,顾客满意度领先的企业将拥有越来越大的市场份额。

这个分析结果表明,处于竞争环境中的企业,顾客满意程度对其市场份额的变化有明显的影响作用。另一方面,满意的顾客通常倾向于愿意为他们所获得的利益付出较高的价格,而且对价格上涨的容忍度也会增强。这意味着企业将能获得较高的回报,有利于企业改善长期收入能力和盈利能力。

2)顾客满意能够降低企业的成本支出

顾客满意也包含了顾客对企业及产品或服务的了解。因此,在顾客对企业的产品或服务进行重复购买时,企业可以减少与顾客的交易成本(如减少促销成本)。同时,较高的顾客满意度将能为企业带来较高的顾客保持率和较低的顾客流失率。据介绍,开发一个新顾客的成本是维持一个老顾客成本的 5 倍。顾客满意度高的企业,可以大大降低开拓新产品市场的成本,因为满意顾客可能更频繁、更大量地"购买他们认为满意的产品和企业的其他产品或服务"(Reicheld and Sasser, 1990)。另外,高的顾客满意水平可以降低失败成本(Failure Costs)。这里的失败成本是指企业处理顾客不满意的成本。如果顾客不满意,顾客就会采取行动,如要求退货、公开投诉等,企业必须花费时间、金钱、人力等资源来处理,从而给企业带来失败成本。

3)顾客满意战略有助于形成顾客忠诚

顾客越是忠诚,他们越是倾向于向同一企业购买产品和服务。满意的顾客可能会变成忠诚的顾客,通过顾客满意保住顾客是一种最积极的方法。顾客满意有利于增加顾客的转换壁垒。转换壁垒是购买者转向成为竞争对手的顾客所要付出的代价,由搜寻成本、交易成本、学习成本、可能获得的数量折扣、购买习惯、感情成本以及随之而来的财务、社会和心理风险共同构成的。每个企业留住顾客的方法在一定程度上都可以说是建立转换壁垒和建立顾客满意的不同程度的组合。

4)顾客满意战略可以减少顾客对价格的敏感程度,提高对质量事故的承受能力

满意的顾客通常愿意为他们所获得的利益付出更高的价格,而且对价格上涨的容忍度也会增强,即使产品或服务出现失败事故,以前满意的顾客也能予以更多的理解。因此实施顾客满意战略的企业在进攻过程中,能够获得更多的收益;在防守过程中,能够降低企业处理危机事件的交易费用。

此外,顾客满意战略有利于企业形成良好的企业文化,培育健康的价值观和积极向上的企业精神;有利于获得出资人更多的信任和支持,有利于企业与供应商和经销商建立长期稳定的合作关系,提升合理利用资源的能力。

五、顾客满意战略的导入与实施

顾客满意战略的核心思想是企业的全部经营活动都要从满足顾客的需要出发,以提供满足顾客需要的产品或服务为企业的责任和义务,以满足顾客的需要、使顾客满意为企业的经营目的。

1. *顾客满意战略的导入*

企业推行顾客满意战略，关键是要提高服务过程中的顾客感知利得，同时减小顾客感知利失。从营销管理的角度推行顾客满意战略，一般包含5个步骤。

1）企业顾客满意现状调查与诊断

顾客满意现状的调查与诊断，是导入顾客满意战略的基础，其目的是为了深入了解企业的组织与管理现状，具体调查内容包括组织的架构、组织的效率与活力、组织的管理流程、员工的服务观念与意识、服务行为与服务心态、服务培训、服务传播与相互沟通等方面。企业只有基于调查，摸清企业顾客满意管理现状，才能制定针对性改进策略，适应顾客满意战略的需要。

2）基于顾客满意战略，优化企业组织架构

创造顾客满意，需要一个以顾客满意为目标，协调高效、应变能力强的服务组织体系，传统的科层式组织结构，往往不同程度的存在着上下级之间单向沟通（往往表现为由上而下的“下行沟通”）、部门与部门之间互动协调不力、监控支持系统与市场监控系统不完善、内部反馈系统流于形式等弊端。因此，要改善顾客满意，必须在组织结构上做出适当安排，通过扁平化、网络化和适当的组织弹性，提高对顾客需求的响应效率，进而改善企业的整体顾客满意水平。

3）建立与应用企业的顾客满意度动态测评模型

企业顾客满意度测评，为企业提供了对顾客满意服务状况的迅速、有益和客观的反馈。通过测评，企业决策人员可以清楚地了解目前工作做得如何，以及如何改善和提高。因此，企业应根据自己所开展业务的具体特点和竞争的实际状况，建立一套适合本企业的测评模型，这将大大有助于建立健全满意服务标准，并指导企业的满意服务。

4）建立与维护企业顾客满意的动态监控体系

企业建立顾客满意动态监控体系，主要目的是通过专业的动态调查、监控手段，收集、监控企业自身顾客服务满意状况及竞争对手满意服务状况，提供企业顾客满意服务与竞争对手满意服务的动态分析报告，以为企业进行顾客满意度管理提供依据。在实施过程中，企业可设立专门机构对企业的顾客满意服务进行动态监控。如果企业没有相应的专业机构或人员，也可以委托第三方专业机构进行，但企业必须有专人对该监控体系的运作方案和实施情况进行审核和监督。

5）确立与执行企业顾客满意服务标准

威廉·B·马丁（William·B·Martin）在其研究中指出，高品质顾客服务包括服务程序和服务提供者两个方面。其中服务程序涵盖了满意服务工作的所有程序，这些程序提供了满足顾客需要、令顾客满意的各种机制和途径；服务提供者则是指服务人员在服务过程和与顾客接触的过程中所表现出的态度、行为、情感和语言技巧等。从管理的角度看，为了保证服务的可靠性、响应性等影响服务质量的因素，对服务岗位制定和执行满意服务规范是十分必要的。特别要注意的是，满意服务标准是动态发展的，随着客户对服务要求的提高，满意服务标准必须进行修订，提升工作要求。

2. *顾客满意管理的实施方法*

从根本上说，提高顾客满意的水平需要提高顾客的让渡价值，即提高服务过程中顾客感知利得与感知利失的差额。一般来说，可以通过以下五种途径展开。

1）进行顾客满意调查，明确顾客的需求和愿望企业实施顾客满意经营,必须把握顾客的期望、顾客服务感知模式、顾客的满意度以及竞争者的有关情况。了解顾客的期望和要求可通过顾客满意度调查实现。顾客满意度调查和衡量的方法有投诉和建议制度、顾客满意调查、佯装购物、顾客流失分析等。企业在进行顾客满意度调查时,应尽量做到公正、客观、科学,这样才能使企业了解自己提供产品或服务的质量标准与顾客期望的差距所在,认识目前在经营、管理、战略方面的薄弱环节以及主要优势,确定下一步的工作重点,明确今后的努力目标。顾客满意调查特别要强调"连续性",因为顾客的期望不是一成不变的,它会随着外变量及自变量的变化而变化。外变量指竞争对手、行业及营销环境的变化等;自变量指顾客收入、社会地位、价值观的变化等,其中任何一项因素的变化都会导致顾客的期望和需要发生变化。因此,对顾客的研究分析要持续进行,把握顾客的变化趋势并及时跟踪,才能使企业更好的掌握市场主动权。

2)为顾客提供个性化的产品或服务

不同顾客有不同的消费心理,顾客的个性需求是提高顾客感知价值进而提高让渡价值的重要手段。企业可在进行顾客调查的基础上,建立顾客信息数据库,开展客户关系管理(CRM)。利用顾客数据库探索满足顾客需求的途径,并按顾客满意的要求选择适当方式改造企业的经营理念、产品、服务等。同时企业可运用顾客数据,分析顾客的消费心理和个性需求,创造能满足顾客个性需求的产品或服务及接近顾客的渠道,利用明显的区别优势吸引未来的新顾客,而且要尽可能地保持老顾客。

3)提供优质产品和服务

感知服务质量是影响顾客满意的一个重要因素,当顾客预期被清楚的理解后,能否提供符合顾客要求的高质量产品和服务对创造顾客满意具有决定性意义。因此,企业应从服务系统设计开始,系统地进行服务质量规划与控制,不断改善服务质量,向顾客提供优质产品和服务。

4)利用新技术进行流程再造,快速实现顾客满意

企业要使顾客满意,必须善于利用新的技术手段,针对顾客需求,对企业传统的服务项目、服务流程不断创新,特别是当今在信息技术极大地改变了消费者消费习惯和决策模式的条件下,一方面要认清环境的变化适时地对服务系统进行改造,同时也要善于利用信息技术为顾客满意管理所带来的便利,更加充分、系统地收集和分析各利益相关者的信息,构建客户关系管理系统,提高供应链管理水平,通过更好的识别和满足顾客需求来创造顾客满意。

5)建立以顾客满意为核心的企业文化

企业运作过程中,不仅仅管理者和一线员工的行为影响顾客满意,企业中任何一个成员的行为都影响着整个服务系统的运行效率和顾客对服务的认知,因此,在建立相应管理制度的同时必须构建以顾客为中心的企业文化,并通过"内部营销"的手段,将企业管理层的经营理念、经营思想和各种制度措施传播至每一个员工。让企业文化和管理制度相辅相成,规范和引导全体成员的行为,使顾客在享受企业服务的每一个环节都能切实感到企业的真诚关怀,从而实现顾客满意。

六、顾客满意的测量

管理界有一个公认的原则即"如果你不能度量它,你就不能管理它。"这条原则同样适用于顾客满意的管理。如果要清晰地了解顾客是否真正满意,满意或不满意的真正原因是什么,企业应该如何改进才能提高顾客的整体满意水平,就必须要对顾客满意进行客观准确

的测量。

1. 顾客满意度测量的含义

顾客满意是一种积极的购后评价,它本身是一种心理活动过程,它可以通过问卷调查的方式直接测出,这也是许多学者所主张的顾客满意度测量的含义,即"调查人们在购买和消费产品与服务过程中,心理经过判断后的结果"。例如,我们在汽车销售服务企业询问顾客对该店提供的产品和工作人员的服务是否满意时,一定可以得到"一般"、"较好"、"很好"、"较差"、"很差"等表示不同满意程度的回答。

对于顾客满意管理来说,顾客满意度测量一方面需要直接测量结果,即顾客满意程度;另一方面还应该测量顾客形成该满意水平的心理过程,即顾客对满意度影响因素的感知情况。这是因为:一方面,顾客满意度测量是建立在某一概念模型的基础上,测量两方面的内容使得测量人员能够检验数据是否符合先前假设的概念模型,是否具有判别有效性和会聚有效性,从而确认该次测量效果。另一方面,测量两方面的内容有助于企业利用测量结果指导自身的营销实践,因为对企业来说,单纯顾客满意度高低的结果只意味着企业的整体现实表现,而无法对企业未来的营销实践活动起到具体的指导作用;相反,如果调查顾客满意度判断的心理过程,将能使企业了解自己的表现与顾客的期望、需要等影响因素的差距,从而指导企业制定有针对性的营销措施。

2. 顾客满意度测量的管理目标

任何企业的资源都是有限的,营销策略的改进受到各种因素的制约。顾客满意度测量会产生有关顾客、企业及竞争者的大量信息,能帮助企业从影响顾客满意的因素中区别出急需改进的因素,这对企业的营销实践具有重要价值。具体来说,顾客满意度测量要能够实现以下目标。

1)明确顾客要求,寻找工作差距

顾客满意度测量要能够帮助企业确立顾客的优先要求,找出企业表现与顾客期望和需要之间的差距,以及与竞争对手表现的差距。

在顾客满意度的测量过程中,顾客满意度指标体系是在顾客意见的基础上形成的,因此,它体现了顾客的心声。而且,在对顾客满意度的调查中,被调查者都要求对各个指标的重要性进行评分,这就使企业能分析、了解哪些因素对顾客是最重要的,是最急需的,进而列出顾客的优先要求顺序。顾客满意度测量还能帮助企业了解企业在顾客的优先要求项目上的表现情况,了解企业是否在顾客最重视的方面做到很好,其资源分配是否很合理。

另外,顾客满意度测量也为企业提供了竞争者分析所需的资料,尤其是竞争者在顾客优先要求指标上的表现情况。通过测量结果的分析,企业可以知道就每项绩效指标而言,谁是业绩最佳的企业,哪些绩效指标代表了竞争企业的优势,竞争对手的劣势在哪里等,图3-10给出了企业自身与竞争对手在顾客最关心方面的表现比较。借助此图,可以分析企业与竞争对手在顾客最关心的指标上的优势与劣势。

2)帮助企业制定改善顾客满意度措施的先后顺序

一般情况下,企业应该将企业得分最低的指标或者那些顾客期望与企业的表现差距最大的指标作为改进的首要方向,因为这些指标是顾客对企业最不满意的地方。

为了更准确地分析和确定改善顾客满意度措施的先后顺序,也可以使用矩阵形式表示企业在不同指标改善上的轻重缓急。其方法是:企业根据调查结果,将指标重要程度作为横轴,顾客在这些指标上的满意程度作为纵轴,并将企业自身与竞争对手的表现情况在坐标图上标识出来,从而形成了四大区间:急待改进区、次要改进区、锦上添花区、竞争优势区(见图3-11)。急待改进区是指那些重要程度高、企业表现差(差于竞争对手)的方面;次要改进区是指那些重要程度低、企业表现差(差于竞争对手)的方面;锦上添花区是那些重要程度低、企业表现好(优于竞争对手)的方面;竞争优势区是指那些重要程度高、企业表现好(优于竞争对手)的方面。

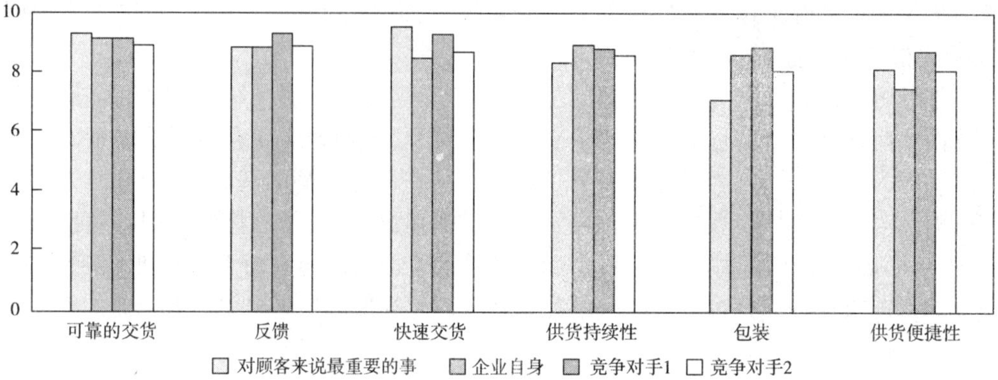

图3-10　企业与竞争对手在顾客最关心方面的表现

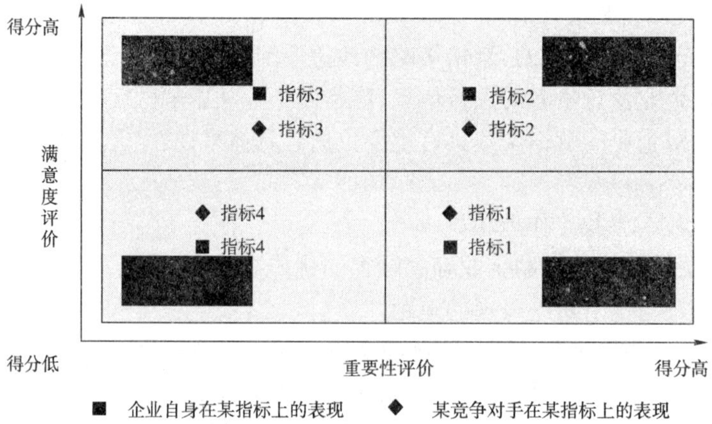

图3-11　企业顾客满意改进指标分析

从图3-11可以看出,急待改进区是企业最急需投入资源进行改善的区间,这也要求企业将这个区间的指标作为首要的改进任务,如果这个区间的指标表现得到了很好的改善,可以转化成竞争优势区。次要改进区是企业第二需要投入时间、精力去加以改善的区间,如果这个区间的指标表现经过良好的改善,可以转化成锦上添花区。如果企业在所有的指标上的表现都处于竞争优势区和锦上添花区,那么就会使顾客产生"超级满意"。总之,指标的改善要有先后顺序,这要根据指标的相对重要性、企业表现与顾客期望的差距及与竞争对手的差距等具体情况而定。

最后,需要说明的是,顾客满意度测量的具体方法和方式,可以借鉴和运用一般的市场调查方法,其过程如同所有的市场调查活动一样,包括调查准备、调查实施和结果分析等几个环节或阶段,只是在调查对象、关键绩效指标、问卷题目等具体内容上富有特定内涵,在此不展开讨论。

第五节　汽车市场营销管理

市场营销是企业的有组织、有目的的活动，这种活动作为一种众多人员参与的整体活动，不可能离开科学管理。概括地讲，营销管理（Marketing Management）就是企业在认真研究营销环境和竞争对手基础上，识别和选择市场机会，以实现企业战略规划和经营目标为根本，以顾客满意为导向，正确运用营销组合手段，创造、建立和保持与目标市场之间的互利关系而进行的分析、计划、执行与控制的管理过程。

一、市场营销组合管理

市场营销组合（Marketing Mix），是指企业为了满足目标市场的需求，有计划地对各种可控的市场营销因素加以优化组合并综合运用，以取得最佳经营效益（与社会效益相协调）的组合策略。市场营销组合是现代营销理论的一个重要概念，受到学术界和企业界的普遍重视与运用。

企业开展市场营销，可以运用和控制的因素有很多，美国营销专家尤金·麦卡锡把它们概括为4类基本变量或策略子系统，即产品（Product）、价格（Price）、分销地点（Place）、促销（Promotion）。因为这4个词的英文字开头均为“P”，再加策略（Strategy），故又简称“4P's”。市场营销组合，也就是这4个“P”的适当组合（搭配）。

市场营销组合是多层次的，每类基本变量或策略子系统又是一个亚组合，如产品组合就包括产品的设计、技术、质量、性能、特色、用途、品牌（含商标）、包装、规格、型号、服务、品质保证等因素。价格组合则包括基本价格、折扣、津贴、付款方式、信贷条件、价格保证等因素。地点组合则包括分销渠道设计、中间商、订货、商品储存、物流与配送等因素。促销组合则包括广告、使用培训、直邮、电话营销、网上促销、人员推销、营业推广、风险保障、公共关系等因素。

市场营销组合不仅要对“4P's”进行适当搭配，而且要安排好每个“P”的内部搭配（亚组合），使所有因素的灵活运用达到最优营销效果。需要说明的是，市场营销组合中的“4P's”及每个“P”的构成因素都是动态变化的，每个因素的变动都可能引起整个营销组合的变动，从而形成一个新的市场营销组合。

“4P's”市场营销组合理论，被国内外营销学界普遍认可，已经成为市场营销组合的经典内容。在市场营销组合理论的发展过程中，麦卡锡进一步补充了3种组合，即“人员”（People），包括营销管理者、雇员或营销执行人员、营销服务人员以及这些人员的能力素质和文化观念等；“过程”（Process），包括市场分析和营销活动的各个工作环节，以及各环节的工作质量。特别对服务业而言，过程质量直接决定着服务营销的成败；“实体环境”（Physical Environment），包括企业营销部门的工作环境、工作条件与设备设施、顾客服务环境及其舒适性、标志标识的设计与美观性、所有顾客服务界面的环境视觉形象等。从而将“4P's”发展为“7P's”。

菲利普·科特勒认为，市场营销组合除了传统的“4P's”外，还应补充“权力（Power）”和“公共关系（Public Relations）”，将“4P's”变为“6P's”。他提出的“大市场营销”概念认为，企业管理者应积极影响并优化外部营销环境（如政府和公众），而不只是单纯地依顺和适应它。显然，那些实力强、社会影响力大的企业，在影响外部环境方面是有所作为的。企业市场营销的目标也并不仅仅是满足现有目标顾客的需要，还可包含创造或改变目标顾客的需要，而公共关系手段正是可以在挖掘顾客需求方面做出成绩的。他还进一步将部分营销战略纳入市场营销组合之中，从市场营销战略方面新补充了“4P's”：探查(Probing)，即深入检查、调查、分析与研究市场；分割(Partitioning)，即根据人们的需求特征，进行市场细分；优先(Prioritizing)，即选定企业优先服务的对象；定位(Positioning)，即进行市场定位，在顾客心中确立企业及其产品的良好形象。菲利普·科特勒将市场营销战略的“4P's”与市场营销组合策略的“6P's”结合起来考虑，就把企业复杂的市场营销活动提炼总结成10类基本要素，即“10P's”，这对企业的市场营销实践具有很大的借鉴意义。

整合营销等新型营销观念，在现代营销观念的基础上，更为强调“顾客中心”的思想，将企业所有活动都与“满足顾客需要”联系起来，并从顾客的角度，将企业的营销组合重新划分为“4C's”，即：①消费者(Consumer)，指消费者的需要和欲望(The needs and wants of consumer)，强调创造消费者比开发产品更重要，满足消费者的需要和欲望比产品功能更重要。②成本(Cost)，指消费者满意的总消费成本和价值(Cost and value to satisfy Consumer needs and wants)，不仅包括消费者购买产品的初置成本，还应包括在产品使用寿命内的全部使用成本，这些总成本是否与消费者获得的价值相适应。③便利(Convenience)，指购买的方便性(Convenience to buy)，比传统的销售渠道更注重服务环节，尽量让顾客非常容易地得到产品。④沟通(Communication)，指与顾客的沟通(Communication with consumer)，强调注重与顾客的双向沟通，努力增进相互理解，培养忠诚的顾客。

总之，从以上市场营销组合的变化，可以看出现代企业营销手段的丰富和发展。

二、市场需求管理

从某种意义上讲，营销管理的实质就是需求管理(Demand Management)。企业通常都会对目标市场设定一个预期的需求水平。然而，期望往往与现实不一致，实际需求水平可能低于或高于期望水平。营销者必须善于应付不同的需求状况，调整相应的营销管理任务。

结合汽车营销实践，典型的需求状况有：

(1)负需求。指大多数人不喜欢，甚至花费一定代价也要拒绝或躲避消费某种产品。这种需求对于汽车营销不太常见。

(2)无需求。指消费者对产品毫无兴趣或漠不关心。如对陌生的新产品，与消费者传统功能观念或习惯相抵触的产品，被认为无价值的废旧物品等都属于这种需求状况。例如，在我国，公安部曾发布通告，要加强对右置转向盘汽车的管理，逐步清除右置转向盘汽车。对于右置转向盘汽车，公安交通管理部门将一律不予办理注册登记(香港、澳门特别行政区除外)。因此，在我国，人们对右置转向盘汽车的需求就表现为无需求。

(3)潜伏需求。指现有产品或劳务尚不能满足的、隐而不现的需求状况。在潜伏需求情况下，营销管理的任务就是致力于市场营销研究和新产品开发，有效地开发和满足这些需求。

(4)下降需求。指市场对于一个或几个产品的需求长远呈下降的趋势。营销管理者要分析需求衰退的原因，决定能否通过开辟新的目标市场、改变产品特色，或采用更有效的促销手段来重新刺激需求，扭转其下降的趋势。

(5)不规则需求。指市场对某些产品或服务的需求在不同季节、不同日期，甚至一天的不同时点呈现出很大波动的需求状况。受到偶然因素影响的需求大多表现为这种需求。市场营销管理的任务就是通过灵活定价、大力促销及其他刺激手段来改变需求的时间模式，努力使供、需在时间上协调一致。

(6)充分需求。指某种产品或服务的需求水平和时间与预期相一致、市场需求与市场供给大体均衡的需求状况。这时，营销管理的任务是密切注视消费者偏好的变化和竞争状况，经常测量顾客满意程度，不断提高产品质量，设法保持现有的需求水平。

(7)过量需求。指某产品或服务的市场需求超过企业所能供给或愿意供给水平的需求状况。这种需求形态在汽车营销中经常见到，譬如某种受市场追捧的汽车新品，在投放市场的一定时期内，可能表现为过量需求。例如，广州本田的雅阁、广州丰田的凯美瑞、东风日产的天籁等产品，在上市初期就面临供不应求的局面。在这种情况下，营销管理的任务要实施"低营销"，即通过合理分销产品等手段降低市场需求水平，但从长远来看，还是以提高生产能力为宜。

(8)有害需求。指市场对有害物品或服务的需求。市场对非正常渠道的需求，如对走私汽车的需求即为有害需求。对此类需求，营销管理的任务是"反市场营销"，宣传其危害性，劝说消费者放弃这种爱好和需求。

企业在认识了产品的市场需求特点后，具体调节市场需求的方法包括：①扭转性经营。即采取适当的营销措施，改变用户对本企业产品的信念和态度，把否定需求改为肯定需求。此策略适合于用户对本企业产品存有偏见或缺乏了解等情况下采用。②刺激性经营。即设法引起用户的注意和兴趣，刺激需求，扩大需求规模。此策略一般适合于企业成功的新产品在推向市场时采用。③开发性营销。当用户对现有产品已感到不满足，希望能有一种更好的产品取代时，即意味着某种新产品就有了潜在需求，企业应尽快推出适合用户需要的新产品，将用户的潜在需求变为现实需求。④维持性营销。当某种产品目前的需求水平与企业期望的需求水平基本吻合，出现更大规模需求的可能性不大时，宜采用此策略，即维持营销现状，不再对此产品作更大的投资。⑤限制性营销。当产品呈现供求不平衡时，企业可以通过宣传引导、提价等措施，抑制部分需求；当产品供过于求时，企业可以加强促销，以扩大需求，必要时还必须减少产品的供给，实行限制性营销。

总之，需求调节是一种较高的营销艺术，需要企业具有较高的营销素质。

三、市场营销计划管理

市场营销计划(Marketing Plan)是企业整体战略规划在营销领域的具体化，其管理过程包括计划的制定、实施、控制等环节。市场营销计划是在营销调研和分析研究基础上制订的，通常按年度编制。目前，我国许多汽车厂商的产品系列宽、品牌多、市场广，这些企业的营销计划一般应按产品系列、品牌系列或市场系列分别进行编制。

1. 市场营销计划的制定

市场营销计划还是企业其他工作计划的起点，其制定的科学与否对于企业的经营有着极为重要的影响。市场营销计划通常包括下列基本内容：

(1)内容提要。它是对主要营销目标和措施所做的简要概括说明。内容提要之后便是计划内容的目录表。

(2)当前营销状况。一般应简要而明确地说明目前市场情况(目标市场、过去几年的销售量等)、产品情况(各产品的价格、销售额、利润率等)、竞争情况(竞争者辨认、竞争者的营销策略、市场份额及发展趋势等)、分销渠道情况(各个分销渠道上的销售数量及变化、分销商的力量变化、激发分销商所必要的价格和贸易条件等）。

（3）机会与威胁分析。是对企业面临的营销机会和可能受到的威胁的说明，它是年度计划的依据。

（4）目标与差距。它是市场营销计划的核心内容之一。营销目标包括市场占有率、销售量或销售收入、利润率、投资收益率等财务目标和营销目标；差距是要达到计划目标所应解决的主要问题。根据计划目标和现存差距，营销计划中还拟定出消除差距的具体措施。

（5）营销策略。它是达到营销目标的途径和手段，包括选择目标市场和市场定位、确定营销组合、营销费用预算等。

（6）营销活动方案。它是营销活动的具体实施阶段和实施步骤，以及阶段性目标。一般应详细编制，以便执行和检查。

（7）营销预算（Marketing Budget）。即盈亏分析报告。它是对销售收入及对生产、运输和营销成本的预算。

（8）营销控制。它是营销计划执行的控制原则和方法，其典型情况是将计划目标和预算按月或按季度分解，以便于检查、监督和及时调整。

市场营销计划一般由营销计划部门汇同其他营销职能部门共同制订，一旦经营销最高主管领导（甚至企业总经理）审批后，就成为企业整个营销系统的年度行动纲领。

2. 市场营销计划的实施

市场营销计划的组织实施必须有相关的各级人员和各个职能部门的参与和支持。只有通过整个企业全员的共同合作和协调行动，才能使营销计划有效地实施。

市场营销的实施过程包括以下5个相互关联的方面。

（1）制定详细的行动方案。明确指出实施营销计划的关键决策和任务，并将这些任务落实到具体的责任人、责任单位，同时，制定出具体的时间表。

（2）建立合理有效的组织结构。组织结构应具有两大基本功能，即合理分工，明确各自的责任、权利；建立畅通的沟通渠道。还要注意增加组织结构的营销弹性，使营销系统能对外部环境变化做出迅速而准确的反应。

（3）确立合理的、激励性强的报酬制度。制度中应明确业绩的衡量和评价标准、报酬的计算（一般应与业绩挂钩）和支付等内容。

（4）开发并合理调配人力资源。主要涉及员工的招募、考核、选拔、培训、安置和激励等问题。企业不仅要通过招募、考核、选拔、培训找到最适用的营销人才，还要通过合理地安置和激励，做到人尽其才，并发挥人才的最大潜力。在人才的使用上，还应考虑营销战略的特点，不同的营销战略需要不同个性特点和能力的人才。“开拓型”战略需要具有创业精神、有魄力的人才；“维持型”战略需要具有较强的组织管理能力的人才；“紧缩型”战略则需要擅长精打细算的人才。

（5）营造企业文化和管理风格。企业文化（Corporation Culture）是指企业的员工共同持有的价值观念、信念和行为准则，优良的企业文化能使企业的全体员工团结一致，构筑一个充满活力的有机整体，企业的模范人物是企业员工共有价值观念的人格化，企业应通过各种手段大力宣传企业模范人物。

管理风格（Administrative Style）是指企业管理者在工作中为人处世的方式和方法。典型的管理风格主要有“集权型”（指管理者独揽大权，喜欢发号施令，对下属控制严格，不允许采用非正式的沟通渠道）和“参与型”（指管理者愿意授权给下属，鼓励下属主动参与管理，并采用非正式的沟通渠道）。有的管理者兼具这两种管理风格的特点，只不过侧重点有所不同。这两种管理风格各有利弊，企业应根据其所要实施的营销战略、组织结构、员工素质和营销环境加以选择。需要说明的是，企业文化和管理风格往往较难改变，企业通常要配合自己的企业文化来制定营销战略，当战略与企业文化相互冲突时，往往是通过改变战略而非企业文化来使其相互适应的。当然这也不能一概而论。企业应注意在平时的日常工作中有意识地培养对企业有利的企业文化和管理风格。

同企业战略规划的实施一样，市场营销计划在实施过程中，也应密切注意市场监督、信息反馈、适时审查、及时修订和调整等市场营销的控制问题。

3. 市场营销计划的控制

市场营销控制是指通过对营销战略和计划的效果进行衡量与评估，对偏离市场营销计划的方面及时采取修正措施，以确保营销目标实现的过程或行动。有 3 种主要的营销控制形式（见表 3-2）。

营销控制类型 表 3-2

控制类型	控制目的	方法
年度计划控制	检查计划目标是否实现	销售分析；市场份额分析；销售-费用率；财务分析；顾客态度分析
盈利控制	检查企业在哪些地方赚钱，哪些地方亏损	产品、地区、顾客群、销售渠道、订单大小等盈利情况
战略控制	检查公司是否在市场、产品和渠道方面正在寻找最佳机会	营销效益等级评核；营销审计

1）年度计划控制

年度计划控制的主要任务是对销售额（量）、市场占有率、营销费用率、顾客态度等进行控制，以确保年度营销计划中规定的目标得以实现。其具体控制过程如图 3-12 所示。

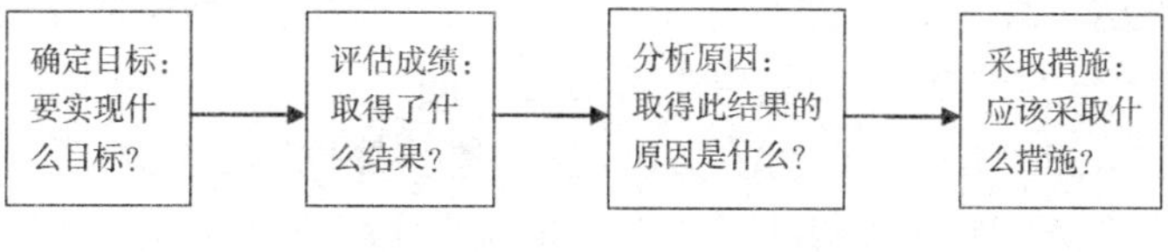

图 3-12 年度计划控制过程

2）盈利控制

除年度计划控制外，企业还需要分析从各种产品、地区、顾客群、分销渠道等方面的获利情况。这可以通过盈利控制来实现。盈利控制的具体分析方法是通过对财务报表和数据的一系列处理，把所获利润分摊到产品、地区、分销渠道、顾客群等方面，从而衡量出每一因素对企业最终获利的贡献大小，并针对盈利能力不足的因素，采取相应措施，排除或削弱此类因素的影响。例如改进某种产品、调整某一销售渠道或者是针对某一市场加强广告宣传等。

3）战略控制

战略控制即是对企业目标、发展战略和主要措施进行审查与适时调整，以保证它们与不断变化的营销环境相适应。其控制方法有以下两种。

（1）营销效益等级考核。该方法从顾客导向、营销组织、营销信息、战略计划和工作效率五个方面概括地描述了一个企业或部门的总体营销效益。

（2）营销审计（Marketing Audit）。即对企业的营销环境、营销目标、营销战略、组织系统和营销组合诸方面进行的全面的、独立的、系统的定期审查，以找出现有问题，发现新的营销机会。

需要强调的是，营销审计不是只审查几个出了问题的方面，而是覆盖营销环境、内部营销系统以至营销活动的主要方面，它是定期进行的，而不是出现问题时才采取的临时性行动。营销审计不仅能为那些陷入困境的企业带来转机，而且还能使那些营销绩效卓著的企业锦上添花。

营销审计由检查企业营销形势的以下六个主要组成部分构成：①营销环境审计，主要审查企业的宏观环境和微观环境；②营销战略审计，主要审查企业使命、营销目标、营销战略；③营销组织审计，主要审查企业营销组织是否能正常发挥功能和相互沟通；④营销制度审计，主要审查营销信息系统、营销计划系统、营销控制系统和新产品开发系统；⑤营销生产率审计，主要进行盈利率分析和成本效益分析；⑥营销功能审计，主要审查产品、价格、分销、促销这几个方面。

四、市场营销组织管理

市场营销组织管理，系指为了有效地开展市场营销活动，依据营销职能和营销目的设置营销职能部门、划分部门职能、建立协调机制以及安排指挥与执行权力等管理活动。

1. 汽车企业市场营销组织的变化

企业市场营销组织的设置，是随着营销观念的演变而变化的。大体上讲，历史上出现过的市场营销组织形式有：①单纯的销售部门。销售部门只负责办理签约、收账、发货等具体的销售业务，基本不负责市场调研、广告、促销等商务活动。计划经济时代和改革开放初期，我国汽车企业即是按照这种模式设立销售部门的。②营销与销售相互独立的部门。随着市场调研、产品规划、广告、促销和顾客服务等商务活动的增加，企业开始设立独立的营销部门统管这些活动，形成营销与销售相互独立的部门设置，20 世纪 80 年代中后期我国的一些汽车企业就是这种部门设置。③现代市场营销部门。为了解决前种设置导致的营销和销售两个部门的矛盾，开始将它们合并，将销售与营销视作同等重要的职能，由一个市场营销总经理统一管理。20 世纪 90 年代以来，我国汽车企业基本都执行了这种部门设置。④现代市场营销企业。21 世纪后，随着“顾客服务”意识的加强和应对日趋激烈的市场竞争，汽车厂商纷纷将企业的市场营销部门独立为营销服务企业，成为专司汽车销售和服务职能的子公司或独立法人。

2. 市场营销部门的组织形式

现代企业在设立其市场营销部门（或公司）时，都必须充分体现“以顾客为中心”的经营思想，诚如管理大师彼得 · 杜拉克（Peter F · Drucker）指出，顾客是企业赖以生存的基础，企业的目标是创造顾客，任何组织若没有营销或营销只是其业务的一部分，则不能称之为企业。“企业的基本职能只有两个，这就是市场营销和创新。”

概括地讲，市场营销部门（或公司）的基本组织形式有：①职能专业化组织（图 3-13a），这是最常见的组织形式。这种形式按照市场营销的各种职能设置部门，其优点主要是简单、方便，缺点是没有人对一个产品或一个市场负全责，各部门倾向争取自己的部门利益，营销总经理易卷入调解纠纷的旋涡中。②地区专业化（图 3-13b），根据企业经营业务的地区范围设置市场营销部门。③产品专业化组织（图 3-13c），根据企业经营的产品业务范围设置市场营销部门，如汽车厂商建立的事业部制。④市场专业化组织（图 3-13d），根据企业的顾客类型设置市场营销部门，如设置大客户部、普通客户部、特殊客户部、政府市场部、军需部等。

现实生活中，企业一般根据市场营销需要，基于以上基本形式组织成复合结构，如按照地区专业化和职能专业化，混合组织市场营销部门（图 3-13e）。我国大部分汽车厂商都是在职能专业化基础上，再按地区分布设置企业的驻外营销机构（子公司、大区、办事处等）。

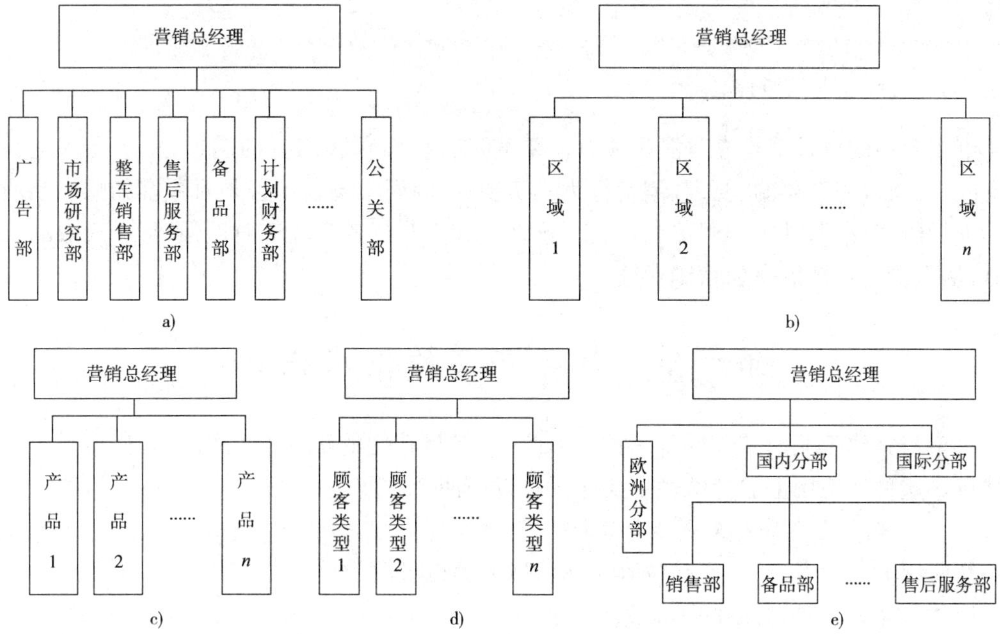

图 3-13　市场营销部门的专业化组织

a）职能专业化组织；b）地区专业化组织；c）产品专业组织；d）市场专业化组织；e）雪铁龙公司营销部门组织

第四章　汽车用户购买行为研究

市场营销的过程就是充分满足顾客需要的过程。而顾客需要的满足，总是在一定的信念支配下，通过一系列的购买和消费行为去实现的，因而市场营销必须对顾客的购买和消费行为进行研究，掌握其中的规律和特点。这将有利于营销者实施针对性强、富有成效的营销策略，从而提高营销效率和营销业绩。

第一节　汽车产品的使用特点

汽车与其他工业产品一样是一种有形商品，但与其他的工业产品相比又有其明显的使用特点。这种在使用上的特殊性主要体现在以下两个方面。

1. 汽车既是生产资料又是消费资料

从使用的角度看，汽车产品按其用途可以分为以下两类。

1）作为生产资料（Capital Goods）使用

各种生产型企业都利用自己所拥有的汽车，进行原材料、零配件、半成品、成品、加工设备及辅助用品的运输。因为这类运输活动构成企业生产活动的一部分，所以汽车属于一种生产资料。国民经济基本建设单位、公共工程建设单位等集团组织，也把汽车作为其必不可少的运输装备使用，汽车也是其生产资料的一部分。对从事公路专业运输、出租汽车运输、城市公共交通运输、汽车租赁、旅游业务等服务性经营活动的单位和个人来说，汽车也是作为经营资料使用的，它是运输服务的工具，这种作为经营资料使用的汽车，亦可以看作是生产资料。综上所述，我们可以得出这样的结论，即绝大部分载货汽车、专用汽车、自卸汽车和部分客车及轿车都是作为生产资料使用的。

2）作为消费资料（Consumption Goods）使用

汽车用作消费资料的一种表现是它属于一种集团消费资料。用于满足各类企事业单位、各级各类政府机关、非赢利团体组织等公务及事业活动需要的轿车，用于解决职工上下班的通勤客车以及用于解决学生上学放学的通学客车等，都属于集团消费资料。很大一部分轿车、客车及某些载货汽车都是作为集团消费资料使用的。汽车尤其轿车作为消费资料的另一种表现形式是它作为一种生活耐用消费品，进入到广大居民家庭消费领域。此时，汽车（主要是轿车、微型客车等）作为消费资料，用于私人上下班代步、旅游等，满足消费者的出行需要。

2. 汽车是一种最终商品

从产品的加工程度看，汽车属于一种产品成品。无论是作为生产资料使用的汽车，还是作为消费资料使用的汽车，都是最终可以直接使用的产品。在这个意义上说，汽车与那些作为原材料、中间产品、生产协作件等中间产品形态的生产资料存在差别。

汽车的上述使用特点,决定了汽车用户的广泛性,也决定了汽车购买行为既有与一般生产资料和消费资料等商品相似的一面,又有不同的一面,汽车营销者必须对其进行深入研究。

第二节　汽车私人消费市场及购买行为

汽车私人消费市场(Consumption Markets)由汽车的消费者个人构成。研究这个市场的特点及其发展规律,对于那些以这个市场为目标市场的汽车厂商而言,具有非常重要的意义。现代营销理论对普通商品的私人消费市场做了大量研究,取得了许多成果,这些成果值得我们参考和借鉴。但是由于汽车商品的使用特点及价值特点与普通商品存在着较大的差别,因此我们不能简单地套用这些成果,必须对汽车私人消费市场的特殊性及其购买行为的特点进行深入研究。

一、汽车私人消费市场的需求特点

汽车私人消费市场的消费者由于受经济、社会、文化等因素的影响,呈现出千差万别、纷繁复杂的形态。但从总体上讲,各种需求之间存在着共性。具体来说,有以下特点。

(1)消费需求的多样性。众多的汽车消费者,其收入水平、文化素质、职业、年龄、性格、民族、生活习惯等各不相同,因而在消费需求上也表现出不同的需求特性。比如说,年轻人喜爱运动型的车辆,而老年人喜爱舒适型的车辆。再比如说,经常在道路条件较差的地区活动的人,所选择的车辆主要是要求汽车的通过性要好(如越野车);而主要在城市范围道路条件较好地区活动的人,所选择的车辆主要是要求舒适性要好(如轿车等)。总之,人们对汽车的需求是多种多样的,从而表现出需求的多样性特点。

(2)消费需求的层次性。消费者由于在社会上所处地位的不同,或者由于经济收入与消费能力的不同,对汽车所需求的档次也就不同。一般的普通老百姓购买汽车的目的主要是作为代步工具,所选购的汽车大多为经济型的。而民营企业老板、社会地位较高或消费能力较强的人,购买的汽车必须体现其消费心理,所选购的车型大多为豪华型或中高级型的。社会阶层的存在,使得汽车的消费需求表现出层次性。

(3)消费需求的伸缩性。一方面,汽车作为一种高档耐用商品具有较强的价格弹性,即汽车的售价对汽车的个人需求有较大的影响。另一方面,这种需求的结构是可变的。当客观条件限制了这种需求时,它可以被抑制,或转化为其他需求,或最终被放弃;反过来,当条件允许时,个人消费需求不仅会得以实现,甚至会发展成为流行消费。

(4)消费需求的可诱导性。对于大多数私人消费者而言,由于他们缺乏足够的汽车知识,往往会受到周围环境、消费风尚、人际关系、宣传报道等因素的影响,对某种车型产生较为强烈的需求。例如,某单位的职工,由于最初有人购买了某款轿车,使用后感到该款轿车售价低、油耗低、质量好、方便灵活,是很实用的代步工具,受其影响,后来这个单位的职工,先后有数十人购买了该款轿车。

(5)消费需求的习惯性。有的人在长期的消费活动中积累下来的一些偏好和倾向是很难改变的。例如,某人在使用车的过程中,对某公司生产的汽车产生了偏爱,认为其可靠性、安全性和服务质量比其他品牌的车要好,所以在以后更换汽车时所买的几辆车都是该公司生产的。这就是俗语所说的“买车认品牌”,从而表现出消费需求的习惯性。这种习惯性,主要是指品牌忠诚度或厂商忠诚度,而不一定是重复消费原样产品。

(6)消费需求的可替代性。私人购买汽车(尤其首次购买)在面临多种选择时,一般都要进行反复的比较、鉴别,也就是俗语所说的“货比三家”,只有那些对私人消费者吸引力强、各种服务较好的商家的汽车产品才会导致消费者最终购买。也就是说,同时能够满足消费者需要的不同品牌或不同商家之间存在竞争性,消费者需求表现出可替代性。

(7)消费需求的发展性。人的需求永远是进步和发展的,某种需求被满足后,新的需求又会产生。因此汽车私人消费需求(主要表现为对车辆性能、操控和服务质量的要求)也是永无止境的,在不过分增加购买负担的前提下,消费者对汽车的安全、节能、舒适等性能的要求总是越来越高。

(8)消费需求的集中性和广泛性。一方面,私人的消费水平与其经济实力有密切的关系,只有达到一定经济收入的消费者才可能购买汽车。在特定时期内,经济发达地区的消费者达到这一收入条件的人比其他地区的人多,这一地区的汽车需求比其他地区明显高,从而表现出一定的在地理上的消费集中性。另一个方面,达到一定经济收入的人各地都有,而且随着经济的发展会不断地增多,因此又表现出消费需求在地理上的广泛性。

二、汽车私人消费者的购买行为模式

消费者的行为受消费者心理活动支配。按照心理学的“刺激—反应”(Stimulus-Response, S—R)理论,人们行为的动机是一种内在的心理活动过程,像一只看不见、摸不着的“黑箱”(Black-box),是一个难以透视的过程。客观的刺激,经过“黑箱”产生反应,引起行为,只有通过对行为的研究,才能了解心理活动过程。消费者购买的行为模式如图 4-1 所示。

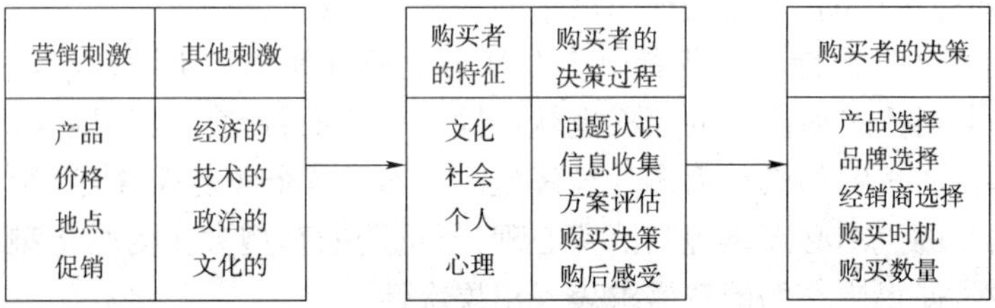

图 4-1　消费者购买行为模式

在上述购买行为模式中,所谓营销刺激(Marketing Stimulus),指企业营销活动的各种可控因素,即产品、价格、地点、促销;其他刺激,指消费者所处的环境因素(经济、技术、政治、文化)的影响。这些刺激通过购买“黑箱”产生反应,即购买行为。消费者对外部的刺激反应(即购买决策)取决于两方面因素:一是消费者的特征,它受多种因素影响,并进一步影响消费者对刺激的理解与反应;二是消费者的购买决策过程,它影响最后的行为结构的状态。

三、影响汽车私人消费市场购买行为的因素

影响汽车私人消费市场购买行为的因素很多,主要包括文化因素、社会因素、个人因素、心理因素,如图 4-2 所示。

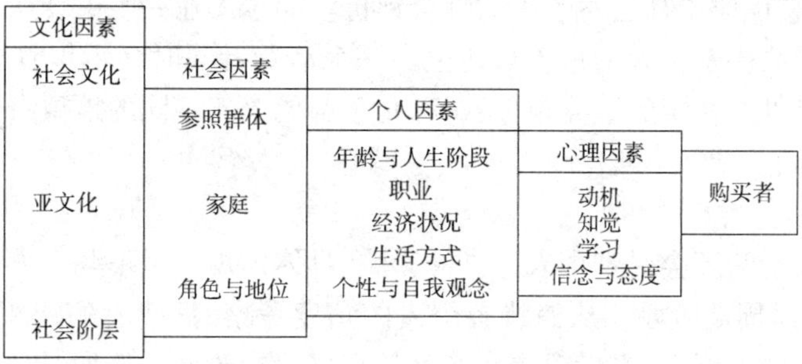

图4-2 影响汽车私人消费市场购买行为的因素

1. 文化因素

(1)社会文化(Social Culture)。从广义的角度理解,文化是指人类在社会历史发展过程中所创造的物质财富和精神财富的总和,它既包括人类生产的物质财富和提供的各种服务,也包括价值观念、伦理道德、风俗习惯、行为规范、宗教信仰等意识范畴。不同民族、不同社会,其文化内涵的差别很大。

(2)亚文化(Subculture)。亚文化又被视作“文化中的文化”,它为某种文化群体带来更明确的认同感和集体感。亚文化群体的成员不仅具有与主流文化共同的价值观念,还具有自己独特的生活方式和行为规范。就汽车消费者购买行为而言,亚文化的影响更为直接和重要,有时甚至是根深蒂固的。

(3)社会阶层(Social Stratum)。社会阶层是指一个人在社会中的地位或在社会结构中所占据的位置。很显然一个人的社会地位不同,其价值取向也是不同的。

总之,文化因素对汽车私人消费者,在消费学习、消费心理、消费行为、价值判断、审美取向、选择标准等方面具有广泛而深刻的影响。

2. 社会因素

汽车私人消费市场的购买行为也经常受到一系列社会因素的影响。这些因素主要有:参照群体、家庭、角色与地位。

(1)参照群体(Reference Group)。参照群体是指对个人的态度具有直接或间接影响的群体。它可能是一个团体组织,也可能是某几个人;可能是正式的群体,也可能是非正式的群体。参照群体是人们沟通、交流、学习或效仿的对象,在缺乏消费经验的情况下,个人的消费选择往往以周边群体的标准为依据。比如,相处较好的朋友就可能会都买同一品牌的轿车。研究表明,汽车私人购买者的购买行为容易受到相关群体的影响。

(2)家庭(Family)。家庭是以婚姻、血缘和有继承关系的成员为基础形成的一种社会单元。大部分的消费行为是以家庭为单元进行的,在一个典型的现代家庭中,作为家庭成员的丈夫、妻子以及子女在购买决策中的角色各不相同,购买决策权的大小取决于家庭生活习惯、内部分工、收入与受教育程度等。家庭基本上可以分为四类:丈夫决策型、妻子决策型、协商决策型和自主决策型。在我国私人汽车的购买过程中,在买与不买的决策上,一般是协商决策型或丈夫决策型,但在款式或颜色的选择上,妻子的意见影响较大。对汽车性能的要求方面,女性比男性更看中安全性、易操作性和舒适性;男性比女性更看中动力性。从营销观点来看,认识家庭的购买行为类型,有利于营销者明确自己的促销对象。

(3)角色与地位(The Role and Status)。角色是社会期望个人所承担的活动,每种角色都有相应的地位，它反应了社会对个人的综合评价。一个人在一生中会从属于许多群体，个人在群体中的位置取决于个人的角色与地位。一个消费者同时又承担着多种不同的角色，并在特定的时间里具有特定的主导角色，每种角色都代表着不同的地位身份，并不同程度地影响着其购买行为。

3. 个人因素

消费者的购买行为还会受到个人因素的影响，具体体现在以下几个方面：

(1)年龄与生命周期阶段。从消费者个人的角度考察，消费者的购买行为与所处年龄密切相关。随着年龄的增加，人们对汽车产品的喜好也在改变。例如，年轻人购买汽车主要注重汽车的动力性及速度，而老年人购买汽车主要注重汽车的操纵方便性和驾驶安全性。从家庭角度考察，其生命周期的不同阶段也影响消费者的消费选择。学术界通常把家庭生命周期，划分为九个阶段，即①单身期，指离开父母后独居的青年时期。②新婚期，指新婚的年轻夫妻，无子女阶段。③“满巢”Ⅰ期，指子女在6岁以下，处于学龄前儿童阶段。④“满巢”Ⅱ期。子女在6岁以上，已经入学的阶段。⑤“满巢”Ⅲ期。结婚已久，子女已成人，但仍需抚养的阶段。⑥“空巢”Ⅰ期。子女业已成人分居，夫妻仍有工作能力的阶段。⑦“空巢”Ⅱ期。已退休的老年夫妻，子女离家分居的阶段。⑧鳏寡就业期。独居老人，但尚有工作能力的阶段。⑨鳏寡退休期。独居老人，处于休养状态的阶段。汽车厂商只有明确目标顾客所处的生命周期阶段，才能拟定适当的营销计划。

(2)职业。一个人所从事的职业在一定程度上代表着他(她)的社会地位，并直接影响他(她)的生活方式和消费行为。不同职业的消费者对汽车的购买目标是不一样的，例如，公司经理与其属下雇员所选择的车型及档次可能存在差别。汽车厂商可以为特定的职业群体提供其所需的汽车产品。

(3)经济状况。个人的经济状况对其消费选择具有重大影响，它在很大程度上决定着人们可用于消费的收入、对待消费与储蓄的态度及借贷的能力。尤其是汽车对一般人来说属于一种高档耐用消费品，个人的经济状况达不到一定程度是不可能购买汽车的；并且经济状况较好的人与经济状况一般的人所选购的汽车是有所差别的。例如，低价位车主对燃油经济性比较在意；高价位车主对安全性、技术先进性和舒适性比较在意。

(4)生活方式。从经济学的角度看，一个人的生活方式表明它所选择的分配方式以及对闲暇时间的安排方式，一个人对汽车产品的选择实质上是在声明他是谁，他想拥有那类人的身份或生活方式。消费者常常选择这样而不是那样的汽车产品，是由于他们把自己与一种特定的生活方式联系在一起。汽车厂商应注意寻找特定汽车产品与特定生活方式群体之间的联系。

(5)个性与自我观念。个性是指个人独特的心理特征，它使个人对环境做出相对一致和持久的反应。例如，有的人稳健保守，有的人则勇于冒险。个性不同会导致消费者购买行为的差异，进而影响消费者对汽车产品和品牌的接受程度和选择。自我观念与个性有关，可以理解为自我定位，它对消费行为产生影响的一个重要表现是：消费者往往会选择与他们的个性及自我定位相吻合的汽车产品。另外，自我观念在一定程度上影响着人们对未来(如收入)的预期，从而影响其现在的购买决策。在汽车厂商的营销活动中，应注意赋予产品一定的个性化特征，根据个性特征和自我观念的不同，把消费者划分为不同的细分市场，并制定相应的营销策略。

4. 心理因素

除文化、社会和个人因素外,消费者的购买行为还会受到动机、知觉、学习、信念和态度4个心理因素的影响。

1)动机(Motivation)

每个人在每个时刻都有许多需要,包括生理需要如口渴、饥饿等,也包括心理需要如希望得到尊重、具有归属感等。需要只有强烈到一定程度才会转化为动机,动机是一种上升到足够强度的需要,它能及时引导人们去探求满足需要的过程和目标。美国心理学家亚伯拉罕·马斯洛(Abraham Maslow)的需求层次理论(Hierarchy of Needs)解释了在特定阶段人们受到特定需求驱使的原因,如图4-3所示。

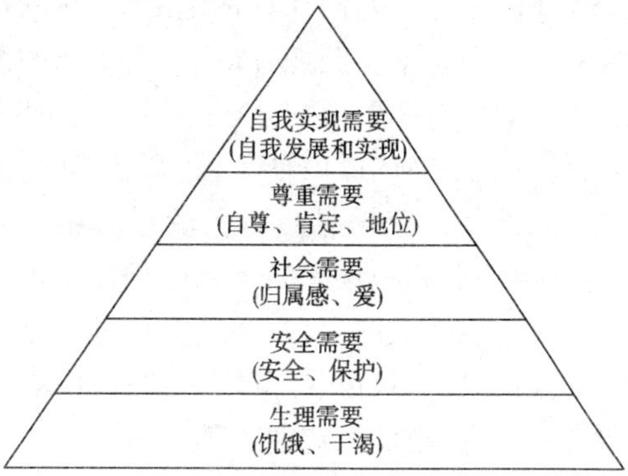

图4-3　马斯洛的需求层次理论

马斯洛认为,人类的需要是层次化的,按其重要程度依次为生理需要、安全需要、社会需要、尊重需要和自我实现需要,并且只有较低层次的需要被满足后,较高层次的需要才会出现并要求得到满足。这个理论比较适合于我国当前的私人汽车消费市场情况,有汽车购买动机的人,肯定是在生存需要如吃、穿、住等,得到满足以后才可能去购买汽车,以满足更高层次的需要。而购买汽车的人,也是根据其在社会上所处的地位,所要满足的需要,选择不同的车型和品牌,普通消费者购买汽车是为了满足其代步的需要,因此选择经济型汽车。而社会地位和经济收入较高的消费者,购买汽车的目的除了满足其代步需要外,更要体现其身份和地位,因此选择豪华型的轿车。需求层次论可以帮助汽车营销人员理解其潜在消费者的生活和目标,使营销人员更好地识别出现实的和潜在的消费者。

需求层次论解释了消费者消费实现过程变化的发展趋势,但没有解释消费者实施购买行为的原因。边际效用(Marginal Utility)理论则弥补了这一缺陷。该理论认为,消费者购买动机的形成受商品效用支配,商品效用是消费者实施购买行为的根本条件。如果商品没有效用或效用不大,即使具备购买能力,消费者也不会对该商品产生购买动机。反之,如果效用很大,即使购买能力暂时不足,消费者也有可能筹措资金购买。

商品的效用系指商品所具有的能够满足消费者某种需要的功效。就汽车产品而言,代步功能就是普通消费者的功效,解决个人交通和体现形象价值就是高档汽车的功效,能够获取良好营运效益就是营运汽车的功效等。消费者购买动机的强弱受商品"边际效用"大小的支配。边际效用越大,购买动机就越强。所谓的边际效用,系指消费者对某种商品再增加一个单位的消费时,该种商品能够为消费者带来的效用增量。只要消费者认为,增加商品购买可以增加效用,即能够更好地满足需要,那么消费者就有可能继续增加购买该种商品。但客观上,随着消费数量的增加,商品的边际效用存在着递减现象,这就是"边际效用递减法则"(Law of Diminishing Marginal Utility)。例如,消费者总是感觉第一辆私家车给家庭带来的方便是最大的,随着购买的增加(假如有必要),那么第二辆、第三辆私家车给家庭新带来的方便程度就会越来越小,甚至还会觉得完全没有必要(边际效用为0)。

边际效用理论的营销意义是,企业可采取各种措施,如降低产品价格、提高质量、延长寿命、增加功能等,增加产品的边际效用,达到促进销售的目的。另外,当边际效用为零时,表示商品需求趋于饱和,营销者可以籍此预测商品的市场需求容量。

2)知觉(Perception)

一个受到动机驱使的人可能随时准备行动,但具体如何行动则取决于他的知觉程度。人们是通过各种感觉器官来感知刺激事物的,同样的外部刺激对不同的消费者会引起不同的知觉,这是因为每个人感知、组织和解释信息的方式不尽相同。所谓知觉,是指人们收集、整理、解释信息,形成有意义的客观世界影像的过程。具体地说,人们要经历三种知觉过程:①选择性注意。人们在日常生活中会接触众多刺激,但大部分会被过滤掉,只有少部分刺激会引起人们注意。例如,汽车厂商所作的汽车广告很多,但真正引起某一个即将准备买车的人注意的只有一条,因为这条广告,这位购买者可能会对该广告所宣传的车型作进一步的了解,很可能最终选择该种车型;②选择性理解。每个人总是按自己的思维模式来接受信息,并趋向于将所获信息与自己的意志结合起来,即人们经常按先入为主的想法来接受信息。例如,当消费者一旦倾向于某一种汽车品牌时,即使他了解到该品牌车的某些缺点,也可能会无视这些缺点的存在,而选择该种品牌的汽车;③选择性记忆。人们往往会忘记接触过的大部分信息,而只记住那些符合自己的态度与信念的信息。因此营销人员必须尽力吸引消费者的注意,把信息传递给消费者。例如,现在许多汽车厂商在推出新产品时,为了引起消费者的注意,留下一个好的第一印象,花费大量的精力,举办一些大型的公关活动或销售促进活动,如果活动组织得好,能引起消费者的注意,将会取得较好的宣传效果,使消费者对该种车型留下一个美好的印象。

3)学习(Learning)

人们总是在实践中不断学习,学习是指由于经验而引起的思想和行为的改变。人类的行为大多来源于学习,一个人的学习是驱使力、刺激、诱因、反应和强化等互相作用的结果。由于汽车市场营销环境的不断改变,新产品、新品牌不断涌现,汽车消费者必须经过多方收集有关信息之后,才能对相应的产品或品牌做出评价,并最终做出购买决策,这本身就是一个学习的过程。同时,消费者对汽车产品的消费和使用也是一个学习的过程。汽车营销者可以通过把汽车产品与强烈的"驱使力"联系起来,利用刺激性的诱因,并提供正面强化手段如通过汽车展销会、顾客联谊会、广告等措施,使消费者对汽车产品产生了解和认识,强化消费者的需要。

4)信念与态度(Belief and Attitude)

信念是指人们对事物所持的描述性思想,并影响人们的行动态度,它可能建立在消费者的学习和实践经验上,也可能建立在传闻上。调查显示,中国消费者对日系车、德系车、美系车和韩系车有着不同的信念,例如认为日系车经济省油、结构紧凑、外形漂亮、价格较低,综合性价比好,但材料过于节省,安全性不够好;德系车安全性能好、做工讲究、质量可靠、品牌可信,但价格相对较高;美系车宽敞舒适、稳重大气,但车体笨重、费油、使用成本高;韩系车时尚现代、外型造型好、价格低廉,但质量不够好等。

对于汽车厂商来说,信念构成了汽车产品和品牌的形象,汽车厂商应通过健康的促销活动使消费者对其产品和品牌建立正确的信念。当消费者已经对某种汽车品牌产生良好印象时,汽车厂商必须努力维护或提升这个印象,不能出现有损形象的事件,以免消费者出现否定该品牌的信念。研究表明,汽车的产品质量和售后服务质量对汽车消费者的信念形成具有突出意义,是汽车厂商做好营销的重要基础。

态度是指人们对某些事物或观点所持的正面或反面的认识上的评价、情感上的感受和行动上的倾向。态度导致人们喜欢或不喜欢某些事物,它在很大程度上受信念的支配。一般情况下汽车厂商不要试图改变消费者的态度,而应该考虑如何改变自己的产品或形象,改变消费者的信念,并促使消费者产生积极的购买态度。

综上所述,汽车消费者的购买选择是文化、社会、个人及心理等因素综合作用的结果。汽车厂商及其营销人员在制定营销策略时,必须认真研究这些因素。

四、汽车消费者的购买决策过程

除文化因素、社会因素、个人因素、心理因素以外,汽车消费者的购买决策过程同样影响着消费者的购买选择。因此,汽车营销者不仅要了解影响消费者购买行为的各种因素,还要了解消费者是如何进行购买决策的,即确认购买决策的角色划分、购买决策的基本类型及购买决策的主要步骤。

1. 汽车消费者购买决策的角色划分

不同的汽车消费者在汽车购买决策中扮演的角色不同,对这个问题的分析,实质上是对汽车私人消费市场购买行为的发起与组织的分析。在汽车私人消费市场中,消费者的购买行为往往是家庭及其成员共同影响的结果,各个家庭成员可能扮演的角色包括以下5类:发起者,首先提出购买建议的人;影响者,其看法和建议对最终决策有一定影响的人;决策者,对购买决策的某个方面(包括是否买、何时买、买何种车型、何处买、如何买等)做出最后决定的人;购买者,实际购买的人;使用者,实际使用的人。

上述5种角色可以组合在一个消费者身上,也可以分别由几个消费者充当。了解消费活动的主要参与者及其扮演的角色,有助于汽车厂商有针对性地制定营销策略。汽车营销者应首先分析和确认消费者在购买汽车产品的决策中可能扮演的角色,然后再开展相应的产品设计和广告促销等营销活动。例如,汽车厂商可以构思和设计出符合使用者需要的有特色的产品(如具有较强通过性的越野车、具有较好舒适性的轿车、具有较大载货能力的载货汽车等),在发起者容易接触的媒体上进行广告宣传,并向决策者提供本企业汽车产品的质量、价格、性能、购买地点等信息,吸引消费者购买本企业的汽车产品。

2. 汽车消费者购买决策的基本类型

不同的消费者在购买汽车产品时,其购买行为存在较大的差异。家用轿车对一般人来说是一种高档耐用商品,其购买决策对一个家庭来说是非常重要的事,往往需要经过多人的参与和反复的权衡。根据汽车消费者的购买态度,可将汽车消费者的购买行为分为下列5种类型。

(1)理智型。这是指以理智为主做出购买决策的行为。具有这类行为特点的汽车消费者,其购买思维方式比较冷静,在需求转化为现实之前,他们通常要做广泛的信息收集和比较,充分了解汽车的相关知识,在不同的品牌和车型之间进行充分的调查,慎重挑选,反复权衡比较。也就是说,这类消费者的购买过程比较复杂,通常要经历信息收集、评价方案、慎重决策和评价购后感受等阶段,属于一个完整的购买决策过程。现阶段,我国的私人汽车消费者的购买决策多属于这种类型。因为他们多数是初次使用轿车的用户,购买汽车要花费他们较多的资金和时间。所以对于这类顾客,汽车厂商应制定策略帮助消费者掌握产品知识,借助多种渠道宣传产品优点,发动营销人员乃至顾客的亲朋好友对顾客施加影响,简化购买过程。

(2)冲动型。这是容易受别人诱导和影响而迅速做出决策的购买行为。冲动型的购买者，通常是情感比较外向，随意性较强的消费者。他们一般为较年轻的人，并且具有较强的资金实力。对于冲动型的购买者来说，易受广告宣传、营销方式、产品特色、购买氛围、服务介绍等因素的影响和刺激，进而诱发出购买决策。这种需求的实现过程较短，消费者较少进行反复比较挑选。但是这类消费者常常在购买后会认为自己所购买的产品具有某些缺陷或其他同类产品有更多的优点而产生失落感，怀疑自己购买决策的正确性。对于这类购买行为，经销商要提供较好的售后服务，通过各种途径经常向消费者提供有利于本企业和产品的信息，使消费者相信自己的购买决策是正确的。

(3)习惯型。购买者个人根据自己的品牌偏好做出购买决策。这类购买决策较少受广告宣传和时尚的影响，其需求的形成，多是由于长期使用某种特定品牌的产品并对其产生了信赖感，从而按习惯重复购买，因此这种购买决策实际上是一种“品牌认同”的购买决策，具有比较明显的品牌忠诚度。从发展眼光看，随着今后我国汽车市场更新需求的增长，这样的消费者在数量上会趋于增加。

(4)选价型。这是指对商品价格变化较为敏感的购买决策。具有这类购买态度的个人，往往以价格作为购买决策的首要标准，选价型购买决策又有两种截然相反的表现形式，一种是选高价决策，即个人消费更乐意选择购买优质高价的商品，例如，那些豪华轿车的消费者多是这种购买决策；另一种是选低价决策，即个人消费者更注重选低价商品，多数工薪阶层的消费者以及旧车的消费者主要是这种购买决策。现阶段，我国汽车消费者在购买私家车时，往往是根据汽车的使用目的和自己的经济承受能力，首先确定一个目标价格区间，再在这个价格区间内，大体按照车型（造型）、颜色、油耗、维修成本与方便性、配置、内饰的顺序，选择自己中意的产品。

(5)情感型。这是指容易受感情支配做出购买决策的行为。持有这类购买态度的消费者，其情感体验较为深刻，想象力特别丰富，审美感觉灵敏。在情感型购买决策的实现过程中，较易受促销宣传和情感的诱导，对汽车的造型、色彩及知名度都极为敏感，他们多以汽车是否符合个人的情感需要作为研究购买决策的标准。国外家庭女性成员为使用者的汽车消费者多属于这种购买决策。

总体上讲，我国现阶段的私人汽车消费者，其购买决策类型以理智型占主导地位，其余类型在西方经济发达国家经常见到，这也说明汽车厂商在开发国内国外两个市场时，应采用不同的营销策略。

3. 汽车消费者购买决策的主要步骤

完整的购买决策过程包括5个阶段：确认需要、收集信息、评价方案、购买决策、购后感受。也就是说，消费者的购买决策过程早在实际购买发生之前就已经开始，并将一直延续到实际购买之后。因此营销人员应关注消费者的整个购买过程。汽车是一种高质耐用消费品，其购买行为较为复杂，消费者一般会依次经历这5个阶段，但在有些情况下，消费者可能会跳过或颠倒某些阶段。

(1)确认需要。确认需要是购买过程的起点。当消费者意识到自己的实际状态与期望状态存在差距时，就产生了需要。汽车消费者的需要一般源于两方面的原因：一是内部刺激，如上下班路程较远需要汽车作为代步工具；二是外部刺激，如电视广告、身边同事或者消费流行等消费者自身以外的环境因素。需要是推动消费者从事购买活动的驱使力，而消费者的大部分需要是由于外部刺激的影响而产生的，即使是代步等内部刺激引发的需要，也往往会在外部刺激的影响下寻求满足需要的具体品牌的汽车产品。因此汽车厂商应有意识地安排一些诱因(如广告、展销会等),激发消费者对本企业汽车产品的需要。

(2)收集信息。只有在消费者的需要十分强烈且可用于满足需要的产品就在身边时,消费者才会马上采取购买行动,以求尽快满足需求。但是在大多数情况下,消费者在产生需要后并不马上做出购买决策,而是首先寻找有关产品的多方面信息,尤其是汽车购买行为是一种较为复杂的购买行为,需要收集的信息很多。一般来说,消费者的信息来源主要有4个方面:个人来源、商业来源、公共来源、经验来源。汽车消费者的主要信息来源是商业来源,但是个人来源是最有效的信息来源。汽车厂商应了解和掌握消费者的信息来源并对不同来源的重要性予以评价,在此基础上,设计有效的传播途径,使企业与目标消费者更好地进行沟通。

(3)评价方案。消费者在收集到所需的信息后,就会对这些信息进行分析比较和综合判断,以做出最终选择。不同的消费者使用的评价方法和评价标准差别较大,但总体上讲,消费者对汽车产品的购买,是为了从该产品上寻求特定的功效,因此他们往往会把汽车产品看成是一些特定属性的组合,并根据自己的偏好对这些属性给予不同的权重,然后对不同品牌的汽车产品进行打分和排序(当然这个过程多数情况下是隐形的)。汽车营销者应强化自己产品的特色和对消费者实实在在的利益,帮助消费者进行正确的购买评价。

(4)购买决策。购买决策是购买过程的关键阶段。在评价阶段,消费者经过对可供选择的汽车产品及品牌的分析比较,初步形成了购买意向,但消费者购买决策的最后确定,还会受其他两种因素的影响:一是他人的态度。他人的态度对消费者购买决策的影响程度,取决于他人的反对态度的强度和消费者遵从他人愿望的程度。二是意外情况。消费者即将购买时,家庭收入、产品价格、营销人员的态度或者成交中的细节谈判等的意外情况常常会改变消费者的购买决定或者改变对品牌的选择。

(5)购后感受。消费者在购买汽车产品后,往往会通过自己的使用与他人的评价,对其购买选择进行验证,把他的体验与购买前的期望进行比较,进而产生一定的购后感受,如满意、一般或不满意等,这些感受最终会通过各种各样的行动表现出来。消费者根据自己从卖主、朋友及其他来源获得的信息形成对汽车产品的期望,如果汽车产品的实际表现达到了消费者的期望,就会产生满意感;反之,就会使消费者不满意。同时,消费者对汽车产品的满意程度还会影响以后的购买行为。如果消费者感到满意,很可能在今后会再次购买该种品牌的汽车,并向其他人宣传该汽车的优点。如果消费者感到不满意,则会通过各种行为来减少不平衡的感受,如向卖主退货、向熟人和亲友抱怨、向消费者协会投诉等。汽车厂商营销的目标是通过满足顾客的需求来使顾客满意,实现顾客满意是汽车厂商与消费者保持长久关系的关键,它能使汽车厂商获得信誉。实现顾客满意的最好方法是提供优质的汽车产品和售后服务。特别是售后服务,应做到在维修服务的及时性、维修服务的方便性(网点数量)、配件价格的合理性和质量的可靠性、维修人员态度的友善性和技术水平等方面让消费者满意。与此同时,企业还应该研究对待消费者不满意的方法,采取有效措施尽可能降低消费者的不满意程度,提供良好的沟通渠道,并在可能的情况下采取包括损失赔偿在内的有效措施,妥善处理善后工作。

综上所述,汽车营销者可以通过对"消费者黑箱"的研究和剖析,找出影响消费者购买行为的主要因素,理解消费者的购买决策过程,获得隐藏在可见的消费者行为背后的深层线索,进而以此为依据设计和制定出行之有效的市场营销谋略。

第三节　汽车集团组织市场及购买行为

除了以个人和家庭为单元的汽车消费者外，集团组织也是汽车厂商的重要顾客，各种各样的组织或集团构成了汽车的集团组织市场。这个市场是一个涵盖面很大的市场，是我国现阶段汽车市场重要的组成部分，甚至是某些车型的主力市场。但是，这个市场的特点和购买行为比私人消费者市场更为复杂，必须得到充分重视和研究。

一、集团组织市场的购买特点

与一般私人消费者市场相比，集团组织市场的总体特点可以归纳为：

(1)购买者数量相对较少，但购买规模相对较大。集团组织市场的购买者一般不是个人，而是购买汽车的一个组织或集团，因此相对于私人消费者来说，其数量较少，但需求量往往较大。

(2)供需双方关系密切。集团组织购买者数量少、购买数量大，非常适合采用效率较高的人员推销的促销方式。汽车厂商(包括零部件厂商)十分看重这个市场，通常会根据集团组织的特定需要定制产品，甚至不惜改变常规的生产流程、营销操作方法和程序，非常注重与这些大客户建立持久的合作与伙伴关系。

(3)购买者类型比较集中。面向集团组织市场销售的汽车产品，尽管车型品种多样，但是对具体的车型品种，其购买者的类型却是十分集中的，如各种专用汽车、客车、旅游汽车、公务轿车甚至汽车零部件都有自己特定的用户。集团组织市场的这种特性，有利于汽车厂商降低销售成本。

(4)需求具有衍生性。许多集团组织购买者对汽车产品的需求最终是由消费者的需求衍生出来的。例如，汽车运输公司购买汽车，往往是因为运输业务发展的需要，当运输业务增加时，会导致运输公司增加汽车购买量。

(5)需求具有特殊性，购买过程具有较强的专业性。集团组织购买者大多对产品功能、产品结构、产品价格、产品质量、产品交货期、备件供应和售后服务有特定要求，且采购过程复杂，采购、设备建账、财务作账等作业流程规范，一般由受过专门训练的采购人员来完成。此外，他们在采购谈判技巧方面都较有经验和有一定的规则，这就要求营销者必须熟悉他们的采购业务。

(6)短时期内需求弹性较小。相对于汽车私人消费市场而言，集团组织购买者的需求价格弹性要小得多，特别是在短时期内需求受价格变动的影响不大。例如，汽车再生产型购买者由于其制造工艺不可能在短期内进行重大改变，不会因汽车零部件或中间型产品的价格上涨(只要涨价原因合理)而减少购买。而在私人消费市场上，如果汽车涨价，消费者就可能立即放弃购车计划。

(7)需求的波动性较大。由于受到政策法规、政治形势、宏观经济运行状况、大型突发事件或者重要领导人变更等因素的影响，集团组织购买者对汽车的需求要比私人消费者的需求具有更大的波动性。例如四川汶川发生大地震，各级政府运行经费预算缩减，就会导致行政机关削减或取消公务购车计划，使得这个市场的需求出现波动。

(8)影响购买决策的人较多。汽车集团组织购买决策中的影响者比汽车私人消费购买决策的影响者多很多。除了具体执行购买行为的采购部门外，常常还包括技术部门、质量部门、产品使用部门、财务部门(或财政部门)等众多部门的人员参与,尤其是在购买数量较大,所需资金较多时,通常需要相关领导审批。

(9)购买的行为方式比较特殊。体现在:①直接购买。集团组织购买者往往直接向生产厂家采购所需的汽车产品,而不通过中间环节;②互惠采购。是指在汽车供应厂商与采购者之间存在互购产品项目时,各自向对方提供优惠,实施互惠采购;③租赁。是指在不占有所有权的条件下,通过支付租金来取得产品使用权的采购方式。例如,某些特种汽车、专用汽车的单价很高,用户又不是经常使用,租赁方式可以解决用户的资金困难。

(10)不同类型的集团组织购买者,从需求到购买实现的具体特点各有千秋。例如机关公务购车、事业单位集团消费购车,除了受财政(资金)形势影响外,其需求数量与机构的设置模式及其数量(含领导职数)、权力制度设计及资金管理制度密切相关,对车型和价格的选择受政策的影响很大;而企业性质的集团组织,其购车需求主要受宏观或微观经济形势和企业的经济效益影响。

(11)需求的购买实现具有明显的政策特征和关系特征。集团组织购买者在选购汽车产品时,受政策因素和个人因素的影响非常明显。例如,很多地方对机关公务购车往往是财政拨付部分购车资金,不足部分需要用车者从预算外或者其他渠道筹集资金;假如纪检部门规定某级别的领导用车价格不能超过20万元,那么购车者就会寻找定价为19.8万元的汽车,诸如此类现象都是政策因素所致。再例如,汽车营销者与用车者或者领导者个人关系良好,那么就有可能争取到销售机会,甚至说服领导人做出某些具有政策性质的规定。

二、集团组织市场的购买决策模式

根据购买情况的复杂程度,集团组织购买者的决策模式分为以下3类。

1)直接重购

直接重购(Straight Rebuy)是指集团组织购买者按以往惯例重复订货,是一种最为简单的购买决策模式,购买者需作的决策最少。在这种情况下,采购部门根据以往采购的满意程度,从自己认可的汽车供应厂商名单中做出选择。被选中的汽车供应厂商将尽力保证其产品和服务的质量,并采取其他有效措施来提高集团组织购买者的满意程度。

2)修正重购

修正重购(Modified Rebuy)是指集团组织购买者的采购部门为更好地完成任务,就汽车产品的型号、价格、发货条件及其他方面进行一定调整。与直接重购相比,修正重购涉及更多的决策参与者。原来被认可的汽车供应厂商会产生危机感并全力保护自己的份额,未被认可的汽车供应厂商则力图推出新产品或改进买方不满意的环节,以争取集团组织采购者。

3)全新采购

全新采购(New Ask)是指集团组织购买者的采购部门首次购买某种产品。在3种购买决策模式中,全新采购最为复杂,需收集的信息最多,需做出的决策最多。同时,销售成本、成交风险和决策参与者增加,形成购买决策所需的时间也延长(很多时候是履行采购流程)。在全新采购中,集团组织购买者必须在汽车产品型号、性能、汽车供应厂商情况、价格限制、付款条件、订货数量、交货时间及售后服务约定等方面分别进行决策。对汽车供应厂商来说,这是最大的机会和挑战,他们应采取不同的传播工具,尽可能多地向集团组织购买顾客提供市场信息,并帮助其解决疑难问题。对于大型的全新采购业务机会,许多汽车供应厂商都要派出自己的推销使团,大的汽车公司还往往设立专门的机构来负责对全新采购用户的营销。就汽车的全新采购来说，汽车供应厂商还必须注意一定要搞好售后服务工作，为使该集团组织购买者成为其长久的用户而奠定坚实的基础。

需要指出的是，许多集团组织购买者倾向于从一个汽车供应厂商那里购买一揽子解决方案（比如说，不同的车型都从一个汽车厂商那里购买，或从整车到配件都从一个汽车厂商那里购买），这种方式叫系统购买（System's Buying），它始于政府对重要军火和通讯系统的采购。现在，系统销售已经成为汽车厂商的一种重要营销手段，也就是说，为客户提供最完善的解决方案，是赢得和留住集团组织顾客的关键。

三、集团组织购买过程的参与者

采购中心是指集团组织用户的购买决策制定单位，它由所有参与采购决策过程的人构成。在集团组织购买过程中，购买的参与者很多。具体地说，采购中心的成员可以分为5种角色：使用者、影响者、决策者、购买者、信息控制者。

（1）使用者（User）。使用者是指未来使用欲采购的汽车产品的组织成员。在通常情况下，首先由使用者提出购买建议，他们在界定汽车产品的功能、用途、品牌和型号方面起着重要作用。

（2）影响者（Influencer）。影响者是指影响购买决策的组织成员。他们通常协助决定汽车产品的品牌和型号，并提供所需信息。组织中的质量人员、技术人员、财务人员是最重要的影响者。

（3）决策者（Decision Maker）。决策者是指有权决定或批准采购计划的组织成员。汽车是一种高价商品，并且多数情况下购买的数量较多，所以汽车集团组织的购买决策者一般都是该集团组织的高层领导者或具体采购部门的领导者。

（4）购买者（Purchaser）。购买者是指具体安排和落实购买事项的组织成员，其主要职责是选择汽车供应厂商并就交易条件进行谈判（如价格、服务、违约责任等）。一般在汽车的购买活动中，购买者还包括参与谈判的高层经理。

（5）信息控制者（Goal Keeper）。信息控制者又被成为守门人，是指控制信息流向的组织成员，如集团组织的采购代表、技术人员、秘书人员等。

由于采购的汽车产品的型号和数量不同，采购中心成员的数量和类型也有所不同。同时，在实际的采购过程中，在不同情况下，各类参与者所起的作用也各不相同。在汽车的集团组织市场营销活动中，人员推销是主要的促销方法，销售员必须弄清楚下列问题：谁是主要的决策参与者，他们影响哪些决策，影响决策的程度如何，决策参与者之间如何互相影响，每位决策者使用何种评价标准等。

四、影响集团组织购买行为的主要因素

集团组织购买者在制定购买决策时会受到很多因素影响，归纳起来，主要有以下4类：环境因素、组织因素、人际因素和个人因素，如图4-4所示。

（1）环境因素。环境因素是影响集团组织购买行为的重要外部因素。首要的环境因素是经济因素。在通常情况下，经济环境对集团组织的影响最为直接，集团组织购买者的购买行为在很大程度上受到当前经济环境和预期经济环境的影响。在经济不景气时，集团组织购买者往往会减少购买。另一个重要的环境因素就是政策法规因素，如几乎所有的依靠财政资金购买汽车的集团组织购买行为，均要符合有关政策和纪律检查制度的要求；各地对城

市客运出租行业也或明或暗地出台了车型规定。此外，集团组织购买者还会受到资源供应、技术进步、竞争环境、文化习俗等其他因素的影响。

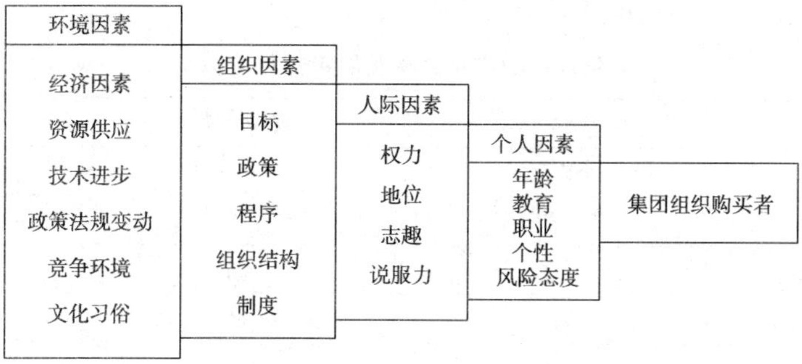

图 4-4　影响集团组织购买行为的因素

(2)组织因素。组织内部因素在一定程度上影响着集团组织购买者的购买行为，每一个集团组织购买者都有自己的目标、政策、程序、组织结构和制度，营销人员必须尽可能多地掌握这些相关情况，从而了解和确定购买决策的参与人员的组成、集团对采购人员的政策和限制等。

此外，营销人员还必须及时了解集团组织用户的组织变化及其对集团组织未来购买行为可能产生的影响。组织制度的变化调整、组织结构的重新设置等因素都会影响集团组织客户的购买行为。例如，在设有多个事业部的集团组织里，可以由各个事业部分别行使采购权，也可以由总部统一集中采购，上述两种不同情况将对营销策略产生直接影响。

(3)人际因素。集团组织的购买中心由相互影响的众多成员组成，由于他们在组织中的地位、职权以及相互关系各不相同，因而对购买决策的影响力也不尽相同。在很多情况下，并非地位高的购买中心成员最具实质影响力。这种人际关系因素非常微妙，营销人员必须予以认真调查和分析。

(4)个人因素。个人因素对集团组织购买行为的影响也不可低估，尽管集团组织购买相对私人消费者购买更为专业与理性，但由于购买中心由多个感性的人组成，个人的情感因素将不可避免地体现在购买决策和购买行为中。每位参与购买决策的组织成员都对采购行动带有个人理解和偏好，这些因素又受成员年龄、受教育程度、专业、个性特征及对待风险的态度等的影响。在产品和服务同质性和替代性强，或者销售竞争比较激烈时，采购人员的个人偏好、情感因素对集团组织购买行为的影响尤为显著。

综上所述，影响集团组织购买行为的因素复杂多样，在上述因素中，环境因素的影响最为重要，其次是个人情感因素。营销人员必须了解和掌握环境的变化及其对集团组织购买者的购买行为可能产生的影响，并结合集团组织客户的组织情况、人际情况和购买参与者的个人特点，及时制定和调整营销方案。

五、集团组织市场的购买决策过程

市场营销学将集团组织市场的购买决策过程划分为 8 个阶段，全新采购包括这 8 个购买决策阶段，属于完整的购买决策过程；而对于修正重购和直接重购而言，所包括的决策阶段要少一些，尤其是直接重购包括的决策阶段最少，这两种决策过程属于不完整购买决策过程。各类决策模式所包括的决策过程的阶段见表 4-1。

(1)确认需求。确认需求阶段是集团组织购买过程的起点，即集团组织购买者意识到某种需求。这种需求可能来源于两个方面:一是组织内部因素,如集团决定购买新的运输车辆;二是组织外部因素,如汽车展销会、广告等,这两种因素都可能刺激集团组织购买者的需求。

集团组织市场的购买决策过程阶段

表 4-1

采购阶段	购买决策模式		
	全新采购	修正重购	直接重购
1. 确认需求	是	可能	否
2. 描述基本要求	是	可能	否
3. 确定产品性能	是	是	否
4. 寻求供应厂商	是	可能	否
5. 提出方案	是	可能	否
6. 选择供应厂商	是	可能	否
7. 签订合同	是	可能	否
8. 检查评估	是	是	是

(2)描述基本要求。即在确定需求后进一步明确所需产品的数量及各项性能。汽车是一种技术较为复杂的工业产品,采购人员通常会与技术人员和实际使用者共同研究确定产品的品牌、型号及其他特征。

(3)确定产品性能。即通过说明书对所需产品进行详细描述。其主要工作是确定产品的技术规格,一般需要专家小组进行价值分析。价值分析方法是美国通用电气公司(GE)的采购经理迈尔斯(A. D. Miles)在 1947 年发明的,目的是消耗最少的资源成本取得最大的功能,以提高经营效益。在价值分析的基础上,由专家小组负责撰写所需产品的技术说明书,作为采购人员取舍的标准。

(4)寻求供应厂商。集团组织购买者可以通过多种渠道寻求供应厂商,如汽车目录、电话查询、计算机查询等,在此基础上列出一份合格的汽车供应厂商名单。当前,随着互联网的普及,越来越多的集团组织购买者通过国际互联网来寻找供应厂商。

(5)提出方案。集团组织购买者邀请相关的供应厂商,让他们提供具体的产品目录和报价表,并描述其产品在质量、性能、型号、技术、服务等方面的详细情况。对营销人员来说,这种书面材料既是技术文件,也是营销文件,在文件中必须突出强调其生产能力、技术和资源优势,从而增加成交的可能性。

(6)选择供应厂商。在选择供应厂商阶段,购买中心通常会制作一个表格,列出满意的供应厂商的主要特征,如产品质量、售后服务、交货及时性、价格竞争性、企业的资质和信誉等,并对待选的供应厂商进行分类评估。在做出最后决定之前,购买中心还可能与预选中的供应厂商就价格或其他条款进行谈判。

(7)签订合同。在选定供应厂商后,供求双方要正式签订合同,并在其中详细规定交货数量、技术标准、交货时间、质量保证等具体细节。

(8)检查评估。即采购者对特定供应厂商的履行合同状况进行检查和评估。集团组织购买者可以直接向实际使用者了解其对所购汽车产品的满意度,并在此基础上,设计不同的评估标准,再通过加权计算的方法来评价供应厂商,根据评估的结果,决定对供应厂商的取舍。

六、集团组织市场的采购方式

集团组织在采购过程中，常常需要选择合适的采购方式。常见的采购方式有以下两种。

1. 公开招标选购

公开招标(Competitive Bidding)是指集团组织的采购部门通过一定的传播媒体发布广告或发出信函，说明拟采购汽车的型号、数量和有关的要求，邀请汽车供应厂商在规定的时间内投标(该过程叫招标)。有意参加招标的各供应商，各自秘密地填写招标书内容，在规定的截止日前将填写的招标书交给招标人(该过程叫投标)，招标单位在有公开或内部监督的条件下，在预定的日期揭开各供应商的投标书内容(该过程叫开标)，然后招标人根据各供应商填报的价格，并参考其他条件(供应商的产品质量、服务、交货期等)请招标专家小组进行评议(评标)，最后选择报价合适或其他方面符合要求的供应厂商作为中标单位，宣布招标结果(结标)。这种招标方式常被用于政府采购、再生产者配套件采购、重大工程项目建设单位装备采购等场合。

采用招标方式，集团组织会处于主动地位，供应厂商之间会产生激烈的竞争。供应厂商在投标时应注意以下问题：①自己产品的品种、型号是否符合招标单位的要求；②能否满足招标单位的特殊要求。许多集团组织在招标中经常提出一些特殊要求，譬如提供较长时间的维修服务，承担维修费用等；③中标欲望的强弱。如果厂商的市场机会很少，迫切要求赢得这笔生意，就要特别研究投标策略(尤其是价格、质量和服务要协调)；如果厂商还有更好的市场机会，只是来尝试一下，则可以适当提高投标价格。但无论如何，报价均要求在合理的范围内，恶意的低价竞争不一定能够中标，因为招标单位对价格一般都已进行过调查，有一个标底价。过分远离这个价格，招标单位都有可能淘汰投标单位。

有时，招标单位对投标单位要进行资质审查。例如，汽车再生产者对零部件或中间性产品的配套采购，就要对各个拟投标的供应厂商进行资格审查，看其产品质量是否能够通过本企业质量部门的认可，是否通过全面质量管理认证，并考察其是否具有必要的融资能力等。因此供应厂商在投标前应了解招标单位的决策过程，事先做好必要的准备工作。

2. 议价合约选购

议价合约选购(Bargaining)是指集团组织的采购部门同时与若干供应厂商就某一采购项目的价格和有关条件展开谈判，最后与符合要求的供应厂商签订合同，达成交易。在符合要求的供应商数目较少时，采购方大多采取议价方式采购。汽车产品的大宗订单、特殊需求订单一般都采用此种采购方式。

综上所述，汽车供应厂商必须了解集团组织顾客的购买特征，考虑到集团组织市场中一些有别于私人消费市场的特殊问题，针对集团组织购买者的不同情况，制定行之有效的营销策略。

第五章 汽车市场营销调研与市场预测

市场营销面对的是不断变化和充满竞争的市场,汽车营销者必须借助科学方法和手段,对市场的发展变化进行科学调研和科学预测,掌握市场发展变化的走势和规律,从而为寻找营销机会、测算市场容量、安排营销计划、谋划营销策略提供科学依据。

第一节 汽车市场营销调研

一、营销调研的概念与意义

营销调研(Marketing Investigation)就是运用科学的方法,有计划、有目的、有系统地收集、整理和研究分析有关市场营销方面的信息,并提出调研报告,总结有关结论,提出机遇与挑战,以便帮助营销管理者了解营销环境,发现问题与机会,并为市场预测与营销决策提供依据。

当今的世界,市场竞争日趋激烈和复杂。现在竞争者之间已经从价格竞争更多地转向非价格竞争,许多厂商日益利用开发新产品,改进产品和产品包装、提供更完备的售后服务以及改进促销方法或销售渠道等多种方式作为竞争的武器。这离不开借助科学的方法进行市场调研,通过分析研究,弄清消费者的消费偏好,以便对市场环境、销售机会和销售战略做出正确判断和决策,从而提高厂商市场营销的效率。现代的市场调研,一般具有以下几个方面的特点。

(1)目的性。现代企业进行市场调研均具有明确的目的。在每次市场调研之前,都必须预先确定调研的范围和所要达到的目标。因此,它是一种有计划、有目的、系统而客观地进行的市场信息资料的收集工作,而不是盲目的对市场的观察和了解。

(2)科学性。市场调研的方法必须是科学的,而不是主观臆测。要正确认识市场的发展现律,必须从市场的实际情况出发,坚持实事求是,应用现代信息技术(Information Technology, IT)和统计分析方法(Statistical Analysis Method),采取科学的调研方法,克服调研过程中的主观片面性。

(3)实践性。市场调研具有鲜明的实践性。它要求工作人员必须深入实践才能获取具体的、全面的第一手资料。

(4)相关性。市场调研一般以某种产品的营销活动为中心开展具体工作。因此,它总与产品的营销业务直接有关。

市场调研是厂商营销工作的基础和起点,随着市场竞争机制的确立,市场调研在企业经营中的地位和作用也越来越明显,对企业营销实践的作用表现在以下几个方面。

(1)市场调研是企业获取信息的主要途径。获取市场信息的途径很多,但其主要途径是市场调研。通过市场调研,能从错综复杂的市场现象中揭示出市场的本质及其发展现律,掌握瞬息万变的市场供需关系和消费者的消费结构、消费习惯和消费心理以及顾客对商品的意见和要求,竞争对手的策略等比较齐全的信息资料。这些信息资料是汽车厂商做好市场营销的重要资源。

(2)市场调研是企业进行产品规划、产品开发和决定投资方向的基础。市场调研,对于厂商开发新产品、进行技术改造、决定投资方向具有十分重要的意义。随着科学技术的进步,新技术、新工艺不断被广泛采用,老产品不断更新,新产品不断成功上市,厂商为市场提供越来越多的新产品和服务。企业只有通过市场调研,分析产品所处的生命周期阶段,才能合理调整生产结构和产品结构,确定什么时候研制、生产、销售新产品,以满足消费者需要。同时,企业有限的资金应该投向哪里,应由市场对产品和服务的需求来确定,因此市场调研也为企业合理确定投资方向和投资规模提供依据。

(3)市场调研是企业进行科学营销决策的依据。市场调研的目的在于决策,决策是否符合实际,在很大程度上取决于市场调研的科学性和准确性。企业的管理部门要制定市场营销战略,对市场营销中的某些问题——诸如产品策略、定价策略、分销策略、促销策略等进行决策和预测,都需要通过调研了解市场实际情况。另外,市场调研可以对企业市场营销活动起到监测和修正作用。通过市场调研所取得的信息资料,可以使企业了解营销计划与市场实情的相符程度,检验企业战略与计划是否可行,哪些方面还有疏漏、不足和失误,或者营销客观环境是否有新的变化,为营销管理者提供修改调整的依据。

市场情况是在不断交化的,竞争是非常激烈的。通过市场调研,可以预测未来的市场变化趋势,及时调整营销管理中的“可控因素”去适应竞争环境中的“不可控因素”的变化,从而有针对性地采取应变措施,提高企业的竞争能力,提高经营效果。

二、营销调研类别与内容

(一)市场调研的类型

市场调研可以从不同的角度,使用不同的标志进行分类。一般地,根据研究问题的目的,可以将市场调研分为以下四种类型。

1. 探索性调研(Exploratory Investigation)

一个厂商在自身的经营活动过程中,可能会遇到一些新情况或新问题。面对这些新情况和新问题,厂商应该怎么办,这就需要通过探索性调研来寻找问题发生的原因,或者为解决新问题寻找新的思路。比如近几个月来,企业产品销售量一直在下降,是竞争者抢走了自己的市场还是市场上出现了新的替代产品,或者是消费者的偏好发生了变化还是由于厂商经营不善,这些疑惑都需要通过探索性调研来寻找问题的原因。又如,随着市场的变化,厂商应该开发哪些新产品来满足市场的需要,要开发哪些新的市场,这些也需要通过探索性调研来搜集资料,以便为厂商的决策提供科学的依据。探索性调研一般是通过搜集第二手资料(Secondary Data),或请教一些专家,让他们发表自己的意见,谈自己的看法,或参照过去类似的实例来进行。

2. 描述性调研(Description Investigation)

所谓描述性调研,就是通过搜集与市场有关的各种历史资料和现实资料,并通过对这些资料的分析研究,来揭示市场发展变化的趋势,从而为厂商的市场营销决策提供科学的依据。如某汽车厂商,要制定今后5年的营销战略,就需要对历年来各种车型的产量和销售量,汽车的社会保有量和拥有率(分大城市、中小城市与农村),厂商产品的销售量及在全国各地的市场占有率,汽车的进出口情况,城乡居民的收入与支出的变化情况,以及在今后5年内居民对汽车的需求情况(包括需求数量、需求的品种、规格、型号分布等)进行详细的调研,并对搜集到的各种资料进行科学分析以后,才能制定出正确的市场营销战略与策略。描述性调研所得到的资料,还为市场预测提供了基础。与探索性调研相比,描述性调研要深入一步。因此,需要制定详细的调研计划,并做好市场调研的各项准备工作(包括调研表的设计、样本的选择、调研人员的选择与培训以及调研过程的管理等),以确保调研工作的顺利进行。

3. 因果性调研(Causality Investigation)

汽车厂商在经营活动过程中,会面临许多数量关系。这些变量(Variable),有的是属于自变量(Independent Variables),即厂商自身可控制的变量,如产品产量、产品价格、各项销售促进费用的开支以及销售人员的配备等;有的则属于因变量(Dependent Variables),也就是它的变化,会受到多种因素的影响,如产品销售量(或销售额)、产品成本、厂商获利情况等。所谓因果关系调研,就是要揭示和鉴别某种因变量的变化究竟受哪些因素的影响,以及各种影响因素的变化对因变量产生影响的程度。如汽车的销售量究竟受哪些主要因素的影响?各种不同的影响因素,对汽车的销售产生影响的程度有多大?这些影响因素将来会发生什么样的变化等。这就是因果关系调研所要回答的问题。由于上述问题的研究对厂商的市场关系极大,因此,因果关系的调研应用很广。因果性调研同样要有详细的计划和做好各项准备工作,并且在调研过程中,实验法是一种主要的研究方法。

4. 预测性调研(Predictability Investigation)

在整个市场营销调研中,预测性调研具有特别重要的意义。因为市场的未来情况如何,决定着厂商的命运和今后的发展。所以,只有对市场的未来有一个比较清楚的了解,厂商才能够避免较大的风险。

(二)市场调研的内容

市场调研的内容包括厂商市场营销的各个方面,具体地说,可概括为以下六个方面。

1. 顾客需求调研

从市场营销的观念来说,厂商的一切活动都是为了满足顾客的需要。因此,对顾客需求情况的调研,应该成为市场调研的主要内容。

对顾客需求情况的调研应包括:①现有顾客需求情况的调研(包括需求什么、需求多少、需求时间等);②现有顾客对厂商产品(包括服务)满意程度的调研;③现有顾客对厂商产品信赖程度的调研;④对影响需求的各种因素变化情况的调研;⑤对顾客的购买动机和购买行为的调研;⑥对潜在顾客需求情况的调研(包括需求什么、需求时间等)。

2. 产品或服务调研

产品(包括服务)是厂商赖以生存的物质基础。一个厂商要想在竞争中求得生存和发展,就必须始终一贯地生产出令顾客满意的产品。

产品调研的内容包括:①产品设计的调研(包括功能设计、用途设计、使用方便和操作安全的设计、产品的品牌和商标设计以及产品的外观和包装设计等);②产品和产品组合的调研;③产品生命周期的调研;④对老产品改进的调研;⑤对新产品开发的调研;⑥对于如何做好销售技术服务的调研等。

3. 产品价格调研

价格对产品的销售和厂商的获利情况有着重要的影响，尤其在市场经济条件下，积极开展产品价格的调研，对于厂商制定正确的价格策略有着重要的作用。

价格调研的内容包括：①市场供求情况及其变化趋势的调研；②影响价格变化各种因素的调研；③产品需求价格弹性的调研；④替代产品价格的调研；⑤新产品定价策略的调研等。

4. 促销调研

促销调研包括广告的调研、人员推销的调研、各种营业推广的调研以及厂商形象的调研等多方面的内容。具体包括：①广告的调研，包括广告信息的调研，广告媒体的调研，广告时间的调研，广告效果的调研等；②人员推销的调研，包括销售力量的调研，销售人员素质的调研，销售人员分派的合理性调研，销售人员报酬的调研；③各种营业推广措施及其效果的调研；④公共关系利用与厂商形象的调研等。

5. 分销渠道调研

销售渠道的选择是否合理，产品的储存和运输安排是否恰当，对于提高销售效率、缩短交货期和降低销售费用有着重要的作用。因此，销售渠道的调研也是市场调研的一项重要内容。

销售渠道调研的内容包括：①中间商（包括批发商、零售商、代理商等）的选择和利用情况的调研；②仓库地址调研；③运输工具的安排和利用调研；④交货期、销售费用的调研等。

6. 市场营销环境调研

市场营销环境是汽车厂商市场营销最重要的营销因素，必须重视对营销环境的调研。从市场调研角度，关注的调研内容主要包括：

（1）政治环境。主要了解政府对该类产品的有关方针政策和法令、条例等。

（2）经济环境。包括各种重要经济指标，如：全国及各主要目标市场的人口总数及构成，国民生产总值及其构成，社会商品零售总额，消费水平和消费结构，币值是否稳定及价格水平，重要输入品、输出品及其数量、金额，能源及其他资源情况等。

（3）科技环境。主要了解新技术、新工艺、新材料的发展趋势、应用及推广情况等。

（4）竞争环境。包括生产或输入同类商品的竞争者的数目与经营规模，同类产品各重要品牌的市场占有率及未来变动趋势，同类产品不同品牌所推出的型号与售价水平，用户乐意接受的品牌、型号及售价水平，竞争品的质量、性能与设计，主要竞争对手所提供的售后服务方式，用户及中间商对此类服务的满意程度，竞争对手与哪些中间商的关系最好及其产生的原因，竞争对手给经销商或推销人员报酬的方式及数量，主要竞争对手的广告预算与所采用的广告媒体等。

以上各项内容，是从市场调研的一般情况来讲的，各个汽车厂商在不同时期，在市场营销中遇到的问题不同，所要调研的问题也就不同。所以不同的厂商，必须根据自己的具体情况来确定市场调研的重点，并组织力量，把调研工作做好。

三、营销调研步骤

为了保证市场调研的准确性、客观性和工作质量，必须遵循一定的调研工作程序。调研活动的实施，应根据调研目的与目标，调研的内容及其要求，调研的时间、地点、方法、经费预算，以及调研人员的知识、经验等具体情况而确定恰当的工作程序，一般按照以下几步骤进行。

1. 确定调研目标

市场调研的第一步就是确定调研目标。也就是说,在进行市场调研之前,先要确定调研的目的、范围和要求,即把调研的主题确定下来。例如,本次调研想了解什么问题,目的要求是什么,调研想解决什么问题等。如果调研目标不明确,就会无的放矢,浪费时间和财力。调研目标要明确具体,一次调研的问题不宜过多,要突出重点,紧紧围绕营销决策的需要和消费者最关心的问题确定调研目的。

2. 制定调研计划

调查目标确定之后就要制定实现调查目标的行动计划和方案。调研小组应根据调研的总体目标进行目标分解,做好系统设计,制定调研方案,确立调研方法与形式,并制定工作计划与阶段目标。具体而言,制定调研计划包括以下内容。

1)确定调查对象

要明确本次调研的范围,包括调查对象是哪一地区的顾客,是什么样的顾客,以及需要调查的样本人数。

2)拟定调研提纲

拟定调研提纲主要就是确定实际调研基本问题的过程。简单说,就是根据厂商发展情况和存在的营销问题去确定调研范围,包括调研的问题和需要收集的资料等。调研提纲没有固定的内容,可简可繁,但问题要具体。有时候,只要求查明当地消费者对某种产品的特殊要求,有时要了解厂商新产品、新技术、新服务项目在顾客中受欢迎的程度及改进意见,有时要了解厂商商标牌号在消费者中的知名度,也有时要了解同行竞争者产品的性能、特点及推销策略等。

调研提纲和调研问题(调查题目)设计质量的好坏,既反映了调查小组的能力水平,也直接关系到调研结果的质量和调研目标的实现。为此,调研者在拟定调研题目和编制调查表格时应做到符合以下要求:①尽量减轻被调查者的负担。凡是那些与调查目的关系不大或可隐含得到答案的问题均可省去,那些需要被调查者反复回忆、计算或艰辛查找资料方能回答的问题也应避免。否则,被调查者可能不会配合调研工作,甚至对调研工作置之不理。②问题要具体,用语要准确,让被调查者选择的主要答案应尽量完备。③调查题目不应具有诱导性,不应让被调查者受调研工作人员态度倾向的影响。④问题必须是被调查者有能力回答和愿意回答的问题。⑤问题应简单明了,并注意按问题间的逻辑关系顺序罗列,同一方面的多个问题应连续列出,符合人们的一般思维过程。⑥问题要与被调查者身份与知识水平相适应。如对专家可使用专业术语,而对一般群众则应使用通俗语言。⑦交待必要的填写说明及其他事项,如调查活动的背景、目的等,以让被调查者理解和支持调查活动。否则,调查活动就难以得到被调查者的积极配合,调查效果也就较差。

3)确定调研方法

实际调研方法是多种多样的,每种方法都有一定的优点、缺点和适用的条件。调研者应根据资料的性质、精确度及经费预算情况来确定。如果采用抽样调查方法,还要搞好抽样设计。

4)确定经费预算

调研经费预算应包括调研劳务费、文印与资料费、交通费、差旅与补助费、杂项支出等。

5)制定调研工作日程表

日程安排要根据调研过程中所要做的各项工作和每项工作所需要的时间来确定。为了控制调研进度，可在日程安排的基础上列出调研进度表。

3. 实地调研

这是营销调研的正式实施步骤。指调研人员到指定的目标市场和具体地点，寻找具体的调研对象，有目的地收集第一手资料（Original Data）。现场调研的及时性和准确性取决于调研人员的素质；实地调研工作的好坏，直接影响到调研结果的正确性。为了保证调研工作按计划顺利进行，应事先对有关工作人员进行培训，而且要充分估计出调研过程中可能出现的问题，并要建立报告制度。课题组应对调研进展情况了如指掌，做好控制工作，并对调研中出现的问题及时采取解决或补救措施，以免拖延调研进度。以上方面对于采取派调研人员外出调研方式更为重要。在这一步骤内，调研者还必须具体确立收集调研信息的途径，因为有些问题可以利用二手资料。当需要进行调研获取第一手资料时，应具体确定被调研对象或专家名单，对典型调研应具体确立调研地点或其他组织名单。工作中要特别强调按调研规则办事，采取实事求是的态度，忌带主观偏见。注意尊重调研对象，取得被调研者的真诚合作。

4. 整理分析资料

当调研资料收集工作完成以后，调研人员就要对资料进行整理，并进一步加以分析，以掌握市场发展动态，探索解决问题的办法。资料的整理与分析，主要包括以下工作内容。

1）资料校核

现场实地调研所获取的大量资料，不一定都真实可靠。所以，当取得大量的第一手资料之后，首先要对每份资料进行审核，消除资料中的错误或含糊不清的地方，以期达到资料的准确性和完整性。在核校时，如发现资料不清楚、不完整、不协调之处，就应采取各种措施予以澄清、补充和纠正。

2）资料编码

经过审核，调研资料合乎要求后，应分类编码汇总，按不同的标志分门别类进行资料编码。编码的目的在于方便查阅、统计和利用。

3）数据统计

统计就是累计计算某一问题选择各个答案的人数，计算相应的百分比，即答案的分布情况。

4）资料分析

资料分析是整个市场调研工作中资料工作的最后阶段。资料分析要求市场调研人员使用经过调研获得的全部情况和数据，去验证有关各种因素的相互关系和变化趋势。换句话说，就是要将全部各项分散的资料适当地组合为足以揭示包含某种意义的“模式”，以便明确和具体地说明调研结果。

资料分析的方法一般有3种：①因果性分析，即分析造成这种结果的原因是什么，有哪些直接或间接地影响因素及其影响程度；②预测性分析，即分析研究市场的发展趋势如何；③描述性分析，即通过调研资料的研究分析，找出存在的问题，寻找问题的结论。

5. 编写调研报告

市场调研的最后一道工序就是编写调研报告，这是市场调研的最终成果，调研报告一般包括以下一些内容：①题目、调研人、调研日期；②目录。最好有内容提要；③序言。说明调查研究的原因、背景、目的、任务、意义。④调查概况。说明调研地点、对象、范围、过程、采取的调研方法和调研程序。⑤调研结论与建议。这是调研报告的主要部分。根据调研的第一手资料、数据，运用科学的方法对调研事项的状况、特点、原因、相互关系等进行分析和论证，提出主要理论观点，做出结论，提出建设性意见。⑥调研的不足、局限性与今后工作的改进意见。⑦有关资料、材料的附件。

四、营销调研的方法

市场调查的方法是多种多样的，调研者应根据实际需要，审慎的选择适宜的调研方法。下面介绍几种常用的调研方法。

（一）文献调查法

收集、查询和研究已经发表的历年统计资料、档案资料、样本资料等第二手资料，加以整理、分析、研究，从中获取有关信息。这些资料的获取可以依靠日常的收集，也可以通过购买、交换、查问、索取等方法获得。资料的收集应注意广泛性和连续性。所谓广泛性，是指凡与厂商市场调研主题有关的资料都要收集，这有利于全面分析研究问题。所谓连续性，是指对于有关的资料要不间断地收集，这有利于动态地研究调研的问题。

获取文献资料之后，要进行分类和编码，这是科学调研的基础。分类可按下列方式展开：

(1)政策法律：包括国家立法部门、司法部门和行政部门颁发的与调研有关的公共政策、法律、法令、规定、条例等。

(2)经济形势：与调研有关的各种经济资料。包括政府公布的统计资料、经济年鉴手册等。

(3)竞争者信息：竞争对手的产品、性能、经营等情况，包括同行业的刊物等。

(4)公开刊物：包括报纸、杂志、图书刊载的新闻报道、市场信息、调查报告、经济论述等资料。

(5)企业内部资料：包括历年的统计资料，各种记录、报表，财务决算报告，生产销售资料，用户来函等。

（二）面谈法

面谈法就是派调研人员上门访问被调查人员，面对面的提出问题，征求意见，获取所需信息资料。面谈又分为个别访问和座谈两种。召开座谈会每次与会人数不宜过多，根据会议主持者的能力来确定，一般5～9人为宜。为使会议收到预期效果，必要时可将调查提纲发给与会者。采用面谈法，要求议题明确、集中，尽量让与会人员谈出有价值的意见和建议。这种方法的优点：一是调研者可以介绍说明调查的目的、意义和要求，可以把被调查者提出的问题当面解释清楚，不致发生误解，气氛也较融洽。二是反馈迅速，意见回收率高。三是灵活性强，可以对被调查者提出的问题进行讨论。其缺点是耗时长，费用大，而且调研者的观点容易影响被调查者。

（三）电话调查

就是调查人员根据抽样要求，用电话向被调查者进行询问，这种方法在试探性调查阶段应用较多。其优点是速度快，意见回收率高，费用较低。但电话调查不能深入讨论问题，调查受到一定程度的限制，同时也无法看样品、图片或有关说明。

（四）函件通讯调研

又称信访，就是将设计好的调查问卷邮寄给被调查者，请他们填好后寄回。此法的优点是费用低,被调查者有充分的时间思考和回答问卷,并能与周围的人进行讨论和交换意见。但缺点是回收率抵,费时较长,回答问题往往肤浅,或者由于提问不够明确,被调查者可能误解调查的问题,导致错误的结果。使用此法,应注意所提问题必须简单明了,不宜过多。

(五)实验法

所谓实验法,就是通过各种实验手段来收集资料。当厂商要推出一种新产品或新的推销策略时,根据所要调查的项目选择一定的对象和一定的规模,在适当的地点,开展小范围实验,观察消费者的反应,并对实验结果进行全面分析、研究,以判断有无大规模开展市场实验的价值,以及如何改进才最有效。

1. 实验调查法的应用范围

这种方法应用范围广泛,凡是新产品或某种产品改变品种、改变包装、改变外观造型、改变设计、改变广告、改变陈列、改变价格,以及改变分销渠道时,都可通过实验方法,观察对销售量产生的影响。

2. 实验法调查的方法

1)实验室观察法

这在研究广告效果和选择媒介广告时常常被采用。例如,厂商为了选择一种最能吸引大众的广告,可设计几种广告,请一些人来评判,看哪种广告设计对他们最有吸引力,以便为广告设计提供有用的信息。

2)销售区域实验法

此法可分为:①试销。把少量产品先拿到几个有代表性的市场去试销、展销、看样定货。试销是商品大量上市之前的一个准备阶段,是新产品趋向成长的过渡过程。这种方法要求厂商先生产一小批商品,有计划地投放到几个预定市场,摸清销路,听取顾客意见,经过改进,然后再扩大生产。②免费试用。厂商先拿出一部分产品让消费者先试用一段时间,然后再付款。例如,某厂生产一种新型车载电话,可将新型车载电话请部分用户无偿试用一段时间,到期收回,由试用者提出产品改进意见。这就为厂商进一步改进产品和预测销售提供了有价值的资料。

3)模拟实验法

这种实验是通过建立一定的模型,在计算机上进行模拟。模拟试验必须建立在对市场情况充分了解的基础上,也就是说,它所建立的假设和模型,必须以市场的客观实际为前提,否则就失去了模拟的意义。模拟实验的好处是,它可以较好地进行各种方案的对比,这是其他实验观察法难以做到的。

总之,通过实验调查法,收集到的原始资料比较客观、准确,但缺点是调查的时间比较长,成本比较高。

(六)典型调查法

这种方法就是在全面分析调查对象的基础上,根据调查目标,选择具有代表性的单位进行调查,即所谓“解剖麻雀”,依据调查结果推断调研对象总体的情况,从中找出规律性。

(七)观察法

观察法就是调研人员亲自到现场直接进行观察,来判断顾客在各种情况下的购买心理、购买行为、购买态度和购买感受。观察法可分为以下3种:

1. 直接观察法

就是调研人员亲自参与某种活动，直接观查市场动向和顾客态度。如汽车厂商派调查人员到4S店，直接观察顾客最喜欢哪几种车型，或派调查人员到销售现场观察顾客最喜欢什么样的装备配置和造型设计等。

2. 行为记录法

就是利用机器如录音机、录像机、照相机及其他一些监听监视设备搜集所需要的资料，如美国的尼尔森公司，在全国各地1250个家庭的电视机里装了电子监听器，每90s扫描一次，每一个家庭的电视饥，只要收看3min以上的节目，就会被记录下来。

3. 痕迹观察法

就是观察被调查对象留下的实际痕迹。例如，经销商都经营汽车修理业务，考察各个品牌经销商的维修业务，就可以知道各品牌汽车的产品质量等。观察法的关键是做好实际情况的记录，根据不同的调研课题，可分别采用卡片记录、代码记录、速记记录、记忆记录和机械记录等方法记录调查结果，取得调查资料。观察法的优点是收集资料比较迅速客观，但不能讨论，无法了解到原因、动机方面的资料。

（八）问卷法

问卷法又称问卷调查。就是调查人员将要调查的内容和问题编成统一的问卷，从调研对象总体中抽取一定数量的样本进行抽样调查，从而推算出总体情况的一种调查方法。

1. 问卷设计

问卷设计，首先要把握调研的具体目的，然后围绕调研目的拟定一些问题。问卷设计是否恰当，直接关系到调研结果的质量，所以问卷设计一定要做到科学合理。问卷一般分两类：

（1）开放式问卷。即问卷上没有拟定现成的答案，只罗列问题，请被调查者自主发表意见。这样可以收集到调查者事先估计不到的答案和资料。但这类问卷资料整理分析起来比较困难，因为被调查者的答案各不相同，用词各异。

（2）选择式问卷。对调查的问题均附有现成的答案供被调查者选择。它又分为是非法、选择法、等级排列法、计分法等4种方法。

①是非法。要求调研对象对问卷中问题的“是”与“非”进行判断回答。例如：

您是否喜欢这种车型？是□；否□。

②选择法。要求被调查者从提供的几种答案中选择答案并填在括号内。例如：

您认为下列汽车品牌质量最好的是哪种？（　）

A. 奔驰；B. 宝马；C. 奥迪；D. 雷克萨斯。

③等级排列法（又称序列法）。要求调查对象对多种可供选择的方案，按其重要程度的顺序进行排列。例如：

您最喜欢哪种品牌的汽车，请对下列品牌注明顺序号：

A. 奔驰；B. 宝马；C. 奥迪；D. 雷克萨斯。

④计分法。要求调查对象对问卷中的问题进行5段或7段计分的方式进行回答。例如：

请您按服务质量的优劣对下列汽车经销商场打分，最好的打5分，最不好的打1分：

经销商A ———；经销商B———；经销商C———；经销商D———。

2. 抽样设计

问卷调查往往只对调研对象总体中的一部分进行抽样(Sampling),而不需要对总体(Population)进行普查。如何抽样,即抽样设计是否科学合理,直接关系到调查的准确性。在实际工作中,按抽样是否严格遵守随机原则可分为随机抽样调查和非随机抽样调查。

1)随机抽样调查

指按随机原则抽取样本。也就是在总体中随机抽取一定数目的个体进行调查,用所得样本数据推断出总体的专门调查。其具体抽样又分为:

(1)简单随机抽样。也叫纯随机抽样,就是从被调查的市场总体中,随机抽取若干个体作为样本而不作任何有目的地选择,以此推测总体的调查方法。通常有3种做法:

①抽签法——就是将总体中每一个个体分别编号,然后随机抽取样本。抽签办法很多,既可以使用抓阄方式抽取样本,也可以使用机器摇号方式抽取样本。

②乱数表法——也称随机号码表法,它是将0~9的数字随意排列,调查者任意指点表上一个数,然后从这个数开始,自左至右或从上而下,按行或隔行抽取数字即可得到调查样本。

③等距离随机抽样——又称系统抽样或机械抽样。先按一定标志将总体进行顺序排列,然后每隔相等距离抽取一个样本,直到样本满足需要为止。

(2)分层随机抽样,又叫分类或分组随机抽样。就是先将总体按照属性或特征分成若干层次或类型,然后在各层次或类型中按照一定比例随机抽取相应的样本。实际应用中,如何分层应根据调查的目的和要求而定,分层可按职业、性别、年龄、教育程度等标准进行。这种方法的样本代表性较强,在社会购买力调查、家庭居民收入调查、商品销售量调查中,被广泛应用。

(3)分群随机抽样,又叫群体随机抽样。即将总体分为若干个子群,再从子群中随机抽取样本,抽取的样本单位不是一个而是一个子群。分群随机抽样所划的子群,其特性应大致相近,每个子群应包括各种特性不同的个体。分群抽样的主要优点是抽样组织工作比较容易,可以节省人力、物力和费用。在市场调查中,按地区分群抽样应用比较普遍。

分层随机抽样与分群随机抽样所划分的层或子群是不同的,分层随机抽样中在层与层之间,样本的特性是不同的,而同一层内的个体特性基本相似。而分群随机抽样是子群之间的特征基本相似,子群内个体之间的特征不同。

2)非随机抽样调查

它不是根据概率原理进行调查,而是按照调查者的主观意愿,有意识地在总体中选择一些单位作为样本进行调查的方法。非随机抽样常用的方法有:

(1)判断抽样。调查者根据对总体的熟悉了解程度凭自己的经验判断抽取样本。此法要求调查者对总体的特征有充分的了解。选择样本时,如果发生判断偏差,则极易产生抽样误差。一般而言,判断抽样通常只适用于总体的构成单位极不相同,而样本数很小的情况。

(2)定额抽样,又叫配额抽样。是先将总体按一定的属性和特征分层,并规定各层的样本配额,然后由调查人员按照每一层的配额,用判断抽样的原则取样。所以它实质上是分层判断抽样。

(3)任意抽样,又叫偶遇抽样。就是调查人员根据方便,任意抽取样本进行调查的方法。例如在街头访问行人、柜台访问顾客,征询对某种商品或市场供应方面的意见和要求等。此法调研误差较大,常用于探索性调研或预备性调查。其优点是方便灵活,成本低廉。

(4)计划抽样。是按照一定的标准或计划,从总体中按标准选取若干样本进行调查的方法。所谓一定的标准,一般是选取中等特征的样本作为抽样样本。例如,在调查价格时,常选取中等价格的商品作为样本。在调查居民耐用消费品的消费能力时,常选取中等收入家庭为样本。

各种抽样调查的方法既可单独使用,也可综合使用。此外,在确定抽样方法的同时,还要确定抽样样本的规模(样本的个体数量),这要根据人力、物力、财力和所需时间而定。

第二节　汽车市场营销预测

汽车市场运行规律比较复杂,市场需求经常出现波动,经常向汽车生产、流通厂商反馈一些虚假信息,为汽车营销工作带来了很多困难。因而,在加强研究汽车市场运行规律的基础上,做好预测工作对于提高市场营销水平具有重要的现实意义。

一、市场营销预测的概念与理论

所谓市场预测(Market Forecasting),就是在市场调研基础上,利用科学的方法和手段,对未来一定时期内的市场需求、需求趋势和营销影响因素的变化做出判断,为营销决策服务。科学的营销决策,不仅要以营销调研为基础,而且要以市场预测为依据。

市场预测大致包括市场需求预测、市场供给预测、产品价格预测、竞争形势预测等。对厂商而言,最主要的是市场需求预测。

从我国目前对汽车市场预测的现状看,尚存在这样一些问题:①预测缺乏系统性和经常性。同时,预测花费的时间长、费用高。②统计工作薄弱,数据十分缺乏,直接阻碍了预测工作的有效开展。③汽车市场本身尚处于成长阶段,受宏观环境的影响比较明显,为营销预测增加了很多困难,使得市场预测的准确性难以提高。此外,由于预测研究基础薄弱,加之人们对预测的准确性常常进行片面理解,导致预测工作面临较大的压力。

迄今为止,预测理论产生了很多预测方法,有人统计有几百种,但人们常用的方法并不多。归纳起来,预测方法大体可分为两大类:一类是定性预测(Qualitative Forecast)方法,另一类是定量预测(Quantitative Forecast)方法。人们在实际预测活动中,往往综合运用两种方法,即定量预测必须接受定性分析的指导,定性预测需要定量预测给出发展程度的描述。只有如此,才能更好地把握汽车市场的变化趋势。

无论是定性预测,还是定量预测,事物之所以能够进行预测,是因为预测存在自己的理论基础。预测的理论依据主要包括惯性原则(Inertia Principle)、相似原则(Analogy Principle)和相关原则(Relevancy Principle)。

惯性原则认为事物的发展总是具有一定的惯性,特别是在短期内事物发展的趋势不会出现突变情况。人们便依据这一思想,创造或发明了很多预测方法(如时间序列预测方法),根据业已发生的事实或现象,去预测事物的未来发展。应该承认,在短期预测中,应用惯性原则进行预测是有一定科学性和合理性的。

相似原则认为特征相似的系统也具有发展过程和发展规律的相似性,在研究系统的特征变化或发展趋势时是可以相互借鉴的。现实生活中,“相似的系统”有2种情形:①系统在发展时间上不同,但发展特征相似。人们利用这一原理,总结了一些预测方法,即利用特征相似的不同系统在发展时间上的先后差别,以先发展系统的表现过程去预测后发展系统。

例如,通过对发达国家家用轿车普及过程的研究,来预测我国家用轿车走向家庭的过程。②局部系统与总体系统相似。基于此,人们总结出由局部类推总体的预测方法如抽样调查与统计方法。由于研究局部系统通常比研究总体系统更为容易,因此可以通过抽样,调研某些局部或小规模系统,去预测总体和大规模的系统。例如,通过对一省一市汽车更新需求的调研,来预测全国汽车更新需求的情况。应用相似原则进行预测研究时,要注意系统之间的相似性,系统的特征越是相似,预测就越能够成功。否则,如果相似性不够,预测就会效果较差。

相关原则认为有些事物之间客观上存在着因果关系或关联关系,通过研究这种相关关系及其规律,就可以通过研究相对较容易(包括获得数据容易)的问题(自变量),去预测另一问题(因变量)。人们基于这一原理,提出了很多预测模型,尤其是定量预测模型,如回归统计模型、计量经济模型等。所谓的因果关系,系指事物之间(自变量与因变量之间)存在因果联系,一个事物的变化必然引起另一个事物按照一定的规律变化;所谓的关联关系,系指事物之间存在一定的联系,但这种联系不是一种因果关系。例如,消费者收入高与消费者购买私家车之间就是关联关系,而不是因果关系,因为消费者收入高不是消费者购买私家车的原因,高收入消费者不是必然会购买私家车;反过来,消费者购买私家车也不是消费者收入高的原因。因此,二者不是因果关系。但是,二者确实具有较强的联系,具有明显的相关性。应用相关原则进行预测时,应注意事物之间必须存在较强的相关性,这是成功预测的关键。

除以上预测理论外,还有一些理论,如概率原则(Probability Principle)。它认为事物的发生、发展,遵从一定的概率,我们可以通过研究事物过去的发生概率,预测它未来的发生的可能性或者必然性。

二、定性预测方法

定性预测主要依靠营销调研,采用少量数据和直观材料,预测人员再利用自己的知识和经验,从而对预测对象的未来状况做出判断。这类方法有时也用来推算预测对象在未来的数量表现,但主要用来对预测对象未来的性质、发展趋势和发展拐点进行预测和判断,适合于缺乏数据的预测场合,如技术发展预测,处于萌芽阶段的产业发展预测,中长期预测等。定性预测的方法易学易用,便于普及推广,但它有赖于预测人员本身的经验、知识和技能素质。运用定性预测方法,不同经验、知识和技能素质的预测人员,所得出的预测结论往往差别很大,预测的价值也不尽相同。

定性预测方法具有很多种,其中最常用的是德尔菲法(Delphi Technique)。该种方法是在20世纪40年代末期,由美国兰德公司首创并使用的。至今,这种方法已经成为国内外广为应用的预测方法,它可以用于技术预测和经济预测,短期预测和长期预测,尤其是对于缺乏统计数据的领域,需要对很多相关因素的影响做出判断的领域,以及事物的发展在很大程度上受政策影响的领域,都是非常适合的。

该种方法的预测过程与营销调研的过程基本一致。首先由预测主持人将需要预测的问题逐一拟出,然后分寄给各个专家,请他们对预测问题一一填写自己的预测看法,然后将答案回寄给预测研究者。预测研究者进行分类汇总后,将一些专家意见相差较大的问题再抽出来,并附上几种典型的专家意见请专家进行第二轮预测。如此循环往复,经过几轮预测后,专家的意见便趋向一致或者集中于几种看法上,预测研究者便以此作为预测结果。由于这种方法使参与预测的专家能够背靠背地充分发表自己的意见，不受权威人士态度的影响，这就保证了预测过程的民主性和科学性。

定性预测方法还有社会（用户）调研法（即面向社会公众或用户展开调研）、综合业务人员意见法（综合销售或其他业务人员意见）、小组讨论法（会议座谈形式）、单独预测集中法（由预测专家独立提出预测看法，再由预测人员予以综合）、领先指标法（利用与预测对象关系密切的某个指标变化对预测对象进行预测）、主观概率法（预测人员对预测对象未来变化的各种情况做出主观概率估计）等。

总之，随着社会经济及科学技术的发展，预测方法也在不断地发展和完善，汽车营销预测人员应不断加强理论学习，并通过预测实践总结出一些实用方法。

三、定量预测方法

定量预测方法是依据必要的统计资料，借用数学方法特别是数理统计方法，通过建立数学模型，对预测对象在未来数量上的发展表现进行预测等方法的总称。汽车市场定量预测常用的方法有以下5种。

（一）时间序列预测法

时间序列（Series Based on Time）预测模型有多种，这里只选择指数平滑法和“成长曲线”两种模型。

1. 指数平滑法

指数平滑法（Exponential Smoothing）的理论依据是惯性原理，认为最新的观察值（预测变量的历史统计值）包含了更多的未来信息，因而应赋予较大的权重，越远离现在的历史观察值则应赋予越小的权重。通过这种加权的方式，平滑掉观察值序列中的随机信息，找出预测变量发展的主要趋势。

指数平滑法需要借助平滑值作为预测计算的中间参数。其中，一次平滑值的计算模型为：

$$S_t^{(1)} = \alpha y_t + (1-\alpha) S_{t-1}^{(1)} \qquad (5\text{-}1)$$

式中：$S_t^{(1)}$——第 t 期的一次平滑值；

y_t——第 t 期预测变量的观察值；

α——加权系数。

平滑值可分为一次平滑值、二次平滑值和高次平滑值，平滑的次数称为平滑指数。其中，一次平滑值是对预测变量原始观察值的平滑值，其计算方法如式（5-1）所示；二次平滑值是对一次平滑值再次进行平滑计算所得到的计算数据，其计算方法如式（5-6）所示，高次平滑的概念及其计算方法依此类推。

指数平滑预测模型依据预测变量原始观察值呈现的趋势不同（通常以时间作为横坐标，预测变量原始观察值作为纵坐标），可划分为如下三种模型：

1）水平趋势预测模型（原始观察值大体呈水平趋势）

$$\hat{Y}_{T+L} = S_T^{(1)} \qquad L = 1, 2, \cdots \qquad (5\text{-}2)$$

式中：T——最后一期观察值的时间；

L——预测期长度。

2）线性趋势预测模型（原始观察值大体呈线性增长趋势）

$$\hat{Y}_{T+L}=a_T+b_TL \qquad L=1,2,\cdots \tag{5-3}$$

式中：

$$a_T=2S_T^{(1)}-S_T^{(2)} \tag{5-4}$$

$$b_T=\frac{\alpha}{1-\alpha}[S_T^{(1)}-S_T^{(2)}] \tag{5-5}$$

$$S^{(2)}=\alpha S_T^{(1)}+(1-\alpha)S_{T-1}^{(2)} \tag{5-6}$$

3）二次曲线预测模型（原始观察值大体呈加速增长趋势）

$$\hat{Y}_{T+L}=a_T+b_TL+c_TL^2 \qquad L=1,2,\cdots \tag{5-7}$$

式中：

$$a_T=3S_T^{(1)}-3S_T^{(2)}+S_T^{(3)} \tag{5-8}$$

$$b_T=\frac{\alpha}{2(1-\alpha)^2}[(6-5\alpha)S_T^{(1)}-2(5-4\alpha)S_T^{(2)}+(4-3\alpha)S_T^{(3)}] \tag{5-9}$$

$$c_T=\frac{\alpha^2}{2(1-\alpha)^2}(S_T^{(1)}-2S_T^{(2)}+S_T^{(3)}) \tag{5-10}$$

$$S_T^{(3)}=\alpha S_T^{(2)}+(1-\alpha)S_{T-1}^{(3)} \tag{5-11}$$

以上指数平滑模型的建立，包括加权系数 α 的选择、初始值的确定和模型系数的计算。

（1）α 的选择。加权系数 α 的大小，表明了预测人员对近期观察值信息的倚重程度。α 越大，表示近期观察值对预测值的影响越大。经验表明，α 一般应由预测人员在式（5-12）计算的 α 值附近选择。

$$\alpha=2/(n+1) \tag{5-12}$$

式中：n——观察值数目。

在确定 α 的数值时，为了尽快找到合适的 α 值，可参考下列原则：①若观察值的发展趋势比较稳定，α 值可以小一些，以便包含较长的时间序列信息；②若观察值的发展趋势已发生了系统的改变（如有拐点），或有理由认为近期数据更好地反映了发展趋势，则选择大一些的 α 值。

（2）初始值的确定。指数平滑法模型是一个迭代计算过程，所以首先必须确定初始值 $S_1^{(1)}$、$S_1^{(2)}$ 和 $S_1^{(3)}$。它们的确定既可利用一定的数学方法进行计算，又可根据经验直接给定。利用数学方法计算一般比较复杂，而且意义也不是很大。

通常情况下，可以采用将前几期观察值的平均值，或者直接将首期的历史观察值作为初始值，如 $S_0^{(3)}=S_0^{(2)}=S_0^{(1)}=y_1$。

（3）系数的确定。在 α 和初始值确定之后，预测模型中的系数（如 $a_T/b_T/c_T$），就可以根据式（5-4）和式（5-5），或者式（5-8）、式（5-9）和式（5-10）确定了。

指数平滑法的特点，一是需存贮的数据少，二是能够用于中短期预测。

2.“成长曲线”预测模型

“成长曲线”模型认为，绝大多数产品都要经历出现、发展、成熟和衰亡的过程，呈现出“S 曲线”的发展特点，如图 5-1 所示。

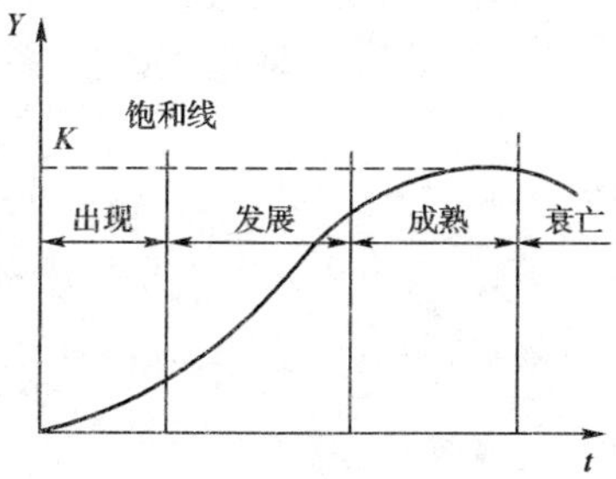

图 5-1 “S 曲线”图

1）逻辑斯谛曲线（Logistic Curve）

$$Y=\frac{1}{k+ab^t} \tag{5-13}$$

2）龚帕兹曲线（Gompertz Curve）

$$Y=e^{(k+ab^t)} \tag{5-14}$$

上面两式中的参数 k 为饱和线,亦即“极限值”。

“成长曲线”模型包括三个参数 k,a 和 b,因而其建模过程也就是这三个参数的求解过程。它们的求解过程为:

将原始观察值序列平均分成三段(如原始观察值数据有 n 个,将其按时间顺序分为三组,每组包括 m 个数据,即 $3m=n$。如观察值数目不是 3 的整数倍,则可通过增加或减少观察值数目的方法,划为 3 的整数倍),对各段分别求和,从而得到:$\sum_{i=1}^{m}{}_1 Y_i$,$\sum_{i=m+1}^{2m}{}_2 Y_i$ 和 $\sum_{i=2m+1}^{3m}{}_3 Y_i$,其中 $\sum_j Y_i(j=1,2,3)$ 中的 Y_i 是经过式(5-15)或式(5-16)变换后的计算值。

对逻辑斯谛曲线:

$$Y_i = 1/y_i \tag{5-15}$$

对龚帕兹曲线:

$$Y_i = \ln y_i \tag{5-16}$$

式中:y_i——预测变量原始观察值序列。

将 $\sum_j Y_i$ 代入下列一组等式,即可求出 k,a 和 b。

$$k = \frac{1}{m}\left[\frac{\sum_1 Y_i \cdot \sum_3 Y_i - (\sum_2 Y_i)^2}{\sum_1 Y_i + \sum_3 Y_i - 2\sum_2 Y_i}\right] \tag{5-17}$$

$$a = \frac{b-1}{(b^m-1)^2 b}(\sum_2 Y_i - \sum_1 Y_i) \tag{5-18}$$

$$b = \sqrt[m]{\frac{\sum_3 Y_i - \sum_2 Y_i}{\sum_2 Y_i - \sum_1 Y_i}} \tag{5-19}$$

式中:m——每段观察值中包含的观察值数目。

运用“成长曲线”模型进行预测时,模型的 k 值是否真正代表了发展的“极限”,应当根据实际情况予以判断。由于科技进步的作用和市场潜力的进一步挖掘,“极限”常常可以改变。

(二)一元线性回归预测模型

回归预测模型是基于相关原理的统计学模型,是最常用的预测模型之一。很多情况下,选用(准)一元线性回归(Linear Regression)预测模型便可以进行预测研究。

1. 回归预测模型的建立与检验

一元线性回归预测模型的标准形式为:

$$\hat{Y}_t = A + BX_t \tag{5-20}$$

式中:$\hat{Y}_t$——预测值;

X_t——预测时点的自变量取值。

对标准形式即式(5-20),系数 A、B 由下列方程组确定:

$$B = \frac{\frac{1}{n}\sum_{i=1}^{n}(X_i Y_i) - \overline{XY}}{\frac{1}{n}\sum_{i=1}^{n}X_i^2 - (\overline{X})^2} = \frac{n\sum_{i=1}^{n}X_i Y_i - \sum_{i=1}^{n}X_i \sum_{i=1}^{n}Y_i}{n\sum_{i=1}^{n}X_i^2 - (\sum_{i=1}^{n}X_i)^2} \tag{5-21}$$

$$A = \overline{Y} - \overline{BX} = \frac{1}{n}\sum_{i=1}^{n}Y_i - \frac{B}{n}\sum_{i=1}^{n}X_i \tag{5-22}$$

$$\overline{X} = \frac{1}{n}\sum_{i=1}^{n}X_i \tag{5-23}$$

$$\overline{Y}=\frac{1}{n}\sum_{i=1}^{n}Y_i \tag{5-24}$$

式中：X_i、Y_i——分别为自变量和因变量的原始观察值；

n——观察值的组数。

模型的检验通常包括：相关系数检验，模型的 T 检验与 F 检验，回归系数检验。对一元线性回归模型而言，这些检验是等价的。这里我们选择相关系数检验。

相关系数（Correlation Coefficient）的形式是：

$$|R|=\frac{\left|\frac{1}{n}\sum_{i=1}^{n}X_iY_i-\overline{X}\,\overline{Y}\right|}{\sqrt{\left(\frac{1}{n}\sum_{i=1}^{n}X_i^2-\overline{X}^2\right)\left(\frac{1}{n}\sum_{i=1}^{n}Y_i^2-\overline{Y}^2\right)}} \tag{5-25}$$

R 值越大，表明回归方程的线性程度越显著。

2. 预测结果的点估计与区间估计

运用式（5-20）得到的预测值，称为预测变量的点估计。通常情况下，只有点估计是不够的，还要确定一定置信度 α 下的区间估计。估计区间由下式确定：

$$\hat{Y}_t \pm t_{\alpha/2}(n-2)S_0 \qquad n<30 \tag{5-26}$$

$$\hat{Y}_t \pm Z_{\alpha/2}S_0 \qquad n\geqslant 30 \tag{5-27}$$

式中：$\hat{Y}_t$——点估计值；

$t_{\alpha/2}(n-2)$——T 分布查表值；

$Z_{\alpha/2}$——正态分布查表值；

α——置信度，即可信水平是 $100(1-\alpha)\%$。

S_0 由下式确定：

$$S=\sqrt{\frac{1}{n-2}\sum_{i=1}^{n}(Y_i-\hat{Y}_i)^2}\cdot\sqrt{1+\frac{1}{n}+\frac{(x_t-\overline{x})^2}{\sum_{i=1}^{n}(x_i-\overline{x})^2}} \tag{5-28}$$

在同一置信度 α 下，预测时点自变量取值 X_t 偏离自变量观察值平均值 $\overline{X}$ 越远，则估计区间的范围就越大。

对于可划为一元线性回归（准一元线性回归）的各种模型，在对原始观察值进行处理后，也可采用一元线性回归方法进行预测。例如：

如果原始观察值符合 $y=ab^x$（指数曲线）的变化趋势，那么在经过以下标准化处理后，就可以应用一元线性回归预测模型。

对 $y=ab^x$ 两边取对数，得到 $\ln y=\ln a+x\ln b$，再令 $Y=\ln y$，$A=\ln a$，$X=x$，$B=\ln b$，这样就将非线性模型转化为式（5-20）的线性模型了。通过回归计算，求出 A、B 的数值后，再通过 $a=e^A$，$b=e^B$ 换算，从而得到 $y=ab^x$ 的模型参数 a 和 b。

（三）市场细分集成法

这种方法的基本原理是对某商品的使用对象按其特征进行细划分类，确定出若干细分市场——子目标，然后对各子目标分别采用适当的方法进行测算，最后汇总集成。其模型为：

$$\hat{Y}_t=\sum_{i=1}^{n}\hat{Y}_{ti} \tag{5-29}$$

式中：$\hat{Y}_t$——预测变量在预测时点 t 的预测值；

$\hat{Y}_{ti}$——预测时点 t 的第 i 个细分市场(分量)的预测值,$i=1,2,3,\cdots\cdots$;

n——细分市场(分量)的个数。

以我国轿车市场预测为例,我们可以按照轿车的需求域(见本书第四章),将这个市场划分为各个细分市场,然后分别对各个细分市场的需求采取不同方法进行预测,再将各细分市场的预测结果加总,就可以得到轿车整体市场的需求。

(四)类比预测模型

该方法是以某个国家或地区为类比对象,研究预测目标与某个指标之间的数量关系,然后根据本国或本地区该指标的发展变化,测算预测目标值,从而达到预测目的。例如,某汽车公司与研究机构曾经以部分国家为类比对象,通过人均国民收入和人口数量两个指标与轿车保有量之间的关系,预测我国未来第 t 年的轿车保有量。其类比预测模型为:

$$\hat{Y}_t = P_t Q_0 R_t \tag{5-30}$$

$$R_t = C_{It}/[I_0(1+i)^n] \tag{5-31}$$

$$C_{It} = C_{I0}(1+q)^t \tag{5-32}$$

式中:$\hat{Y}_t$——预测时点 t 的轿车保有量预测值(辆);

P_t——第 t 年人口预测数(千人);

Q_0——类比国人均轿车保有量(辆/千人);

R_t——轿车保有量修正系数;

I_0——类比国人均国民收入(美元);

C_{It}——预测时点 t 的人均国民收入(美元);

i——类比国平均每年的通货膨胀率;

q——人均国民收入增长率;

n——类比年份与基准年份时差。

如已知类比国基准年份的人均国民收入 I_0 与人均轿车保有量 Q_0,我国目前的人均国民收入 C_{I0}(美元),以及未来的增长速度 q,即可以计算出未来第 t 年我国的国民收入 C_{It},将此 C_{It} 算到基准年份后除以类比国人均国民收入 I_0,即可得到 R_t,然后乘以我国预测时点第 t 年的人口预测数以及类比国的人均保有量,即可求出我国未来第 t 年的轿车保有量。

(五)需求弹性法

此方法的数学模型为:

$$\hat{Y}_t = y_0(1+i)^t \tag{5-33}$$

$$i = E_s q = qi'/q' \tag{5-34}$$

式中:$\hat{Y}_t$——第 t 年预侧对象预侧值;

y_0——预测变量目前的观察值;

i'、i——分别为预测变量在过去和未来的平均增长率;

t——预测年份与目前的时差;

E_s——弹性系数,如过去年份汽车保有量的增长率与工农业增长速度(增长率)之比;

q'、q——分别表示对比指标(如工农业增长速度)过去和未来的数值。

如过去几年某地区的汽车保有量年均增长率为15%,工农业增长速度为10%,两者之间的弹性系数为1.5,若未来 t 年内工农业增长速度为8%,则汽车保有量的增长率即为12%,代入式(5-33),即可预测第 t 年的汽车保有量。

现实工作中，预测人员还常常使用增长率统计法进行预测。如已知预测变量在观察期(假设包括 n 个时段)首期的观察值 X_0 和末期的观察值 X_n，那么就可以求得预测变量在观察期的平均增长率 $i(i=(\sqrt[n]{x_n/x_0}-1)\times 100\%)$。根据过去的平均增长率，再结合多种信息研究确定未来的增长率 i'，就可以计算预测值，即 $\hat{Y}_t=X_n(1+i')^t$，其中 t 为预测时点与观察值末期的时距。

以上讨论的都是常用的定量预测方法，模型与计算过程相对并不复杂。现实生活中，尚有许多人探讨过其他复杂的定量预测方法。实践表明，通过复杂数学模型得到的预测值，不一定比简单方法更准确。营销人员可以根据自己的预测知识和经验灵活选用各种方法。在此，就不一一讨论了。

四、组合预测与组合处理

当采用定量预测方法时，对同一预测对象的预测，人们既可以采用多种预测模型，也可以对同一模型采用不同的自变量(如增加值、投资额或财政支出等)。像这样对同一预测对象采用多种途径进行预测的方法，叫做组合预测方法(Combination Forecasting)。它是现代预测科学理论的重要组成部分，其思想就是认为任何一种预测方法都只能部分地反映预测对象未来发展的变化规律，只有采用多种途径进行预测，才能更全面地反映事物发展的未来变化。实践证明，组合预测方法比采用单一预测方法，对于改善预测结果的可信度，具有显著效果。因此，现代预测实践大多都采用组合预测方法。但采用组合预测方法，随之而来的问题是如何处理组合预测带来的多个预测结果。对这多个预测结果，到底该选用哪个结果作为预测的最终结论呢？组合预测在理论上针对这一实际问题提出了一些解决方法，这个过程就是组合处理。

所谓的组合处理就是通过一定的方法，对多个预测结果进行综合，使最终预测结论收敛于一个更有价值的区间内，即得到一个较窄的预测值取值范围，并将其作为最终的预测结论。组合处理的具体方法主要有 2 种。

1. *权重合成法*

该方法即是对各种预测结果(称为中间预测结果)分别赋予一定的权重，最终预测结果即为各中间预测结果与相应权重系数乘积的累计，可用下式表述：

$$\hat{y}_t=\sum_{i=1}^{n}\alpha_i\hat{y}_{ti} \tag{5-35}$$

式中：$\hat{y}_t$——综合预测值，即最终预测结果；

α_i——第 i 个中间预测值被赋予的权重系数，$\sum_{i=1}^{n}\alpha_i=1$；

$\hat{y}_{ti}$——第 i 个中间预测值；

n——中间预测值的数目。

至于上述各权重系数 α_i 的确定，既可以由预测人员根据自己的知识与经验直接分配，也可通过下述方法求解：

(1)平均值法。即将几个中间值给予同样的权重($1/n$)。

(2)标准差法(针对统计学方法)。即第 i 个中间值被赋予的权重为 $\alpha_i=\dfrac{S-S_i}{S}\cdot\dfrac{1}{n-1}$。

式中：$S=\sum S_i$，S_i——第 i 个模型的标准差。

这种分配权重的思想体现了以模型的拟合优度作为分配权重的思想，即拟合度好的模型所预测的结果被赋予更大的权重。

(3)二项式系数法。即是将多个预测值从小到大,按增序排列起来,各个中间预测值的权重按下式计算:

$$\alpha_i = C_n^i / Z^n$$

式中:C_n^i——二项式展开式系数;$i = 1, 2\cdots, n$

$$Z^n = \sum C_n^i$$

这种分配权重的思想认为最终预测结果应靠近处于中位的中间预测值。

2. 区域合成法

此法取各个预测模型预测值的置信区间之交集为最终结果。可用下式表示:

$$\hat{y}_t = \bigcap_{i=1}^{n} (\hat{y}_{ti} \pm \Delta \hat{y}_{ti}) \tag{5-36}$$

式中:$\Delta \hat{y}_{ti}$——第 i 个模型的预测值在置信水平为 α 时的置信区间。

总之,组合处理可以去除一部分随机因素对预测结果的影响。实践表明,它对改善预测结果具有良好效果。

五、汽车市场预测实践应注意的几个问题

预测人员在实际进行预测活动时,应注意以下问题:

(1)政策变量。汽车市场受国家经济政策和非经济政策的影响很大。在进行汽车市场预测时,政策变量常常影响到模型曲线的拐点和走势,影响到曲线的突变点。即使在根据历史观察值建立的模型中考虑了政策突变的影响,并不意味着也包括了未来政策突变对预测结果的影响。富有挑战性的是,这种影响对预测结果的可信度往往具有决定性影响。

政策变量虽然不是很好把握,但并不是不可预知的。政策的制定总有其目的性,它往往是针对某些经济或社会问题制定的,最终目的总是要促进经济和社会的稳定发展。从这个意义上讲,政策是可以预知的,只要预测人员加强经济运行和政策的检测和研究,便可以通过对未来经济运行的预知达到政策预知的目的。尽管由于存在较多不确定因素,对政策的预测要比经济预测困难得多,厂商可以通过建立预警系统,加强对营销环境的监测,大体上去把握政策变化。

(2)预测结果的可信度。前述各种模型中,只有回归模型提供了可信度结论,而其他模型都没有给出结果的可信度。当对预测结果作组合处理后,最终预测值没有也不可能给出可信度。这个困难尚有待预测科学本身的发展,但在实践中却不可因此而裹足不前。

(3)预测的方案。实际预测活动中应尽量给出多个预测方案,通常应给出乐观、一般和不容乐观等几种预测结果,以增加预测为决策服务的适应性,避免单一方案给决策造成刚性。

(4)模型的拟合度与预测精度。模型拟合度是指预测模型对历史观察值的模拟程度。一般地讲,对既定的历史数据总可以找到拟合程度很高的模型。但预测人员也不应过分相信拟合度越好,预测结果就越准确的神话。预测精度系指预测的准确程度,模型拟合度好不一定预测精度就高,当然模型的拟合度太差肯定是不妥当的。

(5)预测的期限。按预测时间的长短,预测可分为长期预测和中短期预测。一般地说,对短期预测较好的模型,不一定对长期预测也较好。反之亦然。对这两类预测从精度上讲对短期预测精度的要求应高于长期预测。

（6）预测模型。现在有将预测模型复杂化、多因素化的趋势，虽然这种发展趋势一般有利于提高预测的精度，因为这包括了更多因素的影响。但有时复杂模型不一定比简单模型的预测精度好，而且因素过多，对这些因素的未来走势也不易判断。

（7）数据处理与模型调整。如果某个模型的预测误差较大，人们通常采取对原始数据进行平滑处理和修改模型的方法去解决。这种对原始数据进行平滑处理的方法实际上是在回避矛盾。数据异常总有其原因，预测人员应首先对此加以研究，以便在预测活动中考虑这些原因的影响。

（8）实际与想象。很多预测人员在预测活动开始时，就对预测对象的未来发展作了想象，并以此想象来不断地修正预测结果。其实这是一种本末倒置的作法，尤其是中间预测值的取舍以及组合处理时，应力求避免这种易犯的错误。

六、预测实践的未来发展

前述的定性与定量的预测方法，并不是相互排斥的，而是相辅相成的。一般地说，定性预测有利于把握事物发展的质，定量预测有利于把握事物发展的量。预测实践应综合运用两类预测方法，定量预测必须接受定性分析的指导，这是由于：①现实是复杂的，任何模型都无法完全描述现实情况。②预测涉及到许多不稳定的影响因素，了解和掌握这些因素的不稳定信息，预测人员的经验，甚至直观感觉是十分重要的。否则单纯地采用由历史数据识别的模型进行外推预测，可能会导致数学模型的滥用。③定量预测模型本身也经常用到经验和定性知识，如虚拟变量的引用、权重分配及观察点数目的选择等。

总之，对于变化规律不稳定的经济指标的预测，在模型的识别、建立、运行、修正、结果的判断与调整过程中，定性分析和专家的经验都起着十分重要的作用。

从预测目前的发展动态来看，在美国主要发展了基于知识信息的决策支持系统（Decision Support System，DSS），它们一般都包含了预测功能。在我国，一些学者主张发展我国的DSS，提倡直接引用一些经验知识研究大系统问题，预测研究正在向预测专家系统、干预模型、预警指标分析等高层次的定量与定性的综合预测发展。

由此可见，预测必须能够随着事件的发展，根据专家的理论和经验，不断吸收新的数据，补充新的情况，修正运用数学模型，建立除了包含传统程序和数据系统外，还必须包括面向知识和经验的知识库系统，组成以人工智能为基础的，采用现代科技新成果等各方面知识的专家系统，由预测人员灵活地运用专家系统进行辅助预测，将是今后进行预测的主要途径。

第六章　汽车市场发展特征

汽车营销者不仅要研究自己的目标市场，还要善于从宏观总体上研究汽车市场及其细分市场的基本发展规律和发展特点，把握市场的中长期变化走势，也要善于从整个汽车产业角度研究汽车市场行情的变化，从而正确决策自己的营销战略和营销规划，安排和适时调整营销组合策略。

第一节　汽车市场运行分析的基本方法

市场运行分析就是从动态发展的角度，研究产品或服务市场的发展规律，总结其中的特点，认识促进或制约市场需求发展的因素。通常我们可以采用发展形态分析法、区域市场分析法、需求域分析法等方法，从不同角度对汽车市场进行动态分析。

一、发展形态分析法

发展形态分析法是指将企业经营的产品或服务的市场需求的发展演变，归纳为几种典型形态，对各种形态包括的内容及各种形态形成的机理进行研究的一种分析方法。这种分析方法一般按照市场需求的时序变化，研究其形态上的规律。从这一角度看，市场需求的变化一般都不是平稳的，而是波动的，且在波动中蕴涵一定的形态。

1. 汽车市场的波动性

汽车作为社会经济生活的一种重要工业产品，其市场需求总是随国民经济运行的波动而波动，二者具有高度的相关性。这种波动呈现出明显的周期性特点，即每一波动周期在理论上均包括“衰退、萧条、复苏、高涨”几个阶段。各阶段的基本特征如下：

衰退阶段的主要特征是：①宏观经济运行速度（代表指标一般是 GNP 或 GDP 的年增长率）明显呈下降趋势，固定资产投资和信贷投放规模呈压缩趋势，经济结构处于调整之中；②汽车产品呈现供过于求，企业生产能力过剩，买方市场特征明显，汽车销售量和销售增长率（一般考察同比和环比指标）双双呈现下降趋势，即销售量下降，同比或环比销售增长率下降或者为负数；③汽车库存数量增长。④汽车产品的整体价格水平，或者价格指数下降。这个阶段属于汽车市场行情由需求旺盛向需求低谷转变的过渡阶段。

萧条阶段，我国汽车界更习惯称其为“低谷”阶段。其主要特征是：①宏观经济处于低速运行，固定资产投资和信贷规模相对较小、增长缓慢，往往伴随通货紧缩；②汽车销售量保持“低谷”水平，销售下降趋势得以停止，同比或环比销售增长率较小（甚至为零），汽车市场呈现买方市场特征。③汽车价格指数维持在低位水平。

复苏阶段的主要特征是：①国民经济运行速度明显加快，固定资产投资和信贷规模开始增加；②汽车销售量和销售增长率保持同向增长，销售增长率为正数。③大多数汽车产品的生产回升，库存下降。④汽车价格指数开始上升。

高涨阶段，即需求处于旺盛阶段，其主要特征是：①国民经济处于高速运行状态，经济呈现繁荣局面，固定资产投资和信贷规模达到较高水平，通货膨胀明显；②汽车销售规模保持较高水平，呈现产销两旺局面，汽车库存量较少，但销售增长率缓慢增长，甚至开始出现停滞（零增长）或较小的负增长。③汽车价格指数维持在高位水平。

营销者在分析汽车市场波动周期各阶段的转换时，尚需注意以下两个问题：一是各阶段的转换不一定是以年度为标志，转换点可能发生在年度中的某一月份。因而，营销者选择季度或月度等短期研究指标比选择长期指标要好，能更好把握汽车市场行情的变化。例如，汽车销售量如连续出现数月或两个季度的下降，一般便可认为汽车市场已处于衰退阶段。二是应注意萧条阶段有时不太明显。这是由于在现代市场经济制度下，国家对经济的宏观调控能力不断增强，宏观经济周期波动的萧条阶段变得不很明显，它往往同复苏阶段"合二为一"。因而，营销者在分析汽车市场波动的阶段变化时，应重视"萧条"阶段不明显的特点。

2. 汽车市场波动的主要形态

如上所述，汽车市场经常处于波动之中。考察其波动形态，归纳起来主要有以下四种。

1）周期性波动

它以数年为周期，是与国民经济周期性的宏观波动进程大体相一致的一种循环波动。上述波动周期所包括的各个阶段，都属于这种周期性波动。周期性波动的原因主要是受到宏观经济周期性波动的影响。

2）季节性波动

它是以一年为周期，一再发生于某个季度或某一月份的循环波动。也就是说，由于季节关系而使汽车市场发生数量上的伸缩现象，这种现象总是在每年的特定时期有规律地出现。例如，由于受我国社会生产活动的季节性规律的影响，我国汽车产品一般在每年的3～5月份保持较好的销售形势，而夏季的销售形势就平淡得多。季节性波动主要受产业自身的市场需求规律决定。

3）长期趋势

它是指在一个较长时期内，汽车市场在总体上所表现出的一种倾向性的发展趋势。例如，我国还是一个发展中国家，汽车的普及程度相对不高，汽车市场在一个较长时期内总体上仍将保持上升态势，市场容量不断扩大，汽车市场在每一次周期性波动结束时，市场规模比该周期起点时的规模大；汽车保有量总体上不断增加。而欧美日等发达国家，汽车的普及程度已经相当高，其市场需求主要是更新需求，新增需求的发展潜力已经很小，因此其汽车市场的长期趋势是需求保持相对平稳，汽车保有量变化不大。

4）偶然波动

它是指由于外部环境或其他随机因素而引起的汽车市场的不定期、不规则的变动。这类波动的特点是，波动的出现没有规律性，不可重复。例如，突然出现的政治动乱或者大规模的自然灾害，可能导致宏观经济的短暂衰退，进而引起汽车需求的突然下降。

通常，将上述后三种波动形态称之为"非周期性波动"，它们在性质上同第一种"周期性波动"是有区别的。

需要说明的是，现实生活中，上述各种波动形态是相互交织、综合出现的。每种形态只是在剔除其他形态的影响后才表现出来。营销者应对汽车市场的实际波动形态进行科学研究,才能正确把握各种形态的发展变化,掌握汽车市场的本质。

二、区域市场分析法

对汽车市场的研究,除了按车型进行市场细分外,还经常按区域市场进行细分研究。例如,现阶段的我国汽车市场(各种车型的整体市场)就具有以下区域特点:

(1)各区域的汽车保有量以华东地区最高,其次是中南、华北二区;西南、西北两区最小。华东、中南和华北三区占了全国汽车市场的70%,而东北和西部地区仅占30%。由此可见,各地区汽车保有量的构成与其经济发展水平基本吻合,大体上反映了各地区汽车市场的构成。东北地区市场规模不大,可能与这一地区人口及国土面积较少有关,而西部地区则主要是经济发展水平相对落后所致。

(2)沿海地区及大型中心城市的汽车市场大于其他地区。由于沿海地区的经济发展程度高于全国平均水平,其汽车的社会保有量比例明显高于全国平均水平。同时,这些地区还是我国私人轿车市场的重要需求地区。例如,有调查表明,我国的北京、深圳、上海等城市的经济发展程度已经达到中度发达国家水平,这些地区正好也是这几年我国私人汽车购买数量最多、轿车进入家庭步伐最快的地区。此外,珠江三角洲、长江三角洲、环渤海湾地区、直辖市、15个计划单列的副省级城市及其城市圈,应是我国汽车市场(尤其轿车市场)的主要地区。

(3)各省(市、自治区)的汽车市场也与其经济实力及人口密切相关。如我国多年来,汽车产品的需求大省都是这样一些省份,即广东、山东、江苏、浙江、辽宁、河南、北京、上海、河北、四川、湖北、福建等。

(4)农村汽车市场的需求呈现以下特点:①随着我国社会主义新农村建设步伐加快,农村“村村通”公路建设取得很大成绩,汽车正在成为农村地区的主要运输工具,汽车取代农用车的趋势不可逆转,特别是价格低廉、使用经济、用途多样的轻型汽车和微型汽车将非常受农村地区的欢迎。②由于受经济发展水平相对不高,农民收入有限的影响,农村地区的汽车需求价格弹性较大,农民对汽车产品的价格比较敏感,易接受可靠、价廉的汽车产品。另外,农村地区的汽车需求替代效应也比较明显,表现在各类拖拉机和农用车等更廉价运输工具对汽车的替代效应上。③农村地区对客货两用车、柴油汽车、二手汽车等汽车品种的需求比较旺盛。④农村地区的汽车需求主体,主要为私营经济组织、经济承包户或手工作坊生产主。

三、需求域分析法

需求域(Customer Domain)是指全部购买者的总和,需求域分析法即是按购买者的类型不同,对各类汽车用户的需求进行分门别类研究的一种方法。需求域内所包括的用户类型,每类用户群体构成需求元。

1. 汽车的需求域

汽车是一种现代化的交通工具,它的用户有着明显的广泛性。依据汽车的需求域,可以将汽车用户分为以下几种类型:

(1)私人消费者。指将汽车作为个人或家庭消费使用,解决私人交通的用户,他们构成了私人消费市场。目前,这一市场是我国汽车市场中增长最快的一个细分市场,其重要性已越来越引起各汽车厂商的关注。

(2)集团组织消费者。指将汽车作为集团消费性物品使用，维持集团组织事业运转的集团用户，在我国通常被称为“机关团体、企事业单位”，他们构成汽车的集团组织消费市场。这一市场是我国汽车市场中比较重要的一个细分市场，其重要性不仅表现在具有一定的需求规模，还常常对全社会的汽车消费起着示范作用。这类用户主要包括各类企事业单位、国家政权机关与人民团体、社会团体组织、军队等。

(3)运输营运用户。指将汽车作为生产资料使用，满足生产、经营需要的组织和个人，他们构成汽车的生产营运用户市场。这类用户包括具备自备运输机构的各类企业单位、将汽车作为必要运输装备的各类建设型单位、各种专业的汽车运输单位和个人。目前，这一市场在我国汽车市场上也占有重要位置，特别是对某些车型(如大中型载货汽车及大中型客车)而言，它是这些车型的主要市场。

(4)其他直接或间接用户。指以上用户以外的各种汽车用户，主要包括以进一步生产为目的的各种再生产型购买者，以进一步转卖为目的的各种汽车中间商，它们都是间接用户。由这类购买者构成的市场，对于汽车零部件企业或以中间型产品(如汽车的二、三、四类底盘)为主的企业而言，是非常重要的一个细分市场。

以上各类汽车用户，从总体上也可以大体分为消费者个人和集团组织两大类，前者构成汽车的私人消费市场，后者构成汽车的集团组织市场。也就是说，集团组织市场是指工商企业或机构为从事社会生产或建设等业务活动，以及政府部门和非赢利组织为履行职责而购买汽车产品所构成的市场，或者说集团组织市场是以某种组织为购买单位的购买者所形成的市场，是私人消费市场的对称。就卖方而言，私人消费市场是“自然人”市场，集团组织市场多数是“法人”市场。

2. 集团组织市场的需求域

如果对集团组织市场进一步细分，其需求域则包括以下需求元：

(1)企事业集团消费型购买者。这类购买者包括企业组织和事业单位两大类。其中，企业组织是从事产品或服务生产与经营的各种经济组织，主要包括各类厂矿、商业单位及以盈利为目的的经济实体，其特点是自负盈亏、按章纳税、自我积累、自我发展。事业单位是从事社会事业发展的机构，是为某些或全部公众提供特定服务的盈利或非盈利性组织，其特点是全部或部分接受财政资助，获得政策性补贴，也可以在规定的范围内向其服务对象收取一定费用。事业单位主要包括学校、医院、红十字会、卫生保健组织、新闻出版机构、图书馆、文艺体育团体、基金会、福利和慈善机构等，另外我们把各种职业或业余的团体、宗教组织、专业和行业协会等也纳入“事业单位”的范畴，一起进行讨论。企事业集团消费型购车，其目的是为了满足商务活动和开展事业活动的需要。

(2)政权部门公共需求型购买者。这类购买者包括各种履行国家职能的非盈利性组织，是指服务于国家和社会，以实现社会整体利益为目标的有关组织，具体包括立法机关、行政机关、司法机关、政协机关、军队及党群组织(含党委、工会、共青团和妇联等参照公务员管理的机关)等。这些部门的特点是运行经费全部来自上级或同级财政支出(预算内或预算外)。

(3)运输营运型购买者。这类购买者是指专门从事汽车运输服务的各类组织或个人，具体包括各种运输公司、旅游运输公司、城市社会公共汽车运输公司、城市出租汽车运输公司、具有自备运输的大型企业或某些行业系统的专业运输部门、各种私人运输经营户等。

(4)再生产型(含部分再转卖型)购买者。再生产型购买者包括采购汽车零部件或汽车中间型产品(如汽车的二、三、四类底盘)进行进一步加工、生产制造出整车的汽车生产企业,例如,各种主机生产企业、重要总成装配厂家、各种特种车及专用车生产厂家等;再转卖型购买者是指各类从事汽车流通的中间商组织,它们是汽车厂家分销渠道上的成员。由于汽车分销渠道的特点,中间商一般不构成汽车厂家的市场,在这一点上汽车产品与一般商品是有区别的。但少数汽车厂家也采取了将产品推给中间商后就视为销售完毕的销售方式,因此将中间商的购买行为一起进行讨论。

(5)装备投资型购买者。这类购买者包括那些将汽车视为装备进行投资,把汽车用作生产资料的各类组织,主要指各种基本建设(工程建设)单位、农业生产和林业生产单位,其特点是汽车主要限于基本建设工地、农场或林区范围内使用。

3. 主要汽车需求元的需求特点

现阶段,主要需求元对汽车产品的需求特点有:

(1)企事业单位、政府及公务部门用户的消费型需求,主要集中在乘用汽车(尤其中高级轿车和进口轿车)的需求上。在很长一段时期内,他们的需求在我国汽车市场上一直占有举足轻重的地位,但今后会有一些变数影响其需求的增长。例如,车辆使用制度的改革(简称"车改"),将会改变现行的公车消费模式,势必影响"公车"的需求和购买。

(2)企事业单位和装备投资型用户对汽车的需求,将主要集中在能够很好满足其产品或服务的特点的汽车品种上。例如,低货箱、长车箱的轻型汽车,各种专用汽车等。

(3)随着我国高等级公路的迅速增加,道路运输条件的改善以及汽车工业本身的发展,公路运输业(各种专业的公路运输营运者,含大型企业的自备运输机构),对汽车产品的需求将向着大型化(长途运输)、高档化(客运)、专用汽车化(适用集装箱、零担货物运输需要及提高运输生产率)和汽车柴油化(降低运输成本)等方向发展,所以能够适应高速运输需要的重型和专业化的客货车的需求规模将持续增加。

(4)出租汽车行业对汽车的需求,主要受到城市的交通状况、经济发展水平、地方政策、道路条件、使用税费等因素的影响。各地在这些影响因素上的特点各不相同,因而导致各城市对出租汽车的车型品种和数量的需求存在很大的差异。总体上讲,这个市场的新增需求将主要集中在地市州及县域中小城市,而直辖市、省会等中心城市出租车的市场需求将主要向高级化转变。

第二节　我国汽车市场运行特征

本节拟对我国汽车市场的运行,分别从总体特征、轿车市场特征、商用汽车市场特征和二手车市场特征等几个方面,分别予以讨论。

一、现阶段我国汽车市场的总体特征

1. 我国汽车市场现阶段的基本特点

随着国民经济持续、健康、快速发展,以及国家将汽车工业作为国民经济支柱产业予以扶植,我国的汽车市场目前正处于需求的扩张阶段,市场容量不断扩大,并在总体上呈现以下特点。

1)汽车产销量保持较快增长

正如本书第一章的分析,我国汽车市场目前正处于需求的增长阶段。2007 年,我国生

产汽车 888.24 万辆，同比增长 22.02%，比上年净增 160.27 万辆；销售 879.15 万辆，同比增长 21.84%，比上年净增 157.60 万辆，均创历史新高。总体来看，我国汽车产销量在世界各国中的排名已分别位列第三位和第二位，已经成为名副其实的世界汽车产销大国。

2）在需求结构上，商用车和乘用车的产品结构向国际市场靠拢

以 2007 年为例，当年乘用车产量 638.11 万辆，销量 629.25 万辆，分别占汽车总产量和总销量的比例为 71.84% 和 71.57%。这个比例与国际汽车市场基本一致，如美国市场上，乘用车的比例大体一致为 73% 左右，日本的这个比例在 76% 左右，欧盟则在 90% 左右。

3）自主品牌汽车稳定增长，并不断向中高端市场迈进

在商用车方面，2007 年自主品牌继续成为主流，在 2005 ~ 2007 年的 3 年时间内，自主品牌在国内商用车市场上的占有率一直保持在 95% 以上。目前汽车行业培育自主品牌工作主要是针对轿车、MPV（多用途车）和 SUV（多功能车）而展开，尤其是轿车。在轿车方面，自主品牌轿车 2007 年的销量达到 124.22 万辆，占轿车总销量的 26%。随着我国主要汽车厂商对自主品牌轿车研发力度的加大，自主品牌轿车的市场占有率将不断增加。与此同时，自主品牌在逐步巩固在低端市场主体地位的同时，正逐步向中高端市场挺进，自主品牌竞争力的逐步增强正改变着中国汽车产业的竞争格局。

4）新产品上市频率加快，汽车市场整体价格走低

据有关统计和监测，2006 年和 2007 年，国内上市的乘用车（主要是轿车）新车型均超过 100 种。其中，全新上市的新品牌车型 40 余种，换型、改进新车型 70 多种。另一方面，由于汽车市场竞争更加充分，汽车的价格在整体上不断走低，除高级轿车外，其他品种的汽车在价格上已经实现国际接轨或者低于国际同类产品价格。

5）汽车交易和消费行为趋于理性化

由于汽车消费的总体结构出现私人消费为主和汽车市场买方市场的全面形成，家庭、个人和私营企业购买比例不断增加，汽车消费行为趋于理性化。一方面，汽车厂商及其代表（如经销商等）必须正视消费者的需要，生产或提供适销对路的产品或服务，正确开展现代市场营销活动，提高经营水平；另一方面，消费者的消费心理日益成熟，已能够在购买时做出理智的分析和选择，冷静地对待购买、使用和消费环节，根据自己的需要选择厂家、品牌和价格等，以最大限度地满足自己的需求。

6）汽车市场环境和市场秩序逐渐规范

随着社会整体市场体系的健全和规范，汽车市场中相应的法律、法规也趋于逐步完善，除了市场通行的规则外，严格的汽车排放标准和产品认证制度正在全国范围内推行开来，国际上通行的召回制度也已实施，非正当渠道流入市场的进口车数量大幅降低，这些举措净化了国内汽车市场的生产经营和消费环境。

当然，我国的汽车市场在表现出以上特点的同时，也暴露出一些问题。

一是节能环保的汽车消费观念仍需强有力的政策引导。2008 年，消费税大幅度提高了大排量乘用车的税率，降低了小排量乘用车的消费税税率，但是实际效果却不尽人意。虽然大排量轿车的价格上涨明显，但是其消费对象对价格的敏感性低；小排量汽车的消费者对价格虽然敏感，但是价格下降却不多；由于消费税计入产品价格，而且同期宏观经济物价指数也在上涨，使消费者对汽车产品的涨价误认为是汽车产品成本增加的结果。这些综合因素使得汽车市场没有向国家期望的方向发展和变化。从产品形象看，小排量汽车在环保和其他各项性能上也是一般水平，不被消费者认同。以上情况表明，国家和汽车厂商还需要从消

费税、燃油税和产品质量等方面，综合进行调整，才可能起到引导全社会建立正确的汽车消费观。

二是日益严格的技术标准与自主品牌发展存在一定矛盾。为了降低汽车排放污染和车用能源消耗，我国正逐步提高汽车排放标准和燃油消耗限值标准，这些政策加大了自主品牌汽车生产企业研发的难度和投入力度，对刚刚起步的自主品牌轿车构成很大的政策压力。

2. 我国汽车市场未来发展的相关背景

1）国民经济发展为我国汽车市场扩张提供强大动力

我国的国民经济持续增长，这是我国汽车需求实现快速增长的根本条件。近几年来，随着我国经济走上质量效益型轨道，虽然发展速度有所回落，但仍保持了较高的发展速度，且经济运行质量不断提高，企业效益日益改善。今后一段时期内，国家还将继续以有力的货币、财政政策推动国民经济的健康发展，国民经济将继续保持一个良好的增长势头，国民收入也将随之获得较大的提高，这对推动汽车市场扩张无疑将起到决定性作用。

2）汽车使用条件的改善将为汽车的需求增长提供支持

与汽车市场发展紧密相关的国内公路交通、车辆维修、停车、加油等外部条件不断改善，将为汽车的需求增长提供有力支持。近年来，我国高速公路建设每年都有较大的投资力度，至 2007 年底，高速公路的通车里程已达 4.52 万 km，仅次于美国位居世界第二，取得的成绩令国内外瞩目。国家计划的纵横的公路干线工程业已启动，至 2020 年国家将建成“五纵七横”的快速交通网络，将覆盖全国所有的地级以上的城市和一半左右的人口，实现800km当日往返。同时，各地对维修服务市场的整顿也在近年获得成效，对城市基本建设的进程加快，老城区不断改造，新城区高标准建设，汽车停车设施不断完善，加油站等服务设施已经相当健全。这些因素将消除人们购车的后顾之忧，直接促进汽车消费增加。

3）汽车普及程度的低水平预示需求增长尚有巨大空间

为了衡量一个国家和地区汽车使用的广泛性和普及程度，学术界引入了“汽车密度”概念，主要使用“千人汽车拥有量”指标，系指一个国家或地区每千人拥有的汽车数量（辆/千人）。这里，汽车拥有量又被称为汽车保有量，系指全社会拥有的可以上路行驶的各类汽车的总辆数。以 2007 年为例，截至该年底，我国的汽车保有量大约为 6000 万辆，千人汽车拥有量为 44 辆左右，但是美国达到 780 辆，欧盟 340 辆，日本 380 辆，世界平均水平为 110 辆。即使达到世界平均普及程度，我国的汽车市场还有很大的增长潜力，尚有近亿辆的净增空间。换言之，按每年市场净增 1000 万辆，现有保有量中按每年 10% 的更新需求计算，我国每年保持 1500 ~ 2000 万辆的需求，还可以维持 10 年以上的时间。事实上，由于汽车普及是个复杂过程，实际增长过程将远远超过 10 年，这表明我国汽车市场在今后一个较长时期内，仍然是一个市场趋于增长的阶段。

3. 我国汽车市场需求的发展特点

我国汽车市场的未来走向，将具有下列特点：①汽车市场保持较快的增长速度，其中私人轿车需求的增长将成为拉动汽车市场的最主要力量。②轿车、高速重型汽车、中高档大型客车、微型车及功能特殊的专用汽车等车型，将是需求增加较快的车型，它们在汽车市场上的份额大大增加。③二手汽车市场将日益活跃，交易量上升。④更新汽车需求占汽车销售的份额将越来越高。⑤加入 WTO 后，由于我国汽车（特别是商用汽车）具有性价比优势，汽车出口和汽车厂商开展国际市场营销将成为重要发展方向。

汽车营销者不仅应力求把握汽车市场的总体变化规律，而且更应注重对各细分市场的研究,以深入掌握本企业汽车产品的市场变动。

二、我国轿车市场的运行特征

1. 轿车市场发展形态

纵观世界各个轿车普及程度高的国家,其轿车市场的发展一般都经历了导入期、成长期、成熟期等几个阶段。各阶段轿车市场的主要特征是:

轿车市场处于导入期的特征是:①生产规模小、产量少、品种短缺、产品成本高、企业缺乏开发能力,产品处于技术引进、KD方式生产和仿制他人产品阶段,先进科技成果的应用率较低;②轿车消费以集团消费为主,私人消费极为有限,消费需求受国家政策影响大,轿车的需求波动性大,保有量小,普及程度低;③轿车流通受政策因素控制,市场机制作用有限,价格背离价值规律。

轿车市场处于成长期的主要特征是:①轿车生产规模迅速扩大,产量保持快速增长,品种日渐增多,产品成本迅速下降,轿车工业体系基本形成,并逐步占据汽车工业主导地位。生产企业初步具备产品开发能力,但高科技成果的开发和应用尚显不足,产品国际市场上的竞争力相对薄弱;②私人消费迅速增加并逐步占据市场主导地位,需求规模迅速扩大,需求波动幅度明显下降,保有量快速增长,轿车普及程度提高较快;③流通渠道多元化,市场机制逐渐占据主导地位,价格大体上按价值规律由供求关系调节,市场竞争日趋激烈。

轿车市场处于成熟期的主要特征是:①生产规模大,产量增长趋缓,轿车工业体系齐全并占据汽车工业绝对主导地位,轿车品种十分丰富,企业产品开发能力强,大量高新技术成果用于轿车,产品具有国际竞争能力,主导企业具备国际市场营销能力;②私人消费占绝对主导地位,市场规模大,但需求增长速度明显减慢,甚至出现零增长、负增长,保有量及汽车普及程度高于世界平均水平;③市场机制充分发挥作用,竞争异常激烈,汽车市场已经成为完全买方市场,主导企业明显以角逐国际、国内两个市场为目标。

在我国,轿车作为交通工具已经脱离由公费购买和使用的渠道,开始大量进入合资企业、集体、个体企业和一部分先富裕起来的家庭,我国轿车市场基本步入成长阶段。

2. 轿车进入私人消费领域是轿车市场发展的必然结果

世界各国汽车市场的发展都表明,随着经济和汽车工业的发展,轿车必然进入人们的消费领域。研究表明,随着人均国民收入(R)的增加,轿车普及率(千人轿车拥有量)将按图6-1的规律变化。即在经济发展程度很低($R < R_1$)时,轿车普及率也很小,这个阶段即为轿车普及前期;当经济发展到一定程度($R_1 < R < R_2$)时,轿车普及率呈缓慢增长态势,这个

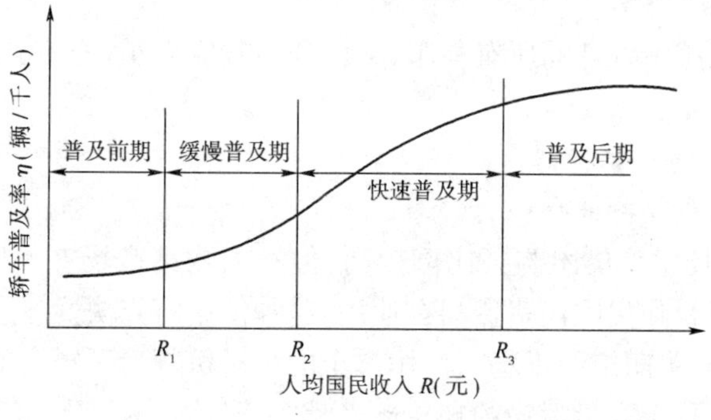

图6-1 轿车普及率的变化

阶段即为缓慢普及期；随着经济的进一步发展（$R_2 < R < R_3$），轿车开始以较快速度进入个人消费领域，普及率呈迅速上升态势。这个阶段即为快速普及期；当经济发展达到相当水平（$R > R_3$），轿车普及率较高时，普及率又呈缓慢增长态势，这个阶段称为轿车普及后期。进一步研究还表明，R_1 大体相当于普及型轿车价格的 1/3 ~ 1/2，R_2 大体相当于普及型轿车的价格，R_3 大体相当于高级轿车的价格。

居民消费水平提高，轿车必然走进家庭消费领域，轿车也只有进入家庭消费领域，才能赢得广阔的市场，汽车工业才能真正成为国民经济的支柱产业。多年来，我国依靠公费购车，依靠商用汽车，甚至仅依靠载货汽车，赢得的只是一个相对狭小的汽车市场。我国汽车工业（特别是轿车工业）过去发展慢的一个重要原因，就是有关部门曾经对轿车工业的地位，对轿车是否能够进入家庭持不同看法。这从反面说明了汽车市场，尤其轿车市场的发展关键是轿车进入家庭消费领域。不尊重这个规律，就会遭到惩罚。

汽车厂商在面向私人消费市场时，要求做到：①产品价格合理。对工薪阶层而言，价格是他们购车时考虑的重要因素，家用轿车的价格必须与购买者的经济收入相称。②满足"经济、实用、安全、可靠"的要求。"经济"系指家用轿车的使用必须是经济的，以免形成"买得起、用不起"的现象。这包括燃油费和保养、维修、保险、养路、停车以及其他税费等在内的使用费用应当是合理的。"实用"系指家用轿车必须具有良好的实用功能，能够满足个人购买者代步、旅游、运送行李、舒适以及适合道路交通条件等要求。"安全"系指家用轿车必须符合汽车安全法规要求，能够保证个人购买者的人身安全需要；"可靠"系指家用轿车的可靠性和耐久性必须达到国家对轿车规定的质量标准，具有一定的使用寿命，有利于个人消费者节约修理和维护费用等。

有关研究还表明，发达国家经济型轿车在轿车市场的份额还表现出以下规律：在轿车普及初期，经济型轿车的销售比重增加，基本完成普及之后，经济型轿车的比重又趋于下降，而大型轿车比重增加（家庭轿车消费升级）。随着经济发展水平的进一步提高，许多家庭开始拥有两辆轿车，此时，经济型轿车的销售比重又开始增加。

3. 我国轿车市场的发展分析

未来，我国轿车市场可能会具有以下特点：由于目前我国私人轿车已经进入工薪收入较高的家庭（少数群体市场），接下来将主要进入普通工薪家庭（大量市场）。由于我国各地经济发展极不平衡，经济发达地区和中心城市是现阶段私人汽车购买的主要市场，广大的县域市场将是今后轿车走向家庭的主要拉动力量。

三、我国商用汽车市场的运行特征

商用汽车系指乘用车以外的所有整车，又可分为载货汽车（含专用汽车）和载客汽车两大类。

1. 商用汽车市场的总体特征

商用汽车市场的主要特征有：

(1) 商用汽车市场尽管集团购买比例较高，但私人购买市场在不断扩大。由于商用汽车主要是作为生产资料和集团消费资料在使用，这种使用特点决定了各类集团（组织）成为商用汽车的重要市场，集团组织市场在商用汽车的市场份额高于轿车的市场份额。同时，随着私人购买商用汽车从事客货运输的现象越来越多，私人购买已经成为商用汽车市场的越来越重要的组成部分。

(2)商用汽车市场与国民经济运行息息相关。商用汽车主要从事客货运输,其市场需求与全社会运输需要紧密相关。众所周知,社会运输量的多少与国民经济运行情况息息相关,因而商用汽车市场的需求在相当大程度上取决于国民经济的宏观运行状况。

(3)商用汽车市场规模虽然在扩大,但在整体汽车市场中所占比例呈下降趋势。随着国民经济发展,社会对商用车的需求稳步增加,商用车市场容量不断扩大。但另一方面,随着汽车市场内部结构的调整,轿车市场必将占据主导地位。因而,商用汽车市场的份额呈相对下降的趋势。

(4)柴油车在商用汽车市场上的占有率高。由于商用汽车用户对经济效益的追求,使得柴油汽车在商用汽车市场的比例日益提高,尤其是大型商用汽车几乎都实现柴油化。目前,在先进汽车生产国的商用汽车市场中,柴油汽车都已普及化,例如,西欧各类柴油载货汽车占载货汽车总销量的比例高达90%,总质量在4t以上的载货汽车基本已达100%柴油机化,4t以下的载货汽车柴油机的装备率也超过70%。

2. 载货汽车市场的基本特征

载货汽车市场系指普通载货汽车、越野载货汽车、自卸车、专用车和特种汽车,以及各类载货汽车底盘等汽车品种的市场总和。它在我国汽车市场上占有重要地位,下面对重型、中型、轻型和微型载货汽车市场的特征分别予以讨论。

1)重型载货汽车市场

重型载货汽车市场包括装载质量不小于8t的重型载货汽车及其各种变型车市场的总和。

我国重型汽车市场的主要特点有:①重型汽车需求的主要影响因素有固定资产投资规模、经济增长速度、公路交通条件、企业微观经济效益及相关政策。随着我国基础产业和交通运输业的大力发展,特别是公路条件的改善和高速公路的建设,重型车特别是大吨位汽车的需求增长较快;燃油税的实施将对高技术性能的重型车辆需求促进较大,对车辆超载运输的抑制也会促进重型车的需求,集装箱货车等专用车的需求比例较大。②重型汽车的需求价格弹性较小,用户购车更注重产品的可靠性、维护成本等非价格因素。重型汽车属于一种大型生产资料,购买者十分注重其使用价值,因而对其价格波动的反应一般不太敏感,而对其性能、质量、维修、配件供应以及交货期却非常关心,这些非价格因素是影响重型汽车购买者的首要因素。③专用汽车、特种汽车比例相对较高。由于重型汽车主要作为大吨位、远距离公路运输用车和作为专门机械使用,为了提高运输和作业的工作效率,装备专用、特殊装置的重型汽车的比重也就较高。参照国外经验,货车市场专用车占货车市场需求量的50%~70%。专用车是货车市场需求潜在增长的产品,尤其是高性能的重型专用汽车。

2)中型汽车市场

中型汽车市场包括装载质量大于3t,小于8t的普通载货汽车及其各种变型车市场之总和。

我国中型汽车市场的主要特征有:①中型载货汽车曾经是我国汽车工业十分重要的产品,但随着重型汽车和轻型汽车的发展,中型汽车正面临越来越狭小的市场。中型汽车相对重型汽车而言,缺乏批量运输优势和远距离运输优势,因而也就没有经济效益优势;相对轻型汽车而言,它又缺乏机动灵活、货物批量适应广的优势。因此,20世纪90年代中期以来,中型汽车的销售增长率不断下降,多年保持负增长,目前这个市场已经非常狭小。②中型汽车的市场营销应采取产品市场发展战略,开发各种用途的改装车、专用车,形成品种丰富的产品格局。③由于国际市场的中型汽车生产规模和供给量较小，我国的中型汽车在生产成本方面具有比较明显的优势，因而中型汽车市场应逐步转向国际市场。

3）轻型载货汽车市场

轻型载货汽车市场系指装载质量在 1 ~ 3t 的轻型载货汽车及其各种变型车市场之总和。

我国轻型汽车市场的主要特点有：①轻型车具有价位低、灵活、方便等优点，能满足运程短、货运批量小、时间性强、出车频率高的用户需求，适用于社会各类企业单位，特别是第三产业的使用。这个特点也使得轻型汽车的市场规模较大。②由于轻型汽车购车者一般需自己解决购车资金，因而轻型汽车的需求价格弹性就较大。③轻型载货汽车在档次上将向高、低两档发展，高档车用于满足城市第三产业的需要，低档车则主要替代农用汽车。

4）微型载货汽车市场

微型载货汽车市场系指装载质量小于 1t 的普通载货汽车及其各种变型车的市场总和。

我国微型汽车市场的主要特点有：①微型车因为结构简单、机动灵活、穿街走巷、使用方便、价格便宜，特别适合于个体经营者、小型企业和零售商业部门使用，也适合改装为客、货两用车。②微型车因为产品价格不能太高，其排放性能和产品质量不可能非常好，部分中心城市为提高城市形象的需要，不断限制其使用，而农村道路条件不断在改善，因此微型车市场正在由中心城市向县乡等农村市场转移。农村市场为微型车的发展提供了广阔空间。③微型车排量小、节油的优势，将会使其成为因燃油税改革而受益的车型。

5）专用汽车市场

随着新兴行业的不断出现及发展，专用汽车在专门运输和专项作业中的优越性越来越明显，专用车市场正在逐步扩大。当前，我国专用车市场具有 4 大特点：

首先，市场十分广阔。专用汽车广泛服务于国民经济的各个领域，在不同时期有着不同的热点。当国家加大基础设施建设投入时，自卸车和工程建筑专用车便成为热点；扩大内需加快了商品流通，商品运输使得厢式运输车市场升温；金融保险业加强对暴力抢劫犯罪的防范，防弹运钞车的需求便增长。从保有量上看，20 世纪 70 ~ 80 年代，主要发达国家的专用车保有量占载货汽车保有量的 50% 左右，如今已增至 60% 以上，而国内专用汽车的保有量仅占商业车 20% 左右。同时，欧美经济发达国家历年的专用车产量占载货车总产量的比例均在 70% 以上，国内目前仅为 40% 左右。可以预见，专用车无论是年产销量和保有量，在载货车中的比例都有很大的发展潜力。

其二，生产、需求呈多品种、小批量特征。目前专用汽车已有 28 个种类 1553 个品种，由于各行业特点不同，各品种的需求量也就不同。厢式运输车、牵引半挂汽车、自卸车等需求量较大。在经济全面发展时期，专用汽车市场可以出现多个热点并存的局面，为生产企业提供广阔的发展空间。

其三，我国在某些专用汽车品种上具有价格优势，部分产品具有国际竞争力。国内专用汽车主要品种，例如半挂车、冷藏车、混凝土泵车、高空作业车、部分油田用车和随车起重运输车等通过合资合作，引进技术或引进专用装置，其质量已接近或部分达到国外先进水平，价格上具有与国外产品竞争的能力。对需求量较大的产品，如重中型自卸车、厢式车、罐式运输车和作业车等，有较稳定的国内外市场。

我国专用汽车行业今后的发展方向是：①增加和丰富专用汽车品种，提高部分专用汽车的产品质量和技术含量，解决目前专用汽车“大路货”居多的问题，真正突出“专用”特色。

②专用汽车厂商提高产品开发和市场营销能力，解决目前企业多、规模小、产品低档和市场运作能力低的行业形象。

6）载货汽车发展分析

载货汽车市场的未来发展将具有以下特点：①今后一定时期内，商用汽车将面临良好的发展机遇。例如，大中型企业经济效益明显提高，民营企业、私营企业迅猛发展，村镇经济和第三产业进一步增长，公路建设飞速发展，旅游业蒸蒸日上，农村城镇化趋势加快，西部大开发以及加入世贸组织所带来的出口机遇等，这一切都将促进汽车需求增长，使商用汽车市场面临新的机遇。②商用汽车仍将是我国汽车市场的重要组成部分，其市场需求趋于平稳增长。在国家宏观经济平稳增长的支撑下，我国商用车市场将保持平稳增加。③载货汽车市场将出现重大的结构变化：其一是向重型、轻型载货汽车两头发展，中型载货汽车产销量将继续减少；其二是部分轻、微型载货汽车向农村市场拓展，取代农用运输车；其三是产品向重型化、柴油化、高技术化、专用化方向发展，载货汽车高档化，以满足大中型生产企业、城市运输企业和高等级公路货运的需求。④专用汽车及改装汽车市场将出现较快的增长。例如，集装箱专用汽车、中小型厢式专用汽车、罐式汽车、各种车辆运输车以及能够适应现代物流产业需要的各种车辆，都将会得到较大发展。

3. 客车市场运行特征

客车如按车身长度划分，可以分为大型、中型、轻型和微型客车。客车市场就是这些客车及其各种变型车的市场总和。客车市场的运行特征及其发展特征如下：

1）大中型客车市场的运行特征

大中型客车按用途可分城市客车（市区公共汽车和郊区短途客车）、公路客车、旅游客车、团体客车及特种客车五类。大中型客车的需求以各类经济、社会集团为主，各类集团对大中型客车的档次需求相差较大，因而大中型客车市场是一个高、中、低档客车并存的市场。

（1）城市客车拥有量虽不是很大，但是其利用率很高，是公交系统的主体。目前，我国城市客车市场结构比较单一，主要是一些车速低、装备水平不高的低档次车辆，但其发展方向是大型化、柴油化、低地板化和高档化。

（2）公路客车市场基本上可分为两类，即长途客车市场和农村短途客车市场。其中，长途客车市场是大中型客车的需求市场，短途客车市场是轻微型客车的需求市场，这是由于客流及运输成本特性决定的。拉动长途客车发展的因素包括国民经济的运行状况，具体表现为客运量、旅客周转量和平均运距的增长速度上。其中，客运量和旅客周转量最为重要，它们每增加一个百分点，几乎要带动客车保有量增加 2～3 个百分点。而制约因素包括其他交通方式的竞争状况和邮电通信事业的发展程度，因为邮电通信事业的发展程度越高，公务旅客出行的比例就会锐减。

（3）旅游出租客车市场是中高档客车的需求市场，它要求客车必须装备效果良好的空调、具有比较舒适的座椅、大玻璃车窗、高地板、方便的行李舱、优美的外观造型、密封隔声效果好等。随着旅游事业的发展，这一市场将保持较快的增长。

（4）团体客车是指用于载运公务和载运职工上下班的自备客车。目前，由于受到企业事业单位后勤剥离，部分团体客车被剥离出来加入社会营运，团体客车的职能部分地被轿车、出租车和公共汽车取代等因素的影响，这一市场对客车的需求暂时不太大，但预计未来将呈缓慢增长的局面。其理由有：①为合理城市布局，或为了保护环境、治理污染，或由于企业扩展等原因，原来的某些大型企业不得不将生产区迁移至远离居住区的新兴工业区去；

②远离市中心的商业中心为招徕顾客，将要配置大客车接送顾客；③某些机构和部门如银行、税务、海关、商检和经济效益较好的工商企业，不仅需要继续增加团体客车，而且还要提高团体客车的档次以便满足对车辆舒适性的要求。这些因素都将促进团体客车的需求增长。

2）轻型和微型客车市场的运行特征

轻型和微型客车市场的运行特征有：轻型、微型客车具有载客量适中、机动灵活、适用性强、价格相对便宜，很适合多人次、高频度和点多分散的客运特点。同时，该类车型经过适当变型，可为公安、医疗、环境监测、科研、消防、商业、邮电等部门提供各种专用车辆。此外，因价格优势，微型客车以及轻型、微型客货两用车对众多的城镇中小型企业等基层组织来说，是填补轿车需求最理想的替代产品。微型客车也被广泛用作中小城市出租汽车，这类"面的"不仅有利于购车者尽快回收购车资金，也有利于降低出租运输价格，带来良好的社会效益。轻型、微型客车因以上诸多优势，使得其占据了客车市场的主体地位，其市场份额一般在70%以上。

近年来，轻型、微型客车在公路营运（特别是短途公路客运）用车中的比重趋于上升，成为补充和衔接长途客运的主要交通工具。此外，由于轿车价位高，费税多，又充当不了生产资料，而微型客车省油、价廉、客货两用、体积小、灵活，使个体业主和私营企业主转向购买微型客车，这类用户的快速增长，使得微型团体客车的保有量和需求量的比重将有较大的增长。

3）客车市场的发展分析

我国客车市场的发展还将具有以下特点：①我国将继续奠定世界客车超级大国的地位。2007年整个客车行业在出口和公路客车市场上都实现了快速增长。中国7m以上大中型客车接近12万辆的年产销量，占据世界市场1/3以上的份额，中国客车正在世界客车市场上扮演着举足轻重的角色。②出口市场不断扩张。近几年，随着客车企业的不断发展，我国客车出口也呈现"井喷"态势。首先是出口数量的连年翻番。2000~2003年，我国大中型客车的出口基本维持在1 000~2 000辆，2006年大中型客车的出口数量突破了1万辆，2007年大中型客车出口突破了3万辆。其次是出口国家和地区的扩大。据统计，2000年以前，我国的大中型客车仅出口到邻近的20多个不发达的国家和地区，而2006年我国大中型客车则出口到了118个国家和地区，其中不乏欧洲、美国等发达国家和地区。与此同时，客车产品的出口档次和技术含量也逐年提升，导致客车产品出口单价的逐年上涨。③公路客运发展刺激公路客车需求增加。随着国民经济的发展，我国的公路客运市场也飞速发展起来。据交通部统计，公路客运因其客运量大、速度快、辐射远、成本低、事故少等优势，在民航运输、水路运输、公路运输和铁路运输等主要客运运输方式中占主导地位，2007年公路客运完成的旅客周转量所占比例达到92.04%。随着我国公路里程的大幅度增加，路网结构的明显改善，特别是高速公路的快速发展，我国的公路客运还将有很大的发展空间，大中型公路客车的需求也将因此持续增长。④旅游业的蓬勃发展及"展会经济 "拉动了旅游客车的稳步发展。节假日调整更是给旅游客车带来新的增长点，国务院2007年通过了《职工带薪年休假条例》。条例具体规定了年休假天数，并使职工休假天数增加，从而为广大职工出游创造了条件。这将极大地促进我国旅游业的发展，也将为我国旅游客车的需求带来新的增长点。⑤城市客车将沿着"三高"（高比功率、高可靠性、高舒适性）和"三新"（新技术、新材料、新工艺）的技术方向发展。而面向农村市场的客车品种，将向简单、可靠、安全和柴油化方向发展，且以中小型客车为主。⑥为了平衡利用能源，也为了改善尾气排放，各种城市用燃气客车和电动汽车将进入产业化阶段，并得到推广应用。

四、二手车市场的运行特征

汽车厂商不仅要重视新车的市场营销，还要重视二手车的市场营销，要善于充分运用二手车市场具备的功能，不断为增加新车销售和获取更多的销售环节的利润服务。例如，西方发达国家几乎所有的汽车销售公司及交易市场均同时销售新车和二手车，汽车制造商和流通中间商广泛参与二手车交易。因而，如何充分认识二手车市场的作用，如何有效利用二手车市场增加营销效益，这对于我国的汽车企业来说，基本上是一个全新的课题。

1. 二手车市场的概念

二手车，是指从办理完注册登记手续到达到国家强制报废标准之前进行交易并转移所有权的汽车（包括三轮汽车、低速载货汽车，即原农用运输车，下同）、挂车和摩托车。由此可知，法律意义上的二手车包括各种旧机动车上市交易的前提、条件和对象三层含意，这三层含意完整统一，不可分割。另外，二手车是一个广义代名词，不一定仅仅易主一次，也可能是多次易主，而且即使车辆一天也未使用，但因易主而交易，也称为“二手车”。

二手车市场就是二手车交换关系的总和，包括二手车的供给、二手车的需求、二手车的交易机制等基本内容。当然，二手车市场也包括二手车交易市场，即二手车交易的有形市场（如旧机动车交易中心）。二手车交易市场是指依法设立、为买卖双方提供二手车集中交易和相关服务的场所。二手车经营主体是指经工商行政管理部门依法登记，从事二手车经销、拍卖、经纪、鉴定评估的企业。二手车经营行为是指二手车经销、拍卖、经纪、鉴定评估等。二手车经销是指二手车经销企业收购、销售二手车的经营活动；二手车拍卖是指二手车拍卖企业以公开竞价的形式将二手车转让给最高应价者的经营活动；二手车经纪是指二手车经纪机构以收取佣金为目的，为促成他人交易二手车而从事居间、行纪或者代理等经营活动；二手车鉴定评估是指二手车鉴定评估机构对二手车技术状况及其价值进行鉴定评估的经营活动。二手车直接交易是指二手车所有人不通过经销企业、拍卖企业和经纪机构将车辆直接出售给买方的交易行为。二手车直接交易应当在二手车交易市场进行。

二手车交易环节还包括旧机动车的寄售、代购、代销等业务。所谓寄售，是指卖车方与旧机动车交易中心签订协议，将所售车辆委托中心保管及寻找购车方，中心从中收取一定的场地费、服务费及保管费的一种交易行为。而代购、代销是指无需客户进行直接销售或购买的前提下，交易中心按照客户的要求，代为销售或购置旧机动车的一种经营活动。卖方与买方自行达成一致协议后，共同前往交易中心办理有关交易手续，也应理所当然地视为于法不悖的交易行为。

二手车市场在我国的出现始于20世纪80年代国家改革开放之后。1985年以前，虽然社会对廉价实用的二手车有着广泛的需求，但受当时客观条件限制，二手车交易市场发展始终处于一种低速迟缓状态。1985～1992年，国家经济体制由计划经济向有计划商品经济过渡，二手车交易呈缓慢上升趋势。1992年，中央决定建立社会主义市场经济体制，经济的多元化发展加快，私人购车市场迅速增加，国有企业、事业单位和机关富余车辆大量流动，二手车的交易量大幅增加，二手车交易市场发展迅速。其中一些城市还形成了个别的初具一定规模、功能较为齐全、管理较为先进、在社会上有一定影响的二手车市场（交易场所）。

欧美日等发达国家和地区，二手车交易开展较早，历经的时间较长，交易规模较大，交易过程较为规范,交易网络较为完善,二手车市场表现得较为成熟。例如,从交易数量看,西方发达国家每年的二手车交易数量,常常是新车销售数量的 1 ~3 倍,远远高于我国。

2. 二手车市场的功能

二手车市场在国内外之所以得到很大发展,是由于它具有的特定功能决定的。这些功能包括:

1)二手车市场能够满足买卖双方的需要,方便交易

这种需要是二手车市场产生和发展的根源。从卖方角度看,有的用户如汽车运输经营者,因为汽车使用频率高,业主希望减少维修工作量,减少维修误工损失,希望能够通过二手车市场较方便地将手中的二手车卖出,并购进新车,保证汽车处于良好车况。有的用户如旅游和窗口形象部门,为了维护形象需要,也经常更新汽车,而将仍有使用价值的车辆转入二手车市场。有的消费者为了维护自己的身份地位和形象需要,或者能够享受不同风格汽车的乐趣,需要将手中的二手车更换成新车或自己喜爱的款式,他们都希望能够通过二手车市场方便、快捷、安全地实现自己的愿望。从买方角度看,购买者可能因为暂时经济困难而无力购买新车,或者出于其他考虑(如认为使用频率不高)而不必花大价钱购买新车,他们也都希望能够通过二手车市场方便地买到自己理想的二手车。

2)二手车市场为促进新车销售创造了支撑条件

二手车市场的存在和完善,有利于增加新车销售,让汽车用户的数量扩张。其原理是:假设市场上存在一个新车销售商和甲乙两个消费者,新车的销售价格为 10 万元/辆,消费者甲和乙的年可支配收入(假设可以全部用于汽车消费)分别为 10 万元和 4 万元,都存在汽车的消费偏好,如果车辆年使用折旧率按 20% 计,那么在有、无二手车交易两种情况下的新车销售量是完全不同的(表 6-1)。显然,存在二手车交易行为时汽车销售商两年共销售新车 2 辆,而不存在二手车交易行为时两年共销售新车 1 辆,这就是二手车市场对于新车销售的乘数效应。

二手车市场对于新车销售的乘数效应 表 6-1

		消费者甲	消费者乙
消费者年可支配收入(万元)		10	4
第一年购车分布		购置新车 1 辆	无力购车
第二年购车分布	不存在二手车交易时的新车销售分布	因手中车辆不能交易,故不再购新车	仍无力购车
	存在二手车交易的新车销售分布	淘汰手中二手车,同时再购新车 1 辆	购置二手车 1 辆(8 万元)

上述理论告诉我们,培植汽车市场并不是单一培植新车市场,二手车市场同样应得到充分重视,它是汽车市场的重要组成部分。二手车市场的存在,可以进一步扩张新车市场的规模。由此可见,二手车市场的存在,为汽车制造商增加产销量、全社会保持市场繁荣、汽车工业整体更快发展,都具有重要意义。

在我国的现实条件下,如果二手车市场发展得较为规范,就有可能使我国更多的居民在二手车市场上买到与他们收入档次相适应的车辆。其结果,显然增加了全社会轿车消费者的数量,也有利于高收入者或其他车主更新手中的二手车,促进新车的销售。如果再辅之以多种灵活的促销方式,则有可能加快我国轿车的普及进程。虽然不能说我国的汽车普及只能从二手车开始,但可以预见,规范、高效、可靠的二手车市场可以促进个人购车高潮的早日

到来。这正是我国汽车企业所盼望的，可以说二手车市场是整个汽车工业和汽车市场的重要一环。

3）二手车市场可以促进经济和社会的发展

二手车交易涉及车辆收购、代购代销、销售寄售、鉴定评估、办证过户、租赁拍卖、卖新收旧、以旧换新、美容维修、配件供应、售后服务、信息咨询等一条龙服务，它们的价值链长，可以形成一个新的产业分支。换言之，二手车市场的发展和交易规模的扩大，既可以增加二手车交易企业的经济效益，为国家提供更多的税收，还可以为社会提供很多新的就业机会。

3. 我国二手车市场的特点

从总体上看，我国二手车市场尚处于发展的起步阶段，对二手车市场的认识还不够全面。二手车市场还不完善，其功能和作用未得到充分发挥，尚需要扶植和发展。

近年来，我国二手车市场出现快速增长的良好势头，交易量与交易额均大幅度攀升。我国二手车市场的主要特点有：

（1）二手车市场增速高于新车，与新车销量比例趋于合理。据对全国 255 家重点二手车交易市场的统计，2006 年二手车交易量为 190.59 万辆，同比增长 31.50%，增速超过当年新车销量增速 6.37 个百分点；交易额同比增长 56.6%，高于交易量 25 个百分点。加上其他企业的交易量，预计全国实际二手车交易量约为 270 万辆，二手车交易量与新车销量的比例正在逐步趋于合理。据统计，欧美日等发达国家的二手车交易规模一般为新车销售的1～3 倍。

（2）私人购车占二手车市场的主导地位，轿车成为二手车市场的主流品种。据统计，私家车一般在使用 6～8 年后，普遍要进入二手车市场，我国大约在 2002 年私家车开始大规模进入居民私人消费领域，因此，可以预计，2008～2010 年，我国私家车进入二手车市场的步伐将会明显加快。

（3）二手车市场的交易价格将趋于合理。随着二手车市场的建立和功能的健全，进入二手车市场流通的二手车档次和成新度也将趋于改善，而不是像以前一样几乎都是接近报废的车辆，因此，二手车的价格将更多地由市场规律确定。

（4）二手车市场品牌经营模式正在兴起。随着《二手车流通管理办法》的实施，出现了一大批品牌专卖和二手车经销、拍卖、经纪公司，二手车市场正在由单一的集贸式交易市场向品牌专卖、二手车经销、拍卖、经纪公司等多种服务品牌模式共存的格局转变。同时，不少汽车厂商的销售服务体系相继展开了品牌二手车业务，不仅丰富了二手车品种，增加了消费者的选择，而且发挥了品牌效应，增强了消费者购车的信心。

（5）经济较发达地区二手车增长加快，市场份额显著提高。北京、广东、上海、浙江、山东等地二手车市场发展较快，这些地区的二手车交易量在全国的市场份额较高。

4. 我国二手车市场的问题

1）二手车市场规模小，对国内汽车工业发展未能起到明显的支撑作用

国内二手车市场的年交易量占新车年销售量的比例比发达国家低很多，这与国际二手车市场格格不入。由于国内二手车市场规模太小，二手车市场对新车销售的拉动作用未能充分发挥，从而对国内汽车工业的发展未能起到支撑作用。

2）二手车交易不规范，阻碍了二手车市场的发展

虽然国家近年颁布了一些规范二手车交易和扶植二手车市场的管理法规，但由于人们法制观念淡薄，相关法规在很多地方未能得到有效落实和实施，致使二手车的“场外交易”

和“黑市交易”非常普遍。同时,对从事二手车交易业务的机构的资质认证还没有走向有序。这些不规范行为的存在,严重影响了人们对二手车交易的信心,制约了国内二手车市场的发育发展。

3)现有的二手车交易市场职能不健全,服务功能差

目前国内的二手车市场职能较为单一,有的交易市场仅仅只为经营者提供交易场地,代办车辆过户转籍、工商验证等辅助工作,让买卖双方在场内或场外达成交易后,只提供发票服务。应该说这只是一种完成了二手车交易外围工作的很原始的市场。显然,这样的二手车市场不可能提供高质量的交易服务。

4)二手车市场成交的车辆,缺乏售后服务保障

现在,我国只有新车的售后服务,没有二手车的售后服务。无论是二手车的原制造厂商,还是二手车的卖主,抑或是二手车交易中心均未能履行对二手车购买者的质量承诺,这使得二手车对于购买者的吸引力下降。目前,从二手车交易的实践看,迫切需要解决这一问题。

5)二手车市场缺乏诚信

二手车交易过程中,存在着买方对卖方的不信任。这种不信任主要表现在对车辆事故情况、违规责任、性能、里程真实性的怀疑上。其次是对二手车市场和经纪人所报价格的不信任。二手车市场评估出的二手车价格是收取交易服务费的依据,而不是交易价格的依据。因此,买卖双方对评估价都不信任;而对经纪人,也因其报价水分较大,加之多数人对汽车(特别是对二手车)的价格行情不了解,而对其报价很难信任,甚至产生一定的逆反心理。社会上不少二手车需求者,由于对二手车交易过程中的“诚信”机制信心不足,加之对车辆的机械性能、价格行情知之不多,因此对购买二手车常常是望而却步。而且这种现象目前普遍存在于各个旧机动车交易市场。

6)二手车交易网络不完备,市场开拓能力低下

二手车的交易网络包括交易机构的组织网络、信息网络、物流网络、商流网络等,目前国内的这些网络极不健全,急待发展。如缺乏覆盖较大区域乃至全国市场的大型二手车交易企业或者连锁企业;二手车信息的发布方式虽然有的以电台为主,有的以报纸为主,还有的在电视台做专题宣传,但由于缺乏健全的信息网络导致二手车交易市场信息发布渠道单一,信息容量不够大,二手车交易企业不能充分掌握买主和卖主信息,不能在较大范围内调剂二手车余缺,使得二手车市场的交易效率不高;而二手车物流网络基本处于空白状态等。总之,二手车交易网络的不健全,在一定程度上影响了二手车市场的进一步开拓。

5. 我国二手车交易发展对策

伴随着我国汽车市场总体规模的扩大,二手车市场也将进一步扩大,为了促进二手车市场的健康发展,应采取的主要措施如下:

1)充分认识二手车市场的作用,采取培植和发展二手车市场的积极政策

国家应采取积极有效的措施,培植和发展二手车市场,而不是任其自由发展,待到暴露问题后再去采取措施治理市场。自1998年以来,国家陆续颁布了一些涉及二手车交易的行政法规,对于规范二手车市场起到了一定作用,但总体上看除了应继续完善法规外,对已经颁布的法规抓紧落实乃为迫切所需,例如国家劳动与社会保障部1999年颁布了“旧机动车鉴定估价师国家职业标准”,虽然国内贸易局正在贯彻与实施,并与有关单位合作培训鉴定估价师,但离人们期望的建立一套较为完善的鉴定估价科学制度和运作程序还有一定差距。

2）扶植一批具备综合功能的高水平的二手车交易企业

借鉴发达国家的先进经验，国内贸易局采取积极措施对二手车市场进行培育和建设，先后在直辖市、计划单列城市、省会中心城市等有选择的培育了45家规模较大、设施完善、功能齐全、管理规范的二手车交易中心，并引导它们逐步将市场化的运作方式引入企业。这样的二手车流通企业应对二手车交易起到示范作用，在功能上是综合的，如开展二手车租赁、二手车拍卖、二手车回收、二手车翻修、二手车检测、交易中介、价值评估、行情咨询、信息服务、法律服务、代办手续、二手车物流、经典二手车展示、二手车收藏者互换（宣传汽车文化）等多种业务。在交易方式上逐步发展置换、拍卖等发达国家较为流行的交易方式。

3）改革二手车交易体制，建立健全二手车交易市场网络

改变目前二手车交易的市场体制，不失时机地放开二手车市场，充分借鉴发达国家的经验，让汽车销售商同时销售新车和经营二手车，这非常有利于以旧换新等汽车营销方式在我国的普及，实现中国汽车营销方式与国际通行方式接轨。这对于已经加入WTO后的中国汽车营销业界，全面迎接国际汽车列强的市场竞争具有重要意义。另一方面，二手车交易要积极吸收现代科技成果，尤其是IT产业的发展成果，引入计算机管理二手车交易业务，重视二手车交易网络应用系统的开发研究，实现方便、快捷、大范围的信息交流，为网络经济和数字时代的来临作好最充分的准备。

第七章　汽车产品策略

汽车厂商的市场营销活动,总是要以一定的产品去占领市场。产品是为厂商带来经济收入的营销要素,也是其他营销组合策略的基础。汽车厂商必须合理设计自己的整体产品组合,针对产品在市场上的发展变化,制定和调整相应的营销策略,并特别重视新产品的开发及其营销。

第一节　产品与产品组合

一、产品的概念

现代营销理论认为,产品(Product)既包括营销者的有形实物,也包括无形的信息、知识、版权、实施过程及服务等内容。凡是能够满足消费者的实际需要,并能够让营销者获取经营收益的要素,都可以被认为是产品。

GB/T 19000 标准对产品定义是:“活动或过程的结果”或者“活动或过程本身”。前者指的是有形的实物产品,后者指的是无形的服务产品(包括无形的软件)。汽车产品是指向汽车市场提供的能满足汽车消费者某种欲望和需要的任何事物,它包括汽车的有形产品、服务以及与品牌文化相关的一系列内涵。

市场营销是一个满足用户需要的过程。用户的需要既包括物质方面的需要,又包括心理和精神方面的需要。对汽车产品来讲,用户需要的是汽车能够满足自己运输或交通的需要,以及满足自己心理和精神上的需要,如安全、舒适、方便和身份地位的需要等。此外,汽车用户还希望营销者能够提供优质的服务,如维修方便、快捷、经济、品质保证等。

由此可见,现代市场营销关于产品的概念,是一个包含多层次内容的整体概念,而不是单指具体的有形实物。营销理论将产品的整体概念划分为五个层次(如图7-1),它们是:

(1)实质产品(Core Interest)。是指消费者希望获得的核心利益,它是产品的效用,是产品的本质属性。汽车产品用户的核心利益就是汽车可以满足用户交通和运输的需要以及精神需要。营销人员的任务就是要把产品的核心利益提供给顾客,充

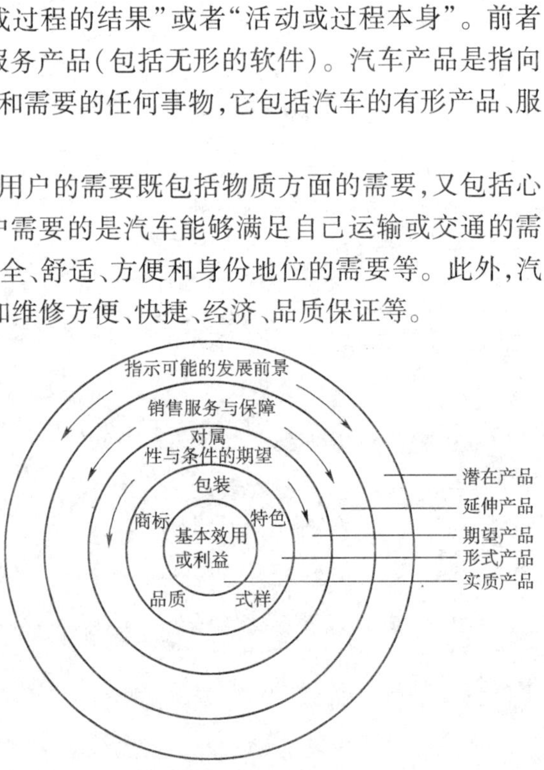

图 7-1　现代市场营销的产品概念

分满足顾客的需要。

(2)形式产品(Main Product)。企业必须将核心利益转化为形式产品(基础产品),即产品的基本形式,它是产品核心利益借以存在的形式和物质载体。用户通过对形式产品的使用或消费,获得产品的效用,达到满足需要的目的。形式产品由产品结构、质量、性能、品牌、特色、式样(或款式)以及包装等方面的内容构成,因为消费者不仅要求产品具有使用价值,还要求产品能够安全可靠地被使用,同时还要求能够获得消费心理上的满足,如消费者对品牌形象、款式和特色的挑选,主要就是追求精神上的满足。

(3)期望产品(Expected Product)。即购买者购买产品时通常希望和默认的一组属性和条件。它主要是消费者购买产品前,基于以往经验和知识而形成的对产品的期望,这种期望是否能够得到满足,将影响用户或消费者的购买决策。所以汽车厂商不能仅仅从实质产品或形式产品出发去进行市场营销,必须完整理解消费者的整体期望。

(4)延伸产品(Additional Product)。是指用户在购买产品时所得到的附加利益,如营销者能够提供信贷、免费送货、调试、质量保证、售后服务等。这些内容看上去与产品无关,但却是消费者购买产品后的现实需求,对充分发挥产品的使用价值具有重要作用。现代市场营销提出了"系统销售"的概念,即销售给用户的不是单纯的形式产品,而是产品系统。"产品系统"就是有形产品与延伸产品的总和。在较为成熟的市场上,由于厂商在形式产品上的实力越来越接近,因此有学者认为,现代市场竞争主要发生在产品的附加层次上。可见,做好延伸产品是促进产品销售的重要举措。

(5)潜在产品(Potential Product)。即目前处于潜在状态(尚未被厂商或消费者充分认知),但以后会衍生为形式产品或延伸产品组成部分的各种要素。它指出了现有产品可能的演变趋势和发展方向。

显然,现代营销学的上述研究成果,对我国的汽车营销者建立正确的产品概念和做好产品策略,是有启示意义的。

产品概念五个层次的关系是,实质产品居于中心地位,其他层次围绕实质产品而展开。汽车厂商必须始终以实质产品为核心,以充分满足消费者对产品功能需要和心理需要为导向,不断开展形式产品和延伸产品的创新,影响消费者对产品的期望,充分研究潜在产品,率先将潜在产品转化为形式产品或延伸产品,以便占领市场先机,提高顾客满意率。

二、产品组合概念

产品组合(Product Mix),是指一个企业生产经营的全部产品的结构,即各种不同类型的产品之间质的联系和量的比例。汽车产品组合则是指一个汽车厂商生产和销售的所有汽车产品线和汽车产品品种的组合方式,也即是全部汽车产品的结构。它由若干产品线(亦称产品大类)组成的,每个产品线又包括若干产品项目。

产品线(Product Line)是指一组密切相关,相类似的产品。这些产品能满足某种同类需要;或者需要相同的生产条件;或者必须在一起使用;或者卖给相同的顾客群;或者采取相同的销售渠道和促销方式,但这些产品的品牌、规格、款式和档次不同。换言之,汽车产品线即指车型系列。

产品项目(Product Item)是指产品线中不同品种、规格、质量和价格的特定产品。

在汽车营销中,通常采用产品组合的宽度、深度、长度和关联性四个参数来描述一个企业的产品组合:①产品组合的宽度(Width),是指产品组合中所包括的产品线的数目,即经营多少产品大类。②产品组合的深度(Depth),是指一条产品线中所包括的产品项目的多少。③产品组合的长度(Length),是指产品组合中包括的所有产品项目的总数,即企业产品深度的总和。④产品组合的相关性(Correlation),是指各条产品线在最终用途、生产条件、分销渠道或其他方面相互关联的程度。图 7-2 示意的就是关于产品组合的前三个变数的概念。例如,某汽车公司拥有卡车、客车、轿车 3 条产品线,分别有 2 种、4 种、6 种型号,那么这个公司的产品线数目即产品组合的宽度是 3;卡车、客车、轿车产品线的深度分别是 2,4,6;该公司产品组合的长度是 12;这三条产品线关联程度较密切。

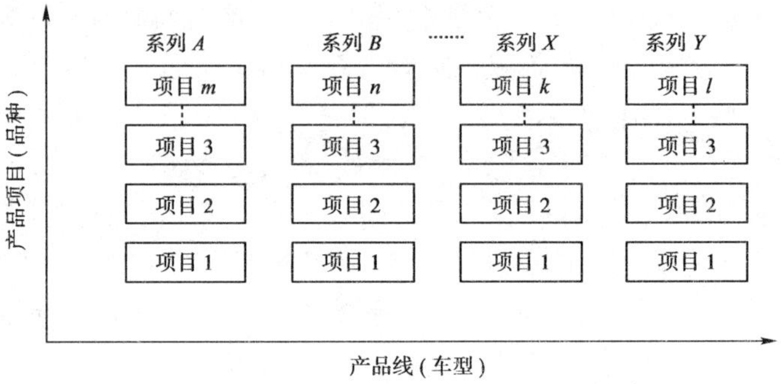

图 7-2　产品组合概念

企业在对其所有的产品项目、产品线进行销售额、利润等方面的统计和比较的基础上,应当按照企业总体发展战略的要求适时对产品组合进行调整以保持企业的持续盈利能力。

汽车产品组合决策是指根据企业目标对汽车产品组合的长度、广度、深度和相关性做出合理安排。它主要受企业所拥有的资源条件、市场基本情况和竞争条件等三方面的限制。

汽车产品组合决策对企业的市场营销有着重要意义:增加产品组合宽度(如车型系列多),扩大经营范围,可减少单一车型的经营风险;增加产品组合的长度或深度(品种多),可使产品线丰满,同时给每种产品增加更多的变化因素,有利于企业细分市场,提高产品的市场占有率和用户满足率。在市场竞争激烈的情况下,增加产品深度是提高市场竞争效率有效方法。因此,汽车厂商要做好产品组合决策,以谋求企业更大的发展空间。

产品组合决策一般应参照以下策略:

(1)产品项目(品种)发展策略。企业如果增加产品品种可增加利润,那就表明产品线太短,如果减少品种可增加利润,那就表示产品线太长。产品线长度以多少为宜,则主要取决于企业的经营目标。目前我国汽车市场已经进入买方市场,汽车厂商有增加产品线长度、不断丰富产品品种的趋势。产品项目的调整是企业市场营销经常面临的决策,汽车营销者必须经常根据汽车市场的变化,分析各品种的销售增长率和利润率,以确定各产品项目的获利能力,决定该增加或减少哪些项目的生产与投放,从而保证市场营销取得最大的经营成果。

(2)产品线(车型系列)发展策略。企业产品系列的发展受到各种因素的制约。这些因素主要有:①其他企业的产品系列。即其他企业是否有相同系列的汽车产品,如有,这些产品的水平如何,市场上是否畅销,需求规模有多大等,这些问题的答案将影响到本企业的产品线发展;②本企业的经营战略如何;③本企业的产品开发能力以及产品线形成生产能力所需的资金条件等。企业至少对上述问题调查摸底后,才能制订科学的产品发展规划和计划。所以产品线发展策略实际上是一个做好企业新产品开发决策的问题。

第二节 形式产品策略

实质产品必须通过一定的产品形式去表现,譬如产品的结构设计、质量性能、特色特征、品牌商标甚至外观包装等。本节重点对汽车产品的质量、外观设计、品牌这些比较重要的形式产品要素进行研究。

一、汽车产品的质量策略

产品质量(Product Quality)直接关系到产品的可靠使用,是汽车用户非常看重的因素,也是产品竞争力的重要源泉。良好的质量对汽车厂商赢得信誉、树立形象、占领市场和增加收益,都具有决定性意义。

1. 质量的概念

质量也称为品质,现代市场营销对质量的理解不仅包括产品本身质量,还包括产品质量形成全过程各个环节的质量,也就是全面质量(Total Quality)的概念。GB/T 6583.92 对质量定义为"反映产品或服务满足明确或隐含需要能力的特征和特性的总和"。该定义表明,质量就是满足顾客需要的能力。它包括以下几层含义:①"需要"既可以是明确规定的(如以合同、标准、规范、图样、技术要求以及其他形式做出的顾客对售卖者的质量保证要求);也可以是隐含的人们对产品或服务的期望,以及人们公认的、不必做出明确规定的需要。②强调顾客的需要是随时间的推移不断深化的,汽车厂商应定期修改规范以适应顾客不断发展的质量需要。③顾客的需要必须由汽车厂商转化为有规定指标的产品质量特性,如使用性能、可靠性、维修性、安全性、舒适性、经济性等。对服务质量来说,主要包括售前、售中和售后服务中的功能性、经济性、安全性、时间性、舒适性和文明性等。④"满足"不仅是指满足顾客的需要,还必须满足社会的需要,即产品或服务要符合法律、法令、法规、安全、环境和资源保护等方面的要求(通常是隐含需要),符合社会公众的利益。

2. 质量的构成体系

在汽车厂商的生产经营活动中,全面质量的构成体系包括:①产品质量。是指产品在顾客实际使用过程中成功地满足需要的能力。②工序质量。是指生产工序能成功地制造出符合设计质量标准和工艺要求的能力。③工作质量。是指汽车厂商经营各环节的工作对确保经营方针和目标如期实现的能力。④全员质量。是指汽车厂商内各类人员在生产经营过程中能成功地满足工作质量要求的能力,突出人的因素(如人员的质量意识和知识、人员的文化素质和能力素质等)。

上述几项质量的关系不是孤立存在的,而是有机联系的,它们构成了汽车厂商的质量保证体系,如图 7-3 所示。

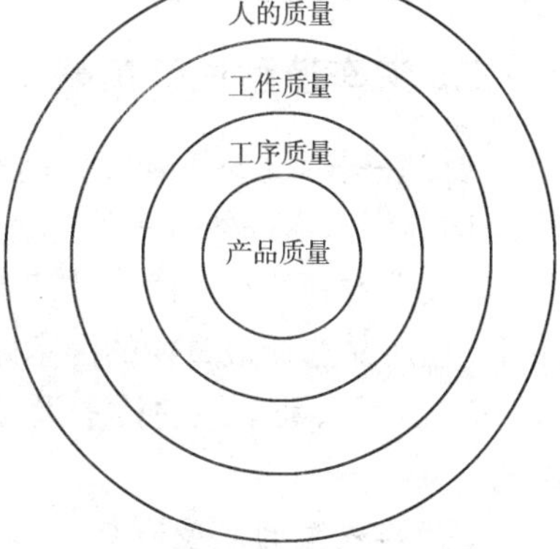

图 7-3 汽车厂商的全面质量体系

从图 7-3 可以看出:①产品质量是汽车厂商质量工作的核心,其他各项质量工作都要围绕这个核心来进行。②产品质量是汽车厂商各项工作质量的综合反映,其他各项工作质量是产品质量形成的保证。③各项工作质量从外层向内层逐层渗透。决定产品质量的关键是人的因素。④汽车厂商的质量工作是以产品质量为中心的动态工作体系，推动汽车厂商质量工作不断进步的是以质量责任领导者为首的各级组织。

3. 汽车产品的质量策略

质量是汽车厂商营销组合（4P's）中产品策略的重要内容，汽车厂商对产品质量的决策需要将其纳入企业营销组合的整体决策之内，进行统筹考虑，孤立地对质量水平进行决策是不恰当的。一般来说，汽车厂商对其产品质量水平的定位，应当以能够让顾客满意和产品在市场上具有一定竞争力为前提。因此，质量水平的定位不宜太低或太高。定位过低，产品形成不了竞争能力，消费者抱怨很多，企业售后服务成本增加，也会损害企业形象；定位过高，又将导致生产过程中的质量成本太高，增加企业的资金压力。

质量策略系是指汽车厂商确定怎样的产品质量水平。因此，企业制定质量策略就是企业根据目标市场的质量要求、竞争产品的质量水平、企业产品市场定位战略、产品价格等因素，对企业产品质量水平进行定位的过程。质量策略通常包括 2 种类型：①高质量策略。指企业将其产品质量水平定位较高，甚至处于行业领先地位，依靠产品的高质量获得经营成功。一般情况下，这种策略适合高端产品，其基本特征是产品质量水平高，产品形象好，产品售价高，用户的消费能力强；②满意质量策略。指企业将其产品质量水平定位在一个自己满意（质量成本不高）、用户可以接受（质量能够保证产品的正常使用）的合适水平上，企业主要不依靠质量取胜，而是依靠成本和价格因素立足于市场。这种策略比较适合中低端产品，依靠低成本争取中低端客户市场。其质量水平与这个行业的平均质量水平密切相关。

由于汽车产品（尤其轿车）的用户层次多样，消费能力各不相同，汽车厂商可以根据产品市场定位去进行质量决策。现实生活中，很多汽车厂商坚持高质量策略或者满意质量策略，均取得了经营成功。例如，德国奔驰汽车公司对其 S 系列的轿车就定位于高端产品，其质量水平就较高。为了让产品质量过硬，奔驰公司对每个制造细节都很有考究。如对汽车座椅，奔驰公司专门从新西兰进口羊毛纺织面料，羊毛粗细必须在 23 ~ 25μm 之间，纺织时还要掺入从中国进口的真丝和从印度进口的羊绒。其牛皮面料只采用德国南部地区的公牛牛皮，为防止牛皮出现寄生虫，奔驰公司要求供应点在饲养过程中，必须保持公牛的良好卫生状况。在面料制作、染色等每个环节都有专门的技术人员负责。座椅做成后，还要用红外线照射器把皮椅熨平。奔驰公司如此严格的质量过程，可谓不惜工本，但它为奔驰公司赢得了产品“经久耐用”、“名贵优质”、“至尊豪华”的形象，这就是奔驰公司的经营秘诀。若以销售量论，奔驰公司在世界汽车厂商中并不突出，但“奔驰”品牌的价值却能够在世界知名品牌中名列前茅，令其他汽车厂商望其项背。

二、汽车造型设计策略

汽车造型（Car Styling），又被称为汽车车身造型或汽车外型，是由形状、线条、曲面、色彩、空间等要素形成的汽车外部总体。汽车造型是汽车产品形式最直观的部分，是消费者认识汽车最先看到的有形内容。调查表明，消费者非常看重汽车的造型，汽车造型是影响消费者对具体产品选择最重要的因素之一。因此，从汽车营销角度看，汽车造型不只是单纯的艺术创造，也不只是单纯的技术设计，它是满足消费者审美需要和令消费者产生精神愉悦的要素。

1. 汽车造型的发展演变

历史上，汽车造型大体经历了马车型、方箱型、流线型、三厢型、梯型和现代流线型等几个发展阶段或造型形式的变化。

1)马车型

从汽车诞生,直到19世纪末期,汽车只是装上了动力的马车。此时的汽车,外形酷似马车,人们还没有汽车造型的概念,车身最多只是简单装备了开敞的车顶,以遮阳避雨。

2)方箱型

由于马车型的汽车,发动机装在座椅下面,维修起来很不方便,于是便将发动机移到汽车的前部,这一变化也正好将汽车分成了车头和乘员舱(或载货舱)两个部分。随着车速的提高,马车造型难以满足遮风挡雨的要求,于是就用平板将乘员舱密封起来,这样车身就像一个带窗户的箱子,从而形成方箱造型。

从20世纪初期至20世纪30年代,是方箱型的流行时期,其代表性产品如福特的T型车。方箱型汽车,车身内部空间大,座椅比较宽敞,现在的客车总体上依然沿用了方箱造型,不过车身的棱角部分都变为圆弧状了。

3)流线型

随着车速的进一步提高,空气阻力越来越大,人们开始关注汽车的空气动力学问题。研究表明,空气阻力与汽车外部形状密切相关,为了降低汽车的形状阻力,人们发明了流线型车身。1934年,克莱斯勒公司率先推出"气流"牌流线型汽车。但由于这种造型超越了当时消费者的欣赏能力,在推向市场后,销售并不是太好。到了二次战争前后,以大众汽车公司"甲壳虫"为代表的流线型汽车才被大量生产,并使流线型成为那时汽车的主要造型。从世界范围看,流线型造型主要流行于20世纪30~50年代,当然个别流线型汽车的生产一直持续到20世纪80年代。

4)三厢型

流线型汽车被长期使用,人们产生了审美疲劳,感觉它缺乏阳刚之气。到了20世纪60年代,以流线型为基础,吸收方箱型的优点,以直线平面为主要造型元素,创造出三厢型汽车。这种造型以大平面为主,平面接合部采用小圆弧过渡,具有刚劲挺拔、朴实大方、轮廓鲜明、工艺性好等特点。三厢型汽车刚劲而略带柔性,既不像方箱型那样生硬和单调,也不像流线型那样软绵无力,成为20世纪60年代的流行造型。

早期的三厢型汽车,其前部的发动机舱与尾部的行李舱几乎等长,车身前后呈对称结构。这种布置形式,车身较长,汽车的机动性不好,重心难以降低(为保证上下坡离地间隙),人们开始缩短汽车的尾部尺寸,这样就演变成短尾部的三厢造型。但尾部缩短后,行李舱又变小,于是干脆将乘员舱直接向后延伸,将两舱合一,增加行李舱容积,这样就产生了两厢造型。这种造型变化,使得三厢和两厢汽车的消费者群体也出现了分化,三厢型汽车比较适合中高级汽车,满足公务、商务需求,展现平稳、大气、正统的产品特色;而两厢型汽车则比较适合普及型汽车,满足普通消费者的需求,展现方便、灵活、实用的产品特色。这使得三厢和两厢造型成为后来长期共存的两种基本的汽车造型。

5)梯型

20世纪70年代后,由于当时的三厢(两厢)汽车,整体上看上去仍然过于"方方正正",刚性有余,柔性不足,感觉不够"亲切",人们开始追求更轻巧、更简洁、更明快、更富生气的新造型,于是出现了梯形造型(如普通桑塔纳轿车)。这种造型,保留了三厢(两厢)造型的基本布置形式,仍采用直线、平面为基本造型元素,不过所采用的平面不再是大平面,而是相当数量的梯形小平面,并将近乎水平的直线改为斜线。这样的造型,从正面和侧面看都像两个相扣的梯形。其中,上梯形的高度高,形状为上小下大,平行边的长度相差较大;下梯形的高度小,形状为上大下小的倒立梯形。在面的交汇处,仍采用众多的小圆角、小曲线、小曲面过渡。从整体上看,汽车既轮廓明确、肯定,又不失柔和、亲切,稳定感、轻巧感都很好,造型的艺术感染力强。

6)现代流线型

20世纪90年代后,人们在梯形造型的基础上,广泛采取大曲面替代所有的平面,各个大曲面之间运用弧形更大的小曲面连接和过渡。从侧面看,轿车车顶上部通过一条曲线连接到尾部,上梯形的后斜边改为一条圆滑过渡的曲线。这就是当代汽车的主流造型。这种造型融合了以前各种造型的优点,具有空气阻力小,运动感、轻快感强烈,刚柔相济的特点。

目前,有的汽车还采取将乘员舱上部的车顶,通过一个曲面向前延伸,将发动机舱和乘员舱连贯成一体,这样发动机舱、乘员舱甚至行李舱都可以合在一个厢内,从而产生了单厢轿车,如雷诺的风景和雪铁龙的毕加索轿车。

在商务客车(面包车)方面,运用"长弧曲线"等造型元素,推出的多用途车(Multi Purpose Vehicle,简称为MPV),其前部的造型酷似子弹头,因此,我国俗称为"子弹头型"汽车,而国外则将其称为"蛋形造型"。这种造型表现出线条流畅、动感性强的未来主义艺术倾向,具有鲜明的时代气息和时尚风格。当今,客车、城市公共汽车甚至高速火车,也都广泛借鉴子弹头造型。在载货汽车造型方面,也开始被设计师关注,推出的厢式货车,其造型在整体上看起来就象客车。

综上所述,汽车科技进步、空间合理利用、社会审美文化,是驱动汽车造型演进的三大因素。汽车造型的每次变化,都是三者综合作用的结果;而每种成功的造型,又代表着一个时代至少是那几年的风尚。如今,由于各国相互学习和借鉴,汽车造型的国别差异逐渐缩小,表现出风格的国际化。当然,各汽车厂商也在努力实现造型创新,以期获得市场竞争的主动地位。

2. 汽车造型设计策略

汽车造型设计策略系指在一定的营销理念指导下,从营销角度对汽车造型设计所进行的各项决策。汽车造型设计策略的基本内容有以下几方面。

1)坚持功能价值与社会文化的协调统一

汽车车身可以有效容纳旅客或货物,保护运送对象免受风沙雨雪的自然侵袭或侵害,保护车上人员在汽车行驶或发生事故时的人身安全,好的造型还可以减少汽车的空气阻力,减少无谓的能源消耗,节约汽车的燃油成本,这些都是汽车车身的实用功能。以实用功能为造型设计的工作导向,从文化角度讲就属于功能文化范畴。但是,任何物质产品也是一种社会文化符号,是社会文化的载体,凝聚着人类的精神价值指向。汽车产品当然也不例外,其车身造型必然体现一个时代的社会主流审美价值观,也要与目标市场消费者的文化时尚保持一致。可以说,汽车造型表现和传达的是汽车的功能价值与社会文化的融合,当二者融合较好时,便会产生成功的经典造型,在展现汽车造型之美的同时,实现营销上的成功。坚持功能价值与社会文化的协调统一,应该成为指导汽车造型设计的根本思想,是造型设计应首先遵循的基本理念。现代汽车造型体现了科学技术、社会生活、文化观念、消费心理、审美情趣等因素的有机融合与统一。

需要说明的是,当产品的功能文化与社会文化不相融合时(例如上述的"气流"牌流线型汽车),随着人们对产品功能价值认识的深化,功能文化就会逐步影响和改变社会文化。

2）注重汽车造型的不断创新，创造产品特色

尽管汽车造型历经了上述6个发展阶段或者6种基本造型，但在每个阶段或基本形式内，不同厂商的汽车造型也存在千差万别，而且这种差异很容易被消费者感知。汽车厂商的汽车造型，究竟具有怎样的特点，从企业内部来讲主要取决于厂商对汽车造型的认识态度、车身制造设备、车身造型设计能力和企业对产品的市场定位等因素，从技术角度讲主要取决于汽车的总体尺寸、结构布置形式、空气动力学、人体工程学等因素，从外部环境讲主要取决于社会文化、目标市场的审美取向、竞争产品的造型等因素。

汽车造型在很大程度上影响着消费者对汽车产品的印象和兴趣。如果造型具有鲜明特色，往往会吸引消费者的眼球，增添市场人气，激发消费者的购买欲望，提高消费者的选择偏好，从而有利于市场销售；反之，如果造型没有特色，或者长期保持外形不变，即使产品的内在质量提高，也不易被消费者感知，市场销量不会明显增长。因此，汽车厂商必须充分重视汽车造型设计策略的研究，在激烈的市场竞争中，适时推出富有个性特色的造型，引领汽车消费时尚。

需要说明的是，造型创新只是汽车厂商为其产品增添特色的手段之一。产品特色是指产品功能之外的附加利益，它是与竞争者产品相区别的有效方法，也是市场竞争的有效武器。因此，汽车厂商可根据目标用户的需要特点，创造各种各样的产品特色，了解用户对这些特色的感受价值，做好产品特色的定价和营销，以便获得更大的经济效益。

三、汽车产品的品牌策略

品牌（Brand）是形式产品整体概念的重要组成部分，其作用对于营销者和消费者都是不可或缺的，了解品牌的完整含义及其性质作用，掌握制定和实施品牌策略的原理和方法，十分有利于汽车厂商的市场营销。

（一）品牌的概念及其构成要素

1. 品牌的概念

品牌是一个复杂概念。简单地讲，品牌是用以识别生产经营者的产品或服务，并使之与竞争者的产品或服务区别开来的商业名称及其标识，即生产经营者对自己的产品或服务所取的商业名称等。

2. 品牌的构成要素

品牌的构成体系是一个复杂系统。品牌的有形部分包括品牌名称、品牌标识、商标等，其无形部分包括品牌属性、品牌利益、品牌价值、品牌文化、品牌个性、品牌联想、品牌形象、品牌认同、品牌知名度、品牌美誉度、品牌忠诚度、品牌资产等。

1）品牌名称（Brand Name）

系指品牌中可以用语言称呼的部分，包括中文名称和外文名称（通常为英语），如奥迪（Audi）、奔驰（Mercedes Benz）、丰田（Toyota）、别克（Buick）、东风（DFM）等。

2）品牌标识（Brand Identity）

又称为品牌视觉标识，系指品牌中可以被认识、易于记忆但不能用语言称呼的部分，即品牌的视觉形象标志，通常由文字、标记、符号、图案和颜色等要素组成，如奥迪车的品牌标识是4个相连的圆圈，奔驰的品牌标识是一个汽车方向盘图案。

3）商标（Trademark）

商标系指品牌名称和品牌标识经依法注册，成为受法律保护、具有专用权的品牌视觉系

统。它主要出现在商品的外表或者包装上,便于消费者识别,本质上属于品牌的一部分。

商标是一个法律概念,其法律作用主要表现在:①通过商标专用权的确立、转让、争议、仲裁等法律程序,保护商标所有者的合法权益。未经商标所有者允许,任何人不得使用他人商标。否则就是商标侵权,为法律所不许。所以商标可以起到维护公平竞争的作用。②促使生产经营者保证商品质量,维护商标信誉。③商标掌握在企业手中,是企业的工业产权,不管使用与否,商标总是有价值的,因为至少在商标的申请注册、维护管理等环节上,商标所有者已经为它花费了一定的成本。当然,商标转让(贴牌)的价格不取决于这种商标的直接费用,而取决于被转让者可能获得的新增收益,其背后的支撑因素是品牌的资产价值。

相对商标而言,品牌是一个市场概念,它属于消费者。也就是说,品牌需要市场接受和消费者认可后才具有资产价值。品牌资产不是银行存款,如果消费者对品牌的信心下降,那么品牌资产就会减少。或者品牌不被使用,就没有资产价值。品牌的内涵也不像商标那样简单,品牌除可视部分外,还包括丰富多彩的无形内容,所以品牌是一个复杂的综合系统。

目前,国际上对商标权的认定有两种方式,一种采用注册在先的原则,如中国、德国、法国等大陆法系国家;另一种采用使用在先的原则,如英国、美国、加拿大、澳大利亚等英美法系国家。但著名商标的认定,一般采取注册权超越优先申请的原则,例如被某个国家认定的著名商标,即使在其他国家没有注册,它也受《保护工业产权巴黎公约》的保护,所以著名商标的专用权是自动跨越国界的。

4)品牌属性与品牌利益

品牌属性系指品牌所代表的特定产品属性,如著名汽车品牌就是产品信誉好、价值高、高贵耐用等产品属性的象征或代名词,久负盛名的品牌就是优质质量的保证。

品牌利益系指品牌所代表的特定利益,即顾客通过消费特定的品牌产品,品牌属性转化给消费者的特定利益,包括基本利益和附加利益。基本利益为产品的基本使用价值,附加利益是使用价值以外的利益,如著名品牌可以让消费者获得更可靠、更安全、更放心、更有品位等心理上的满足。事实上,品牌就是一种承诺、契约和保证,放心就是品牌带给消费者的最大附加利益。品牌利益是消费者购买品牌产品愿意额外增加支付的基础。

5)品牌价值、品牌文化与品牌个性

品牌价值系指品牌经营者所奉行的,并能够引起目标消费者共鸣的价值观。它是品牌的精髓,并能够覆盖或延伸至多个产品。例如 VOLVO 汽车长期都是奉行"安全以人为本"的核心价值观。

品牌文化系指品牌所蕴藏的特定文化底蕴。品牌文化虽然与品牌经营者所处国度的社会文化和民族文化有关,但更主要还是蕴含品牌经营者的企业文化,如企业的经营理念、社会责任感、价值取向、创新能力和综合竞争实力等。品牌,就其实质而言,它代表着销售者对其产品特征、利益和服务的承诺。

品牌个性就是要让消费者能够将不同的品牌及其产品进行区别。每个品牌都有自己的个性。建立品牌个性,不能仅仅在产品层次上做到外观上具有差异,而应在品牌价值和品牌文化上做到让消费者在心目中留下鲜明印象,即品牌个性着力建立消费者的心理差异。

现实生活中,汽车营销者常常只注重品牌的属性(产品功能),这种忽视品牌其他要素的做法,往往不能培植品牌忠诚。一旦有功能更好的产品,消费者就会选择离开,使得厂商苦心经营的品牌价值丧失殆尽。其实,品牌价值、品牌文化和品牌个性才是品牌最持久的意义,品牌有了这些内涵,品牌力就存在,即使出现功能更好的产品,只要厂商及时改进产品,消费者就不会过分流失。

6）品牌定位、品牌联想

品牌定位就是在准确地寻找企业所服务的消费者的基础上，将企业的品牌属性、品牌价值、品牌文化和品牌个性，准确地传达给目标受众，使其具有鲜明印象。品牌定位的主要手段就是要做好品牌传播。

品牌联想就是社会公众在任何时间和地点，以任何方式接触品牌后所产生的各种想象，包括对品牌属性、品牌利益、品牌价值、品牌个性的记忆和想象，尤其要让目标消费者联想到自己就是品牌最合适的用户。

7）品牌认同、品牌形象

品牌认同就是品牌经营者对品牌的各种有形或无形构成要素的设定，它反映的是品牌经营者的一种期待。品牌经营者总是期待自己的品牌设定，能够得到目标消费者群体的认同。

品牌形象是品牌认同经传播后，被消费者所认知的品牌印象，即消费者对品牌的印象和看法。品牌形象反映的是品牌给消费者的综合感觉。如果说，品牌认同是企业设定的"内因"，那么品牌形象则是消费者自然而然得到的"结果"。

8）品牌知名度、品牌美誉度

品牌知名度反映的是品牌在市场上被消费者"知晓"的程度，知道的消费者人数越多，品牌的知名度就越高。品牌美誉度却是品牌在市场上被消费者受赞誉的程度，持赞誉和肯定态度的消费者人数越多，品牌的美誉度就越高。知名度高，未必就会产生美誉度也高，如重大恶性事件，可能会增加厂商和品牌的知名度，但却丝毫不能增加美誉度。

需要说明的是，品牌经营并不等于就是造就名牌。名牌只是一种知名度很高的品牌，其美誉度可能高，也可能不高。品牌经营应致力于造就知名度和美誉度都很高的品牌。其实，"名牌"一词的出现，是我国在特定市场环境下产生的特定名词，是一种俗称，从严格意义上来讲是不准确、不科学的。

9）品牌忠诚度、品牌资产

品牌忠诚度系指消费者对品牌的忠诚态度和忠诚行为，忠诚的顾客人数越多，品牌忠诚度就越高。价差效应（消费者愿意增加额外开支去购买品牌产品）和消费者再次购买，是品牌是否具有忠诚度的试金石。

品牌资产系指品牌能够为企业带来经济收益的能力。品牌知名度高，美誉度好，忠诚顾客人数多，品牌的资产价值就越高。这样的品牌就成为企业的资产要素，是企业重要的无形资产和知识产权。品牌资产是各种品牌要素的综合市场表现，品牌资产价值的大小取决于它能够为经营者带来多大的收益，包括市场占有率增加和价差效应所产生的经济收益等。

3. 品牌的类别

1）按功能区别的品牌类型

品牌按其功能不同，可以划分为主品牌、副品牌和背书品牌等。

主品牌（Main Brand），是企业产品的总品牌。它所代表的价值正是影响消费者购买决策的主要核心要素。如"丰田皇冠"、"丰田花冠"中的"丰田"就是主品牌。

副品牌（Side-brand），是用以区分在品牌系统中产品线某个部分的辅助品牌，如上述品牌名称中的"皇冠"、"花冠"就是副品牌。

背书品牌（Endorsement Brand）：也叫企业品牌，系指品牌产品的生产企业。背书品牌实质上是在向消费者宣称,品牌产品的背后是一个富有能力和有责任的企业,它一定会保证品牌产品的功能。

品牌背书者(Brand Endorser):品牌背书者是人而不是企业,这个人可以是企业家,也可以是产品的形象代言人。与背书品牌一样,品牌背书者也是一种担保。

2)按所有者类型区别的品牌类型

品牌按其所有者不同,可以划分为制造商品牌、中间商品牌和服务商品牌(服务标记)等。

制造商品牌,也称为全国性品牌,这种品牌在产品从制造商到中间商,再到消费者的整个流通过程中都不发生变化。品牌归属于制造商。

中间商品牌,也称为商业品牌或自有品牌,这种品牌是商业组织(如批发商、零售商等中间商)将商品进行重新组合或包装,重新命名或贴上自己的商标后形成的品牌。

服务品牌,也称为服务标记,指服务商(如配件商、维修商)自己的品牌,通常以服务商的企业商号命名,并设计相应的标识。其目的与产品品牌一样,用以区别不同服务商的服务差别。

汽车市场上,汽车产品品牌一般是制造商品牌,它在汽车整个流通过程中均不发生改变。而汽车经销商和其他服务商一般都有自己的服务标记。

(二)品牌的性质与作用

品牌,对消费者而言,代表的是全部消费体验;对企业而言,它是一份财富。品牌的作用体现在:

(1)品牌是企业与消费者之间的一份无形契约,是对消费者的一种保证,有品牌与无品牌的产品相比,消费者更多地信赖有品牌的产品,容易对品牌产品形成消费偏好。

(2)品牌是消费者选择商品的依据,消费者曾经在一棵品牌树上摘到一个甜果子,他就有信心相信另一个果子也是甜的。这种消费经验的积累与运用,无论对消费者还是厂商都是富有积极意义的。

(3)品牌是规避单纯价格竞争的一种手段。企业通过品牌经营,增加品牌附加价值,提高品牌忠诚度,消费者自愿多付出一点额外开支购买品牌产品,就是企业摆脱单纯价格竞争的法宝。

(4)品牌有利于企业实现利润最大化。如企业推出新产品,常常可以借助原品牌的无形力量,提升新产品的价值和形象。

(5)品牌有利于厂商建立稳定的用户群,树立产品形象和企业形象。

(三)品牌策略

品牌策略的内容比较广泛,正确运用品牌策略需要较高的经营艺术,汽车营销者应充分重视品牌策略的研究和应用。

1. 品牌有形设计策略

品牌有形设计策略就是对品牌的有形部分进行设计的策略,包括对品牌名称的命名和对品牌标记的设计。一般应当遵循这样一些原则和要求:①简洁醒目,易记易读;②构思巧妙,暗示精髓;③富有内涵,情意浓重;④个性鲜明,实现超越。

品牌有形设计必须遵守有关法律规定,如我国禁止使用政治人物的姓名对产品命名,也禁止使用国旗、国徽图案作为品牌标识或商标。

品牌设计还要符合目标市场的社会文化，尤其在产品出口时，必须要研究出口产品的品牌。如东风汽车公司出口品牌为“风神”（AEOLUS），不可将“东风”直译为“东边的风”，因为对多数欧洲国家而言，他们不喜欢从东边西伯利亚吹来的冷风，更欢迎来自西边大西洋的暖风。又如通用公司在向墨西哥出口一款汽车时，曾取名为“雪佛莱诺瓦”，结果销路极差。原因就在于“诺瓦”的发音就是“走不动”的意思。而福特公司推出的“艾特塞尔”汽车与一种镇咳药发音相似，销路也不好。美国一家生产救护车的公司将其公司名缩写为“AIDS”，销售一直很好，但自从艾滋病（AIDS）流行以后，生意就一落千丈。

汽车厂商的品牌设计，可谓五彩缤纷，令人目不暇接。有的以名山地理命名（如太脱拉），有的以人物及其物品命名（如福特、皇冠），有的以时代特征命名（如解放、东风），有的以产品属性命名（如货运之星），还有的以美好祝愿或寓意命名（如桑塔纳）等。总之，品牌设计要有利于产品在目标市场上树立美好形象，集科学性和艺术性于一体。

当今的汽车品牌，特别是著名品牌，沉淀了汽车人对事业的执着追求和奋斗历程，凝聚着汽车人对经营的价值理解和过人智慧；代表了产品的功能与品质保证，蕴含着企业的精神与社会责任；彰显了消费者的个性、身份与追求，也昭示着生产者的特色、地位与辉煌；展现了产品的时尚与艳丽，也标志着高超理智和审美素养。魅力百年的汽车品牌，镌刻了汽车技术与社会文化的融合，触发人们对企业及其产品的美好联想，启迪人们对未来汽车的思考和期许，精妙绝伦地展示了光辉灿烂的汽车品牌文化。

2. *品牌运用策略*

汽车厂商往往具有多个产品线，面对自己众多的产品项目，究竟是使用统一品牌，还是使用个别品牌，这是品牌运用最基本的决策。

一般而言，使用统一品牌，即对所有产品使用同一品牌，有利于企业推出新产品，不必为新产品进行品牌设计，也可以节约新产品的市场推广费用，用好著名品牌可以起到一荣俱荣的效果。但是，这种策略也存在一损俱损的风险，即任何一种产品的失败都有可能导致整个品牌的失败。使用个别品牌策略，即对各种产品分别使用不同的品牌，其优缺点则正好相反。

现实生活中，汽车厂商广泛采取的品牌策略是“主品牌 + 副品牌”的策略，如“本田 · 雅阁、本田 · 思迪、本田 · 飞度、本田 · 思域、本田 · CRV”等，其中“本田”是主品牌，以商标形式出现在汽车的显要部位；而“雅阁、思迪、飞度、思域、CRV”则属于副品牌，通常以文字形式出现在汽车的次显要部位，它代表的是不同的产品线或者特定的消费者群体。甚至在副品牌中再进一步细分，如“桑塔纳、桑塔纳2000、桑塔纳3000”，以体现不同时代的产品变化，让消费者感受到产品的技术进步。

汽车厂商的主品牌设计，既可以用厂商的企业商号（公司名称）命名，也可以不用企业商号命名。如丰田、本田、大众、日产、福特、奔驰等，既是汽车厂商的公司名称，也是产品的品牌名称。而奔驰公司的迈巴赫（Maybach），通用公司的别克（Buick）、凯迪拉克（Cadillac）、雪佛兰（Chevrolet），大众公司的奥迪（Audi）、斯柯达（Skoda）等，都是与企业商号不同的主品牌名称。每个主品牌通常代表一个独立的子公司。同一个汽车厂商主品牌不同的产品，通常市场定位差别较大，如丰田公司的“雷克萨斯（凌志，Lexus）”就是定位于豪华轿车市场的主品牌，其消费者群体完全不同于丰田（Toyota）品牌的消费者。

“主品牌 + 副品牌”的策略模式，使得企业在产品线较多的情况下，既可以享受统一品牌的好处，又可以克服“一损俱损”的品牌风险，即使某个副品牌做得不够好，也不会造成整个主品牌的严重伤害。

汽车厂商在决策主品牌的延伸策略时，即在考虑将主品牌延伸到那些产品线时，要尽量不与主品牌原有的核心价值理念相抵触，即所有的副品牌都要遵循基本相同的品牌核心价值观。否则就不适合品牌延伸策略，而应考虑设计独立的品牌。

3. 品牌经营策略

经过多年市场经济的洗礼，国内汽车厂商对现代营销理念、4P's营销策略、市场调查研究等现代营销理论和方法，已经有了较多了解，并能够在汽车营销实践中加以应用。但是，随着厂商营销实力差距的缩小，面对越来越激烈的市场竞争，却苦于没有良策克敌制胜，而懂得品牌经营就是秘密武器。

做好品牌经营，一是要完整、准确地理解品牌的概念，杜绝因为理解偏差造成的错误经营行为；二是要了解品牌实力的积累方法，通过品牌建设，将品牌变为企业的无形资产。

1）关于品牌概念的理解

如上所述，品牌是一个复杂的概念系统，特别是其无形部分更为重要。单独强调品牌的某一方面都会有失偏颇。现实生活中，对品牌概念的理解经常会陷于以下误区：

（1）做销量就是做品牌。认为只要销量上去了，品牌力自然就会提升。其实，忽视品牌美誉度、忠诚度、品牌形象和个性的建设，片面追求销量，特别是经常性进行降价促销，往往会贬低品牌形象，给人感觉价格不真实，也会让现有的用户感觉"吃亏"，难以培植顾客忠诚。成功品牌总是既注重销量，更注重持续的品牌经营，积累品牌力。

（2）名牌就是品牌。认为做品牌就是做名牌，将产品知名度作为经营的最高目标。这样做的结果虽然产品的知名度提高了，但消费者对品牌并没有在心中"留下烙印"，对品牌利益、品牌价值和品牌联想等没有"深刻印象"，一旦宣传造势停下来，消费者就会对品牌遗忘。从创建过程看，名牌的打造可以毕其功于一役（如一次广告运动），而品牌的打造需要常年积累，因为消费者对企业品牌的完整理解和认同需要一个过程。从各自发挥的作用看，名牌可能在短期内促进销售，而品牌却能够长期对企业做出贡献，强势品牌可以让消费者感觉到附加利益的存在，并愿意为此增加支付。

（3）将商标视为品牌。认为产品只要进行了商标注册，就成了品牌。其实，品牌设计和注册只是品牌建设的一道必不可少的程序。品牌建设还包括品牌认同、品牌定位、品牌传播、品牌管理等深层次的内容。这样，消费者对品牌的认识，才会由形式到内容、从感性到理性、从浅层到深层、由未知到理解的转变，形成顾客忠诚。

（4）做产品就是做品牌。认为企业只要产品过硬，就会建立品牌。现实生活中，很多产品其实在产品本身方面（质量、材料、款式）差异并不大，但在价格上却相差悬殊，有的产品经过贴牌后就身价倍增，这种变化惟一的原因就是品牌，是品牌升华了产品价值。宾利和劳斯莱斯的高价值，主要不是来自产品，而是来自品牌定位和购买者的消费心理（身份象征）。在品牌力竞争时代，仍然依靠产品力竞争，注定难以保持持续优势，如果一个品牌领先于对手的原因仅仅只是产品属性，那么这个品牌将来一定会被别的品牌所赶超。

（5）品牌是靠广告打出来的。应该看到，广告的确可以说明产品的功能利益，传递品牌主张和品牌情感，但品牌却有赖于消费者对产品品质的肯定，需要顾客满意和顾客忠诚，需要顾客自愿接受价差效应等，这些都不是依靠广告运动能够解决的，而是需要顾客的品牌体验和口碑传播。广告只有在品牌的整体规划下运作，才能成为"品牌的有效投资"。

（6）品牌也有明显的生命周期。很多营销者认为品牌与产品一样，具有明显的生命周期。其实,这是一种受产品生命周期误导的认识。强势品牌一旦建立,它就可以以它强大的生命力跨越产品周期的限制,持久地发挥力量。例如,奔驰汽车的产品换了一茬又一茬,但奔驰品牌却总是常青树。当然,营销者防止品牌形象老化也是必要的,其手段包括产品更新、品牌代言形象更新、广告语更新、整合品牌形象等。

(7)小企业不需要做品牌。很多中小企业把资本积累、扩大产销规模作为当务之急而忽视品牌管理,一旦等到其规模做大了,才发现规模的扩展仍然没有为企业带来收益的同向增长,甚至永远只是强势品牌的垫脚石。其实,中小企业如果希望做大、做强,那么越早进行品牌管理,就越能够争取发展的主动权,享受品牌给予的超值回报。

品牌经营作为20世纪90年代发展起来的新兴营销理论,其理论体系尚不够完善,企业界对品牌出现这样或那样的误解,虽属无奈,但企业营销者必须尽快学会品牌经营,以走出低水平经营的尴尬局面。

2)关于品牌实力的建设

品牌建设一般应遵循以下程序和步骤:

第一步,根据市场定位设计品牌的核心价值。品牌核心价值是企业经营理念和品牌诉求的反映,是企业必须长期坚持的精髓。品牌最具价值的部分通常表现在核心价值上。品牌核心价值的成功标志是目标受众是否认同和共鸣。核心价值可以彰显产品价值(关键要让用户永远相信品牌是最合适的),也可以突出消费者本身(如品牌总是服务于某类消费者),还可以刻画品牌与消费者的互动关系(如针对某个群体,长期以“满足你的需要,就是我的责任”为品牌理念)等。

第二步,基于品牌理念,做好品牌认同设计,包括品牌属性认同、品牌利益认同、品牌价值认同、品牌文化认同、品牌个性认同、品牌联想认同、品牌形象认同和品牌定位认同等。品牌认同设计,关键就是要做到企业自己期望的认同,最终真正能够得到消费者的认同,这样消费者就会在心中对品牌“留下深深的烙印”,从而增强品牌生命力。为此,营销者必须做好品牌分析(包括顾客分析、竞争者分析和自我品牌分析),建立一套完整的品牌认同系统(包括基本认同和延伸认同)。

第三步,围绕品牌理念,根据品牌认同设计,综合运用营销手段,做好品牌传播,以便不断增加品牌的资产价值。实际工作中,特别要注意的是:①品牌传播要全力维护和宣扬品牌核心价值,各项举措始终以品牌价值为轴心,这是品牌经营不可动摇的基石。否则,品牌诉求经常变,对品牌资产就不会产生积累效应;②品牌宣传要突出品牌个性,让目标受众对品牌能够形成鲜明印象;③广告创意和广告宣传要富有张力,要有利于提升品牌形象和增加对品牌资产的积累,只注重销量增长的广告,不是成功的广告策略;④品牌形象必须坚持统一,无论宣传用语怎么变化,都不能偏离既定轨道,朝令夕改最终将无法建立强势品牌。坚持品牌形象统一,就要做到“横向统一”(1个时期的各种营销要素都围绕同1个主题展开)和“纵向统一”(长期坚持同一主题和风格);⑤注重品牌手段的整体规划,品牌建设不能单纯依靠4P's中的某一类方法,必须综合运用各种营销要素,向着同一品牌目标“集体发力”,才能够建立强势品牌。特别是企业促销时,一定不要忽视品牌管理,不要让促销成为品牌的掘墓活动。

需要说明的是,我国汽车产业由于与国际汽车厂商合资合作的比例成分较高,在合资合作过程中要特别注重民族汽车品牌的资产价值,保护业已发展起来的民族汽车品牌。

总之,在市场竞争越来越向品牌竞争转变的今天,汽车厂商要学会品牌经营,走出习惯应用价格竞争的误区。

此外,在现代信息社会时代,汽车厂商还必须关注自己的互联网域名,要善于运用互联网域名策略。域名作为互联网的单位名称和在 Internet 网络上网页所有者的身份标识,企业一旦有了域名,就表明企业在互联网上拥有了自己的门牌号码,有了通往网络世界的一把钥匙。域名不仅能给人传达很多重要信息(如单位属性、业务特征等),而且还具有品牌属性。某个域名用得久了,人们就会对它有特殊的感觉与记忆。正因为如此,许多企业都把知名商标注册成域名。由于域名系统是国际共有资源,可较好实现信息传播,这就决定了它有巨大的商业价值。

第三节 产品生命周期理论与营销策略

企业的任何产品并不总能长盛不衰,从新产品开发成功,到投产上市,再到被市场淘汰,表现出一定的规律性。认识这种规律,并根据它实施正确的产品策略,是企业市场营销必须认真解决的问题。

一、产品生命周期的概念

企业不能期望其产品永远地畅销,因为一种产品在市场上的销售情况和获利能力并不是一成不变的,而是随着时间的推移发生变化,这种变化经历了产品的诞生、成长、成熟和衰退的过程,就像生物的生命历程一样,所以称之为产品生命周期(Product Life Cycle)。在现代营销理论中,产品生命周期是指一种产品自开发成功和上市销售,在市场上由弱到强,又由盛转衰,再到被市场淘汰所持续的时间。所以,产品生命周期的实质是产品的市场寿命周期,可以理解为产品从上市到被市场淘汰(新产品出现)的全过程时间。其长短主要取决于市场竞争的激烈程度和产业内科技进步的快慢,即取决于产品的无形磨损(失去技术上的比较优势)。

一般认为,产品生命周期的典型形态包括如下 5 个阶段(见图 7-4):

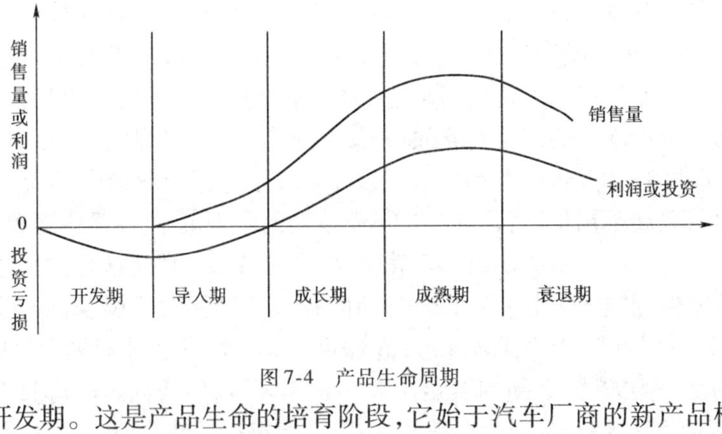

图 7-4 产品生命周期

(1)产品开发期。这是产品生命的培育阶段,它始于汽车厂商的新产品构思,到产品的定型投产。在此阶段,产品的销售量为零,汽车厂商投入的研究开发经费与日俱增。

(2)市场导入期。在此阶段产品开始上市,知名度还不高,销售增长率缓慢增长,为打开市场销路,厂商对该产品的促销宣传等费用较大,该产品很可能还没有为厂商带来利润。

(3)快速成长期。在此阶段,产品的知名度日益扩大,销售增长率迅速增加,利润显著增长，竞争者的类似产品也可能开始出现。

(4)平衡成熟期。产品开始大量生产和销售，销售量和利润额达到高峰后并开始下降，销售增长率趋于平稳，产品成本和价格趋于下降，市场竞争加剧，在成熟期后期，营销费用开始渐增。

(5)衰退期。市场竞争激烈，开始出现替代新产品。原产品的销售量明显下降，销售增长率为负值，利润渐少，最后因无利可图而退出市场。

产品生命周期是一种理论抽象，虽然各个阶段的转化一般没有具体的数量界限，难以非常具体地去描述它，但它又是客观存在的。能否正确判断产品处在生命周期的哪个阶段，对企业制定营销策略非常重要。企业常常借用产品销售量、销售增长率和利润的变化曲线，采用这样两种方法判断产品的生命周期阶段：①类比法。该方法是根据以往市场类似产品生命周期变化的资料来判断企业产品所处市场生命周期的阶段。②增长率法。该方法就是计算某一时期的销售增长率来判断产品所处的市场生命周期阶段。

对于汽车产品，汽车营销者在结合销售量等指标时，还要综合分析，才能判断产品所处的生命周期阶段。因为汽车市场的发展形态往往会受到国家宏观经济政策的影响，一时的销售徘徊或下降可能是由于宏观经济处于调整阶段所致，不一定意味着产品就到了衰退期；反之，一时的畅销也可能是由于宏观经济发展过热造成的，也不一定意味着产品处于成长期。

不同产品的生命周期长短，以及各个阶段历经时间的长短，都可能有较大的差别。国外汽车产品生命周期的统计规律表明，重型汽车的产品生命周期比轻型汽车要长一些，轿车的产品生命周期较短(有的只有2~3年)。但总的来说，随着科技进步的加快以及市场竞争的加剧，无论哪种车型的产品生命周期都有缩短的趋势。

现实生活中，具体产品的生命周期形态往往多种多样。例如有的产品因开发失误，在导入期便夭折，或者在经历短暂的市场增长后便被淘汰；有的产品可能在衰退期还能“起死回生”。随着汽车厂商营销策略的不同，生命周期的发展形态也会有差异。所以产品的生命周期并不都是呈现图7-4所示的标准形态。

对任何厂商来讲，理想的产品生命周期的形态应该是：开发期、导入期和成长期要短，投入要少，很快达到销售的高峰，并持续很长的时间，汽车厂商可以获取大量利润；而且衰退期要缓慢，利润要缓慢减少。汽车厂商可以通过实施正确的营销策略，尽量让产品的生命周期按理想形态发展。

二、产品生命周期各阶段的营销策略

产品在不同生命周期阶段具有不同的市场特点，需要制定相应不同的营销目标和营销策略。由于开发期属于新产品开发阶段，其营销目标与策略将在下一节专门讨论，在此只讨论其他各个阶段的营销目标与营销策略。

1. 导入期营销策略

在这个阶段，为了建立新产品的知名度，汽车厂商需要大力促销，广泛宣传，引导和吸引潜在用户，争取打通分销渠道，并占领市扬。营销策略要突出一个“准”字，即市场定位和营销组合要准确无误，符合汽车厂商和市场的客观实际。处于导入期的产品由于产量小、销售量小、成本高、生产技术还有待完善，加之必须支付高额促销费用，所以定价需要高些。

如果把价格与促销两个营销因素综合起来考虑，各设高低两档，则对处于导入期新产品的营销策略有：

（1）高价格高促销策略。这一策略以高价和大量的促销支出推出新产品，以期尽快收回投资。它的适用条件是：①产品确有特点，有吸引力，但知名度还不高；②市场潜力很大，并且目标用户有较强的支付能力。汽车产品较多采用这一策略。

（2）高价格低促销策略。以高价和少量的促销支出推出新产品，目的是以尽可能低的促销费用取得最大限度的收益。这种策略的适用条件是：①市场规模有限；②产品已有一定的知名度；③目标用户愿支付高价；④潜在的竞争并不紧迫。

（3）快速渗透策略。以低价和大量的促销支出推出新产品，以争取迅速占领市场，然后再随着销量和产量的扩大，使产品成本降低，取得规模效益，这种策略的适用条件是：①市场规模很大，但用户对该产品还不了解；②多数购买者对价格十分敏感；③潜在竞争的威胁严重；④单位成本有可能随生产规模扩大和生产经验的积累而大幅度下降。如日本、韩国的汽车公司在刚进入北美市场时，便大量采用了此种营销策略。

此外，还有缓慢渗透策略。即以低价和少量促销支出推出新产品。这种策略总体上不是太适合汽车产品。

2. 成长期营销策略

新产品上市后如果适合市场的需要，即进入成长期。在此阶段，销量迅速增长，质量过硬企业在成长期的主要目的是尽可能维持高速的市场增长率，突出一个“快”字。其基本策略有：

（1）改进产品质量，增加产品项目，以适应市场需要。

（2）进行新的市场细分，从而更好地适应市场增长趋势。

（3）开辟新的销售渠道，扩大商业网点，争取市场增长率和市场覆盖率。

（4）改变广告宣传目标，由以提高知名度为中心转变为以说服消费者接受和购买为中心。

（5）适当的降低价格以提高竞争能力和吸引新的顾客。

上述市场扩张策略可以加强企业的竞争地位，但同时也会增加营销费用，使利润减少。因此，对于处于成长期的产品，企业常面临两难抉择：是提高市场占有率，还是增加当期利润量？如果企业希望取得市场主导地位，就必须放弃当期的最大利润，而期望下一阶段获得更大的收益。

3. 成熟期营销策略

产品进入成熟期的标志是销售增长率渐缓，市场趋于稳定，并持续较长时间。由于销售增长率降低，竞争日益加剧，名牌逐渐形成。延长产品的成熟期是该阶段的主要任务，市场营销应突出一个“争”字。延长产品成熟期的策略可以从以下3个方面考虑：

（1）发展产品的新用途，寻找新的细分市场和营销机会，使产品转入新的成长期。

（2）开辟新的市场，提高产品的销售量和利润率。

（3）改良产品的特性、质量和形态、以满足日新月异的消费需求。

4. 衰退期营销策略

企业对处于衰退期的产品，如仅仅采取维持策略，其代价常常是十分昂贵的，企业应面对现实，见好就收。对于处于衰退期的产品，市场营销应突出一个“转”字。企业可采取立刻放弃策略、逐步放弃策略和自然淘汰策略使其逐步退出市场。

产品生命周期是一个很重要的概念，它和企业制定产品策略以及营销策略有着直接的联系。营销管理者要想使自己企业的产品有一个较长的销售周期,以便赚到足够的利润来补偿在推出该产品时所做出的一切努力和经受的一切风险,就必须认真研究和运用产品的生命周期理论。此外,产品生命周期也是营销人员用来描述产品和市场运作方法的有力工具。

综上,产品生命周期各阶段及相应的营销策略可归纳如表7-1所示。

产品生命周期各阶段及营销策略　　表7-1

项目＼周期	开发期	导入期	成长期	成熟期	衰退期
销售额	无	低	迅速上升	达到顶峰	下降
单位成本	高	高	平均水平	低	低
利润	无	无	上升	高	下降
营销策略	尽快上市	建立知名度	提高市场占有率	争取利润最大化	推出新产品

第四节　汽车新产品开发策略

在激烈竞争的市场上,不断研究和开发新产品,是保持竞争活力的关键所在,是取得竞争优势的秘密武器。为此,汽车厂商的新产品开发应做到“人无我有,人有我优,人优我转”,统筹“改进一代、开发一代、预研一代”。因此,除了技术问题外,新产品开发更多的时候是指新产品开发的战略和策略问题,以服从市场营销的需要。从这一意义上讲,产品开发实质上是一个市场营销问题,而不只是纯技术问题。

一、新产品的概念

市场营销关于新产品(New Product)的概念,不是从纯技术的角度理解的,产品只要在功能或形态上得到改进,与原有产品产生营销意义上的差别,能够为顾客带来新的满足、新的利益,都可称之为新产品。它大体上包括:新研制的全新产品(整体更新的产品)、新产品线的产品(进入新市场的产品)、增补产品(现有产品线的补缺产品)、更新改良产品(对现行产品注入新的价值的产品)、新牌号和再定位产品(改变原来的产品市场结构的产品)以及成本减少的产品。

二、汽车新产品开发

(一)新产品开发的方式

汽车厂商进行新产品开发时,必须解决的一个重要问题是采取什么方式完成新产品开发。一般而言,有四种方式可供汽车厂商选择:

(1)独立开发。这是企业依靠自己的力量开发新产品。这种方式可以紧密结合企业的特点,并使企业在某一方面具有领先地位,但独立开发需要较多的开发费用和较强的开发能力。

(2)引进。即引进其他厂商开发的新产品成果,自己只负责生产。采用这种方式可以缩短新产品的开发时间,有时可以节约开发费用。但要注意引进技术要与企业自身条件相适应。

(3)开发与引进相结合。就是在新产品开发的方式上采取两条腿走路，既重视独立开发又重视技术引进，二者有机结合，互为补充。

(4)联合开发。联合开发除了企业与科研机构、大专院校的联合外，更多的是企业之间的联合。这种方式，有利于充分利用社会力量，弥补企业独立开发能力的不足。

新产品开发还有其他途径，如通过技术市场购买部分或全部新产品技术（含专利）。究竟采取何种方式，并无统一定式，汽车厂商应结合自己的技术能力、技术发展战略等情况选择确定具体的开发方式。

（二）新产品开发的过程

本节以开发一款全新的轿车为例，说明新产品的开发过程，如图7-5。这个过程包括的主要工作环节为：

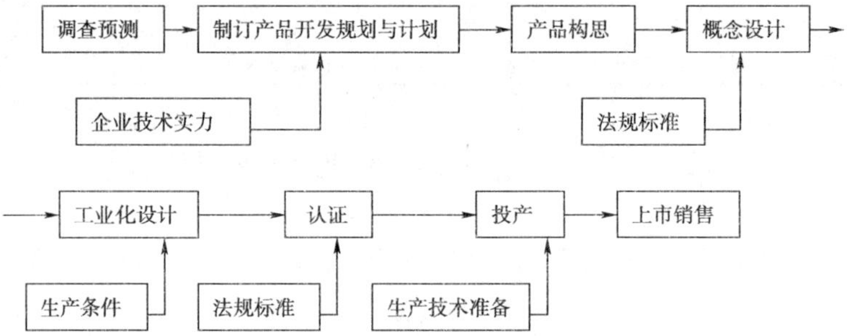

图7-5　汽车新产品开发的一般工作程序

1. 调查与预测

汽车厂商新产品开发的前期工作首先是要做好调查与预测，这项工作做得是否细致和充分，对新产品开发的准确性有直接的影响。具体的调查和预测方法，可参考前面章节内容。

就汽车厂商新产品开发和制订产品规划而言，调查应包括的内容有：①市场调查。具体包括用户需求和市场容量及构成调查。调查途径大体有用户例会、特约经销商例会以及外出调查等几种。②宏观环境调查。其中包括有关汽车产品的技术法规以及交通运输状况等。③竞争者调查。主要包括竞争者的商品及其市场评价、商品价格以及他们的动向等。④汽车产品技术发展调查。⑤本企业的技术实力及经营状况评价。

在上述调查中，市场调查和竞争者调查最为重要，是必须认真作好的调查项目。例如，某汽车公司拟开发一种1.3～1.5L级的普及型轿车在欧洲市场上销售。通过调查，该公司找出了该级别轿车的用户及新增用户构成，如图7-6所示。

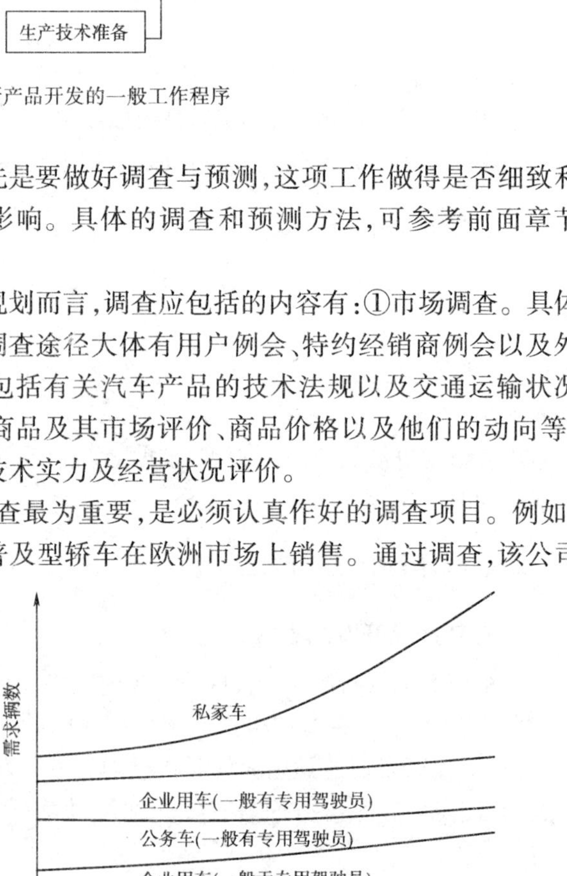

图7-6　某汽车公司对新产品用户构成调查

在图7-6中的几类消费者中，大部分消费者已经拥有同级别的轿车，该公司对他们重新购车的可能性和要求，特别是对改进方面的要求作了调查。调查包括这样一些内容：①消费者的汽车知识水平；②购买此轿车的用途和使用维护方法；③（对已有轿车者）当初购买此类轿车的出发点，目前的满足程度以及日常用途;④消费者对此类轿车魅力的看法和拥有轿车后的乐趣;⑤消费者希望的汽车装备;⑥消费者的生活情况和消费意识;⑦消费者的个人简介,爱好和兴趣;⑧消费者的汽车驾驶特点。

该公司还针对竞争车型和竞争对手进行了详细的调查。调查后发现在欧洲同类型的轿车有 Golf、Kadett 和 Escort,占这一级别的55%。对竞争者的调查内容包括:①静态调查。调查竞争车型的造型、外形尺寸、室内尺寸、室内装饰、行李舱容量、居住性能和车辆装备,发动机、变速器、制动器、转向机等主要总成的构造以及各系统的构造。②动态调查。包括竞争车型的动力和经济性能、操纵稳定性、制动性能、乘坐舒适性能、噪声水平、视野、操作方便性、安全装置、法规满足程度、空调暖气性能、发动机性能、传动系匹配、维修的方便性等。③使用条件。包括气候情况、路面状况、弯道及坡度,经常乘车的人数;操作使用方面包括对离合器的使用,行车制动的使用,刮水器使用,下坡行驶的操作及红灯停车时的操作;维护方面包括多长时间洗一次车,是否按使用说明书进行维护等。④质量。包括汽车出厂的质量水平,耐久性方面包括多少里程出现杂音和异常振动,多少里程出现车体变形和零件损坏,车辆的使用寿命是多少,能否再生利用,质量保证期为多长。⑤服务。包括竞争对手的服务网点有多少,管理体制等。

该公司通过对消费者的调查,总结出用户的具体要求。通过对竞争对手的调查和比较,找出本厂商应注意的问题和重点,为自己的产品构思打下基础。

新产品开发的预测内容一般包括:①市场容量与构成预测;②潜在市场机会;③预测具有竞争力的价格;④预测技术发展方向,研究新技术的发展动向。

2. 制订产品发展规划与计划

它是汽车厂商新产品开发的重要依据,一般是在调查与预测的基础上,再结合本企业技术实力等内部条件,科学地加以制订。同时,产品发展规划也是企业经营战略规划的重要内容之一。国外汽车厂商一般都要做出今后 5 ~ 10 年的产品发展规划。该规划包括两种情况:一是在一定的时间在企业当前的产品线中增加一种新的品种(开发新产品);二是对现有某种产品在一定的时候进行换代。企业根据产品发展规划再确定某一项新产品的具体开发计划。新产品开发计划一般包括产品特点、目标市场、竞争情况、预计销售量、价格、研制时间及费用、制造成本以及投资收益率等内容。下面是某公司拟开发一种在国外投产的新轿车,在制订计划时所考虑的内容:

(1)开发目的。这包括为什么要开发此产品?是为了占领新市场还是为了巩固现有的份额?是为了拓宽品种还是为了更新换代?

(2)使用对象。什么样的人使用?在什么条件下使用?用途又是什么?

(3)产品概要。包括整体的型式、系列化车型、规格参数、性能指标、主要总成的规格等。

(4)销售目标。什么时候投产?投产后年销售量是多少?

(5)质量目标。产品要达到怎样的质量水平?保修里程和耐久性指标是多少?

(6)外购件的安排。外购件占多大比例?进口件和当地生产件的比例如何?当地政府关于自制件比例的政策如何?

(7)法规认证。明确具体的法规要求和认证手续。

(8)生产准备。需要做哪些项目的生产准备?准备周期需要多长时间?

(9)设备和投资。为生产该产品必须要有多少投资?要增加一些什么设备?

(10)效益。定出目标售价,生产成本和管理费、各种税赋和企业利润。根据年销售量计算出每年的获利额,从而计算出投资收益率。

企业的产品发展规划和新产品开发计划,经企业商品规划委员会确定后,董事会做最后决策。对拟开发的新产品,商品规划主管部门应同设计开发部门一起,提出新产品构思。

3. 新产品构思

新产品构思包括的内容有:①该产品的目标。例如某公司针对较为富裕的发展中国家,在 A 型和 C 型之间推出一种 B 型轿车。B 型与 A 型、C 型之间的关系如图 7-7 所示。②确立设计原则。是保持汽车厂商原有风格还是创造新风格,是一种传统派的 3 厢 4 门车,还是一种现代派车,是尽量与老车型通用还是以尽可能满足市场要求为前提等。③计算销售目标价格生产成本和销售量。④确定生产方式(如何组织生产)和投产日期。⑤车型的系列化:排量范围、车身型式(2 厢、3 厢;3 门、4 门;旅行车等)、驱动方式、装备分级等。⑥设计车型的技术参数、系统结构和总成;结构及参数。⑦质量目标:保修里程、寿命周期、维修费用目标等。

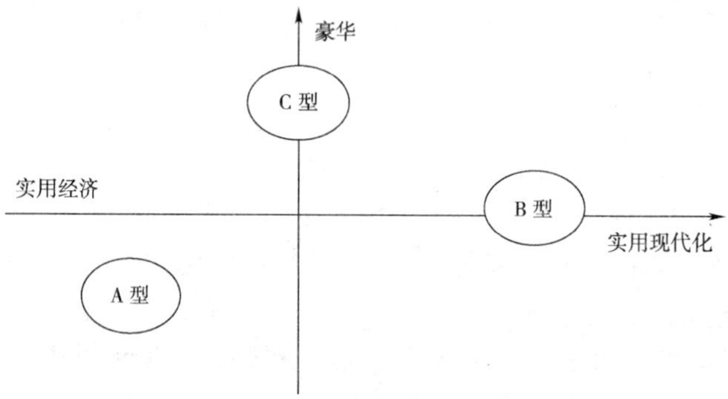

图 7-7　某公司开发新一代产品的构思

新产品构思常常不只一种,这就需要筛选构思,即选出最优的构思,剔除不好的构思。正确的筛选必须根据汽车厂商内部和外部的具体条件,全面分析衡量,审慎地决定取舍。美国一些公司设计了一种评估新产品构思的方法,如表 7-2 所示。

新产品构思的评估方法　　表 7-2

A	B	C											
新产品成功的因素	各因素的相对重要性	新产品的构思对本公司的适合度											评分(B×C)
		0.0	0.1	0.2	0.3	0.4	0.5	0.6	0.7	0.8	0.9	1.0	
战略目标	0.20												0.160
营销技能	0.20										3		0.180
财务能力	0.15								3				0.105
分销渠道	0.15									3			0.120
生产能力	0.15									3			0.120
开发能力	0.10								3				0.070
供应能力	0.05						3						0.025
总计	1.00												0.780

表中 A 栏是决定新产品开发能否成功的因素,B 栏是汽车厂商领导者确定的各因素重要性的比重,其总和为 1.00。如表中所列,某家汽车厂商认为营销技术及经验的重要性是

0.20,而采购与供应能力相对次要,仅占0.05。C栏表示新产品构思对汽车厂商各项能力的适应程度,在0~1.0范围内,由评估人(有关专家)填写。最后,将B栏与C栏的数字逐一相乘就得出每项的加权分数,然后各项相加得出总分。例如,本表评估人对新产品构思的总评分是0.78分。一般以0~0.49分为差,0.60~0.75分为中,0.76~1.00分为良好。据认为,一项新产品构思需得0.70分以上方可采纳。上述评估方法所得结果,可供汽车厂商决策时参考。

新产品构思一旦完成,就应确定产品开发的基本任务书,交由设计部门进行概念设计。

4. 概念设计

本步工作就是要把构思变成实物,从造型和整车设计到结构设计和试制出样车。这样,可使消费者形成一种产品印象,如汽车厂商认为有必要时,汽车厂商可以将样车拿到一组目标顾客中测试,请他们考察样车后回答这样一些问题:①你认为这种车与其他相似车型相比有何优点?还有哪些可以改进的地方?②这款车是否能够充分满足你的需要?③你认为这种车价值多少钱?④你愿意购买这种车吗?购买或不购买的原因是什么等。汽车厂商营销人员应研究和设计好问题。这样的测试可以帮助汽车厂商更好地修改概念设计,开发出一种适销对路的新产品。同时,还有利于汽车厂商测算未来的销售量。

概念设计完毕后,汽车厂商就应确立正式的产品开发基本任务书,交由设计部门进行工业化设计。

5. 工业化设计

本步工作就是要把构思变成能大量生产的图纸和技术文件。设计过程中要把设计原则,成本控制和满足用户要求协调地贯彻在设计思想中。汽车产品的设计是不可能面面俱佳的。高性能和豪华与经济实惠是相矛盾的,高自动化与高成本也是直接联系在一起的,过于流线型与尺寸控制和低成本也是相矛盾的。良好地协调这些矛盾才能设计出为市场接受的产品,某公司曾在设计一种经济实用但也不失气派的轿车时所贯彻的思想是这样的:①产品可靠,使拥有者感到自豪。②产品使用时间越长,越让人感到其造型美观,并能够充分体现公司形象。③价格合适。④易于操作驾驶、符合使用要求、视野开阔令人爽快。⑤内部空间宽敞,让一家人乘坐感到舒适,行李舱容量足够大。⑥足够的性能提供理想的行驶特性,可靠的空调和暖气装置。⑦维护工作量少,使用费用适中。

工业化设计之后,汽车厂商一方面即可投入生产准备,另一方面便是将新产品请有关产品认证机构进行产品认证。经认证的新产品便可投入生产和销售。

三、汽车产品改进

汽车厂商必须经常对在产汽车实施改进措施,不断完善和提高产品的质量和性能水平。实践表明,这种平时不断地进行技术革新,走"量变到质变"的产品发展道路是可取的。

汽车厂商对在产汽车改进的方法很多,但通常都是根据用户使用过程中暴露的质量问题进行改进。由营销部门将产品质量故障信息和竞争产品信息反馈给产品部门或生产部门,由产品部门或生产部门实施产品改进或制造改进,也有的改进项目是由产品部门根据科技发展而主动提出的。

美国福特汽车公司发明了一种产品改进的方法,即TGW/TGR优先方法。它围绕提高用户满意率,分别对本公司汽车产品结构的各个组成部分(系统)和各个性能,分别确定重要性指数,根据指数值由大到小排出顺序,从指数值大的项目依次进行改进,从而使汽车厂商能有的放矢地进行产品改进工作。

1. TGW 产品改进优先方法

该方法可用公式表示：

$$TGW 指数 = TGW 重要度 \times TGW 水平$$

式中各参数的意义是：

(1)TGW 指数。此指数为营销人员根据上式确定的本企业产品各系统的评分。此值越高，表明改进相应系统(汽车结构)的迫切性越高。

(2)TGW 重要度。此值表示汽车结构中某一被评价系统的重要程度。其确定方法为：被评价系统没有任何故障时与该系统有故障时用户“完全满意”的百分比之差。例如，以发动机为例，如有 100 个用户的汽车没有任何发动机方面的问题，营销人员通过调查，发现这 100 名用户对发动机表示完全满意的用户为 98%，另有 100 个用户的汽车全部有发动机方面的问题(只限于发动机问题)，经调查发现这 100 个用户对发动机表示完全满意的用户只有 74%，那么发动机的 TGW 的重要度就为 24%，即 98% 与 74% 之差。计算常省略百分号(%)，只取数值。

(3)TGW 水平。表示故障概率。如评价新车，则统计新车出厂时(或从总装配线下线)的故障概率。如平均每 100 辆汽车有 25 辆汽车有发动机问题，则表示某企业新车发动机的 TGW 水平为 25%。如对在用车辆使用了某一里程后，其发动机平均有 30% 出现问题，则表示某厂发动机在汽车行驶某里程里的 TGW 水平为 30%。因而 TGW 方法既可用于对新车的评价，也可用于对在用车辆的评价。同样在计算时也只取数值，不取百分号(%)。

汽车厂商通过对本汽车厂商产品各个系统或各种性能分别计算 TGW 指数，优先着手对 TGW 指数值大的系统或性能进行改进。TGW 优先方法只是针对本汽车厂商的产品改进进行分析，没有考虑竞争对手情况。

2. TGR 优先方法

TGR 优先方法亦可用公式表示：

$$TGR 指数 = TGR 重要度 \times TGR 不利度$$

式中各参数的意义是：

(1)TGR 指数，其意义同 TGW 指数。

(2)TGR 重要度。此值表示用户对本汽车厂商产品某一被评价系统(或性能)期望获得满足的百分率。例如营销人员通过列出一系列的调查项目(产品结构或性能)，每一项目均有“期望获得充分满足”、“一般期望”、“无所谓”等几种选择，假如现在的调查项目为“整体协调”和“操纵稳定性”两项目，如果用户对这两个调查项目填“期望充分满足”的百分率分别为 93% 和 85% 的话，那么这两个调查项目的 TGR 重要度，就分别为 93 和 85(只取数值，不取百分号)。

(3)TGR 不利度。表示每一调查项目本汽车厂商与该项目最优竞争对手的用户满意率的差值(如果在某一调查项目上，本企业就代表了最先进水平，则此调查项目的 TGR 不利度为零)。例如，以操纵稳定性为例，用户对竞争对手同级产品操纵稳定性的满意率为 90%，对本企业的满意率为 82%，则本企业产品操纵稳定性的 TGR 不利度就为 8，即 90% 与 82% 之差值(去掉百分号，只取数值)。

同 TGW 方法一样，汽车厂商对自己产品的每个调查项目与其他汽车厂商产品进行比较，逐项计算 TGR 指数，并优先着手对 TGR 指数大的项目进行改进。TGR 优先方法较 TGW

方法更有利于企业的竞争。

四、汽车产品的商品化

上述新产品开发成功后,或者老产品改进后,汽车厂商均应将其商品化。严格说来,只有完成了商品化过程后,汽车厂商才能大量生产和销售。所谓商品化过程系指汽车厂商为了产品的大批上市而进行的市场试验。汽车新产品的商品化一般包括以下内容:

(1)试用。它是汽车厂商从目标市场中选定一些有代表性的客户,如客户类型、使用条件、产品用途等方面比较符合新产品目标市场特征的客户,请他们在规定的时间内实地使用新产品,并对有关使用状况及发现的现象做出记录。然后了解客户对产品的意见和对技术咨询及服务方面的需要。试用客户一般不宜过于分散,试用车辆一般应具有一定数量(如几十辆),但也不能太多,对出现的使用故障一般应请试用客户对外保密,不宜扩散,以免给将来的客户留下不良印象,试用过程本身就是汽车厂商发现问题的过程。

(2)试销。经试用初步成功的新产品便可进行试销,这是比试用范围更大且直接面向市场的一种有控制的营销活动,一般应由汽车厂商亲自举行,以便直接了解市场。试销活动一般可以吸引大量的购买者参观选购,汽车厂商既可以从中了解他们对新产品的反映和购买意向,又可以借以提高新产品的知名度。汽车厂商的试销活动要对试销的市场范围、试销时间、试销的费用、试销后的营销策略等做出安排,在试销活动中还要做好有关数据的记录和资料的整理完善。

(3)测算有关项目。尽管汽车厂商在市场调研和概念设计时对有关项目进行了调查和测算,如目标市场规模、销售量、市场占有率、投资收益率、促销预算等,在新产品开发计划中也对这些项目订立了计划。但在商品化之前,上述项目都只是一种估计,而在商品化过程中对这些项目再进行测算,则会更加符合实际情况。汽车厂商也可由此对新产品开发予以验证,并寻找差距,分析原因,及时采取补救措施。

(4)确立未来的市场营销组合策略。汽车厂商通过商品化过程后,基本可以对新产品市场的结构、购买行为和特点,未来市场发展趋势及汽车厂商收益等做到心中有数,从而制定出正确的导入期、乃至其他各生命周期阶段的营销策略。

汽车厂商在商品化过程中,应认识到购买者对新产品的购买过程一般是知晓、兴趣、评估和购买等几个阶段,因而应针对处于不同阶段的客户做好营销工作,促其尽快进入购买阶段。此外,汽车厂商还应努力增加各阶段的客户数量。

第八章　汽车定价策略

价格(Price)是产品价值的货币表达。确定产品价格是市场营销过程中一个非常重要、非常敏感的环节,它直接关系着产品受市场接受的程度,影响着生产者、经销者、用户等多方的利益。价格策略是指根据汽车厂商营销目标和定价原理,针对生产商、经销商和市场需求的实际情况,在确定产品价格时所采取的各种具体对策。价格策略是市场营销组合中极为重要的部分。

第一节　汽车产品的价格决策

为汽车产品定价是一项系统性强、工作较为复杂的过程。一般来说,汽车厂商的价格决策遵循以下六个步骤,即明确定价目标,测定需求弹性,估算成本费用,分析竞争状况,选择定价方法,核定最终价格。

一、确定定价目标

汽车厂商在进行价格决策时,应首先明确期望价格所产生的市场营销效果。不同的汽车厂商,所面临的生产经营形势各不相同,因而拟定的定价目标也可能有所差别。汽车厂商的定价目标主要有以下几点。

1. 维持企业生存

由于种种原因造成企业销路不畅、产品滞存、资金占用严重时,维持生存成为企业的首要目标。企业以维持生存为目标时,宜定低价吸引用户,这时价格只要能收回可变成本和部分固定成本即可。显然,这种定价目标只能是企业的短期目标,从长期来看,企业必须改善生产经营状况,谋求利润和发展,否则企业终将面临死亡。

2. 争取当期利润最大化

即企业以目前的利润最大化作为定价目标。采用这种定价目标,必须要求被定价产品市场信誉高,在目标市场上占有优势地位。因而,这种定价目标比较适合于处于成熟期的名牌产品。其做法是通过市场调查和预测,测算不同价格及其相应的销售量,并结合不同销售量下的产品成本综合比较后,从中选择一个可以使企业取得当期最大利润的价格。

企业在定价实践中,确定当期利润最大化的价格,是一项具有难度和挑战的工作。因为它要求企业必须有非常完善和准确的市场需求变动和产品成本变动的有关资料,例如需求函数、成本函数等。而实际工作中,取得这些资料,且要保证资料的准确性是有困难的。并且,企业追求当期利润最大化,不一定能使其长期利润最大化。因此,企业通常都是通过提高市场占有率、扩大销售量、增强市场优势等方式，来追求长期利润最大化。

3. 保持或扩大市场占有率

市场占有率是企业经营状况、产品竞争力的直接反映，企业的产品只有在市场上占有一定份额后才有较强的市场控制力，享受到更大的规模经济(Scale Economics)效益，才有可能获得更高的长期利润。因此，不少企业宁愿牺牲短期利润，以保持和提高市场占有率，确保长期收益，即所谓“放长线，钓大鱼”。为此，就要实行全部或部分产品的低价策略。这种定价目标比较适合于投产不久的新产品或不为市场所熟悉的产品。但必须指出，价格只是提高市场占有率的一个重要但非决定性的因素，更多的情况下，市场份额的增加要通过非价格因素的竞争才能实现。

4. 抑制或应付竞争

有些企业为了阻止竞争者进入自己的目标市场，或者想打入别人的市场，故意将产品价格定得比竞争对手低。这种定价目标比较适合于目标实现的可能性很大，而且实力雄厚的企业。

5. 保持最优产品质量

有的企业的经营目标是以高质量的产品占领市场，这就需要实行“优质优价”策略，以高价来保证高质量产品的研究与开发成本以及生产成本。这一定价目标比较适合于市场美誉度好的知名产品。

6. 保持良好的分销渠道

为了保证分销渠道畅通无阻和中间商的利益，企业必须研究价格对中间商的影响，为中间商留出一定的利润空间，从而调动其销售本企业产品的积极性。这一定价目标比较适合那些大部分产品都由中间商销售的企业。

7. 保持稳定的价格

价格稳定可以有效地避免不必要的价格竞争。而价格波动太大且较频繁，则容易造成市场紊乱，用户无所适从，损害产品乃至企业在用户心目中的形象。这种定价目标比较适合在行业中占主导地位的大型企业，这些企业往往后备资源丰富，主要着眼于长远发展，需要一个稳定的市场。

8. 达到目标投资利润率

即企业追求获取满意的利润。许多企业都是根据产品的成本水平和预定的目标利润率来确定价格水平的。

除上述定价目标外，企业还可有其他的定价目标。对于大多数企业来说，产品价格往往不是由单一定价目标所决定的。在这些定价目标中，企业可能会同时追求或兼顾几个目标，但其中各个目标的重要程度是不同的。

企业在制定自身的定价目标时，会遇到不同的情况和约束条件，每一价格目标又可能包含多重要求，因此定价目标的设置是一种相当复杂的工作。为了提高企业定价的效果，企业决策者可以按照一定的科学程序来确定产品的定价目标(图8-1)。

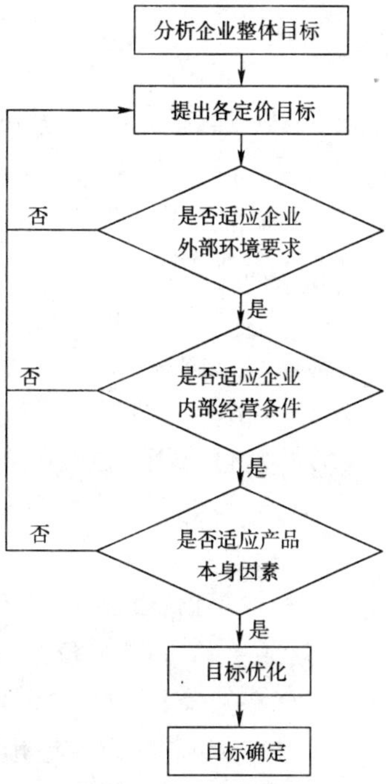

图8-1 企业定价目标决策图

二、测定需求弹性

汽车厂商在进行价格决策时，必须要了解价格变动对产品需求的影响方向和影响程度，才能合理选择价格策略和制定价格决策。通常情况下，市场需求会按照与价格变动相反的方向变动，即价格提高，市场需求就会减少；价格降低，市场需求就会增加。营销理论中通常使用需求价格弹性，以反映价格变动而引起需求变动的情况，或者说需求对价格变动的敏感程度。

1. 需求的价格弹性的概念及其应用

不同商品，其市场需求量对价格变动的反应程度不同，通常采用需求价格弹性来表征商品需求量对价格变动的敏感程度。需求价格弹性(Price Elasticity of Demand)，是指商品的市场需求量随着价格变化而变化的程度，即价格变化率引起的需求量变化率大小。用公式表示如下：

$$E_d = \frac{Q_2 - Q_1}{Q_1} \bigg/ \frac{P_2 - P_1}{P_1}$$

式中：E_d——需求价格弹性系数；

P——价格；

Q——需求量。

通常情况下，价格上涨将导致需求量下降，因而需求价格弹性 $E_d<0$，但有时在人们“买涨不买落”的心理驱使下，也会出现 $E_d>0$ 的情况。

分析商品的需求价格弹性，通常采用其绝对值 $|E_d|$ 形式。因而，需求价格弹性在理论上有五种情况：完全无弹性($|E_d|=0$)；单位弹性($|E_d|=1$)；完全有弹性($|E_d|=\infty$)；缺乏弹性($|E_d|<1$ 和富有弹性($|E_d|>1$)。但是，在现实生活中，前三种情况非常罕见，主要还是缺乏弹性和富有弹性两种情况。

汽车厂商在制定价格策略时，对弹性大(富有弹性)的产品可用适度降价的办法，刺激需求量的增加，扩大销售，从而取得更大的收益。但对需求价格弹性小(缺乏弹性)的产品，则不宜采用降价策略。因为降价后，需求量并未增加多少，反而使企业的收益下降；反之，采取适度提价的策略，需求量也不会明显下降，更有利于企业增加收益。一般而言，轿车比商用汽车的需求弹性大；私人购买比集团购买的需求弹性大。

2. 需求交叉弹性

需求交叉弹性(Cross Elasticity of Demand)，是指相关两种商品中一种商品的价格变动比率，引起的另一种商品的需求量变动比率，即一种商品的需求量变动对另一种商品价格变动的反应程度。用公式表示如下：

$$E_{XY} = \frac{Q_{X2} - Q_{X1}}{Q_{X1}} \bigg/ \frac{P_{Y2} - P_{Y1}}{P_{Y1}}$$

式中：E_{XY}——X 商品对 Y 商品的需求交叉弹性；

P_Y——Y 商品的价格；

Q ——X 商品的需求量。

上式中，如 $E_{XY}>0$，表明此种产品价格上涨，会导致另一种产品需求量增加，这两种产品互为替代品，例如不同车型的汽车产品即属于这种情况。如 $E_{XY}<0$，表明此种产品价格上涨，会导致彼种产品需求量下降，这两种产品即为互补品，例如整车与其零配件即属互

补品。

3. 影响需求弹性系数的因素

影响需求弹性系数的因素很多，就汽车产品而言，主要有以下因素：

(1)消费者对汽车的需求程度。即汽车对于消费者而言到底是生活必需品还是奢侈品，一般而言，奢侈品比生活必需品需求弹性大。

(2)替代品或竞争产品的数量和竞争力的强弱。凡是商品的替代品或竞争产品少并且竞争力不强时，该产品的需求弹性就小；反之，需求弹性就大。

(3)产品质量和币值的影响。凡用户认为价格变动是产品质量变化或币值升降的必然结果时，需求弹性就小；反之，需求弹性就大。

企业定价时考虑需求价格弹性的意义在于，不同产品具有不同的需求弹性。如果需求弹性较强，厂商就可考虑降低价格，以刺激需求，促进销售，增加销售收入。如果需求缺乏弹性，厂商可考虑适当提高价格，也会增加销售收入。

三、估算成本费用

任何企业都不能随心所欲地制定价格。一般情况下，某种产品的最高价格取决于市场需求(消费者愿意支付)，最低价格取决于这种产品的总成本。从长远看，企业要获得健康稳定的发展，任何产品的销售价格都必须高于产品成本。只有这样才能以销售收入来抵偿生产成本和经营支出。

企业的成本包括制造成本、管理成本、营销成本、储运成本和提取折旧基金等，通常可分为不变成本和可变成本两种。不变成本(Fixed Cost)，是指在短期内并不随着企业的产量和销售收入的变化而变化的费用，具有相对不变特性，其构成包括服务和设备的折旧费、租金、利息、企业管理经费、员工的固定薪金等。这种成本在企业存在期间都需要支出，即使企业未进行生产也需负担。

可变成本(Variable Cost)，是指直接随着企业的产品产出和销售收入变化而变化的费用支出，包括原材料费、能源动力消耗、储运费用、计件工资等，其特点是企业不进行生产时，可变成本应等于零。

产品总成本(Average Total Costs)，系指分摊到单位产品上的不变成本与可变成本的总和。显然，在产品总成本的构成中，可变成本是大体稳定的，因为单位产品的直接消耗基本是不变的；而不变成本则会随着产品产量的增加而下降，因为企业在统计期的总不变成本是大体一定的，因此分摊到单位产品中就会与产销量有关。

四、分析竞争状况

企业在最高价格和最低价格的幅度内，究竟怎样确定自己的产品价格，主要取决于竞争对手的同种产品价格、企业的产品质量和定价目标。因此，定价者必须了解竞争对手的产品质量和价格，并据此来进行分析和比较，从而为本企业制定出具有竞争力的价格。本企业和竞争对手的同种产品如果质量大体一样，那么二者的价格水平应大体一致；如果本企业的产品质量较低，那么价格也应该相对较低，以便争取同类产品的低端客户；如果本企业的产品质量较高，那么价格水平就可以定得较高，以争取同类产品的高端客户。此外，定价者还应注意，竞争对手也可能会针对本企业的价格相应地调整其价格，也可能不调整价格而调整市场营销组合中的其他变量来和本企业争夺市场。这也表明，企业的定价的确是一个复杂的过程。

五、选择定价方法

企业在掌握了有关资料后，就应开始选择适当的定价方法来进行价格决策了。一般认为，基本定价方法有 3 种：成本导向定价法(Cost-based Pricing)、需求导向定价法(Value-based Pricing)和竞争导向定价法(Competition-based Pricing)。

(一)成本导向定价法

成本导向定价法就是以产品的成本为中心定价。这一类定价法有许多具体形式，这里介绍两种常见形式。

1. 成本加成定价法

按产品成本加上一定比例的毛利定出产品的销售价格，这是成本导向定价法的基本形式。计算公式为：

$$P = AC \times (1 + a)$$

式中：P——单位产品价格(人民币)；

AC——单位产品分摊的成本(人民币)；

a——加成率(%)。

2. 目标利润定价法

这是根据企业所要实现的目标利润来定价的一种方法，其解析公式(量本利分析公式)如下：

$$R = (P - AC_v)Q - C_f$$

式中：R——总利润或总亏损(人民币)；

P——单位产品价格(人民币)；

Q——销售量(如辆份、台套等)；

C_f——固定成本总额(人民币)；

AC_v——单位产品可变成本(人民币)。

显然，如果企业总的目标利润为 R_s，则单位产品的价格为：

$$P = AC_v + (R_s + C_f)/Q$$

在采用这种方法定价时，企业首先应明确统计期内所要实现的目标利润 R_s，然后再根据销售量的预测，确定出统计期的产品销售量 Q，再核算出单位产品的可变成本 AC_v，以及统计期内应回收的固定成本总额 C_f，从而完成定价工作。

成本导向定价方法反映了基本的价格原理，即只有当产品的平均价格高于产品的平均总成本时，企业才能进行有效的再生产。这种定价方法优点是：①简便、实用；②将本求利，一般不大会诱发价格竞争。但其缺点是：①定价过程脱离市场，闭门造车，所定价格可能会出现两种局面：一是高于市场可接受的价格(如企业生产成本较高时，所确定的价格可能会高于竞争对手)，产品面临滞销风险；二是低于市场可接受价格，产品面临市场抢购和企业营销机会的损失；②定价过程使得企业有利可图，企业缺乏技术革新、主动控制和降低成本的动力和压力。需要指出的是，成本加成定价法有时会被认为是生产观念指导下的产物，但由于其简便易行、有效抑制价格竞争的显著优点，至今在很多企业还得到了广泛的使用。

(二)需求导向定价法

这种方法是企业在广泛调研和认真测算基础上，对企业的产品确定一个市场可以接受，能够使企业获得较多利润,并具有一定竞争力的价格作为产品的目标定价。在此价格条件下,测算产品的市场销售量,据此推算出目标控制成本,然后在产品设计和生产过程中,做好成本控制,使得产品成本在目标控制成本之内,从而保证所定价格能为市场所接受,使企业的产品具有较强的价格竞争力。这就是说,价格要定在成本之前,是价格决定成本。这种定价过程与成本导向定价方法正好相反。福特曾说过:"我的政策是降低价格,我们从不认为成本是固定不变的。所以,一个方法是先定一个很低的价格,使所有的人不得不发挥最高效率,以创造出更多的利润,我们就用这种强迫的方法发现了更多制造和销售汽车的办法。"

采用需求导向定价法,要做好以下两项关键的工作:

1)找到比较准确的顾客感受价值

所谓"顾客感受价值",是指买方根据自己的经验、标准或观念对产品的认同价值。例如顾客在看了产品后,营销者向顾客询问"你认为这一产品值多少钱?"或者"此产品的售价为××元,你认为值这个价吗?"用户对这些问题的回答,反映的即是顾客感受价值。

在运用顾客感受价值定价时,如果所定价格高于用户的感受价值时,用户就不会购买产品,企业的销量就会下降或者无人问津;而所定价格低于用户的感受价值时,虽然产品畅销,但会使企业损失获得更大盈利的机会,所以营销者要尽量将产品的价格定在与大多数用户感受价值相近的水平上,这样才可以使得企业在充分发挥生产潜力的同时,获得更多的利润,取得定价的成功。要做到这一点,企业在定价前必须认真做好营销调研工作,对顾客的感受价值做出准确估计。

2)准确测算不同价格下的销售量

运用量本利分析公式,根据预测的各种销量,测算各种价格相应的利润,以最大总利润对应的价格作为产品的定价,相应的需求量作为该种产品的生产量。这个过程如表8-1所示,即如果 $R_k = \text{Max}[R_1, R_2, \cdots, R_k, \cdots, R_n]$ 时,那么所定价格 P 就为 P_k。

需求导向定价法的基本过程 表8-1

序号	价格	销售量	变动成本 C_v	固定成本 C_f	利润
1	P_1	Q_1			R_1
2	P_2	Q_2			R_2
…	…	…			…
k	P_k	Q_k			R_k
…	…	…			…
n	P_n	Q_n			R_n

(利润列 R_1 … R_n 取 Max)

需要说明的是,感受价值并非总是与产品的实际价值相一致。实际上,卖方可运用各种营销策略和手段去影响买方的感受,增加买方对产品的感受价值,使之形成对卖方有利的价值观念。所以,感受价值定价法如果运用得当,会给企业带来额外利益。例如,汽车厂商可以生产质量优异、性能独特、内饰考究的汽车,以此来增加用户的感受价值,提高产品的身价,从而带动本企业产品在用户心目中的价值地位。

需求导向定价法的优点有:①考虑了市场需求对产品价格的接受程度,不会出现产品滞销或者损失盈利机会的风险;②能够为企业带来降成本的压力和动力,从而提高企业的经营素质。因为顾客的感受价值既定时,企业的成本越低,实现的利润就越大。但同时也应该看到,需求导向定价法也有一些缺点:①定价过程复杂,特别是各种价格下的市场需求量,难以做到准确估计;②由于技术等各种因素的限制,不一定总能做到将产品成本降到用户的感受价值之下。由此可见,需求导向定价法与成本导向定价法的优缺点刚好相反。

(三)竞争导向定价法

竞争导向定价法,是企业依据竞争产品的品质和价格来确定本企业产品价格的一种方法。其特点是:只要竞争产品的价格不变,即使本企业的产品成本或需求发生变化,价格也不轻易改变。这种方法定价简便易行,所定价格竞争力强,但价格比较僵死,有时企业获利较小。

竞争导向定价法比较适合市场竞争激烈的产品。营销者在运用这一方法时,应当强化用户的感受,使用户相信本企业产品的价格比竞争对手更符合用户的利益。在当代竞争激烈的国际汽车市场上,不少汽车公司便采用此法。例如,日产汽车公司的定价,就是先充分研究丰田汽车公司相似产品的价格,然后再给自己的产品制定一个合适的价格,如果丰田的价格调整了,日产公司通常也要做出相应的反应。

在使用竞争导向定价法时,企业不仅应了解竞争者的价格水平,还应了解竞争者所能提供的产品及质量。这可从以下几个方面去做到:①获得竞争者的价目表;②派人员去比较用户对价格的态度,如询问购买者的感受价值和对每一个竞争者提供的产品质量感觉如何;③购买竞争者提供的产品并与本企业产品进行比较,有必要的话可以将竞争者的产品拆开来研究。一旦企业知道了竞争者的价格和提供的产品,它就可以用这些信息作为自己制定价格的一个起点。如果企业提供的产品与一个主要竞争者的产品类似(包括产品功能、产品质量等),则企业应将自己的价格订得接近于竞争者;若企业提供的产品不如竞争者,企业的定价就应低于竞争者;若企业提供的产品比竞争者的好,则企业索价就可以比竞争者的高。

竞争导向定价法常见的具体方法有两种:①随行就市定价法。指按行业近似产品的平均价格定价,是同质产品惯用的定价方法,也比较适合产品的成本难以估计、企业打算与竞争者和平共处、对购买者和竞争者的反应难以估计等场合。②投标定价法。当产品出现供不应求时,汽车营销者可以向社会(主要是中间商)进行招标竞价,其过程与采购招标大体类似。企业采取这种定价方法往往可以使得自己获得最大利益。

值得强调的是,企业在使用竞争导向定价法时,必须考虑竞争者可能针对本企业的价格所做出的反应。从根本上来说,企业使用竞争导向定价法是为了利用价格来为本企业的产品适当定位、同竞争者抗争。

六、核定最佳价格

经过前述五个步骤,企业就可以制定出一个基本价格。但是,在企业选定最终价格时还需考虑其他方面的要求、意见和情况,力争把价格定在最佳水平。首先必须考虑所制定的价格是否合法,即审查所定价格是否符合国家有关政策和法令、条例的规定,否则,就会受到法律制裁或行政处罚。其次,要考虑所制定的价格是否与企业的定价政策相一致。许多企业都明确了企业的定价形象、对待价格折扣的政策以及对待竞争者的价格的指导思想。再次,要考虑其他各方对本企业所定价格的反应。分销商和经销商对价格感觉如何?公司的推销人员是愿意按此价格推销还是抱怨此价格不合理?竞争者对这个价格会做出怎样的反应?供应商看到公司的价格,会不会提高他们的供货价格?最后,要考虑消费者的不同需求特性。消费者的需求特性包括消费者的地区差异、需求差异、购买行为差异、购买心理差异等。如果存在消费需求的差异,企业还要根据这些差异对价格进行修订和调整,如价格是否具有地区差别、购买数量差别、购买者类型差别等。

第二节　汽车产品价格策略

企业在制定了基本价格后,要适应不同的需求特点,还有必要针对不同的消费心理、购买行为、地区差异、需求差异等,对基本价格进行修改。

一、影响汽车产品定价的主要因素

价格是一个变量,它受到许多因素的影响,包括企业的内部因素和外部因素。内部因素主要是定价目标、产品成本、产品特点、分销渠道和促销策略等,外部因素主要是市场的需求情况、货币流通状况、竞争状况、政策环境和社会心理等。定价时必须首先对这些因素进行分析,认识它们与汽车产品价格的关系,再据此选择价格策略。

(一)汽车产品的成本

产品成本是价格构成中一项最基本、最主要的因素。一般情况下,产品价格必须能够补偿产品的实际成本,还要补偿企业为产品承担风险所付出的代价。低成本是企业制定富有竞争力价格的重要基础。

1. 成本的概念与种类

企业产品的生产和经营要经过一系列复杂的过程,必定要消耗一定的物化劳动和活劳动,这种在产品生产和经营中所产生的实际耗费的货币表现就是成本。它是产品价值和价格形成的基础,通常也是产品价格的最低经济界限。

一般而言,企业在制定产品价格以及在市场上进行价格竞争时,通常将成本区分为以下几种不同的形态:

1)总成本(Total Cost,TC,用$\sum C$表示)

系指企业在一定时期内生产经营产品的总物化劳动和活劳动耗费的总和,它等于统计期内企业的全部固定成本(Total Fixed Cost,TFC,用$\sum C_f$表示)与总可变成本(Total Variable Cost,TVC,用$\sum C_v$表示)之和,即:$\sum C = \sum C_f + \sum C_v$。

2)固定成本(Fixed Cost,FC,用C_f表示)和可变成本(Variable Cost,VC,用C_v表示)

其概念已在前一节进行了介绍。

3)平均成本(Average Cost,AC)

平均成本包括平均总成本、平均固定成本和平均可变成本。

平均总成本(Average Cost,AC),又称为全分摊成本或单位总成本,系指总成本按产量平均分摊到单位产品中的全部劳动耗费。它等于总成本和总产量(Quantity)之比。

平均固定成本(Average Fixed Cost,AFC),又称为单位固定成本,系指总固定成本按产量平均分摊到单位产品中的固定成本。它等于总固定成本和总产量之比。显然,它随企业产量的增长而趋于下降。

平均可变成本(Average Variable Cost,AVC),又称为单位可变成本,系指总可变成本按产量平均分摊到单位产品中的可变成本。它等于总可变成本和总产量之比。通常处于成熟期的产品,平均可变成本是大体不变的。

4)边际成本(Marginal Cost,MC)

是指每增加一个单位的产品生产所引起的总成本的增量。它等于总成本增量和总产量增量之比。通常,企业处于成熟期的产品,其边际成本与平均可变成本大体相等。但当产量增长引起固定成本增加时(如需要投资改造生产设备或者招募新员工需要进行培训等),边际成本就会高于平均可变成本。一般地,边际成本不小于平均可变成本。

2. 成本的影响因素

汽车成本是一个复杂的价值系统,它涉及汽车制造的全过程和企业经营的各方面,努力降低成本仍然是我国汽车厂商当前需要做好的一个重要课题。汽车成本的影响因素有以下几方面。

1)生产规模

在企业生产能力范围内,固定成本(AFC)的发生与生产规模没有直接关系,各期固定成本的总额大体保持不变;但平均固定成本(AFC)却是随着生产规模的增长而下降。

可变成本的发生与生产直接相关,总可变成本(TVC)总是随生产规模(Q)的增长而增加。但平均可变成本(AVC)和边际成本(MC)表现的规律是:产品在投产初期,由于各种生产要素的效率未得到充分发挥,平均可变成本随产量增长趋于增加(如废品率高),边际成本也趋于增加(如员工培训);以后随着产销量的增长,平均可变成本和边际成本均趋于下降并保持一定的稳定性;当生产达到设计能力后,继续增加产量必然会引起固定成本的增加,平均可变成本和边际成本又趋于增加。

在一定生产规模内,随着产销量的增长,单位总成本趋于降低(图 8-2),人们称这种经济现象为规模经济(又被称为规模效应或规模效益)。单纯从成本角度看,企业生产规模达到设计能力,生产潜能得到完全利用是最理想的经营状况,此时单位总成本最低。从图 8-2 可知,在一定生产规模后,单位总成本开始呈现缓慢下降的态势,人们将这一生产规模(Q_0)称为经济规模。汽车工业是典型的规模经济产业,追求经济规模,获取规模效益,是汽车及零部件厂商应该努力的方向。

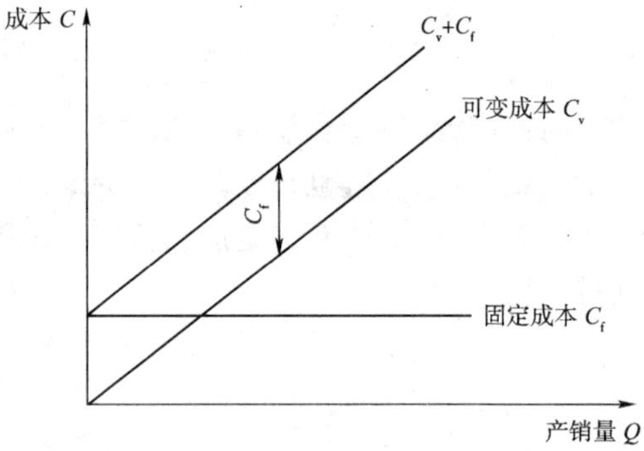

图 8-2 成本-产销量关系图

但是,企业的实际产量究竟能够多大,或者能否达到经济规模,往往不受企业的主观意志所左右,而要受到企业能够获得的市场份额(销售量)、流动资金等因素的影响。特别是企业生产规模的确定,宜以企业经过努力能够获得的市场容量为前提。否则,盲目地增加产量,很可能导致产品积压,加剧企业流动资金的紧张。

值得注意的是,企业的产销量与成本又是互为函数的。一方面,市场需求量大,可以支持企业扩大生产,降低产品成本;另一方面,企业降低产品成本和售价,也会刺激市场需求增加。这种复杂关系,如同"鸡生蛋、蛋生鸡"。尤其在经济发展水平相对不高、汽车普及程度相对较低的国度里,汽车市场容量受产品价格的影响较大,因而企业努力降低生产成本和产品售价对增加市场需求具有很大的作用。

2)产品品种

单一品种的大量生产,对获得较低的生产成本是非常有利的。但这种生产方式却难以满足市场对多品种的需要,减少了企业的营销机会,会增加企业的经营风险。这表明,过少的产品品种,可能使得企业生产成本的降低不能弥补经营风险成本,最终使得产品的平均成本上升。

另一方面，产品品种过多，虽然提高了企业在市场上的适应能力，减少了企业的营销机会损失；但随着品种的增加，每个品种的产量势必下降，而且零部件的相关性减少，生产设施的通用性也会下降，引起产品生产成本的增加，最终使得产品的平均成本上升。

所以，只有当产品品种数目适当时，才能使得产品总成本最低(图 8-3)。

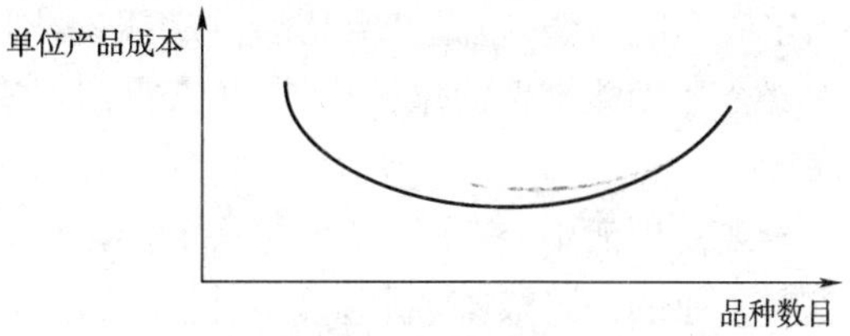

图 8-3　品种与成本的关系

为了实现现代化的“大批量定制”生产方式，充分满足广大顾客的个性需求，企业必须做好品种与成本的平衡。企业可以综合应用成组技术、IT 技术、现代管理手段，对不同车型和品种的零部件进行有效组合，加强生产平台建设，以最少的零部件作为基础，生产尽可能多的竞争能力较强的车型。

3)产品质量水平

质量费用是为保证和提高产品质量而支出的有关费用以及因未达到质量标准而产生的损失费用之和。它主要包括：①外部质量损失费用，即无偿修理费用、退货和折价费用、用户损失费用；②质量评价费用，即产品试验、质量检查费用；③内部质量损失费用，即废品损失、修理费用；④质量预防费用，即质量、工艺、管理保证和培训费用。

如果仅仅强调降低某一种质量费用，其效果不一定理想，如降低了质量损失费用，就会增加质量预防费用。综合以上四种质量费用，以总质量成本最低为最优。

4)产品生命周期阶段

产品生命周期的四个阶段对汽车产品的成本有不同的影响。导入期，由于资金大量投入，生产能力还未完全形成，生产成本较高；成长期，由于生产增长较快，成本开始下降，并在一定阶段达到保本水平；成熟期，成本进一步降低，达到最低点；衰退期，生产趋于下降，成本又上升。

5)成本结构对产品成本的影响

汽车产品的成本结构，明显具有技术构成比例高，协作配套、原材料采购比例高，劳动消耗比例高等特点。对于发达国家，其较高的劳动生产率有利于降低汽车生产成本，但其较高的劳动力成本却抵消了这一效果；而经济落后国家的情况则正好相反，尽管劳动力便宜，但由于技术水平低、劳动生产率不高、管理水平低，所以汽车生产总成本并不一定低。而那些位居发展中国家前列或中等发达国家，由于其工业化程度、劳动生产率、人员技术素质都较高，劳动力成本也相对便宜，汽车产品综合成本可能是最理想的，这些国家或地区已成为世界各大汽车公司转移汽车生产的目标地区。

3. 成本与产品定价

以上各类成本是企业产品定价重要的参考变量。企业在参考成本进行定价时，一般会出现以下几种情形：①如果产品价格大于平均总成本($AC<P$)，那么企业在收回全部可变成本和固定成本产品基础上，还会赢得利润(单位产品的利润为 $R=P-AC$)；②如果产品价格大于平均可变成本，且小于平均总成本($AVC<P<AC$)，此时企业可以回收部分固定成本，但没有利润(单位产品的亏损额为 $R=AC-P$)，企业在已经投资形成生产能力或出现能力闲置，而市场销售却无法增长时，可以采取这种定价策略，因为毕竟可以回收部分固定成本(单位产品回收的固定成本为 $P-AVC$)；③如果产品价格小于边际成本($P<MC$)，单纯从这

些增加生产的产品看,企业是没有利润的,但此时企业是否在整体上盈利,要看边际成本与平均总成本的关系,如果 $AC<P<MC$,企业虽然会有利润,但这些增加生产的产品会使企业的利润减少。

由此可见,平均总成本(AC)是企业真正盈利的底线。平均可变成本(AVC)是企业回收固定成本的底线,也是产品售价的底线;否则,如果价格低于平均可变成本($P<AVC$),就意味着企业不能维持简单再生产,生产已经没有任何意义。边际成本是单位产品实现盈利的底线。

现实生活中,汽车厂商依据成本的定价过程通常是:①核算生产厂商出厂价格,它包括生产企业的采购成本、制造成本、固定费用提成、生产环节的税收和合理利润;②核算厂商对经销商的供应价格,它包括生产厂商出厂价格、厂商销售部门的总成本(含运费)、销售环节的税收和合理利润;③核算经销商对最终用户的销售价格,它包括厂商的供应价格、经销商的总成本、经销商的税收和合理利润,以及经销商的价格浮动。在推行品牌经营模式中(4S店模式),除生产厂商出厂价格外,其他环节全部由汽车厂商的销售部门负责核算,并对经销商的最终销售价格进行监控。

(二)企业的营销组合策略

价格是营销组合中最活跃的因素。在制定价格策略时,不能脱离其他营销组合因素来单独决定,而必须与产品、分销和促销策略相匹配,做好营销策略的整体设计,形成一个相互协调的营销组合。

不同的市场条件下,价格策略在营销组合中所处的地位是不一样的。在买方市场条件下,或只有降低价格才能培育市场的条件下(如我国的家用轿车市场),价格策略一般应居于营销组合策略的中心地位,如日本本田公司针对发展中国家的出口,就首先研究目标市场所能接受的价格范围,然后再在这个范围内设计档次适当的汽车。而在一般卖方市场或厂商竞争不激烈的市场条件下,企业经营的中心主要是扩大生产能力或开发新品种,此时产品策略一般居于营销组合策略的中心地位,由它决定其他营销组合策略。

(三)市场结构类型

在市场经济条件下,市场结构不同,即企业及其产品在市场上的竞争不同,企业定价的自由程度也不同。尤其是买方市场条件下,卖方间的竞争十分激烈,企业价格决策者必须熟悉本企业产品所处的市场竞争状况,分析竞争对手的数量,他们的生产、供应能力及市场行为,从而做出适当的价格决策。

根据影响市场竞争程度的具体因素,可把市场划分为完全竞争市场、垄断竞争市场、寡头垄断市场和完全垄断市场四个类型。

1. 完全竞争市场(Perfect Competition Market)

这是一种没有任何人为的干扰或垄断因素的市场。在这种情况下,价格是在竞争中由整个行业的供求关系自发决定的,每个人都是价格的接受者,而不是价格的制定者,因此无所谓定价问题。

完全竞争市场是一种理论上的假想,它必须具备以下条件:①市场上存在着众多的买者和卖者,但是其中任何一个单个买者和卖者的购买或销售量,都不足以影响整个市场的供求状况,因此不能影响整个行业的价格水平。②产品是完全同质的,对消费者或用户具有完全的替代性。③厂商可以自由地进入或者退出行业,没有进入或退出壁垒,资源可以完全自由流动。④生产者或消费者对于自己要购买或消费的产品具有充分的信息,不存在信息不灵对市场竞争的阻碍。在这种市场竞争状况下,没有哪一个买主或卖主对市场有绝对的影响力,如果提价就会无人购买其商品,而降价就会减少利润收入,因此,企业只需接受由市场供求关系决定的价格即可。

2. 垄断竞争市场(Monopolistic Competition Market)

这是一种既有垄断,又有竞争的市场情形,这种市场的特点是:①市场上存在着较多的厂商,厂商和厂商之间存在着激烈的竞争。②厂商之间的产品既有一定的差别,又有较大的替代性。③厂商进入或退出行业较容易。在这种市场情形下,卖者提供的产品质量、品牌等方面都存在着一定程度的差异,每一个厂商对自己的产品有一定的垄断权,但同时市场上也存在可以替代的产品,因此厂商之间具有明显的竞争,而价格就在这种竞争中形成。每一个厂商都是自己产品的价格制定者,都有一定程度的定价自由。在汽车市场上,既存在有差别的汽车产品,并形成一定的市场垄断,但多数汽车产品又面临类似产品的激烈竞争,从而形成垄断竞争的市场类型。在这种市场形态下,如果某汽车厂商在其他厂商价格不变的情况下降价,销售量会有较大的提升,但如果其他厂商也随之降价,则率先降价的厂商,其销售量的变化也可能不大,并有可能诱发恶性竞争。

3. 寡头垄断市场(Oligopoly Market)

指由少数几家大厂商共同控制行业的产品生产和销售的市场情形。这种市场的特点是:①行业内部既不存在众多厂商,也不存在唯一厂商,而是存在少数几家规模较大的厂商,每家厂商的市场占有率都较高,他们都有足够的能力影响整个行业的供求关系和价格水平。②寡头厂商之间存在着高度的相互依赖性,或者互相影响,任何一个厂商的决策变动都会引起其他厂商的极大关注。③在寡头垄断市场上,价格往往不是由供求关系直接决定,而是由寡头垄断者协商操纵,这种价格比较稳定,价格竞争趋于缓和,非价格竞争比较激烈。很多结构特殊、技术专有、不易被对手模仿的汽车产品,都呈现寡头垄断市场情形。

在寡头垄断市场上,价格决定要区分寡头间是否存在联合。在不存在联合的情况下,价格决定的方法有:①价格领先制,行业价格通常由某一寡头率先制定,其余寡头追随其后确定各自的价格;②成本加成法,这是寡头垄断市场上最常用的一种方法,即在估算的平均成本的基础上加一个固定百分率的利润。在存在联合的情况下,即是各寡头共同确定统一价格且协调行动,有时还会为了维持统一价格对产量实行限制。但是,由于寡头间的矛盾,有时达成的协议难以兑现,引起联合失败,这表明联合不能完全代替或取消竞争。

4. 完全垄断市场(Monopoly Market)

这是由一家厂商完全控制整个行业的市场情形,这种市场的特点是:①市场只存在着唯一一家厂商,该厂商的产销量就是全行业的产销量。②厂商的生产和产品是独一无二的,市场上没有任何相近的替代品,既无内部竞争,又无外部竞争。③市场进入壁垒极高,新厂商无法加入行业。④在完全垄断条件下,卖方完全控制市场,可以随意定价。完全垄断有两种情况,一种是政府部门垄断,一种是私人垄断。不论是哪种情况,垄断者出于不同的定价目标和对市场占有的长期考虑,或者受到政府管制政策的约束,都不会肆意制定过高的价格,以避免失去消费者,或者诱发政府的政策干预。

(四)市场供需弹性

市场价格和市场供求状况之间存在着一种双向互动的关系。一方面,市场价格随市场供求关系变化而变化,当商品供过于求时,价格下降;供不应求时,价格上涨;另一方面,市场价格的变动也能引起供求关系的变动。这些规律对企业价格策略的变动有着极为重要的指导意义,企业调整价格时必须考虑市场的需求弹性和供给弹性的影响。

供给弹性,又称为供给价格弹性(Price of Supply),指由于商品价格一定程度的变动率所引起的供给量的变动率,它反映着供给量对价格的敏感程度。供给弹性的大小可以使用供给价格弹性系数进行衡量,它等于供给量的变动率与价格变动率的比值,即:

$$E_S = \frac{\Delta Q}{Q} / \frac{\Delta P}{P} = \frac{\Delta Q}{\Delta P} \cdot \frac{P}{Q}$$

式中:E_S——供给价格弹性系数;

Q 和 ΔQ——供给量和供给量的变化量;

P 和 ΔP——价格和价格的变化量。

影响商品供给弹性的主要因素有:①产品的生产周期。这是影响供给弹性大小的最重要的因素。短期内的供给价格弹性系数要小于长期内的系数。②生产的难易程度。容易生产的产品,供给价格弹性大。③生产要素的供给弹性。生产要素的供给弹性大,产品的供给价格弹性也大。④生产所采用的技术类型。资本密集型、技术密集型产品,供给价格弹性小;而劳动密集型产品,供给弹性大。

(五)国家政策法令

任何国家对物价都有适度的管理,所不同的是,各个国家和地区对价格的控制程度、范围、方式等存在着一定的差异,完全放开和完全控制的情况是没有的。一般而言,国家可以通过物价部门直接对企业定价进行干预,也可以用一些财政、税收手段对企业定价实行间接影响。我国汽车市场由于尚处于发展阶段,政策环境对定价的影响,尤其对部分汽车品种(如轿车)的价格制定影响很大。

汽车产品的定价,除了应充分考虑以上各种因素外,还必须综合考虑其他因素,如企业对产品的介绍与宣传、营销环境因素等,充分考虑各种因素的综合作用,才能保证定价的成功。

二、汽车产品的价格策略

企业在充分考虑了各种定价的影响因素后,以及采用适当方法所确定的价格,还只是产品的基本价格。实际营销过程中,企业还应围绕基本价格,根据不同情况,采取灵活多变的价格策略。

(一)产品生命周期定价策略

产品生命周期包括导入期、成长期、成熟期和衰退期四个阶段。处于不同阶段的产品各有不同的特征,就必须采取不同的定价策略。

1. 导入期的定价策略

导入期的定价策略也称新产品的定价策略。一种新产品刚刚投放市场,它在技术上和经营上都具有一定优势,但同时也面临很多问题。新产品面市迎合了一部分消费者求新求异的心理,但大多数潜在的消费者对产品都不太熟悉,促销费用较大,而且新产品的产量也较少,销售增长缓慢,需求不稳定,营销成本高。在这种情况下,企业为达到不同的目的,会采取以下不同的策略。

1)撇脂定价策略

又称高价策略,是指在新产品上市之初定高价,以赚取丰厚利润,争取在尽可能短的时间内收回投资,随着产销规模扩大,再逐渐降低产品售价。

这种策略的优点是可以在短期内获取尽可能多的利润,及时收回投资并扩大投资,减少对外部资金来源的依赖;可以适应顾客的求新心理,利用高价位提高产品身价,创高价优质名牌形象;先定高价,后逐步降价,一方面适应了消费者的"只能降价,不能升价"的心理,另一方面又可以通过降价吸引更多对价格变动比较敏感的潜在顾客,扩大销售量。企业获得高额利润后,更能提高企业的竞争实力,进而可有效地抑制竞争者的竞争。

这种定价策略的缺点是新产品刚投入市场,产品声誉尚未建立,实行高价位不利于开拓市场,还会诱发竞争者的加入并刺激代用品的发展,使高价格难以维持太久;价格远远高出成本,损害消费者利益,不利于与顾客建立长期和谐的关系,甚至会引起公众的反感。

这种策略的适用条件是:①新产品生产能力有限,高价有利于控制市场需求量;②新产品成本较高,暂时难以立即降低,且需求不会因为价格高而减少,需求弹性相对不高,索取高价存在好处;③新产品在本质上与竞争者的产品有显著的不同,短期内竞争对手较难仿制,供给弹性不高,或根本没有竞争性产品;④高价不会使用户产生牟取暴利的感觉;⑤产品的用途、质量、性能或款式等产品要素,与高价格相符合;⑥生命周期较短的产品。汽车产业,尤其 IT 产业,常常采用这种定价策略。

2)渗透定价策略

与撇脂定价策略相反,这种定价策略是在新产品进入市场初期,把价格定得很低以打开产品销路,迅速占领市场,然后随着市场份额的扩大而逐步提高价格。

采用这种价格策略的优点是有利于产品尽快占领市场,而且低价低利可有效控制和抵挡潜在的竞争者,增强了市场竞争力。但其缺点是容易引起竞争者之间竞相压价的价格战,不能迅速收回投资,而且会在消费者心目中造成劣质低价的印象而损害产品声誉,在一定时候企业若想提价也难以为消费者所接受。

这种策略的适用条件是:①新产品的需求价格弹性高;②企业生产潜力大,潜在需求量大,具有明显的规模效益;③新产品的生命周期较长,企业立足于长期经营。

企业在利用这种策略进入国际市场时,应注意不要让进口国指控为倾销,否则有可能遭到倾销指控。

3)满意价格策略

这是一种追求使买卖双方均感合理的定价策略。它是撇脂和渗透价格策略之间的中价策略,企业定价时取适中价格,兼顾厂商、中间商及消费者利益,使各方面都顺利接受。这种策略的优点是稳扎稳打,没有风险,但缺点是很难掌握"满意"的价格水平。此策略通常适用于那些需求价格弹性适中且销量能稳定增长的产品。

现实生活中,由于各大汽车厂商的综合竞争实力越来越接近,谁都难以靠价格击垮对方,低价竞争的结果往往是数败俱伤,而高价策略通常也难以维持很长的时间,企业采取中价策略,各自在被分割和相对垄断的市场上获取自己满意的利益,把竞争的重点放在汽车的质量性能、品种和服务的竞争上,无疑是比较务实的做法。

2. 成长期的定价策略

产品在成长期一般适用目标利润价格策略，以期获得自己满意的目标盈利率。因为这个阶段，企业产品成本迅速下降，市场中竞争者较少，产品销路已打开，销售量呈上升趋势，企业在市场中处于主导地位，这时是有利于实现企业预定目标利润的时期。

这种价格策略的关键是对目标利润水平或目标盈利率的掌握。一般而言，这个阶段的价格水平以获得社会平均资金利润率为宜。在导入期采取撇脂策略的产品，可随产量的增加和竞争者的进入适当降价格；在导入期采用渗透策略的产品，由于此阶段的成本已大幅度下降，维持原来的渗透价格即可获得平均利润；而在导入期实行满意价格策略的产品，可随成本的降低适当降价，企业仍能取得平均利润，同时顾客也可以享受降价实惠。

3. 成熟期的定价策略

这个阶段企业一般实行竞争价格策略。产品进入成熟期后，虽然生产量和销售量都达到最大，但因大量竞争者进入市场，企业的产品销售肯定会受一定影响，而这一阶段的产品生产成本也进一步下降了，企业可以根据市场情况对产品作不同程度的降价，同时辅以一些非价格竞争的手段以扩大销售、获得利润。实行竞争价格时，掌握降价的依据和幅度十分重要。降价太多，虽然可扩大销售，但可能亏损；降低太少，不足以震撼市场，企业不能保证扩大销售量，也无法在竞争中取胜。企业在实行竞争价格策略时，必须对企业内外部情况进行综合分析，合理确定产品的竞争价格。通常，产品需求价格弹性大时降价幅度可大，需求弹性小时则降价幅度宜小。

4. 衰退期的定价策略

产品进入衰退期之后，新产品、替代品不断出现，消费者对老产品也逐渐失去兴趣，销量直线下降，而且这个阶段的产品成本也会有所上升，利润减少，甚至出现亏损。这个时期产品的定价，主要着眼于最大限度提取收益和尽快回收占压资金，尽可能发挥产品在其市场寿命最后阶段的经济效益。衰退期的产品定价一般采用驱逐价格策略和维持价格策略。

(1)驱逐价格策略。这种策略是以产品的平均可变成本作为价格下限，大幅度降价，以驱逐竞争者，阻止本企业产品销售下降，延长产品寿命。这种定价策略有较强的价格攻击力，但风险也较大，仅限于产品生命周期结束阶段应用，以便清仓出货，迅速转产。

(2)维持价格策略。即企业对老产品继续保持其在市场成熟期的价格水平。这种定价策略可以保持产品在消费者心目中的良好形象，不至于造成“淘汰产品”的印象。但容易使销售量大幅度减少，加快产品退出市场。因此要采取一些措施，如调整产品结构、缩减生产量、加强售后服务等，以延长其市场寿命。

(二)产品组合定价策略

对大型汽车厂商来说，其产品并不只有一个品种，而是某种产品组合，这就需要企业制定一系列的产品价格，使产品组合取得整体的最大利润。这种情况的定价工作一般比较复杂，因为不同的产品，其需求量、成本和竞争程度等情况是不相同的。产品组合定价策略有以下几种形式。

1. 产品线定价策略

在同一产品线中，各个产品项目是有着非常密切的关系和相似性的，企业可以利用这些相似性来制定同一条产品线中不同产品项目的价格，以提高整条产品线的盈利。如某企业同一产品线内有A、B、C 3种产品，分别定价为a(高价)、b(中价)、c(低价)3种价格，则用户自然会把这3种价格的产品分为不同的3个“档次”，并按习惯去购买自己期望的那一档次的产品。

运用这一价格策略,能形成本企业的价格差异和价格等级,使企业各类产品定位鲜明,且能服务于各种消费能力层次的用户,并能使用户确信本企业是按质论“档”定价,给市场一个“公平合理”的定价印象。这一策略比较适合于广大用户对本企业,而不是对某个具体产品的信念较好的情况下采用。

企业在采用产品线定价策略时,首先必须对产品线内推出的各个产品项目之间的特色、顾客对不同特色的评估以及竞争对手的同类产品的价格等方面的因素进行全面考虑;其次,应以某一产品项目为基点定出基准价;然后,围绕这一基准价定出整个产品线的价格,使产品项目之间存在的差异能通过价格差鲜明地体现出来。

2. 选择品及非必需附带产品的定价策略

企业在提供汽车产品的同时,还提供一些与汽车相关的非必需产品,如汽车收录机、暖风装置、车用电话等。一般而言,非必需附带品应另行计价,以让用户感到“合情合理”。

非必需附带产品的定价,可以适当定高价。如汽车厂商的销售展厅内摆放的全是有利于显示产品高贵品格的产品,在强烈的环境感染下,用户常常会忽视这些选择品的性价比。

3. 必需附带产品定价策略

必需附带产品又称连带产品,指必须与主机产品一同使用的产品,或主机产品在使用过程中必需的产品(如汽车零配件)。一般来说,企业可以把主机产品价格定得低些,而将附带产品的价格定得高些,这种定价策略既有利于提高主机产品价格的竞争性,而又不至于过分牺牲企业的利润。这是一种在国际汽车市场营销中比较流行的策略。

4. 产品群定价策略

为了促进产品组合中所有产品项目的销售,企业有时将有相关关系的产品组成一个产品群成套销售。用户有时可能并无意购买整套产品,但企业通过配套销售,使用户感到比单独购买便宜、方便,从而带动了整个产品群中某些不太畅销的产品的销售。使用这一策略时,要注意搭配合理,避免硬性搭配,硬性搭配(强制销售、捆绑销售)的销售行为在多数国家是不合法的。

(三)心理定价策略

1. 声望定价策略

指利用用户仰慕名牌产品(名贵产品)或企业声望的心理来定价的策略,往往把价格定得较高。这种方法尤其适用于产品成本、质量不易鉴别的产品,因为用户在不容易区分不同产品的成本、质量的情况下,往往以品牌及价格来决定取舍。此外,一些“炫耀”性产品也适合保持较高的价格水平,如高级豪华轿车。

2. 尾数定价策略

指利用用户对数字认识上的某种心理,在价格的尾数上做文章。如企业故意将产品的定价定出个尾数,让用户感到企业的定价比较公平合理;又如,将尾数定为“9”,以满足人们长长久久的心理,将尾数定为“8”,以迎合用户“恭喜发财”的心理等。面向公共权力机关销售的汽车(如公务用车),应特别注意应用尾数定价策略,将价格定在有关管理规定之内。

(四)地区定价策略

企业要决定卖给不同地区的产品,是否要实行不同的价格,实行差别定价。概括地看,地区定价策略有：

(1)统一定价。即对全国各地的客户，实行相同的价格，客户不管去哪家经销商购买，产品的价格都是一样的。执行这种策略，有利于吸引各地的客户，规范市场和规范企业的营销管理。又可以分为两种情况，一种情况是用户自己去经销商处提车，并自负提车后的有关运输费用；或者收取合理的交付费用后，由厂家或经销商负责将商品车交付到用户家里，即非免费送货。另一种情况是厂家或经销商负责免费将商品车交付到用户家里，属免费送货。

(2)基点定价。即企业选定某些城市作为基点，在这些基点城市实行统一的价格，客户或经销商在各个基点城市就近提货，如在制造厂商设在全国的地区分销中心或地区中转仓库提货，客户负担出库后的交货费用。

(3)分区定价。即将全国市场划分为几个市场销售区，各区之间的价格不一，但在区内实行统一定价。这种定价方法的主要缺点是价格不同的两个相邻区域，处于区域边界的用户对相同的商品，却要付出不同的价款，且容易出现"串货"或商品的"倒卖"现象。

(4)产地定价。即按产地的价格销售，经销商或用户负责从产地到目的地的运输，负担相应的运费及相关风险费用。这种定价策略已经不大采用，除非在销售较为旺盛时，部分非合同销售才可能出现这种情况。

(五)折扣定价策略

折扣定价是应用较为广泛的定价策略。主要的类型有：

(1)功能折扣，又作贸易折扣。即厂商对功能不同的经销商给予不同折扣的定价策略，以促使他们执行各自的营销功能(推销、储存、服务等)。

(2)现金折扣。即给予立即付清货款的客户或经销商的一种折扣。其折扣直接与客户或经销商的货款支付情况挂钩，当场立即付清时得到的折扣最多，而在超过一定付款期后，不仅得不到折扣，反而还可能要交付一定的滞纳金。

(3)数量折扣。即与客户或经销商的购买批量挂钩的一种折扣策略。购买批量越大，享受的折扣越大。我国很多汽车厂商均采取了这种策略。

(4)季节折扣。即与时间有关的折扣，这种折扣多发生在销售淡季。客户或经销商在淡季购买时，可以得到季节性优惠。

(5)价格折让。当客户或经销商为厂商带来其他价值时，厂商为回报这种价值而给予客户或经销商的一种利益实惠，即折让。如客户采取"以旧换新"方式购买新车时，客户只要付清新车价格与旧车价格间的差价，这就是以旧换新折让。又如，经销商配合厂商进行了促销活动，厂商在与经销商清算货款时则给予一定折扣，这种折扣就是促销折让。

(6)地区折扣。即根据中间商或零售商所处的地理位置，距生产厂商距离的远近，在运费上给予一定比例的折扣，其目的是鼓励远距离的中间商或零售商销售本企业产品，以扩大市场的地区覆盖范围。

(六)价格调整策略

产品价格制定之后，由于市场环境的变化，企业需及时对产品的价格进行调整。产品价格的调整一般可分为主动调整和被动调整两种。

1. 价格的主动调整

在市场营销中，企业出于某种营销目的，经常主动地对价格进行调整，包括主动降价和主动提价。

1)主动降价

企业降价的原因很多,有来自企业外部的因素,也有企业内部策略的转变等,主要有:①产品供过于求,严重积压,运用各种营销手段(价格策略除外),仍难以打开销路;②市场竞争激烈,只有通过降价来提高市场占有率;③企业的产品成本比对手低;④产品的使用价值下降;⑤市场需求进入淡季;⑥政治、法律、环境的影响及经济形势的变化,特别是出现通货紧缩、市场疲软、经济萧条的宏观经济形势,或者出现币值上升,社会物价整体水平下降。

企业降价的具体方式,既可以选择直接降价,也可以选择间接降价。

采用直接降价策略,可以刺激用户的购买欲望,增加产品的销售量,但如果降价时机选择不当,降价方式不合适,宣传不够,也会产生不良影响。一般来说,降价时购买者可能理解为:①该产品可能被淘汰;②产品有缺陷;③产品已经停产,零配件供应将会有困难;④降价还会持续,特别是小幅连续降价时,最易引起购买者持币待购;⑤企业遇到了财务困难。因此降价策略必须谨慎使用。

间接降价(又作变相降价),可以缓解价格竞争,避免误导购买者,促进产品销售,是常用的降价方式。常见的间接降价方式有:

(1)增加价外服务项目。在欧美日等国家,此种方法被大量采用,如:①对购买者提供低息贷款;②赠送车辆保险或一定数量的燃油;③免费送货上门;④增加质量保修内容,延长保修期限或里程等。国内的汽车厂商也大量采用这种方法。

(2)赠送礼品和礼品券。

(3)举办产品展销,展销期间价格优惠。如开展"销售优惠月"活动,优惠月内价格优惠,这种短期的降价活动有很强的促销作用。

(4)在不提高价格的前提下,提高产品质量,改进产品性能,提高产品附加值。

(5)给予各种价格折扣。

2)主动提价

企业调高价格的原因也很多,主要有:①产品供不应求;②成本费用增加;③通货膨胀,货币贬值,原有价格就会低于产品价值,为了避免损失,必须提高价格;④产品进行了改进,质量、性能都有所提高;⑤政府为了限制某些商品的消费,可能会征收高额税收,导致价格提高。

产品提价通常会抑制需求,但有时会使用户将提价理解为:①此产品为走俏产品;②该产品有新功能或特殊价值;③可能还要涨价,迟买不如早买。所以,如果提价时机好、促销广告宣传有力,提价有时反而会激发增强购买欲望,增加产销量。但要注意,提价时一定要注意不能引起用户反感。有时,在需要提价的情况下,企业为了不招致用户的注意和反感,会采用间接提价策略,例如:

(1)在签订大宗合同时,规定价格调整条款,即对价格不作最后限价,规定在一定时期内(一般为交货时),可以按当时价格与供求行情对价格进行调整。

(2)减少系列产品中利润较少产品的生产,扩大利润较高产品的生产。

(3)减少某些服务项目,以降低生产和服务成本。

(4)开展价值工程研究,节约某些项目成本,以降低生产成本。

2. 价格的被动调整

价格的被动调整是对竞争对手调整价格后做出的反应。如果竞争对手进行了价格调整，为了不让本企业失去商机，企业就要仔细研究以下问题：竞争对手为什么要调整价格？是为了夺取市场，还是其生产成本发生了变化？竞争者调价是长期的，还是短期的？是局部调整，还是全局调整？其他企业将会如何反应？如果本企业不予应对，其他企业是否会给予应对？如果本企业进行价格调整，竞争者又会有什么反应等。

在对上述问题进行深入研究的基础上，企业还应分析研究本企业的具体情况：该产品市场对价格反应的灵敏程度；对方的价格调整对本企业销量的影响；进行价格调整的产品所处的生命周期阶段；如果本企业不作价格调整，市场占有率、销量、利润、声誉会怎样变动；替代品的价格变化情况以及本企业产品与替代品的相互关系；如果决定调价，那么调价的幅度应该多大；在什么市场、利用什么时机和条件下，本企业进行价格调整；若企业不调整价格，能否通过调整非价格因素达到与实施价格竞争同样的效果等。

综合考虑以上问题后，企业就可选择相应的价格措施，例如降低价格、维持价格或通过非价格竞争达到目的。

第三节　汽车价格战的分析与规避

自20世纪90年代中期以来，随着汽车买方市场的形成，我国的汽车市场经常出现带有恶性竞争性质的“价格战”（Price War）现象，这种“恶性价格竞争”严重偏离了竞争的基本原则，扰乱了公平、公正的市场秩序，导致产业结构不稳定、资源严重浪费和国家税收减少。

一、“价格战”的概念与特征分析

一般来说，企业的某些降价行为常常会引起同类企业推出与之类似但更加激烈的应对策略，容易导致企业间的反复博弈，当产业内的竞争态势超出了企业自身的承受能力时，就是恶性价格竞争——即“价格战”。其通常的表现往往是产品的市场销售价格接近甚至低于产品平均成本水平。因此，所谓的价格战，就是指通过压低价格来实施的恶性竞争，当然，并不是所有的降价行为都属于恶性价格竞争。从定义来看，恶性价格竞争必须具备以下四个特征：

（1）整体性。即不是某一个企业或者少数几个企业的降价行为，而是产业内企业整体性的价格竞争行为。

（2）连锁性。由产业内某一个或一些企业的降价行为引发，并迅速蔓延开来，形成“多米诺骨牌效应”，导致产业内大部分企业的价格连锁反应。

（3）长期性。“价格战”并不是瞬间的价格行为，而是会使产业内低或负的利润率相对长期持续，以至超过企业承受能力的一种竞争状态。

（4）危害性。这是最重要的特征。“价格战”不仅会使企业利润丧失殆尽，陷入危机，而且会影响产业的良性发展，并最终影响国家的税收、经济的发展，甚至社会的稳定。

二、“价格战”的成因

长期以来，学术界和产业界一直在努力探讨“价格战”的成因。一般来看，“价格战”的成因可概括为以下6个方面。

1. 产业所处阶段

从产业生命周期来看，价格竞争特别是恶性的价格竞争，一般发生在尚未进入成熟期或处于衰退期的产业。我国的汽车价格战，显然属于前一种情况。

2. 产业特征

几乎所有的产业都存在着进入和退出壁垒，这是产业的主要特征之一。对于具有“低进入壁垒”和“高退出壁垒”的产业，往往极易发生“价格战”。产业的另一主要特征——产业的集中度，也是衡量产业内竞争程度的标志之一；产业集中度过低将会导致激烈的市场竞争，也很容易引发“价格战”；产业的第三个主要特征是产能情况。生产能力过剩时，企业往往直接采用低价策略，进而导致产业内的“价格战”。

3. 产业结构

主要是考虑战略集团的数量与规模。波特认为，领导型战略集团的产业结构相对较为稳定，而数量众多且势均力敌的其他类型战略集团的产业结构则缺乏稳定性。各企业为了争夺领导地位，必然竞争激烈，从而可能最终陷入“价格战”的旋涡。

4. 政府宏观调控

如果政府对宏观调控不力，对市场缺乏正确的引导和规范，就会引起企业对热门产业的大量涌入。重复的投资建设，导致产品的相对过剩、产品或服务同质化、营销手段趋同等，进而引起“价格战”。

5. 市场管理体制

管理体制的不健全或者管理的力度太松懈，会导致了市场体系的不完善，使得企业面临的市场条件存在差异性。这些差异性，使不同的企业存在不平等的竞争机会和条件，也使有些企业对价格竞争具有更强的承受能力。这些企业往往会挑起价格战。

6. 产品趋同

在市场竞争中，如果产品同质化严重，或者营销模式相同，企业很容易选择价格竞争策略。此时，如果其他企业迅速跟进，原先企业又采取更加激烈的降价作为对抗措施，就容易形成企业间价格竞争的往复递进。当企业间的价格变动成为产业整体行为且超出企业自身承受能力时，产业就陷于“价格战”。同时，由于“价格战”使企业利润空间愈来愈小，致使企业对创新资源投入更加缺乏。创新不足又会导致产品趋同进一步加深，进而加剧恶性价格竞争的激烈程度，最终形成恶性循环。具体来说，产品趋同主要从以下几个方面引发“价格战”。

1）市场定位趋同的影响

市场定位趋同将使产品的品质、功能等有形部分高度相似，同时也会造成产业服务领域的过分狭窄，导致产业内激烈的市场争夺。在产品实体相似的情况下，企业就会通过降低产品价格来扩大市场份额，从而诱发“价格战”。

2）技术趋同的影响

技术是产品研发和生产的关键。我国企业目前使用的技术和设备，大部分是在改革开放后从欧美和日韩引进的。存在的问题是：引进的地域比较集中，缺乏核心和关键技术，引进后的创新和自主研发的力度不够，相同技术模仿情况严重。这些情况导致了技术的趋同，直接表现为产品的同质化，以致同类产品间的替代性很强。在产品同质且供大于求的情况下，企业只有通过降低价格来增加产品吸引力。

3）营销模式趋同的影响

4P’s 营销模式自 20 世纪 60 年代由美国著名营销专家麦卡锡（McCarthy）提出以来，经过 40 多年的发展，其思想已为业界广为接受，但由于在营销实践中创新不够，现在不同企业

之间的做法越来越趋同,推动了"价格战"的产生与发展。营销模式趋同的表现有:

(1)产品策略趋同。产品策略趋同将使企业产品的功能、外观等有形部分趋于一致,在细分市场有限的容量下,容易形成市场饱和。企业为争夺有限的市场,只能选择最简单而有效的价格竞争手段。

(2)渠道策略趋同。在买方市场情况下,渠道趋同将导致企业对高效率渠道的激烈争夺。为增加吸引力,企业往往降低产品供给价格,从而排挤目标渠道对于同类产品的接纳。

(3)价格策略趋同。在目标市场、产品和渠道选择趋同的情况下,价格策略也将趋同。在激烈的市场竞争下,定价策略容易由成本导向转向市场导向。一些企业为增加销量首先降价时,其他企业将迅速跟进并形成循环,最终引发全产业的非理性降价行为。

(4)促销策略趋同。我国企业目前促销策略趋同,主要表现为多采用价格竞争和广告宣传两种手段,没有建立蕴涵企业文化的品牌和人性化的售后服务,以及加强销售员的培养等。在广告宣传效果不明显时,企业就会采用价格竞争策略。

三、"价格战"的规避策略

并不是所有的价格竞争都是恶性的,但是"价格战"一旦形成,就会严重影响产业的稳定和企业的持续发展。因此,企业应不断地从管理的角度,寻找规避"价格战"的策略。

1. 市场定位创新

国内目前的大多数车型的市场处于相对饱和的状态,主要是因为汽车厂商在进行汽车产品的市场定位时严重趋同,尤其是中低端市场。企业想要摆脱"价格战",首先就必须在市场细分的基础上,根据企业资源与能力,选择竞争相对缓和的细分市场,即使在竞争激烈的细分市场中,企业仍可以通过详细的市场细分矩阵,找到合适的市场空隙。

2. 技术创新

在学习和引进先进技术时,大多数企业只是着重于"为我所用",并没有从长远出发确定技术的发展战略,进行自身技术创新。所以,企业的技术发展战略必须注意三个方面的内容:首先,必须关注行业领先技术,积极引进以缩小自身差距,但引进的重点是核心技术和关键技术;其次,学习和引进先进技术之后,必须结合自身特点进行创新;最后,加大企业对于核心技术和关键技术的研发力度。

3. 营销模式创新

营销模式的创新是指对"4P's"营销组合的持续创新,包括:

(1)产品策略创新。主要包括产品线和产品组合的创新、品牌创新和包装创新等。在产品线方面,企业可以在市场细分和目标市场选择的基础上,进行产品线延伸,给产品赋予现代化和特色化等内涵;在品牌方面,创新途径主要包括品牌扩展、品牌延伸、品牌重命名等。但是最重要的是为品牌赋予文化内涵与生命力,突出品牌文化。

(2)渠道策略创新。分销渠道创新是企业营销模式创新的重要内容之一。分销渠道越通畅,产品占领的市场就越快和越广泛。渠道策略创新可以从2个方面来考虑:首先是分销机构创新,可以建立全方位掌握信息的分销网络、建立垂直渠道系统;其次是物流系统和网络成员信息化管理的不断创新,用最新的信息技术提高分销网络的运营效率。

(3)价格策略创新。传统的价格策略主要是尽量降低商品成本,从而降低商品价格,以廉价形成竞争优势。随着经济发展、科学技术进步和市场竞争的日益加剧,价格竞争的内涵也日益丰富。价格策略创新的方法是:立足产品市场创新,在定价方法等方面不断推陈出新，将产品价格与品牌战略、分销渠道等营销策略有机结合，在服务方式上以顾客为导向，创立更加方便顾客的交易模式。

(4)促销策略创新。促销是营销组合中最灵活、最富于变幻的因素，创新的空间很大。首先在广告创新方面，企业可以创造全新的广告创意和创造性地利用消费者心理动机，如凸显诉求策略、逆反策略等；其次在人员推销方面，一方面要注意提高推销人员的素质水平，另一方面要创造富有创意的推销方法。

总之，价格战属于低层次的竞争手段，对企业的经营和产业发展具有较大危害，企业应该创新竞争领域，从简单的价格竞争转向内涵更为丰富的非价格竞争领域。

第九章 汽车分销与物流策略

分销渠道是关乎汽车产品能否顺利进入市场、扩大销售份额进而赢得竞争的重要营销组合,汽车厂商的分销渠道决策主要涉及分销渠道设计、中间商的利用、分类与遴选、渠道策略及渠道管理等方面的问题。同时,汽车的销售物流也是渠道成员的重要职能,我们在本章一并加以讨论。

第一节 分销渠道理论

一、分销渠道的内涵

分销渠道(Distribution Channel)又被称为营销渠道、交易渠道、配销通路,自20世纪60年代营销管理理论体系确立以来,学术界与企业界从不同的视角各自为分销渠道进行了定义,比较有代表性的有以下几种:

美国市场营销协会(AMA)的定义委员会在1960年给分销渠道下的定义是:“厂商内部和外部的代理商和经销商(批发和零售)的组织机构,通过这些组织,商品(产品和劳务)才得以上市行销”。

肯迪夫和斯蒂尔给分销下的定义是:“产品或劳务从制造商向消费者移动的过程中,直接或间接转移所有权所经过的途径”。

美国著名营销学家菲利普·科特勒(Philip Kotler)教授在《市场营销管理》一书中对分销渠道下的定义是:“分销渠道是使产品或服务能被使用或被消费而配合起来的一系列相对独立的组织的集合”。

综上所述,汽车分销渠道是指汽车产品或服务从制造厂商向用户转移过程中所经过的一切取得所有权(或协助所有权转移)的商业组织和个人,即汽车产品或服务从制造厂商到用户的流通过程中所经过的各个环节连接起来形成的通道。分销渠道通过其组织成员的协调运作,弥补产品或服务的生产与消费在消费形式、所有权转移、消费时间以及消费地点之间的差异,为最终使用者创造价值。一般说来,分销渠道具有以下特征:

首先,分销渠道反映某一特定产品(服务)价值实现全过程所经由的整个通道。其一端连接生产,另一端连接消费,是产品从制造商到消费者(用户)的完整的流通过程。

其次,分销渠道是一群相互依存的组织和个人的集合。这些组织(个人)为解决产品实现问题各自发挥营销功能,因共同利益而合作,结成共生伙伴关系;同时也会因不同的利益和其他原因发生矛盾和冲突,需要协调和管理。

第三,分销渠道的实体是购销环节上的组织或个人。产品在渠道中通过或多或少的购销环节转移其所有权，流向消费者。中间环节包括商人中间商（他们取得所有权）和代理中间商（他们协助所有权转移）。在特定条件下，制造商可将产品直接销售或租赁给消费者（用户），一次转移产品所有权或使用权。这时，分销渠道最短。但在多数场合，制造商要通过一系列中间商转卖或代理专卖产品，在较长的分销渠道中多次转移产品所有权。

另外，分销渠道是一个多功能系统。它不但要通过在适当的地点，以适当的质量、数量和价格供应产品和服务以满足需求，而且要通过渠道成员的促销活动来刺激需求。

二、分销渠道的结构与分类

根据不同的市场环境和条件，制造厂商分销渠道的类型多种多样，为了清楚地表述厂商分销渠道，一般使用渠道长度和宽度来对其进行描述。渠道长度（Channel Length）是指产品（服务）在向消费者（用户）转移过程中所经历的环节（中间商）的多少，即一条渠道所包含的中间商（组织或个人）数目的多寡，中间环节数目多，渠道就长。渠道宽度（Channel Width）是指产品（服务）向消费者（用户）转移的渠道（通道）的多少，任何一条渠道（通道）都可以实现产品（服务）向消费者（用户） 的转移功能。

按照渠道长度与宽度的不同，厂商的分销渠道可分为不同的结构类型。

1. *厂商分销渠道的长度结构*

厂商的分销渠道按其有无中间环节一般分为直接渠道和间接渠道两大类。

直接分销渠道（Direct Distribution Channel）。也叫零层渠道，是指厂商根据市场目标和市场条件的实际情况设立自有的销售机构，配备销售人员，将产品或服务直接销往用户的渠道组织形式，是长度最短的分销渠道，此时厂商与销售商可能是相互独立的法人，也可能是相互隶属或者同时隶属于一个法人集团。直销渠道适用于厂商销售力量雄厚、产品技术含量高或作为工业品销售的厂商。当新产品处于导入期时，为了更加有力的执行厂商的市场政策，有时也使用直销渠道。

间接分销渠道（Indirect Distribution Channel）。间接分销渠道是指厂商对产品和服务的分销是在中间商参与的条件下实现的，按照中间层次的多少又可分为：一级渠道、二级渠道、三级渠道等，如图 9-1 所示。根据厂商与中间商合作方式的不同，间接渠道分为经销制与代理制。

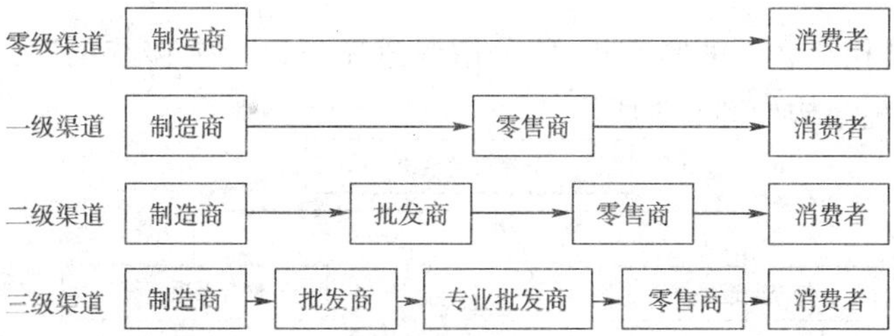

图 9-1 分销渠道的长度结构模式

1）经销制

在制造商与中间商双方协商的基础上，制造商以优惠的价格将产品卖给经销商（Dealer），然后由经销商加价转卖给其他中间商或消费者，其加价部分形成经销商的经营毛利。经销制的根本特征是商品所有权发生了转移，即随着买卖行为的发生，销售风险由制造商转移给了经销商。作为风险补偿，制造商除对经销商提供较大的价格折扣或较低的出厂价以外，一般还对目标市场进行广告宣传等促销投入，以帮助经销商开发市场。

2)代理制

代理制是制造商通过合同等契约形式把产品销售权交给代理商(Agent),从而形成制造商与代理商之间长期稳定的代理关系。代理制作为产品分销渠道,其形式多种多样。从国外的实践看,按代理商与厂商的交易方式,代理可分为两大类:佣金代理和买断代理,如图9-2所示。

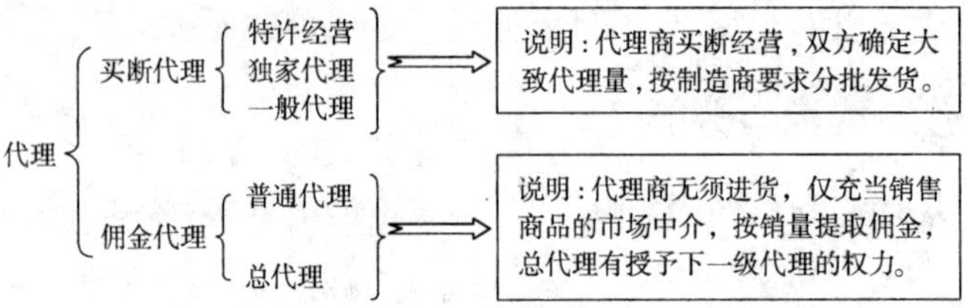

图9-2　代理制的分类

以上经销商、代理商等渠道成员,又统称为中间商(Intermediaries)。

2. 厂商分销渠道的宽度结构

厂商分销渠道的宽度结构类型,包括以下3种。

1)密集式分销渠道

指制造商在一个销售地区发展尽可能多的中间商销售自己的产品和服务,其优点是可以广泛占领市场,方便消费者购买,交货及时,但中间商市场分散,难以控制。

2)选择式分销渠道

即厂商在特定的市场区域内有选择地发展少量几个中间商销售自己的产品和服务,其优点是厂商对市场的控制较强、成本较低,既可获得适当的市场覆盖率又保留了渠道成员间的竞争,但渠道成员之间的冲突往往较多,厂商协调的难度加大。

3)独家式分销渠道

即厂商在一定的地区、一定的期限内只选择一家中间商销售自己的产品和服务,其优点是厂商对渠道的控制力强,有利于统一市场政策和市场形象,渠道成本较低,但渠道成员缺乏竞争压力,厂商在当地的销售受中间商影响大,市场覆盖率较小。

3. 系统结构

根据渠道成员相互联系的紧密程度,分销渠道还可以分为传统渠道系统和整合渠道系统两大类型,其系统结构如图9-3所示。

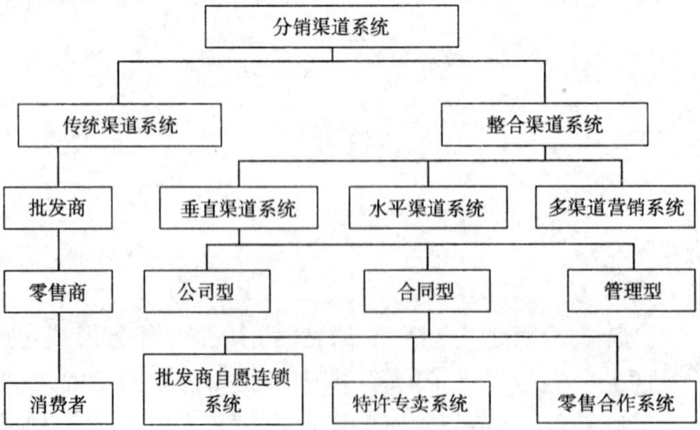

图9-3　分销渠道系统图

1)传统渠道系统

是指由独立的制造厂商、批发商、零售商和消费者组成的分销渠道。传统渠道系统成员之间的系统结构是松散的。由于这种渠道的每一个成员均是独立的,他们往往各自为政,各行其是,都为追求其自身利益的最大化而激烈竞争,甚至不惜牺牲整个渠道系统的利益。在传统渠道系统中,几乎没有一个成员能完全控制其他成员。

2)整合渠道系统

是指在渠道系统中,渠道成员通过不同程度的一体化整合形成的分销渠道。整合渠道系统主要包括:

①垂直渠道系统(Vertical Marketing System,VMS)。这是由制造商、批发商和零售商纵向整合组成的统一系统。该渠道成员或属于同一家公司,或将专卖特许权授予其合作成员,或有足够的能力使其他成员合作,因而能控制渠道成员行为,消除渠道冲突。垂直渠道系统又有三种主要形式:一是公司式垂直渠道系统,即由一家公司拥有和管理若干工厂、批发机构和零售机构,控制渠道的若干层次,甚至整个分销渠道,综合经营生产、批发和零售业务。公司式垂直渠道系统要么是由大的厂商拥有和管理,采取工商一体化经营方式;要么是由大型零售公司拥有和管理,采取商工一体化经营方式。二是管理式垂直渠道系统,即通过渠道中某个有实力的成员来协调整个产销通路的渠道系统。三是合同式垂直渠道系统,即制造商与不同层次的独立的中间商,以合同为基础建立的联合渠道系统。如批发商组织的志愿连锁店、零售商合作社、特许专卖机构等。

②水平渠道系统(Horizontal Marketing System,HMS)。这是由处于渠道同一层次的两家或两家以上的公司横向联合,共同开拓新的营销机会的分销渠道系统。这些公司或因资本、技术、营销资源不足,无力单独开发市场;或因惧怕承担风险;或因与其他公司联合可实现最佳协同效应,因而组成共生联合的渠道系统。这种联合,可以是暂时的,也可以组成一家新公司,使之永久化。

③多渠道营销系统(Multi Marketing System,MMS)。这是对同一或不同的细分市场,采用多条渠道的分销体系。

三、汽车产品中间商的类型与特征

普通商品的中间商,大体可以分为两大类,即批发商(Wholesaler)和零售商(Retailer)。批发商是从事以进一步转卖或加工生产为目的、整批买卖货物或劳务的经济活动者,其包括的主要类型有商人批发商(买断经营)、经纪人和代理商、制造商销售代表及其办事处。零售商是从事将货物或劳务批发购进,再零售给最终消费者或用户的经济活动者,主要包括商店零售和无门市零售两大类型,各自又包括很多的具体类型,在此不一一讨论。

就汽车产品的分销而言,常见的中间商形式有以下4种。

1. 经销商(Dealer)

经销商是指从事汽车交易,取得商品所有权的中间商。它属于买断经营,具体形式可能是批发商,也可能是零售商。经销商最明显的特征是将商品买进以后再卖出,拥有商品所有权,独立承担商业风险,经销商往往制订自己的营销策略,以期获得更大的效益。

在国内外汽车产品的营销实践中,这种形式基本上不适合汽车整车的销售,多见于面向汽车维修领域的配件营销。

2. 特约经销商(Franchised Dealer)

这是汽车整车销售的主要形式,它属于特许经营(Franchising),即汽车制造商通过特许合约方式所确立的汽车零售商。特约经销商是具有独立法人资格的汽车商业组织，具有厂商产品的特许专卖权，在一定时期和在指定市场区域内对制造商的产品进行买断经营（即不得因为销不出去而退货），并且只能销售被特许的产品，不能销售其他厂商的相同或相近产品（即具有经营排他性）。

特约双方每一年度商定大致的销售量（一般签订年度销售合同作为考核目标），厂商按特约经销商的要求分批发货（如按月订单发货），明确规定产品的出厂价，特约经销商用出厂价买断产品，按厂商规定的市场限价（或价格波动幅度）售出产品，并承担市场风险（厂商宣布产品降价除外，此时厂商将对特约经销商手中尚未售出的降价产品，给予降价补贴）。

当厂商在一定的市场区域内只选择一个特约经销商时，便构成"独家分销"（此时，特约经销商要履行更多的义务）。

3. 销售代理商（Sales Agent）

销售代理商多为佣金代理形式，是指受厂商委托，在一定时期和在指定市场区域及授权业务范围内，以委托人的名义从事经营活动、但未取得商品所有权的中间商。代理商最明显的特征是，寻找客户，按照厂商规定的价格向用户推销产品，促成交易，以及代办交易前后的有关手续。若交易成功，便可以从委托人那里获得事先约定的佣金或手续费；若商品没有销售出去，也不承担风险。这种形式常见于二手车交易业务领域，在汽车保险等服务领域也经常被采用。

4. 总代理（Sole Selling Agent）

是指负责制造厂商的全部产品所有销售业务的代理商，多见于实行产销分离体制的厂商集团。总代理商一般与制造商同属一个厂商集团，各自分别履行销售和生产两大职能。除了为厂商代理销售业务外，还为厂商开展其他商务活动。我国上海大众汽车公司就没有设置销售部门，其所有产品都是由其总代理（上海上汽大众汽车销售总公司）负责销售。

综上所述，批发商是与零售商相对应的概念，而经销商是与代理商相对应的概念；经销商赚取商品的购销差价和厂商的销售奖励，代理商赚取的主要是佣金。

四、分销渠道的功能

作为连结制造商与消费者的分销渠道，应协助实物、信息、资金、所有权、促销等五种营销流在厂商和消费者之间的传递（如图 9-4 所示），具体而言包含以下几个方面的功能。

1. 信息收集与传递功能

信息传递应是双向的，即各级渠道成员一方面既要把厂商、产品等信息传递给目标市场；另一方面要有意识地收集和传播营销环境中潜在的与现行顾客、竞争对手及下一级渠道成员对产品的需求反馈到制造商，使制造商按照市场需求来安排组织产品的生产。渠道成员高效的信息沟通可使厂商通过宣传的推力与市场宣传的拉力达到良好结合。

2. 促销功能

厂商的促销努力（如营业推广活动等）要通过中间商才能有效作用于终端市场。每一条分销渠道均有自己稳定的客源、广泛的市场联系、训练有素的营销队伍以及专业化的促销手段。分销渠道应发展和传播有关供应物的富有说服力的吸引顾客的报价沟通材料。

3. 谈判功能

分销渠道承担最本质的功能就是完成商品或服务从制造商到消费者的所有权转移，渠道成员协助交易双方尽力达成有关产品的价格和其他条件的最终协议，从而实现商品所有权或者持有权的转移。

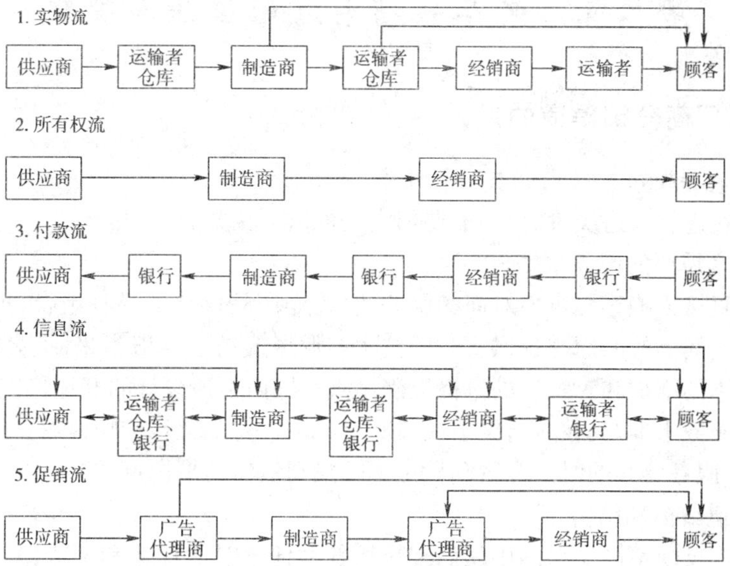

图9-4　分销渠道中五种不同的营销流

4. 商品整理功能

由于社会化大生产条件下商品生产与消费在时间、空间上是背离的，为方便顾客购买与消费，分销渠道就必须承担流转性商品储存和商品分类、分等、集合、组合、再包装、配送等商品整理功能，通过整理过程可以解决厂商单一的批量化生产与消费者多样的少量需求的矛盾。

5. 实现资金流动功能

分销渠道在资金流动方面的作用主要包括三方面内容：①付款：即货款以各种形式从最终消费者流向制造商，渠道成员使付款形式更加灵活多样；②信用：即渠道成员如特约经销商与厂商间相互提供的信用；③融资：渠道成员凭借自己的实力和信用进行融资，实质上扩大了商品流通的资金来源，便于厂商产品更有效的分销。

6. 服务功能

分销渠道连接产销，代表制造商发挥售前、售中和售后服务功能。随着产品科技含量的不断提高，特别是汽车产品，集成了现代机械和电子技术发展的最新成果，消费者需要在销售人员的指导下了解产品的使用及维护知识，提供必要的服务，但因制造商与用户空间距离较长，直接提供售后服务比较困难，这就要求由分销渠道代表制造商发挥售后服务的功能。

7. 分担风险功能

汽车产品和相关服务在实现其价值的过程中，由于市场供求关系变化以及因消费者分期付款、赊销等原因而具有一定的经营风险，经销商由于是批量买断购进，即时付款或者远期承兑信用好，这实际上为制造商承担了一定的资金和经营风险。

8. 产品定位与厂商文化宣传功能

随着市场竞争的发展和厂商实力的扩张，竞争的层次由具体的产品转向厂商文化层次，渠道成员由于直接面对消费者，就成为厂商增强品牌亲和力、表达力的主要阵地。分销渠道对产品形象的提升是客观存在的，因此制造商往往要求其渠道成员在店面标识、着装和语言习惯上达到统一，从而塑造出一个有机的形象整体和文化整体。

第二节　汽车分销渠道的组织与管理

一、汽车厂商分销渠道的设计

1. 汽车厂商渠道决策的内容与一般程序

汽车厂商在进行渠道决策时，一般要依次决策以下几方面的内容。

1）分析顾客需要的服务水平

分销渠道直接为顾客提供面对面的服务，它改变产品供给的品种组合、批量大小、实现供需在时间和空间上的匹配并提供实时的技术与服务支持。一般说来，提高服务产出水平意味着渠道成本的增加和对顾客的价格上涨。汽车厂商渠道设计的好坏将直接影响着消费者所能获得的服务水准，其在进行渠道决策时就必须首先了解目标顾客需要的服务水平，在顾客消费预期、服务感知的时效和营利性三者间找到最佳的平衡点。

2）建立渠道目标和结构

渠道设计应反映不同类型的中间商在执行各种任务时的优势和劣势，实现在满足消费者期望的服务水准的条件下，使得渠道的成本最小化。

3）识别主要的渠道选择方案

制造商在确定了目标市场和所期望的定位后，接下来就要确定以下三个方面的内容：中间机构的类型、中间机构的数目、与每种方案对应的每个渠道成员的条件及其责任。确定中间机构的类型与数目主要指选择何种形式的中间商和每个渠道层次使用中间商的数目（即选择专营性分销、选择性分销还是密集型分销）。渠道成员的条件和责任则由双方共同确定，主要包含价格政策、销售条件、分销商的地区权力及其他服务和责任。

4）对渠道方案进行评估

确定了基本的渠道备选方案后，应以经济性、可控性和适应性三种标准，对每一方案进行评估，从中挑选最佳方案。

经济标准。这是最重要的评估，因为厂商是追求利润，而不是追求对渠道的控制或渠道的适应性。经济效益的评估主要是考虑每一渠道的销售额、成本和利润的关系。厂商既要考虑每个渠道的销售量，又要比较各条渠道的成本。一般说来，利用中间商的成本比厂商自销要小，但当销售额超过一定水平时，利用中间商的成本则愈来愈高，因为中间商通常要获取较大固定比例的价格折扣。但厂商不能只计算这些看得见的直接效益，中间商为厂商节约的间接成本必须加以考虑，例如中间商在当地市场的影响力，其较强的销售实力等，都可以为厂商节约很多诸如仓储费、信用往来费用、广告费、谈判交易费用等营销费用。总之，厂商应围绕能够获得持久的经济效益这个中心去评估每条渠道。

可控性标准。中间商是独立的商业组织，他必须关心自己的经济效益，而不是厂商的利益。中间商总是对那些能获得持久利润的产品感兴趣，不愿或干脆拒绝销售那些厂商希望重点推销而却没有利润的产品，只访问他认为对推销有利的顾客而忽视对厂商很重要的顾客，无心研究产品的技术资料和促销资料，不能按厂商的要求收集和反馈信息等，这些现象表明厂商对渠道的控制力较低。通常，厂商会制定一些奖惩条例和年终考评的办法去控制中间商，对按厂商要求做得好的中间商进行奖励，对做得差的进行惩罚，直至取消其中间商资格。这些办法固然必需，但厂商还可以研究更好的办法。例如，厂商不是直接给予10%

的返利，而是这样支付：完成目标销售任务，返利5%；用户满意，返利3%；信息反馈做得好，返利2%。这样就可以将中间商以前认为是义务服务的工作，转化为是为自己争取效益的工作，中间商的工作积极性得以提高，厂商对中间商的控制弹性和控制手段也得到加强。

适应性标准。虽然保持渠道的持续稳定，使之具有连续性，培育中间商的忠诚度，是厂商所需要的，但厂商的分销渠道也要与厂商的营销业务发展，或者经营环境的变化相适应，即分销渠道要保持一定的柔性，以便能够适时地增加、减少或撤换中间商。这主要是要求厂商与中间商在签订长期合约时要慎重从事。因为在合约期间，厂商不能随时调整渠道成员，这会使厂商失去渠道的灵活性和适应性。所以涉及长期承诺的渠道方案，只有在经济效益和控制力方面都十分优越的条件下，才可予以考虑。厂商可以从实力雄厚、销售能力强大、厂商同其业务关系历史较长、双方已经建立信任感的中间商中，选择一部分签订较长期的合约。如果中间商对本厂商产品的销售业绩较差，厂商不仅不可签订长期合约，而且应保留撤换的权利。

2. 分销渠道设计的影响因素

厂商在进行分销渠道设计前，必须首先分析其分销渠道的设计，将会受到哪些因素的影响。影响汽车分销渠道设计的因素有以下几方面。

1）厂商特性

各厂商在生产规模、厂商声誉、财务能力、产品组合、渠道经验等方面存在差异，因而其分销渠道就应存在差别。如，相对小厂商而言，大厂商宜在市场上适当的地方，设立一些营销子公司，而不是办事处。厂商特性不一，还对中间商具有不同的吸引力和凝聚力，影响到厂商对中间商的类型和数量的决策，如大型厂商较容易得到各地有实力的中间商的加盟等。

2）商品特性

产品的产量、销量、价值、需求、产品结构、储运及技术服务等方面的具体特点不同，要求渠道的形式、中间商类型会不同，因而分销渠道的设计应在兼顾辅助产品和未来发展产品需要的基础上，围绕主导产品的特点去组建，以利于厂商主导产品的分销。如主导产品的用途是特别专业化的，厂商可能不需要中间商，而直接采用人员推销的销售方式。

3）市场特性

产品销售的地理范围、购买者以及市场竞争特点的差异，也影响渠道设计。例如，市场集中就适合组建短渠道，市场需求分布较广，就要采取宽渠道。市场竞争激烈，宜采取封闭渠道成员。要研究竞争对手的渠道特点，分析本厂商的分销渠道是否比竞争者更具活力。

4）营销目标特性

各厂商的目标市场，决定了其分销渠道的具体特点。一般而言，厂商应重视自己的传统市场区域的分销渠道的建设与管理，这是保证厂商市场稳定的有效途径。同时，厂商对拟开发的新兴目标市场，也应选用适当的分销商，以起到事半功倍的效果。

5）中间商特性

中间商的经济实力、资信等级、销售能力、服务能力、展示条件、存储设施及其交通方便性，都将影响到他的功能和作用，是发展分销渠道须重点考察考评的。

6）环境特性

各地方的政策特性，是欢迎还是排斥厂商在当地设立分销商，是否还有其他重要的环境因素需要考虑，这些都是厂商必须认真研究的。

二、汽车厂商分销渠道的规划布局与组织管理

1. 汽车厂商分销渠道的整体规划布局

汽车厂商在确定了分销渠道的一般策略后，在具体实施前应根据实际情况对渠道的总体规模、地区分布等有关内容进行规划，制订这一规划的基本过程是：汽车厂商根据其战略规划、市场营销计划、目标市场特性(需求规模、厂商份额、占厂商销量的比例)等，将自己的产品销售规划或计划大体按目标市场进行分解，得到各个市场地区的大致销售规模。再根据中间商的平均销售能力，测算各个地区大体需要的中间商数目，得到初始布局。基于这个布局，再分析各个区域市场的具体市场特点、竞争特点、中间商的类型搭配等因素的影响，确定正式的布局规划，并经厂商的营销主管领导审批后执行。

布局规划要保持一定的弹性，应根据厂商事业发展的需要、市场需求的增长、各地市场相对份额的变化以及厂商对中间商类型的调整，做好布局规划的适时修订。

2. 经销商的遴选

厂商经销商、特约经销商或销售代理商的发展，必须依据一定程序和遴选标准，做到科学选建。

1)汽车厂商的分销渠道成员的遴选程序

下面以某品牌轿车经销商的选建为例(图9-5)，介绍遴选程序包括的一般步骤：

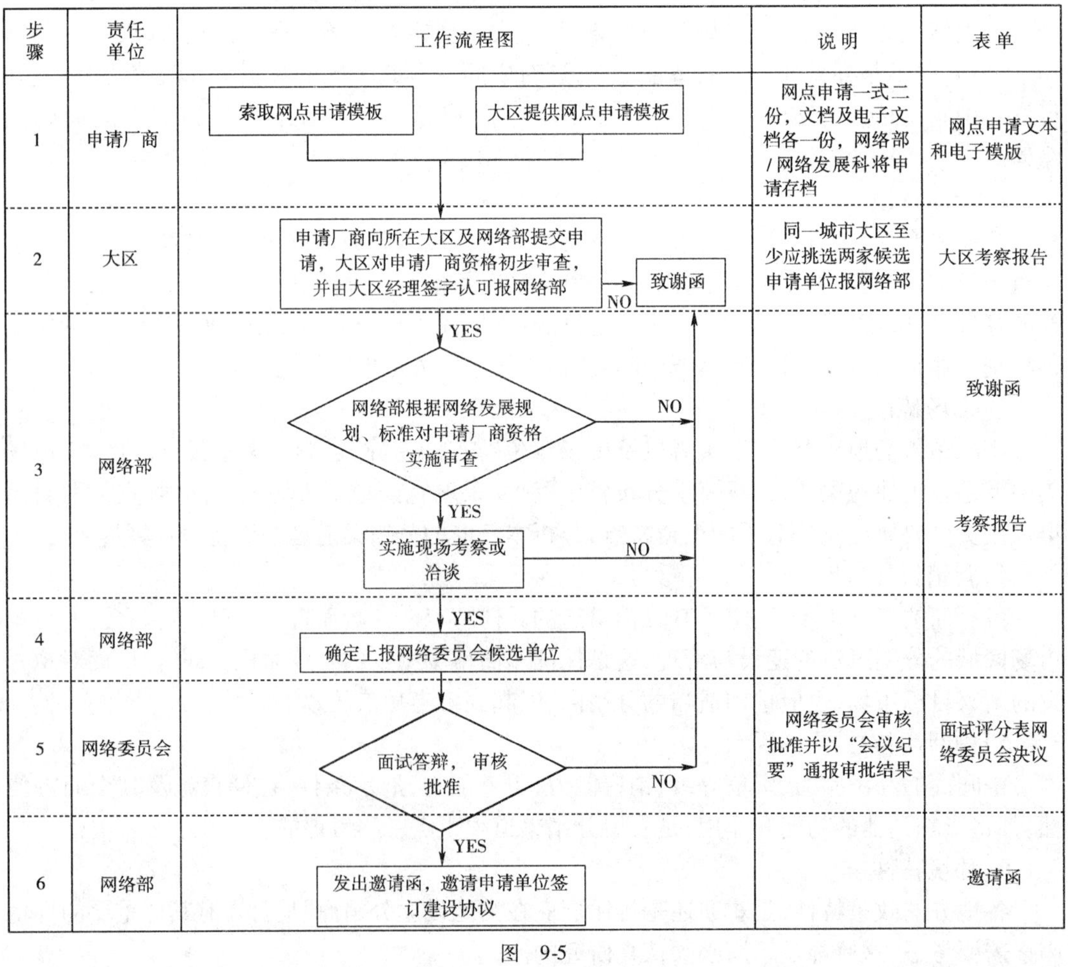

图 9-5

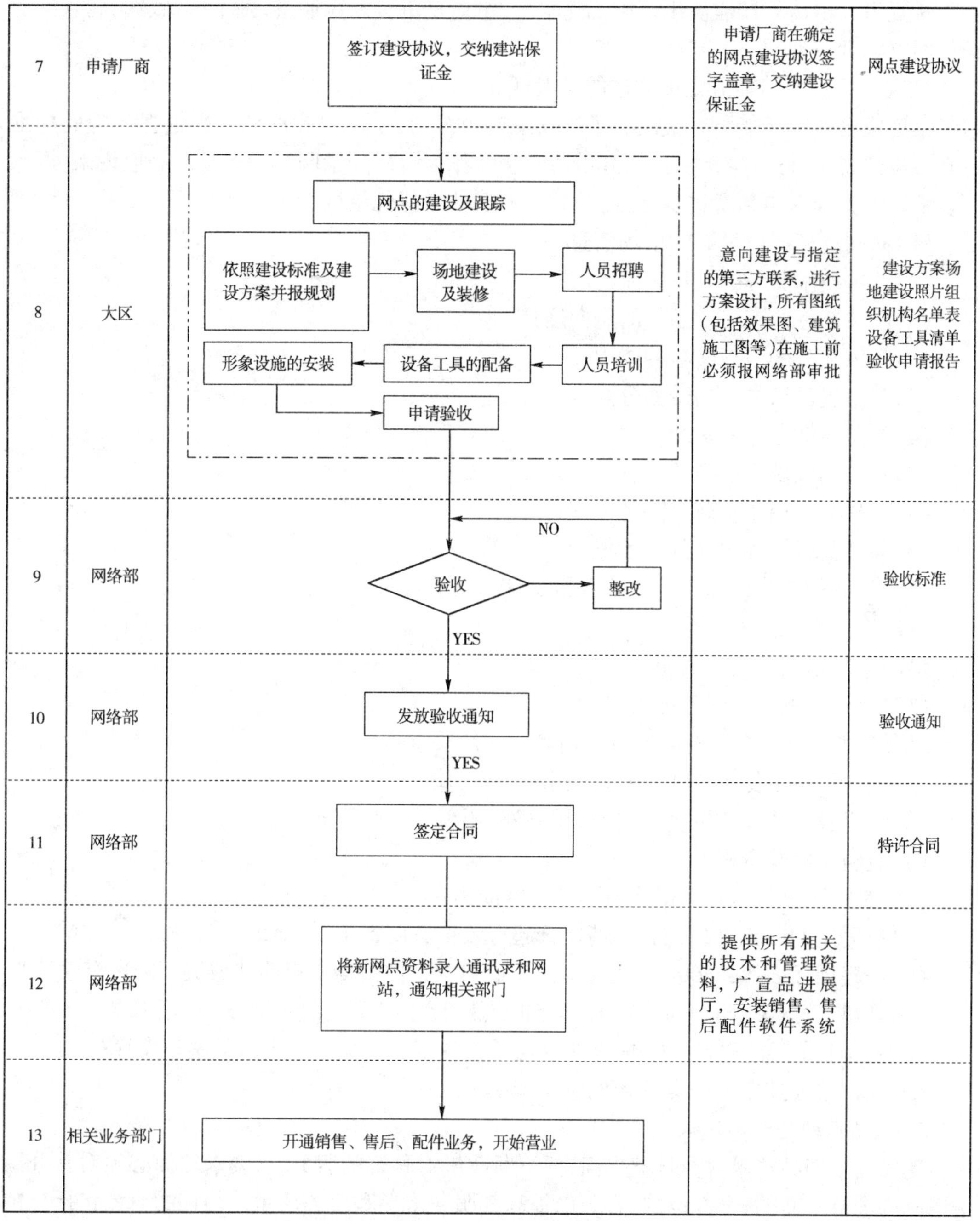

图9-5　某品牌汽车特许经销商选建程序

①有意加盟的中间商，向所在地区的汽车厂商设立的区域营销管理机构（如分销中心、大区、子公司等区域管理机构），提交正式的书面申请，并附有关资质证明材料如营业执照、法人代码、经营资格证明、资信证明、近期的财务决算书、当地市场基本数据或市场调查书、营业场所标定图及公司内外图纸或照片等；

②区域管理机构初步考察、评估；

③厂商营销总部审查，主要审查申请人的资质、销售能力以及是否符合渠道布局规划。通过后，通知申请人按相应的经销商等级的建设规范，进行硬件和形象建设；

④复审。申请人按建设规范施工完毕后，申请复审。复审通过，则审批、签约，纳入厂商销售网点管理序列。

2)汽车厂商分销渠道成员遴选的一般标准

渠道成员的市场能力直接决定了厂商渠道的营销效率，因此厂商必须依据一定的标准从众多申请者中挑选最有能力、最合适的候选人作为自己分销网络的成员。一般说来，厂商可以从以下方面对申请者进行考察，并根据考察结果择优录取。

(1)向制造商提供足够的市场信息；

(2)从事技术服务的人员素质；

(3)购买制造商整个产品线的意向度；

(4)提供充分的地域覆盖的能力；

(5)各地理区域的市场份额分配；

(6)维持足够存货的资金能力；

(7)在市场领域中的道德声誉；

(8)维护制造商定价政策的意向度；

(9)对产品推荐和服务的技术能力；

(10)厂商的产品线和竞争者的产品线对于经销商的重要性；

(11)仓库设施的充分性；

(12)市场增长的投资资源能力；

(13)经销商的综合财务能力。

以下是国内某汽车厂商对网点申请者的一般要求：

(1)注册资金不低于200万元人民币；

(2)有可投入建设的资金(土地费用除外)不低于300万元；

(3)有轿车经营资格；

(4)有维修经营许可证，具有较强的维修能力；

(5)有固定的、有产权(或自申请之日起有效租赁期5年以上)的经营场所；

(6)新建展厅面积≥360m^2(或在部分非成熟及空白市场有可改建成展厅的现有建筑)；

(7)新建车间面积≥1 200m^2(或在部分非成熟及空白市场有封闭维修区域用于改造车间)；

(8)资信良好、融资能力强，能够建立与销售计划相适应的一个月的整车库存；

(9)新建或改造服务网点的场地应位于主干道旁。

3. 经销商的培训与激励

现代汽车产品技术含量日益提高，要不断改进对顾客的服务，就要求厂商必须对其分销渠道成员进行不断的、全方位的培训，以提高其服务水平和服务质量。培训的对象包括分销渠道中各层次的管理人员和业务人员，培训内容包括管理技巧、运营规范、有关车型的销售与技术服务知识及会计、财务、信息管理、配件等后勤业务知识等。

除了对渠道成员进行完善的培训外，厂商要提高分销网络的运行效率，还必须采取适当的措施，激励渠道成员配合厂商的整体营销努力。一般情况下，厂商可以应用以下几种类型的力量对渠道成员施加影响：

(1)强制力量。在中间商不合作的情况下，厂商可以以中止某些资源或合作关系作为武器，要求中间商提供合作。在中间商紧密依赖厂商或中间商转移成本很高的情况下，这种方法是相当有效的，但有时也会使中间商产生不满。

(2)报酬力量。是指中间商执行特定活动时,厂商给予附加利益。一般情况下,报酬力量通常比强制力量效果好,但运用不当会带来营销成本的提高。

(3)法律力量。指厂商通过严格规定双方的权利、义务,依照合同,要求中间商采取适当行动。例如厂商在与经销商签订特许经营协议时,可以要求经销商应保持一定的存货以作为授权协议的一个内容,一旦中间商认为厂商在法律方面占据主导地位,法律力量就起了作用。

(4)专家力量。厂商总是具备一些有关车辆销售与服务的专门技术,而这些专门技术对中间商往往是十分有价值的,得不到这些专有技术,将会降低中间商的服务水平和盈利能力。厂商可以通过为中间商提供专业培训的形式借以施加一定的影响。

(5)相关力量。当厂商在品牌、历史和声誉方面具有良好的口碑时,一些中间商往往以与厂商合作借以提高自身的市场影响,这时厂商就可以对中间商施加影响。

三、分销渠道的改进

厂商分销渠道设立后,还应根据市场环境的变化和渠道成员的经营业绩,定期对分销渠道系统进行检查和改进,以保持分销渠道的活力和效率。渠道改进主要涉及两方面的工作:渠道成员的评价和分销渠道的调整与改进。

1. 渠道成员的评价

对分销渠道成员绩效评价有两类方法,一类是以产出为基础的定量测算方法如销售额、利润、利润率和存货周转等;一类是以行为为基础的定性测量方法,如服务质量、产品保证、顾客投诉、竞争能力和适应能力等。

1)定量分析法

通过设立一些指标来考核评估分销渠道成员的绩效,主要有两种办法可供使用。第一种方法是将每一中间商的销售绩效与上期绩效进行比较,并以整个中间商群体的平均升降百分比作为评估参考标准。对低于该群体平均水平的中间商,必须加强评估和实施促进措施。如果对后进中间商的环境因素加以调查,发现了一些可以原谅的因素如当地经济衰退、某些顾客不可避免地失去、主力推销员的丧失或退休等,另有一些因素可以在下一销售周期采取补救措施,这时制造商可以考虑暂不对经销商实施惩罚。

第二种方法是将各中间商的绩效与该地区的销售潜量(根据分析所设立的定额)相比较,即在销售期过后,根据中间商的实际销售额与潜在销售额的比率,将各中间商按先后名次进行排列。这样,厂商的调查与促进措施可以集中于那些未达既定比率的中间商。这两种方法所运用的具体指标见表 9-1。

中间商的绩效评价指标体系 表 9-1

指　　标	数值	与前期比较	同行业比较
总销售额			
利润总额			
利润率			
单位商品平均总流通费用			
单位商品平均运输费用			
单位商品平均保管费用			

续上表

指　　标	数值	与前期比较	同行业比较
单位商品平均生产成本			
防止商品脱销的费用			
商品脱销发生率			
陈旧商品的库存率			
不良债权发生率			
销售预测的正确率			
订货处理错误发生率			
进入新市场的费用			
新市场销售额在总市场销售额中的份额			
折扣价商品的比例			
停业成员占总成员的比例			
新成员占总成员的比例			
破损商品发生率			
商品亏损发生率			
订货的数量			
新产品上市成功率			
非经济订货发生率			
顾客抱怨发生率			
顾客投诉率			

2)定性分析法

即通过设置一些定性问题,借以考核和评估渠道成员,具体问题见表9-2。

中间商评价的定性方法体系　　表9-2

问　　题	回　　答
分销渠道成员间调整的进度	
实现分销渠道内部协调的程度	
分销渠道内部冲突的程度	
分销渠道成员分工认识的建立	
全体成员对最终目标的承认	
分销渠道领导者的能力的发展	
在机能方面发生重复的情况	
分销渠道成员承担义务的程度	
分销渠道凝聚力的发展	
分销渠道的弹性情况	
利用情报、信息的可能性	
商品库存情况	
商品的特性	
商品的价格体系	

续上表

问　题	回　答
促销情况	
推销员及推销情况	
广告关系	
POP 陈列关系	
营业推广情况	
宣传与公共关系情况	
赞助情况	
市场状态	
提供服务	
公司内部组织变动	
与新技术的融合及发展情况	
流通上的技术革新	
同一商标内(商品)的竞争程度	
各成员应该担负任务的长期化	
最佳库存标准的使用情况	
与同行业的接触情况	
与消费者团体的接触情祝	

2. 分销渠道的调整与改进

在对分销渠道成员进行客观评估的基础上,根据市场环境的变化,厂商还应适时地对分销渠道系统进行调整。

1)分销渠道调整的原因

当分销渠道获取到成员发生以下情况时,厂商就应考虑对分销渠道系统进行调整了:

(1)现有分销渠道未达到发展的总体要求。当厂商分销渠道总体设计存在问题或渠道成员选择不当或管理不力造成分销渠道系统的效率无法满足厂商总体发展的要求时,厂商就必须对其分销渠道系统进行调整。

(2)市场环境发生重大变化。厂商面临的市场环境总是在不断变化的,有些变化将大大改变消费者的消费习惯和购买条件,使与原来环境相适应的分销渠道系统变得难以适应,因此厂商有必要定期地、经常地对影响分销渠道的各种因素进行监测、检查、分析。另外,厂商若能准确预测和把握某些影响分销渠道的因素发生变化,则应提前对分销渠道实施调整。

(3)厂商的发展战略发生变化。任何分销渠道的设计均围绕着厂商的发展战略,厂商的发展战略发生变化,自然也会要求调整分销渠道。

2)分销渠道调整的步骤

首先,分析分销渠道调整的原因,这些原因是否产生分销渠道调整的必然要求。其次,在对分销渠道选择的限制因素重新研究的基础上,重新界定分销渠道目标。接下来应对现有分销渠道进行评估。如果通过加强管理能够达到目标,则无须调整分销渠道;反之,则考虑对现有渠道的设计或渠道成员做出调整,并进行成本—收益分析,以保证经济上的合理性。最后,组建新分销渠道并进行管理。

3）分销渠道调整的方法

分销渠道调整的最低层次是对渠道成员的调整，内容包括三方面。一是功能调整，即重新分配分销渠道成员的功能，使之能最大限度地发挥自身潜力，从而达到整个分销渠道的效率提高。二是素质调整，即通过提高分销渠道成员的素质和能力来提高分销渠道的效率。素质调整可以采取培训的方法，永久性提高分销渠道成员的素质水平，也可以采用帮助的方法，暂时性提高分销渠道成员的素质水平。三是数量调整，即增减分销渠道成员的数量以提高分销渠道的效率。

4）分销渠道调整的实施

当营销环境发生较大变化时造成现有分销渠道系统在满足目标顾客需要和欲望方面与理想系统之间出现越来越大的差距时，厂商就要考虑对原有分销渠道进行调整。厂商可借助损益平衡分析与投资收益率分析，确定增加或减少某些分销渠道或对整个分销渠道系统做出调整。具体可采用两种方法：一是对某个分销渠道的目标市场进行重新定位。如果现有渠道成员不能将厂商产品有效送至目标市场时，优先考虑的不应是将这个渠道成员剔除，而是考虑能否将之用于其他目标市场。二是重新选定某个目标市场的渠道成员。当目前已有的渠道成员不能很好地连接目标市场时，应考虑重新选择新的渠道成员占领目标市场。

四、渠道冲突管理

无论对厂商的分销渠道进行怎样的设计和优化，渠道中总会存在一些冲突，有些渠道冲突能产生建设性的作用，带来冲突各方激烈的信息沟通和对环境变化的适应性改变，但更多的渠道冲突是失调的，处理不善将会导致整个分销渠道系统效率的降低。完全消除渠道冲突是不现实的，厂商应致力于合理的管理渠道冲突。

1. 渠道冲突的概念

渠道冲突（Conflict in Channel），是指分销渠道的成员之间，由于目标的不一致或认知上的差异，在行动上表现出的相互对立和斗争。当这种对立和斗争超出一行范围时，会最终影响分销目标和厂商营销战略的实现，甚至造成制造商整个内部渠道管理体系或整个外部分销系统的崩溃。

2. 渠道冲突表现形式

渠道冲突的表现形式主要有水平冲突、垂直冲突和多渠道冲突3类。

1）水平冲突

水平冲突是指某一公司的渠道系统中处在同一水平的不同中间商之间的冲突。水平冲突往往发生在划分区域分销的渠道系统。在我国目前的汽车市场上，多数渠道冲突都属于水平冲突，如经销商“越区销售”（或称为“窜货”），即经销商为牟取不当利润，会以低于制造商所规定的协议价格向其辖区之外的市场倾销产品。“窜货”数量较大时会从批发环节上危害正常的市场组织和经营活动，或以低价直接杀伤目标市场原已确立的价格体系。“窜货”是现阶段国内大多数汽车厂商渠道管理最棘手的难题。

2）垂直冲突

垂直冲突是指一条渠道中不同层次的渠道成员之间的冲突。如厂商与代理商或与二级代理商之间就购销服务、商务政策、促销战略等方面发生矛盾，就属于垂直冲突。

3）多渠道冲突

当制造商拥有两条或两条以上的分销渠道向同一市场出售其产品或服务时，在其渠道之间既会产生水平冲突，又会出现渠道上的垂直冲突。

3. 渠道冲突的原因

导致上述渠道冲突的原因，一是渠道成员之间的目标不同，如厂商希望以低价获得快速的市场增长，而经销商则希望制定高价以获取短期较高的毛利率；二是冲突各方的权力与义务不明确，如销售区域的划分不清，权限和责任的界定不明，不同类型渠道的功能和权力相互重叠等；三是冲突各方认知上的差异，如对经济走势的看法不一，制造厂商看好，希望经销商经营高档产品，但经销商看淡，不愿按照制造厂商的意志经营；四是中间商对制造厂商过分依赖，如经销商的经营状况往往决定于制造厂商的产品设计和定价政策，由此会产生一系列冲突。

4. 渠道冲突的管理

渠道冲突有些是结构性的，需要通过调整渠道方法解决；有些则是功能性的，可以通过管理手段来加以控制。主要措施有：

（1）加强渠道成员间的合作。应确立和强化各个渠道成员的共同目标，如市场份额、服务质量、用户满意等目标，特别是在受到外界竞争威胁时，强化共同目标是十分重要的；渠道成员之间应努力理解对方，多从对方的角度考虑问题；一个成员还须努力赢得另一成员的支持，包括互派工作人员、邀请对方参加咨询会议、董事会及根据对方意见合理修订本方政策等，以减少冲突。

（2）发挥行业协会等协调机构的作用。加强渠道成员之间的业务沟通，如通过行业协会，互相交换意见，促进各方做好工作。

（3）协商、调节、仲裁或诉讼。当冲突是长期性的或冲突非常尖锐时，冲突各方可以通过协商、调节、仲裁或诉讼的途径予以解决。协商是一方派人员或小组与对方进行面对面的沟通，两方人员或多或少的工作共识可以避免冲突激化；调解意味着由一位经验丰富的中立方根据双方的利益进行调和；仲裁是双方同意把纠纷交给仲裁机构，并接受仲裁决定；诉讼则是冲突各方依法寻求法律解决的途径。

第三节　国内外汽车分销体系的演变与发展

一、汽车分销与汽车流通的联系与区别

在讨论汽车分销问题时，不可避免会遇到汽车流通的概念，并经常引起混淆。由于二者都涉及汽车产品从制造厂商向用户的流动过程，因此汽车分销与汽车流通两个概念范畴既有联系，又有区别。

汽车分销（Automobile Distribution）与汽车流通（Automobile Circulation）具有相互联系或相同性质的一面，汽车分销可以被视为汽车流通的厂商行为，二者都离不开商品物流及其相关的商务活动，从总体上看都属于汽车流通范畴领域，从厂商运作看又都属于汽车分销的范畴领域。换言之，汽车分销与汽车流通基本是一个问题的两个方面，是从不同角度和视野看的汽车交易及其物流活动。

当然，二者也存在明显的区别，表现在：

（1）角度不同。汽车流通从汽车交易及其物流活动的宏观总体上，研究制造厂商、流通单位（厂商）、甚至用户（消费者）之间的关系，如汽车流通政策、交易行为规范、保护合法利

益、组织行业协会、引导行业健康发展等。汽车分销则是站在制造厂商的角度，从微观上研究厂商（不是流通企业）的产品通往目标市场的最好通道，如前述的中间商的选择和利用问题，企业间采用商务手段解决各方的利益冲突，而不是行政手段，更不是法律手段。

（2）范围不同。汽车流通的范围涉及新车销售服务体系、旧车交易销售服务体系、报废汽车回收解体体系，甚至汽车配件销售服务体系、租赁服务体系等内容，关注汽车流通交易各方行为的合法性及其商业道德，制定或协助制定有关政策，研究交易环境。汽车分销的范围主要只是涉及新车销售服务体系，研究汽车制造厂商的营销渠道策略，按照制造厂商的意志管理自己的分销渠道网络。

（3）物流流向及其相关的商流不同。汽车流通涉及的物流流向既有新车从制造厂商到用户的物流，又有报废汽车从用户向废旧汽车回收拆解单位的物流，相关商流则涉及到流通企业之间的商流。汽车分销只涉及新车从用户到制造厂商的商流以及与方向相反的物流，不涉及其他商流和物流。

（4）对象不同。汽车流通涉及的对象主要是汽车流通单位（商业组织或个人），也涉及汽车厂商，一般不涉及最终用户，且从总体上研究把握汽车交易各方的行为。汽车分销则从具体的营销指向，把握流通企业，看其是否能够履行渠道成员的职能，用户（消费者）是厂商必须研究的对象。

所以，汽车流通与汽车分销的区别是客观存在的。从这种角度看，目前各地兴建的各种有形的汽车交易市场，由于只是一个汽车交易的场所，因此它的建设、规范和管理属于汽车流通的问题范围，而不是汽车分销的问题范围（交易市场本身不是一个中间商，只是中间商们活动的平台）。

二、国内外汽车分销渠道的特点及发展演变

1. 汽车工业发达国家汽车分销渠道的特点

欧美日等汽车工业发达国家，尽管各国在经济发展过程和社会文化环境等方面存在一定的差异，汽车分销渠道各有特色，但总体上看，由于他们的市场经济发展时间较长，汽车分销渠道的相似性很高，这些共性特点包括：

1）制造厂商主导汽车分销渠道体系的建设和发展

汽车分销渠道体系的建设，无论是分销渠道类型的决策，还是对中间商的选择利用，均以满足汽车制造厂商的营销需要为中心。代理商、分销商和零售商的功能及其经营活动，都置于厂商的指导、监督和管理之下，为维护厂商的声誉和扩大销售规模而工作。

2）分销渠道结构短而宽，呈现“扁平型”特征

由于汽车产品的结构特点、技术特点、服务特点、价值特点和市场特点等因素的特殊性，决定了汽车分销渠道不适合“长渠道”策略，只能采取短渠道策略。另一方面，为了提高市场覆盖率，减少市场盲点，在短渠道策略下就必须增加渠道的宽度，缩小每个渠道商的市场服务区域范围，这样就使得汽车分销渠道具有非常明显的“短而宽”特征，呈现“扁平型”结构。通常，汽车分销渠道包括三种类型，即直接渠道（厂商自销）、一层渠道（零售商）、二层渠道（地区分销商、零售商），所以其渠道长度一般不超过两个环节，由厂商到独立分销商为一个环节，由分销商到零售商为第二个环节。一级网点数量较少，二级网点数量较多。对于多数商用汽车（特别是专用汽车），其渠道长度一般只有一层（代理商或特约经销商），甚至采取 0 层策略，直接由制造厂商直销。

3)广泛采用区域代理和品牌代理,实行市场责任区域分工制

汽车厂商把全国划分为若干个市场区域,每个大区选择一个分销商或者制造厂商建立区域分销机构。各大区又被进一步划分为若干市场小区,每个小区设有一个零售商(或代理商),实行区域销售责任制。多数零售商只服务于一个汽车厂商,甚至只服务于一个产品品牌,经营具有排他性。这种模式明确了各经销商的责任区域范围,保障了经销商的适度经营规模。

另一方面,汽车厂商及其地区分销商一般不直接面向普通用户开展汽车零售业务,零售业务由零售商或代理商完成,即一级网点负责批发业务,二级网点负责零售业务。为了更好地服务于广大的经销商,制造厂商通常在各个市场大区设立地区协调机构。这种分工严密的机制可以维护各级经销商的利益和长期的合作关系。

4)零售商实行多功能一体化

以满足用户需要为前提,最大程度地方便用户。面向用户的零售商(主要是区域代理、品牌代理),大多数都具有新车销售、旧车回收、配件供应、维修服务、信息反馈等功能,简称为"5S"功能。

5)金融机构积极参与汽车营销

金融机构积极参与汽车销售,为客户提供购车贷款,或者协助开展分期付款等业务。

6)分销渠道既相对稳定,又不断发展

各国的汽车分销渠道都经历了一个较长时期的发展过程,厂商与流通企业之间相互适应,逐渐建立了比较稳定的合作关系。但是,随着汽车工业发展程度、市场需求状况等因素的变化,他们的汽车分销体系也在不断变化。如过去的零售店均为排他性的专卖店,但是目前有向兼营店方向发展的趋势,可以同时经营非竞争性产品(如同时经营几乎没有市场竞争的高级轿车和普及型轿车),使经销店上规模、上水平。

汽车工业发达国家的以上经验,对我国汽车厂商发展和完善自己的分销渠道体系,无疑具有重要的借鉴意义。

2. 我国汽车分销渠道的演变

改革开放前,汽车生产与分配均在国家高度的计划经济机制下运行,汽车制造厂没有自己的分销渠道体系,甚至未设立销售职能部门。

改革开放后,直到20世纪90年代中期,由于当时的时代背景或厂商缺乏足够能力,我国汽车厂商没有或不能建立自己的分销渠道体系。这个阶段,汽车厂商的分销渠道是开放型渠道结构形式(图9-6)。其基本特点是,汽车厂商采取开放性策略,以国家物资流通渠道(中汽贸及各地方物资系统为代表)为主,广泛吸收其他各种形式的渠道成员。制造厂商不了解国际汽车营销惯例,对自己的分销渠道体系缺乏规划和管理,自由发展,只要有人订货,汽车厂家就售卖产品,"一手交钱、一手交货",汽车进入流通环节后便不受厂家控制。当然,在这个阶段国家对汽车经营主体具有从业资格限制,且在大部分时间内,汽车一直是紧缺资源,汽车销售卖方市场特征十分明显,汽车在中间环节加价倒卖现象比较普遍。那个时代的汽车中间商,在职能上基本只履行单一的整车销售功能,不履行诸如配件供应、维修服务、信息反馈等服务功能,厂商不得不另外建立一套独立于销售网络的售

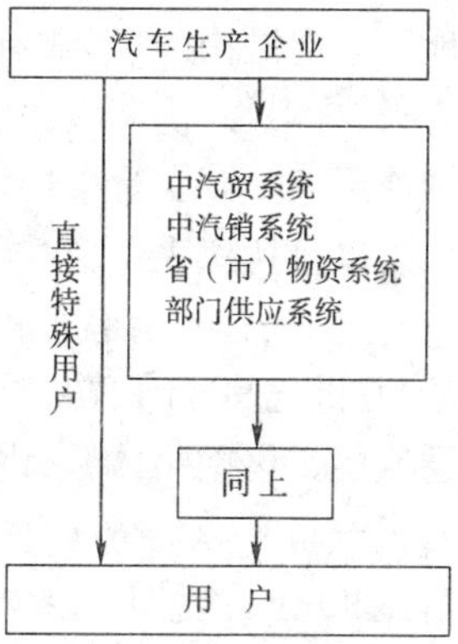

图9-6 汽车厂商开放型渠道

后服务网络。

开放型渠道的问题很多,如:①渠道的可控制性极差。由于厂商对分销体系缺乏规划,渠道成员盲目发展,致使渠道错综复杂。渠道既长又宽,厂家对渠道体系基本没有控制力,销售政策难以贯彻。②容易诱发各种矛盾。在产品畅销时,厂商难以做到将汽车资源在各中间商之间进行合理分配,导致中间商感到厂商厚此薄彼;当汽车滞销时,中间商又不积极进货,汽车销售合同履约率极低,导致厂商与中间商的矛盾。另一方面,中间商之间也矛盾重重,中间商不是依靠市场手段开展经营,而是寻找各种非市场手段。③汽车价格混乱,层层倒卖,加剧了最终购买者的经济负担。④渠道功能分离的弊端突出。销售与服务两大渠道功能被割离开来,切断了生产、流通与消费之间的联系,厂商、中间商、服务商均不能完整了解用户的需要,不能保障用户的完整权益。⑤难以建立风险共担机制。由于厂商与中间商纯属于买卖关系,而不是战略伙伴关系,缺乏工贸合作机制或风险分担机制。

20 世纪 90 年代中期,国家全面进入市场经济体制建设,汽车经营的宏观环境大不同于以往。一是汽车生产能力持续扩大,汽车买方市场全面形成;二是原有的汽车流通主渠道,因为难以适用市场经济需要,纷纷退出历史舞台;三是合资生产的轿车品牌,纷纷引进国际通行的汽车销售模式。这些综合环境的变化,使得我国汽车产品的销售模式发生了根本变革。汽车厂商开始学习欧美日等国家,建立自己的分销渠道体系。汽车分销渠道,开始向着厂商主导、规划控制、管理有序,并充分借鉴国际经验的方向发展,初步建立起厂商控制型的渠道模式,如图 9-7 所示。

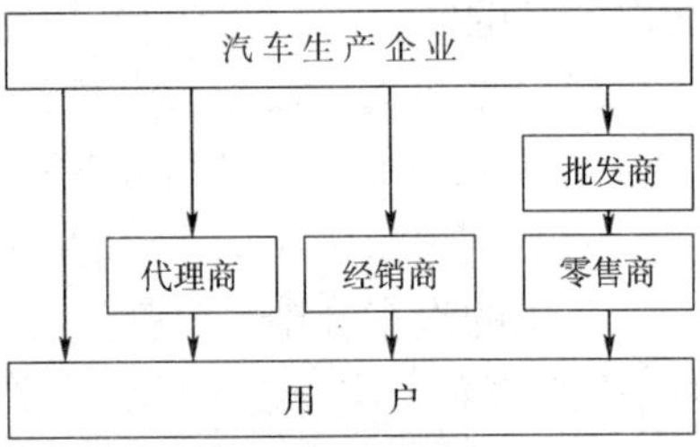

图 9-7　汽车厂商的控制型渠道体系

这种渠道体系的主要特点有:①渠道结构短而宽。渠道类型有:直接渠道,即汽车厂商可以直接向政府、军需、大客户等特殊最终用户销售汽车;一层渠道(特许经销商),经销商具有"多位一体"功能,向普通用户销售汽车,这是最主要的渠道成员;二层渠道,一种情况是"总代理商—特许经销商"模式,这时总代理商的职能起到厂商营销部门(子公司)的作用;另一种情况为"批发商—零售商"模式,仅限于少数低端产品或少数市场在建立特许经销商前的过渡阶段。②渠道层次清晰,各自责任明确。汽车厂商营销部门及其各地分支机构的职能包括研究市场信息、规划网络发展、确立规章制度、制订销售政策、平衡营销计划、协调产销关系、管理售后服务以及对全网络实施监管、控制和协调等管理职能,其中厂商的地区分支机构(其形式有销售子公司、分公司、分销中心或办事处),起到区域销售管理中心、物流中心、协调服务中心的作用;经销商专门面向所在地区的普通用户从事汽车零售和维修服务。③实行市场责任区制。各经销商在规定的市场责任区域内开展业务。

以上特点表明,我国汽车分销渠道体系是以制造厂商为主导,按制造厂商的营销目标进行有规划、有控制地发展的。事实上,这场变革是以我国的轿车合资厂商率先发动的,他们于 20 世纪 90 年代初,首先对自己的分销体系进行了规划,并建立了以经销商为主体的单一层次的销售网络体系,进而对有条件的地区发展了部分代理制网点。在这些厂商的带动下,其他汽车厂商也纷纷开始进行自己的分销渠道规划,削减了渠道环节,强化了渠道管理。20 世纪 90 年代后期,一些中高级轿车合资厂商的起点更高,直接引进了国际上比较流行的品牌专营的区域代理制度。

展望我国汽车厂商分销体系的发展,将会表现这样的趋势:①将会更多引入国际先进经验，彻底实现汽车营销与服务的国际接轨，以便适应汽车产业全面放开的国际竞争需要；②分销体系的构建与调整，将以更好地满足汽车用户（特别是私人用户）的需要为导向，以适应私人消费主导汽车市场的新形势。因此，经销商能否实现服务创新，提高用户的满意率将成为生存和发展的关键。经销商的职能将从传统的4S店，向综合服务商的角色转变，经营业务从传统的4S功能，拓展到物流配送、金融服务、进出口业务代理、旧车置换、保险代理、汽车租赁、汽车俱乐部和汽车文化服务等方面。③开展业务的手段必须实现创新，以便顺应科技进步日新月异的发展。总之，汽车分销服务体系将向着竞争高级化、业务综合化、手段科技化等方向发展。

第四节　汽车的销售物流策略

汽车的销售物流，或者商品汽车的物流，直接关系到汽车商品从制造商到最终用户的实物流动，关系到需求能否被及时满足，还关系到汽车营销的成本和费用，是汽车实物分销的重要工作，需要引起汽车营销者的高度重视。

一、物流概述

现代物流被得到普遍重视，始于20世纪60年代，物流被认为是企业的“第三利润源泉”（日本的看法），成为继降低物化劳动消耗、活劳动消耗之后的第三个可以降低成本的领域。广义地讲，物流包括企业物流和社会物流两个部分，前者站在企业的角度研究生产物流，后者站在社会的角度研究商业物流。销售物流既是企业生产物流的延续，又是社会物流的重要组成部分。

1. 物流的概念

物流（Logistics），过去长期被称为产品的实体分配（Physical Distribution）。美国物流管理协会对物流的定义是“把产成品从生产线的终点有效地移动到有关消费者（用户）的广泛活动，也包括将原材料从供给地有效移动到生产线始点的活动”。现代物流被看作是“提高企业对用户的服务水平，进而提高企业竞争力”的有效手段（欧美国家的看法）。由此可见，物流是指通过有效地安排商品的仓储、转移和管理，使商品在需要的时间到达需要的地点的经营活动。运输和储存是物流的两个最基本的活动，是物流的核心活动。

2. 物流的职能

物流的职能有二：一是创造地点效用，即完成将产品由生产地到市场消费地的转移；二是创造时间效用，即完成将产品由生产时间保质保量地保管储存至消费时间的活动。销售物流作为市场营销的一部分，不仅包括产品的配送、运输、保管、装卸、包装，而且还包括开展这些活动所伴随的信息传播。它以企业的销售预测为开端，并以此规划物流的基础设施，物流活动直接影响企业的存货水平和成本占用，因此对企业的生产经营活动有着重要影响。

3. 物流管理

物流活动的内容包括运输与配送活动、储存与保管活动、运输包装活动、装卸与搬运活动、必要的生产加工和流通加工活动、物流信息活动等6个方面。这些物流活动往往组合形成一个项目，或者一个工程。所谓的物流管理，就是对以上物流活动所开展的计划、组织、指挥、协调和控制等工作。

1）物流活动的策划

在物流管理五大职能中最重要的是物流活动的规划与策划。物流始于对整个物流活动的全面规划和策划,其基本内容就是要明确物流活动的目标,对物流活动的全过程进行安排和布置。特别是数量大、时间长的物流活动,一般要动用较多资源,涉及较多人、车、库和较多的部门单位,所以一定要做好事前的规划和策划,选择和实施最好的物流方案。物流规划要从各个不同的角度进行考虑、协调,最后确定一个整体最优方案。

从市场营销角度看,物流规划应从市场需要开始,将信息反馈到厂商的相关部门。厂商要考虑购买者对购买提货方便性的要求,制定一个综合的物流策略,包括产品的运输方式、仓库的存货水平以及仓库的布局分布,进而向目标顾客提供更好的顾客服务。此外,物流策略还要考虑竞争者的服务水平,设法赶上或超过竞争对手。具体的讲,销售物流的目标包括顾客服务水平最佳和物流整体成本最低,兼顾二者的要求,求得二者的协调和统一。

从顾客服务水平看,影响顾客满意的因素有产品的可得性(是否能够得到)、订货及送货速度、缺货率、送货频率(两次送货之间的时间间隔)、送货的可靠性(货损货差)、运输方式等。企业通常应根据市场竞争状况或竞争者的服务水平以及成本目标,确定自己的物流服务水平。

从物流成本的角度看,企业的物流成本规划不仅仅要考虑运输费用和仓储费用,还包括运送辅助费用、装卸费用、包装费用、保险费用、货损货差等损失费用,以及在整个物流环节滞留期间占用的资金成本。应当注意的是,不同成本之间的关系常常是反向作用的,如减少仓库的存货水平,虽然有利于减少仓储费用,却可能会增加送货成本;为了节约运输费用,就会选择经济廉价的运输方式,可能会增加货损货差的费用。所以物流策略的决策是一个非常复杂的过程。

2)物流活动的实施

物流规划和方案得以制定后,就要组织实施。这就需要对物流活动进行组织、指挥、协调和控制。物流服务商是物流活动的具体承担者,面对物流市场服务对象的众多需要,甚至面对电子商务环境条件下的复杂物流需要,具体承担运输、配送、储存、保管、包装、装卸、搬运、物流信息等各种物流活动,必须对物流整体活动进行专业化服务和实施综合管理。

4. 物流服务模式

物流服务有4种基本模式。

1)第一方物流服务模式

也称顾客自我服务模式。由买方使用自己的物流设施为自己提供物流服务的模式,是一种自给自足的物流服务模式。这种服务模式的社会化和专业化程度都很低,物流效率也比较低,基本不适合现代社会大多数商品分销服务的要求。

2)第二方物流服务模式

即供应商提供物流服务的模式。由供应商使用他们的物流设施为顾客提供物流服务的模式。由于供应商可以同时为多个顾客提供物流服务,所以这种物流服务模式的集约化程度高于第一方物流服务模式。服务效率也相对较高,但是服务对象仍然局限于企业自己的顾客。

这种物流模式,供应商既是产品生产活动的组织者、实施者,又是企业物流活动的组织者、实施者。供应商对物流系统能够保持较好的控制权,便于实施物流管理和组织,能够掌握第一手的客户信息和物流信息,有利于改善客户服务水平。但是,随着供应商的销售市场扩大,物流业务组织和管理变得复杂,对销往各个市场的产品往往因为数量的有限性而使得物流不能充分运用信息化、自动化和柔性化的物流手段,不能享受社会分工的专业化和集约化成果,总体物流效率也许变得不高。否则,供应商势必要加大对物流设施的投入,这样会增加供应商的资金负担，对供应商的物流能力要求很高。

3)第三方物流服务模式(The Third Party Logistics)

这是由买卖双方以外的第三方物流服务企业使用自己的物流服务设施为买方或卖方提供物流服务的模式，它是现代物流社会化、专业化分工的产物。这种模式中的第三方物流服务企业需要从货主企业(买方和卖方企业)的利益和要求出发，代替货主从事物流作业和一定的物流管理工作。这种模式，物流服务商为全社会提供专业化的物流服务，因为其服务对象更加广泛，物流服务业务较多，从而有利于提高物流设施的使用率，可以促进物流服务商投资建设作业效率更高的物流设备或设施，其结果使得全社会的物流效率更高，降低物流服务的收费水平，为物流需求企业节约成本，因此它是一种效率和效益都比较高的现代物流社会化服务模式，也是目前我国汽车行业正在发展的一种物流服务模式。

第三方物流模式，物流需求者只需要向物流服务商提出物流服务需求，做好货物发送和接收的衔接，而不必再对物流活动实施管理。使用这种物流模式，汽车厂商在物流活动方面，只需要管理其生产物流，而将产品销售物流、原材料和配套件的供应物流交由物流服务商完成，从而有利于汽车厂商集中精力做好产品的生产和经营。

4)第四方物流服务模式(The Forth Party Logistics)

第四方物流是在第三方物流基础上，将物流管理和物流作业相分离而产生的一种新型物流服务方式，即物流管理者(第四方)承接物流服务业务，为物流需求者提供物流解决方案，再通过招募和管理具有物流设施或设备的物流作业者(第三方)具体完成物流作业的模式。第四方物流是一种物流集成管理服务，服务商利用自己物流管理的知识优势，无需自己投资兴建物流设施，同时又可以充分利用社会业已存在的物流资源(常常因为缺乏物流管理能力而不能发挥作用)，这样各方各得其所。由此可见，第四方物流是物流专业化分工更细的结果。

二、商品车的物流组织与管理

商品车物流是汽车分销的重要环节，其主要工作任务包括订货、运送和仓储等。

1. 商品车物流概述

商品车物流是指待销售的成品汽车(商品车)从生产线下线后，通过火车、轮船、大型汽车等运输工具将商品车运往销售仓库、各地分销库和经销商，最终到达消费者手中的一系列物流储运活动。

国内商品车物流从20世纪80年代后期开始逐步形成规模，开始出现专业化商品车物流企业。20世纪90年代后期，第三方物流模式在商品车物流领域发展较快。目前，上汽集团、一汽集团、东风集团都拥有自己的商品车物流储运公司或部门，他们除了为本集团提供商品车、原材料和配套件采购物流服务外，还为其他汽车厂商提供物流服务。其中，上汽集团下属的上海安吉天地物流公司是目前最大的商品车物流企业。较有影响的第三方商品车物流企业还有武汉中原发展汽车物流公司、吉林长久物流有限公司、重庆长安民生物流公司、北汽福田物流公司等。

2. 商品车物流的运作流程

这项工作涉及的管理内容主要有：订货过程、运送和仓储过程等。

1)订货过程

销售物流的具体业务是从用户订货开始的。厂商的销售部门在接到订单和核准经销商的货款情况后，对需要发送的商品车开出发运单交储运部门和物流企业，他们共同完成商品车的发送。我国汽车厂商的整车产品，通常是按合约销售给经销商，即在每年的年初汽车厂商的销售部门(或地区机构)要与各经销商商定年度销售计划，签订年度销售购销协议。在履约过程中，经销商按月(或周)向汽车厂商发出订货临时订单，对所需要的车型、品种、数量、交车地点和交车时间等提出具体说明，并按当时的价格(或计价方式)，以约定的支付方式、支付时间，将货款汇入汽车厂商的开户银行，汽车厂商在收到银行通知后(或见到经销商开户银行的货款汇出票样)，即办理分车计划，满足经销商的订货需要，并通知发运。

2)运送过程

汽车厂商或者其物流服务商要做好新车的发运工作，必须要对可能利用的各种运送形式进行比较，选择最恰当的运送形式，以保证所选择的运送方式在运送成本和交车时间两方面的统一。一般来说，汽车产品的运送可以选择的方式主要有铁路运输、水路运输和公路运输。其中，公路运输又包括利用商品车运输专用车进行运输和驾驶员将商品车直接开到经销商(或用户)地点两种方式，后一种方式主要限于大型商用汽车的运送。在上述运输方式中，一般以公路运输手续最简单，运送最快捷，转运环节最少，最容易保证交付时间，但其运输成本也最高。水运虽然成本低廉，但时间慢、周期长，且只能适宜于水路通航的地区。铁路运输的优缺点介于水运与公路运输之间，但铁路运输常常要求商品车发运必须具有一定的批量，交货周期也相对比较长。企业在选择运输方式时，应根据具体订货数量以及商品车运输起讫地点之间具体的交通条件等因素，在保证交付时间的前提下，选择最经济的运输方式。

在新车发运过程中，汽车厂商或其物流服务商要严格管理，建立完善的规章制度，发运部门内部各机构间分工明确，责任清晰，协调和谐，防止商品车运送过程中可能出现的质量损坏和盗窃事故的发生，确保商品车在交付用户之前不被作为交通工具使用，对用户实行“0公里”交付(新车里程表里程数据显示一般不超过12km)。

3)仓储过程

合理的仓储有利于消除商品车供给与用户购买需求在时间、地点和数量上存在的矛盾。企业为了做到仓储成本最低和供应及时性的统一，必须做好下列工作：①合理规划好仓储地点布局(特别是商品车中转库的布局)；②确定合理的仓储规模；③做好仓储管理；④确立经济订货规模(包括中转库的进货规模)。

对汽车厂商而言，由于市场在地理位置上的分散性，为了保证各地用户或经销商能够及时供货，同时又为了保证单位产品能分摊的运送成本最少，因而汽车厂商必须要在分销渠道中设立中转仓库以贮备一定规模的商品汽车。正确地决策好中转库的地理位置和库存规模，以使每个中转库的市场覆盖范围合理化。如果覆盖范围过大，则起不到中转库应有的作用；覆盖范围过小，则要增加仓库数量，增加建立和管理中转库的费用，同时还造成仓储规模过小，增加发运成本。因而汽车厂商应根据本企业产品的市场地理分布特点及各区域市场的需求数量，做到仓库的地理布局合理。仓库的具体地理位置可以设在目标市场的中心且交通便利的地方。一般来讲，中转库的选址应依托汽车厂商自己的区域销售机构建立，并由区域销售机构实施日常管理。建设中转库，不仅有利于保障对目标市场的及时供货，也有利于在滞销时分担商品车存储总库的压力，还有利于减少商品车的发运成本。当然，这也会增加中转库的管理成本，也要解决由此产生的二次物流问题(从中转库至经销商或用户的物流)。所以，汽车厂商要对中转库的建设进行综合决策。

企业有了合理的仓库布局和库存能力，还必须对仓储实施有效的管理。仓储管理工作涉及较多内容，其中最重要的内容包括：①保证商品车在库存期间的品质不发生变化；②合理确定存货水平和订货时间；③制定合理的库存方案和出入库制度，尽量减少资金占用。

保持库存商品品质就是要维护好商品车的使用功能，对汽车整车而言，应定期进行一定的维护作业，加注和更换润滑油和润滑脂等，起动汽车以保持汽车电器装置处于干燥状态，以及使各运动机件保持正常的运动状态等。仓储不等于将物品储之了事，必须根据库存商品的自然磨损特点，有针对性地定期进行仓储作业，维护库存商品的使用功能。

决策好存货水平和订货时间是仓储管理十分重要的工作。因为存货过多，会增加企业流动资金占用，导致贮存费用的上升；而存货过少，又可能导致脱销，而且会增加订货次数，增加订货费用（订货费用一般与订货次数成正比，而与订货量关系不大）。以上两种情况都可能会造成仓储综合费用上升，增加营销成本。仓库存货水平大小决定了每次订货的订货量，因而存货水平决策实质上就是订货量的决策。订货量的确定应综合考虑库存成本（包括占用流动资金的财务支出、物品功能维护费用等）和进货成本（包括进货人员差旅费、手续费、运输计划费、运费等），以综合成本最小的库存量作为订货量。以上费用同订货量的关系以及订货量的确定可用图 9-8 表示。仓库管理应根据仓储管理模型，科学地确定订货量。

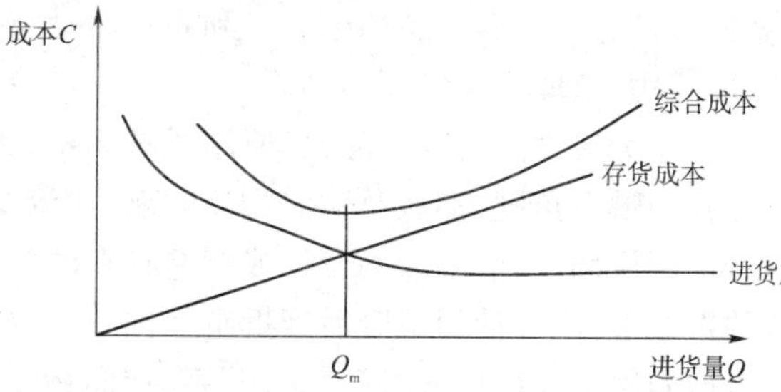

图 9-8　最佳库存决策模型

进货时间的确定通常要综合考虑销售频率、办理订货手续的繁简、运送时间的长短以及其他情况（如意外情况、用户对交货的要求等）。它通常可按下式计算：

进货提前时间（天）= 日均销货量 × 进货时间 + 安全时间（天）

上式中的进货时间应从订单发出的当天算起，至货物运达仓库所需要的时间（天），安全天数则是为了避免仓库脱销而考虑的保险系数，一般可根据统计经验确定，但应考虑目前的销货频率是否与日均销售量相符合，如果销货频率大于日均销售量，安全天数可以取大一些，反之则可取小一些。当仓库物品剩余的数量达到进货点时，仓库就应及时办理订货业务。

仓储管理工作的科学化还包括仓库房屋或停车场地设计的合理化（如房屋应符合物品对密封、通风、防盗、采光等方面的要求）、设施齐全化（如应配备干燥、防盗报警、照明、防火、温控、保修作业及货物架等设施设备）、存放规范化（如库存商品应分类分区存放等）以及改善软件工作（如加强仓库工作人员职业道德教育、出入物品及时登记、及时盘存、夜班执勤的科学组织、如何将长期积压的库存商品转化为经济效益等）。

三、汽车逆向物流

逆向物流（Reverse Logistics），系指与生产供应链物流方向相反，从恢复产品价值或合理处置出发，对原材料、中间库存品、最终产品等实物所实施的从消费者到原生产厂商的物质流动。其具体工作内容包括与逆向物流有关的计划、管理、控制和操作实施等过程。随着绿色经济、循环经济、持续发展、保护消费者权益等社会经济发展理念的普及，逆向物流被越来越受到重视。

逆向物流的产生，主要源于：①消费者权益保护。产品因质量保修、召回、退货（售出的或未售出的）而产生逆向物流；②再制造。在用产品尚未达到报废条件，产品的全部或部分零部件因需要返回到制造商那里恢复产品使用价值而产生逆向物流；③资源回收。在用产品达到报废条件，但报废产品可作为资源再利用，或者生产供应链的各个环节所使用过的产品包装，因具有回收价值而回收，这种循环经济条件下进行的有目的的产品及其附属物的回收活动，也产生逆向物流。

现实生活中，逆向物流的类型包括：①根据实施逆向物流行为主体的主被动关系，可将逆向物流划分为退货物流和回收物流。其中，退货物流是指不合格物品退货，按照有关规定必须由原生产经营者进行返修所引起的物流。我国规定，产品周转使用过的包装容器，生产经营者负责回收，这部分物流也属于退货物流范畴；回收物流系指经济活动中失去原有价值的物品，根据实际需要进行搜集、分类、加工、包装、搬运、储存等，并分送给专门处理场所而形成的物流。②根据返回品是产品还是包装材料，可将逆向物流划分为产品的逆向物流和包装物的逆向物流。产品的逆向物流活动包括产品恢复和报废处理，其中产品恢复包括修理、修整、再制造、分拆产品和原料再利用等活动；包装物的逆向物流活动包括整修、回收物料、循环使用、填埋或焚烧等活动。

汽车作为典型的工业产品，其使用量多面广，无论从保护消费者权益，还是再制造或资源循环利用哪个角度，都涉及逆向物流问题，如汽车质量保修或维修更换下来的废旧件需要运回原生产厂商，为消除产品设计或制造存在的质量隐患而实施的产品召回，汽车及其主要总成的再制造，汽车使用报废后经拆解而回收钢铁、有色金属、橡胶、工程塑料等，这些活动均产生逆向物流。所以，做好汽车产品的逆向物流十分重要。

汽车的逆向物流，仍主要依靠汽车营销的渠道系统负责组织实施，涉及逆向物流货物收集、分类、整理、包装、储存、运输等工作内容，需要制定逆向物流工作方案。

第五节　汽车零配件的分销与物流

汽车在使用过程中涉及长期的维护和修理，需要零配件的供应保障。汽车零配件的分销主要有两个体系，一是整车厂商的销售服务体系，另一个是维修零售市场体系。分销渠道管理的一般理论也适用于汽车零配件的分销，在此不做赘述，本节从实务的角度简单介绍汽车零配件的分销运作。

一、整车厂商销售服务体系中的配件分销

1. 整车厂商销售服务体系的配件采购流程

1）订货的形式

服务站/大用户/专卖店汽车配件订货的形式一般有两种，正常订货和紧急订货。

（1）正常订货：汽车厂商的服务站/大用户/专卖店为满足正常维修、零售及基本库存储备的需要，每月向制造商提出一次订货。订货的品种，数量不限，同汽车厂商的配件供应部门实现系统联网的服务站/大用户/专卖店，必须用订货专用系统进行订货，如果系统出现问题，可把订货拷贝在软盘里，邮寄给汽车配件部门，并标注服务站代码、发运形式（注意电话跟踪），特殊情况下可按照汽车厂商配件部门提供的订单填写，可以用传真，特快专递发到整车厂商配件部门。

一般发货形式为：铁路集装箱运输或自提。

（2）紧急订货：为满足用户的紧急需求而发生的订货。原则上，紧急订货的汽车配件只

用于特定的事故车上。如某汽车厂商要求紧急订货每月最多只能提出二次订货，订货品种不超过 30 种，订货时间不限，可采用传真、挂号信、特快专递等方式进行。

一般发货形式为：铁路快件，空运，特快专递或自提。

2）订货的步骤及要求

（1）填写订单（或依照订货专用系统的要求）。按照《汽车配件订单》的格式由订货计划员或汽车配件经理填写，要求准确、清晰、完整，并加盖服务站、大用户/专卖店公章方能生效。订单中的汽车配件号应当按编号填写以便于查找。正常订货的订货数量，要以汽车配件部门提供的包装单位为依据进行订货，紧急订货例外。汽车厂商配件部门计算机系统中，国产化汽车配件号与进口件均有替代关系，如服务站特指的订货（例如该件虽已国产化但专门需要进口件），可在备注栏中说明是否需要替换件，否则，一般情况下厂商的配件部门将提供现有库存的汽车配件。车身、发动机、变速器等可以单独订货，维护件、易损件及玻璃等易碎件必须采用正常订货方式建立库存储备。按非标准订单形式填写的紧急订货，应详细写明所修车辆的发动机号、底盘号及损坏情况，必须有汽车配件订货计划员或汽车配件经理的签字，事故报告单可以作为紧急订货的附带说明。

（2）订单的寄发。可采用传真、挂号信、特快专递等方式进行，一式两份，正本发至汽车配件部门，另一份作为服务站订货记录存档备查。

（3）订货询价及汇款。对汽车厂商的配件订货一般实行先付款后提货的原则（A 类服务站例外），故订单发出后，应先询价，后付款，然后汽车厂商配件部门才发货。

（4）提货、发运及寄发单据。汽车厂商汽车配件部门仓库人员根据《销售发货清单》（一式两份）进行提货，其中一份随订货发给订货单位作为装箱单。汽车厂商配件部门根据装箱单的实际发出数量开出《销售清单》、增值税发票、出门证。汽车厂商财务部门寄出增值税发票、《销售清单》及有关单据。

（5）汽车配件索赔。根据《装箱单》所发生的盈、亏、错、损等情况，提出索赔。

2. 配件的发运

1）配件发运的形式

汽车厂商配件部门根据服务站/大用户/专卖店订货要求，由专人负责为订货进行发运，一般的发运方式有：铁路集装箱、铁路快件、特快专递、空运、自提等。

2）配件发运中的有关问题

（1）服务站/大用户/专卖店大批订货时，应采用铁路集装箱或自提。

（2）特快专递的质量应有限制（如某公司规定不得超过 15kg，长 × 宽 × 高的尺寸不得超过 60 ×60 ×90cm）。

（3）铁路快递的质量应有限制（如某公司规定不得超过 40kg，质量较重，体积较大的配件不能发铁路快车）。

（4）体积超大的配件不能发空运，如车身、发动机罩盖、后桥总成等。

（5）为确保发运质量和安全，油漆等易燃品，玻璃等易碎件必须采用特殊包装，并且只采用铁路集装箱发运或自提，如服务站提出其他的发运形式，后果由服务站自负。

（6）服务站/大用户/专卖店提出的发运形式如不符合规定要求或有特殊情况时，汽车厂商配件部门有权改变发运形式。

（7）没有从汽车厂商所在地直达到服务站/大用户/专卖店所在地城市列车，服务站/大用户/专卖店不能空运体积大，数量多的订货。

3)配件发运的几种单据

(1)陆路发运,包括铁路集装箱,铁路快件。常见的单据有《包裹托运单》,《货物运单》,《铁路货物运输服务订单》。

(2)航空发运。常见的单据有《货物托运单》。

4)汽车配件的验收

(1)服务站自提时,必须派人或指定专人当场参照装箱单进行验收。

(2)货物到站后,服务站/大用户/专卖店可以收到《领货凭证》;取货时,一定要认真清点验收,保证《领货凭证》上的件数与实际相符,要查看箱子(件)是否破损、变形、丢失;要检查集装箱的锁、卡、封是否完整,有无变化;发现问题要立即与车站交涉,避免事后发生争议,引起不必要的麻烦。

(3)服务站/大用户/专卖店收到货物后,应立即根据随货发出的装箱单验收,如出现亏、错、损等情况,应立即通知汽车配件部门并办理相应的索赔手续。

3. 汽车配件的结算

1)财务结算的注意事项

(1)服务站/大用户/专卖店必须建立独立的银行账号。

(2)服务站/大用户/专卖店在汽车配件经营管理中,必须有单独的财务进出明细账目。

(3)服务站/大用户/专卖店的账号和开户行变更时,应提前通知汽车厂商配件部门。

(4)汽车厂商配件部门及财务部门有权查阅服务站/大用户/专卖店的汽车配件经营账目,服务站应主动配合汽车厂商配件部门及财务部门的巡访检查工作。

2)汽车配件结算办法

(1)服务站/大用户/专卖店向汽车厂商配件部门订购汽车配件是根据汽车厂商计算机系统规定的价格进行的。汽车配件结算一律采用转账方式,不再收取现金,也不接受任何第三方的垫付款。

(2)为了简化结算手续,缩短汇款时间,如果服务站没有特殊要求,其售后索赔款及首保款将直接转作汽车配件款。

(3)凡欠款单位在申请再发货之前,必须多支付该批货款一定的百分比用来偿还欠款。

(4)A类服务站遵循先发货后付款的原则,但第二次订货时,必须将第一次订货的货款付清。无故拖延汽车配件款,汽车厂商配件部门将停止供货,待欠款结清后,方可恢复供货。

(5)服务站到汽车厂商汽车配件部门自提汽车配件时,应遵循先付款后提货的原则,汇款可采用信汇、电汇、汇票等方式进行。

(6)服务站收到汽车厂商配件部门发运的汽车配件时,如果出现品种、数量的差异或损坏等情况,不能拒付,应按发运金额全额承付,其差额可通过汽车配件索赔的方式解决。

(7)服务站的财务人员应以信函的形式一定时期(如每半年)与汽车厂商财务管理部核对一次账目,如有必要可派人核对账目,以保证双方账目相符。

(8)服务站的汽车配件经理应对汽车配件来往账目及汽车配件结算负责。

二、零售市场的汽车配件分销

1. 汽车零、配件零售的销售方式分类

1)按汽车零配件的零售模式分

汽车零配件的零售模式多种多样,主要有以下几种形式:

(1)专业店:也叫专卖店。这种汽车配件销售店专门经营某一个汽车厂商或某一种车型的汽车配件。国外多数汽车厂商的配件都实行专卖。专卖店要么属于汽车厂商,要么同汽车厂商(或其他经销站、代理商)是合同关系。

(2)混合店:这种汽车配件销售店,一般直接从零部件制造厂商或汽车厂商进货,经营品种涉及各个汽车厂商各种车型的配件。

(3)大型汽车配件市场:这种市场不仅规模大、品种全、价格合理、知名度高,而且还从事批发业务,辐射力强。

从零售店的经营权看,一般零售店都是独立的,但有一类叫做"连锁店",这类汽车配件经销店一般同汽车配件主渠道(汽车配件公司)连锁,由汽车配件公司对其进行规划、管理、技术指导、提供信息,并优惠供应汽车配件。连锁店可以挂汽车配件公司牌子,但必须只从汽车配件公司进货。

2)按零售店的集中程度分

主要具有以下形式:①分散形式,这类汽车配件零售店一般分散在各个地方,周围可能只此一家汽车配件经销店;②汽车配件一条街,这种一条街在我国许多城市都存在,一般位于较有影响的汽车配件批发商附近,或在汽车贸易公司、汽车厂商销售机构附近的地区。

从零售店的综合程度来看,多数零售店只是经营汽车或摩托车配件以及相关五金工业品,但也有综合性很强的大型零售店,有些类似于超级市场。这类大型店提供的服务不仅是经营各类汽车配件,还向客户提供加油、娱乐等多种服务。

2. 汽车配件门市销售的柜组分工

一个较大的汽车配件销售商往往在一个地区设立几个门市部,或跨地区、跨市场设立门市部。在有多个门市部时,相互间的分工至关重要。有的按车型分工,如经营桑塔纳、捷达、奥迪汽车配件等;有的实行综合经营,不分车型;也有的二者兼有,即以综合经营为基础,各自又有几个特色车型。

1)门市销售的柜组分工形式

在一个门市部内部,各柜组的经营分工,一般有以下几种形式:

(1)按品种系列分柜组。指经营的所有汽车配件不分车型,而是按部件、系统、品名分柜组经营。如经营发动机系的柜组,叫发动机柜组;经营通用工具及通用电器的柜组,叫通用柜组。这种划分方式有利于店员深入了解商品的品名、质量、性能、材质、工艺、价格、互换性等商品知识。尤其在进口维修汽车配件的经营中,由于车型繁杂,而每种车型的保有量又不太多,宜采用品种系列分柜组。

(2)按车型分柜组。指按不同车型分柜组,如分成桑塔纳、富康柜组等。每个柜组经营一个或两个车型的全部品种。在这种分工方式下,用户只要在一个柜组便可全部购买同一车型的各种配件,无须分别到若干个柜台开票;另外按车型分工还可与整车厂商编印的汽车配件样本目录相一致。

2)门市橱窗陈列和柜台货架的商品摆放

对汽车配件门市部来讲,商品陈列十分重要。通过陈列摆放样品,可以加深顾客对汽车配件的了解,以便选购。尤其对一些新产品和通用产品,更能通过样品陈列起到宣传作用。

(1)门市的配件陈列,包括如下一些方式:①橱窗陈列。是利用商店临街的橱窗专门展示样品且有商业广告作用的一种陈列形式。橱窗陈列的商品一定要有代表性,体现出经营者的特色,陈列要美观大方,引人注目。②平地陈列。是将商品陈列在营业场地地面上的陈列形式,适合陈列体积大、笨重、无法摆上货架或柜台的商品,如电瓶、发动机总成、离合器总成等。③柜台、货架陈列。也叫做商品摆布,是将商品陈列在柜台、货架上的陈列方式,它具有陈列、销售的特点,是配件店中最主要的陈列方式,适合陈列小件配件如火花塞、皮碗、修理包、各类油封等。④架顶陈列。是在货架的顶部陈列商品的方式,其特点是占用上部空间位置,架顶商品陈列的视野范围较高,顾客容易观看,这种方式一般适合陈列维护护理产品如全损耗系统用油、美容清洗剂等商品。⑤壁挂陈列。是在墙壁上设置悬挂陈列架来陈列商品的方式,适用于陈列质量较轻的汽车配件如转向盘、皮带、内饰件等。

(2)配件的货架摆放。商品在货架上的摆放应注意以下事项:①要方便顾客辨认各种配件商品。②商品摆放要整齐、有条理、多而不乱、易于取货。③要做到商品的"随销、随补","不断档、不空架"和"库有、柜有",以及明码标价、有货有价。④要分类、分等摆放。应按商品的品种、系列、质量等级等有规律地摆放,以便用户挑选。⑤定位、定量摆放。摆放商品要定位、定量,不要随便移动,以利于货物取放、盘点。⑥连带商品要一起摆放。把使用上有联系的商品,摆放在一起陈列,这样可以起到销售上的连带效应。

三、零配件物流管理现代化

物流管理现代化主要指运用现代化的信息管理手段如条形码技术、电子数据交换技术、电子自动定货系统、销售时点信息系统等优化零配件物流的运作过程。

1. 条形码技术

1)条形码

条形码是用一组数字来表示商品的信息。按使用方式分为直接印刷在商品包装上的条形码和印刷在商品标签上的条形码。按使用目的分为商品条形码和物流条形码。商品条形码是以直接向消费者销售的商品为对象,以单个商品为单位使用的条形码。它由13位数字组成,最前面的两个数字表示国家或地区的代码,中国的代码是69,接着的5个数字表示生产厂家的代码,其后的5个数字表示商品品种的代码,最后的1个数字用来防止机器发生误读错误。物流条形码是物流过程中的以商品为对象、以集合包装商品为单位使用的条形码。标准物流条形码由14位数字组成,除了第1位数字之外其余13位数字代表的意思与商品条形码相同。物流条形码第1位数字表示物流识别代码,其含义与包装集合体内的商品件数有关。

条形码是有关生产厂家、批发商、零售商、运输业者等经济主体进行订货和接受订货、销售、保管、出入库检验等活动的信息源。由于在活动发生时点能即时自动读取信息,因此有利于促进物流系统提高效率。另外,条形码与其他辨识商品的方法如OCR(Optical Character Recognition,光学文字识别),OMR(Optical Mark Reader,光学记号读取)比较,具有印刷成本低和读取精度高的优点。

2)条形码技术应用

首先,条形码技术在订货系统中得到广泛应用。由于订单式生产和销售方式的推广,在商品订货系统中,条形码技术具有很大优越性,对传统物流产生了较大变革。

订单方式要求生产企业必须建立以大型计算机系统为支持的技术系统,生产开发部门要开发出众多可供用户选装的部件和总成。这些部件和总成实现按需准时供货,均需要相关的自动化技术如条形码技术、集装单元化技术等支撑,如条形码技术使对物品的跟踪成为可能。

其次,条形码技术在库存管理中得到广泛应用。条形码技术对库存管理的帮助很大。物品入库时,用扫描仪扫描条形码,信息及时存入仓库管理系统,物品出库时,每一个托盘有一个条形码,如果一个托盘有几种零配件,每个小包装也加上一个对应的条形码,托盘装进集装箱,集装箱也有相应的条形码。条形码技术可以实现仓库物品进出的自动登记和自动盘存,不但极大地提高了工作效率,节约人力,而且可以避免人工管理造成的差错。仓库规模越大,所存物品种类越多,这一技术的优越性越能显示出来。

2. 电子数据交换(EDI)技术

1)电子数据交换系统

电子数据交换(EDI)技术是指不同的企业之间,为了提高经营活动的效率,在标准化的基础上通过计算机联网进行数据传输和交换的方法。EDI 的主要功能表现在电子数据传输和交换、传输数据的存证、文书数据标准格式的转换、安全保密、提供信息查询、提供技术咨询服务、提供信息增殖服务等。EDI 最初由美国企业应用在企业间的订货业务活动中,其后 EDI 的应用范围从订货业务向其他的业务扩展,如 POS 销售信息传送业务、库存管理业务、发货送货信息和支付信息的传送业务等。近年 EDI 在物流中广泛应用,被称为物流 EDI。

所谓物流 EDI 是指货主、承运业主以及其他相关的单位之间,通过 EDI 系统进行物流数据交换,并以此为基础实施物流作业活动的方法。物流 EDI 的参与单位有货主(如生产厂家、贸易商、批发商、零售商等)、承运业主(如独立的物流承运企业等)、实际运送货物的交通运输企业(铁路企业、水运企业、航空企业、公路运输企业等)、协助单位(政府有关部门、金融企业等)和其他的物流相关单位(如仓库业者、专业报关业者等)。物流 EDI 的框架结构如图 9-9 所示。FORTUNE 杂志评选出的全球 500 家大企业都应用 EDI 系统与它们的主要顾客和供应商交换商业信息。

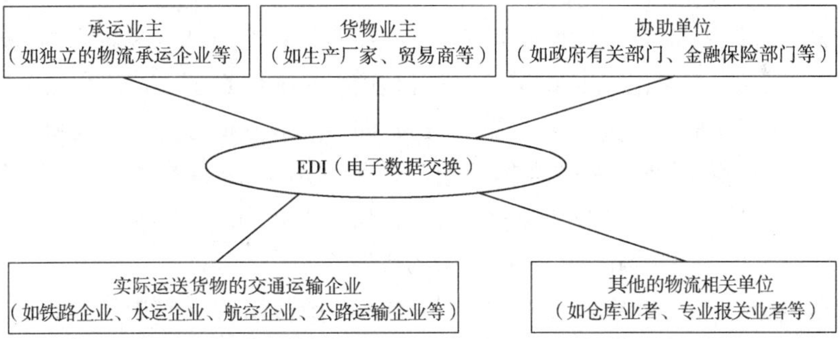

图 9-9　物流 EDI

2)电子数据交换系统在汽车物流中的应用

以戴姆勒-克莱斯勒公司的物流项目为例,该项目涉及的整车生产厂家、汽车部件生产厂家、零部件供应商、物流企业都受令于其物流总部的数据公共平台 MECC 系统——以电子数据交换技术为基础搭建的数据处理系统。各单位通过该系统接受总部的生产计划与配送订单,并能及时反馈执行情况。对境内物流项目而言,物流公司把境外采购或加工的汽车零部件通过仓库这个平台,用准时配送的方式对整车厂配送。对境外的物流项目,境外的零部件供应商向汽车物流中心仓库发货,物流中心再根据总部的生产计划向境外分公司仓库配送,再由境外分公司向整车装配厂实施配送。参与各方有效利用电子数据信息交换系统,实现信息的即时交换和资源共享。

第十章　汽车促销策略

凡是在买方市场条件下，厂商开展适时而恰当的促销活动，对于传播营销信息、宣传企业产品、建立消费者信念、树立企业形象都是具有积极意义的，促销策略与产品策略、价格策略、分销渠道策略配合应用，对提高市场营销绩效会产生显著效果。促销能力是企业市场营销能力的重要组成部分。

第一节　促销策略概述

一、促销策略的概念及作用

所谓促销(Marketing Promotion Mix)是指企业营销部门通过一定的方式，将产品信息及购买途经传递给目标客户，从而激发客户的购买兴趣，强化购买欲望，甚至创造需求，从而促进企业产品销售的一系列活动。促销的实质是传播与沟通信息，其目的是要促进销售、提高企业的市场占有率及增加企业的收益。

为了沟通市场信息，企业可以采取两种方式：一是单向沟通，即：或者是由“卖方→买方”的沟通，如广告、陈列、说明书、宣传报道等；或者是由“买方→卖方”的沟通，如用户意见书等。二是双向沟通，如上门推销、现场演示促销等方式，即买卖双方相互沟通信息和意见的形式。

现代市场营销将各种促销方式大体归纳为四种基本类型，即广告、人员推销、营业推广和公共关系。这四种方式的运用搭配称为促销组合(Marketing Promotion Mix)。促销组合策略就是对这四种促销方式组合搭配和运用的决策。

促销活动对企业的生产经营意义重大，是企业市场营销的重要内容。促销的作用不仅对不知名的产品和新产品意义深远，而且对名牌产品同样重要，那种“好酒不怕巷子深”的观念已经越来越不能适应现代市场竞争的需要，是应当摒弃的落后观念。在现代社会中，促销活动至少有以下重要作用：

(1)提供商业信息。通过促销宣传，可以使用户知道企业生产经营什么产品，有什么特点，到什么地方购买，购买的条件是什么等，从而引起顾客注意，激发并强化购买欲望，为实现和扩大销售作好舆论准备。

(2)宣传产品特点，利于竞争能力。促销活动通过宣传企业的产品特点，提高产品和企业的知名度和美誉度，加深顾客的了解和喜爱，增强信任感，提高企业和产品的市场竞争力。

(3)树立良好企业的形象，巩固市场地位。恰当的促销活动可以树立良好的企业形象和产品形象，能使顾客对企业及其产品产生好感，从而培养和提高用户的忠诚度，形成稳定的用户群，可以不断地巩固和扩大市场占有率。

(4)影响用户的购买倾向,刺激需求。这种作用尤其对企业新产品推向市场效果更为明显一些。企业通过促销活动引导需求,有利于新产品打入市场和建立声誉。促销也有利于挖掘潜在需求,为企业赢得持久的市场需求提供了可能性。

总之,促销的作用就是花钱买市场。但企业在促销组合决策时,应有针对性地选择好各种促销方式的应用和搭配,兼顾促销效果与促销成本的关系。

二、汽车产品的基本促销方式

不同的促销方式各有不同的效果,它是企业进行促销组合决策所必须考虑的因素。汽车产品常见的促销方式有:

(1)人员推销(Personal Selling)。即企业通过派出推销人员与一个或几个以上的潜在购买者交谈、介绍和宣传产品,以扩大产品的销售。

(2)广告(Advertisement)。广告是通过报纸、杂志、广播、电视、网络、广告牌等广告传播媒体形式向目标顾客传递信息。采用广告宣传可以使广大客户对企业的产品、品牌、服务等加强认识,并产生好感。其特点是可以比较广泛(如推销员到达不了的地方)地宣传企业及其产品,传递购买信息。

(3)营业推广(Promotion)。营业推广是由一系列短期引导性、强刺激性的战术促销方式组成。它一般只作为人员推销和广告的补充方式,其刺激性很强,吸引力很大,包括免费样品、赠券、奖券、展览、陈列、折扣、津贴等,它可以鼓励现有顾客重复购买,并争取潜在顾客,还可鼓励中间商增加销售。与人员推销和广告相比,营业推广不是连续进行的活动,只是一些阶段性或临时性的促使顾客迅速产生购买行为的措施。

(4)公共关系(Public Relation)。为了使公众理解企业的经营活动符合公众利益,并有计划地加强与公众的联系,建立和谐的关系,树立企业信誉的一系列活动即属于公共关系。其特点是不以短期促销效果为目标,通过公共关系使公众对企业及其产品产生好感,并树立良好企业形象。它与广告的传播媒体有些类似,但又是以不同于广告的形式出现,因而能取得比广告更深刻的效果。如报告文学、电视剧、支持社会公益活动等公共关系手段的效果就很好。企业公共关系的目的不仅在于促销,更主要的目标是为企业的生产经营创造更为和谐的营销环境。

(5)销售技术服务(质量保修,Quality Warrant)。由于汽车产品本身在技术、结构和使用方面具有如下特点:①汽车产品价值高,又是上万个零件组成的复杂机器,不同的汽车产品具有不同的结构形式,也具有不同的汽车性能。②不同品种的汽车有着不同的使用条件,不同的使用条件对汽车性能的发挥有着十分明显的影响。③汽车在使用过程中需要经常性的维护与调整,维修时又常常需要专用设备(如检测设备)和专业性知识,而一般用户又往往缺乏汽车的产品知识和使用知识,也缺乏维修检测技能及相关设备条件。④买卖交割手续复杂(如办牌照等)。因而企业在销售汽车产品时,向用户介绍汽车产品特征、提供有关技术说明、培训用户掌握合理使用知识,提供销售过程中的一条龙服务以及为质量保修提供配件和维修服务等,对促进汽车销售影响很大。这些售前、售中和售后服务工作统称为销售技术服务。其主要特点是专业性强,是用户购车考虑的首要因素之一。所以,优质的销售技术服务对促进销售、增强企业竞争能力效果十分明显。

三、促销组合决策

促销组合决策实质上就是对促销预算如何在各种方式之间进行合理分配的决策。企业在做这些决策时，除了要考虑各种方式的特点与效果外，还要考虑以下因素：

（1）产品的种类和市场类型。例如：专用汽车因用途比较单一，市场也就比较集中，因而人员推销对促进专用汽车的销售，效果较好；而普通汽车由于市场分散，所以广告对促进这类汽车销售的效果就更好。总之，市场比较集中时人员推销的效果最好，营业推广和广告效果次之。反之，市场需求分散时广告的效果较好，营业推广和人员推销则次之。

（2）促销的思路。企业促销活动的思路有"推动"与"拉引"的策略之别。所谓"推动策略"就是以中间商为主要促销对象，将产品推向销售渠道，进而推向用户。"拉引策略"则是以最终用户为主要促销对象，引起并强化购买者的兴趣和欲望，吸引用户前往渠道商那里购买。显然，在"推动"思路指导下，企业会采用人员推销方式向中间商和大客户促销，而"拉引"则会广泛采用广告等策略，以吸引最终用户。

（3）产品生命周期的阶段。当产品处于导入期时，需要进行广泛的宣传，以提高知名度，因而广告的效果最佳，营业推广也有良好作用。当产品处于成长期时，广告和公共关系仍需加强，营业推广则可相对减少。产品进入成熟期时，应增加营业推广措施（如折扣），削弱广告，因为此时大多数用户已经了解了产品，在此阶段应大力进行人员推销，以便与竞争对手争夺客户。产品进入衰退期时，某些营业推广措施仍可适当使用，广告则可以停止。

总之，企业在充分了解各种促销方式的特点，并考虑影响促销方式各种因素的前提下，才能做出最佳的促销组合决策。

第二节　人员推销

人员推销既是一种最常用、最富有技巧的促销方式，也是成本相对较高的营销沟通工具。

一、人员推销的概念及特点

1. 人员推销的概念

人员推销是指通过推销人员深入中间商或消费者进行直接的宣传介绍活动，使中间商或消费者采取购买行为的促销方式。

2. 人员推销的形式

汽车产品人员推销主要有两种形式：①上门推销；②会议推销。上门推销的好处是推销员可以根据用户的具体兴趣特点，有针对性地介绍有关情况，并容易现场成交。而会议推销具有群体推销、接触面广、推销集中、成交额大等特点，只要有客户带头订货，易形成订货气候，容易实现批量交易。我国汽车厂商经常采用会议方式促销。

3. 人员推销的特点

人员推销的优点有：

（1）推销的针对性强。人员推销通过推销人员直接向客户推销产品，推销人员就成为客户和产品生产者之间最直接的桥梁，由于人员推销充分利用了推销人员对产品比较熟悉，并根据客户对产品的不同欲望、要求、动机和行为，采取不同的解说和介绍方法，从而实施针对性较强的推销，促成客户购买。

（2）推销的成功率高。由于人员推销事先拟定了推销方案，研究了产品的市场动态，确定了推销的对象，因此推销员可以把精力有选择地集中在那些真正可能成为买主的用户身上,使可能的失败降到最低限度。在市场竞争激烈、产品价格较高、产品技术复杂、购买批量较大等情况下,特别适合采取人员推销策略。

(3)综合职能强。推销人员与顾客保持直接联系,在促销过程中可以直接展示产品,进行操作表演,帮助安装调试,并根据顾客反映的情况,灵活地采取必要的协调措施。此外,推销人员在促销的同时,尚可兼做许多相关性的工作,如服务、调研、情报搜集等。

(4)有利于信息反馈。人员推销的双向沟通方式,使得企业在向顾客介绍产品,提供信息的同时,及时得到消费者的信息反馈,使企业及时掌握市场动态,修正营销计划,并促进产品的更新换代。

当然,人员推销也有其缺陷。最主要的缺陷就是人力成本较高,因为推销人员需要出门拜访客户,有时需要去外地出差,在开发潜在客户和维系现有客户满意度上要花费大量的时间和精力。汽车厂商对工业用户、集团用户、经销商等大规模顾客或者经常性购买的特殊客户,采用人员推销往往可以取得销售效率和营销成本的一致。

二、人员推销的功能及步骤

1.人员推销的功能

在现代营销活动中,人员推销不仅仅是出售现有的产品,还要配合企业的整体营销活动来适应、满足和引导顾客需要。人员推销的功能包括以下4个方面:

(1)开拓市场。通过派出推销人员访问顾客是企业开拓市场的常用手段。为此,推销人员必须掌握相关的资料,了解国际、国内市场状况的发展趋势。推销人员必须具备一定的观察能力和良好的沟通技巧。国际市场营销人员还必须精通当地的文化和语言。

(2)搞好售后服务。推销人员除推销产品外,还必须为用户提供一定的售后服务工作。如免费上门安装、提供咨询服务、开展技术协作、及时办理交货事宜等。

(3)信息沟通。推销人员通过向顾客介绍企业和产品,在顾客心目中树立产品品牌形象和信誉。可见,人员推销承担着广告相似的功能,他们不仅销售产品,还承担着传递和反馈信息的任务,参与市场营销的各项活动。

(4)进行市场研究。推销人员通过市场调研,收集市场信息,并及时反馈给企业,为企业决策服务。例如,日本汽车厂商推销人员往往亲自深入现场取得第一手资料,他们与中间商座谈,获得有关企业、产品的信息;通过与顾客的接触,了解顾客的消费态度、消费观念以及顾客意见等。这些信息的收集为厂商下一步制定营销策略提供帮助。

2.人员推销的步骤

市场营销研究者对人员推销提出“公式化推销”理论,将推销过程分成七个不同的阶段,如图10-1所示。

图10-1 人员推销过程示意图

(1)寻找顾客。是推销工作的第一步。

(2)事前准备。推销人员必须掌握三方面的知识:①产品知识,即关于本企业、本企业产品的特点、用途和功能等方面的信息和知识。②顾客知识,即包括潜在顾客的个人情况、顾客购买产品的目的和用途、购买者的性格特点等。③竞争者的知识,即竞争者的能力、地位和他们的产品特点。同时还要准备好所推销产品的样品(或图片)、介绍说明材料,选定接近顾客的方式、访问时间、应变语言等。

(3)接近。即开始登门访问,与潜在顾客开始面对面的交谈。

(4)介绍。在介绍产品时,要注意说明该产品可能给顾客带来的好处,如顾客充分认识其顾客让渡价值,要注意倾听对方发言,判断顾客的真实意图。

(5)克服障碍。推销人员应随时准备应对不同的意见,处理各种意外的交易障碍。

(6)达成交易。具体磋商交易条件,如成交价格、交货地点、结算方式、服务保障等,抓住成交机会,促成交易成功。

(7)售后追踪。如果推销人员希望顾客满意并重复购买,则必须坚持售后追踪。推销人员应认真执行订单中所保证的条件,例如交货期、售后服务、安装服务等内容。

三、人员推销的基本方法和技巧

推销人员应根据不同的推销气氛和推销对象审时度势,巧妙而灵活地采用不同的方法和技巧,吸引用户,促其做出购买决定,达成交易。

1. 人员推销的基本方法

推销人员必须掌握的基本推销方法有:

(1)试探性方法。如推销员对顾客还不甚了解,可以使用事先设计好的能引起客户兴趣、刺激客户购买欲望的推销语言,投石问路,进行试探,然后根据其反应再采取具体推销措施。面对较陌生的客户,推销要重点宣传产品的功能、风格、声望、感情价值和拥有后的惬意等。

(2)针对性方法。如果推销人员对客户需求特点比较了解,也可以事先设计好针对性较强、投其所好的推销语言和措施,有的放矢地宣传、展示和介绍产品,使客户感到推销员的确是自己的好参谋,真心地为己服务,进而产生强烈的信任感,最终愉快地成交。

(3)引导性方法。推销员要能唤起客户的潜在需求,要先设计出鼓动性、引导性强的购买建议(但不是诱骗),诱发客户产生某方面的需求,并激起客户迫切要求实现这种需求的强烈动机,然后抓住时机向客户介绍产品的效益,说明所推销的产品正好能满足这种需求,从而引导客户购买。如果不能立即促成交易,而能改变买者的态度并形成购买意向,为今后的推销创造条件,也是一种成功。推销人员要始终注意自己所提建议的成功性,言辞要有条理、有深度,语气要肯定,不能模棱两可,更不能有气无力,避免说服的一般化,要以具体事实作后盾。这就要求推销人员应掌握较高的推销艺术,设身处地为客户着想,恰如其分地介绍产品,真正起到引导作用。所以一名合格的推销员应具有丰富的产品知识和管理学、社会学、心理学等知识。

2. 人员推销基本技巧

推销员在掌握一定的推销方法后,还必须掌握一些推销技巧。如:

(1)建立和谐的洽谈气氛的技巧。推销员与客户洽谈,首先应给客户一个良好的印象,懂礼貌、有修养、稳重而不呆板、活泼而不轻浮、谦逊而不自卑、直率而不鲁莽、敏捷而不冒失。

(2)洽谈的技巧。在开始洽谈阶段,推销人员应巧妙地把谈话转入正题,做到自然、轻松。

(3)排除推销障碍的技巧。推销员如果不能有效地排除和克服所遇到的障碍,将会功亏一篑。因此,要掌握排除下列障碍的技巧:①排除客户异议障碍。如果发现客户欲言又止，推销员应自己少说话，直截了当地请客户发表意见，以自由问答的方式真诚地同客户交换意见和看法。对于客户的偏见，可以举例加以纠正，或者转换话题。②排除价格障碍。应充分介绍和展示产品特点，使客户感到“一分钱、一分货”，物有所值。③排除客户习惯势力障碍。实事求是地介绍客户不太熟悉的产品，并将其与他们已经习惯的产品相比较，让客户乐于接受。还可以通过相关群体的影响，使客户接受新的观念。

(4)与客户会面的技巧。一是要选好见面的时间，以免吃“闭门羹”；二是可采用请熟人引荐、名片开道、同有关人员交朋友等策略，赢得客户的欢迎。

(5)抓住成交机会的技巧。推销员应善于观察客户的情绪，在给客户留下好感和信任时，应抓住机会发动进攻，争取签约成交。

一个好的推销员，除了掌握上述方法与技巧外，其推销业绩还与推销员的良好个性有关。例如口齿要伶俐，脑子要灵活，反应要敏捷，洞察要准确，性格要温和，耐心要持久，尤其在中国这个看重礼仪的邦国里从事推销活动，推销员一定要做到不管市场是热是冷，都要常“走亲戚”，有生意谈生意，没有生意叙友谊，把老用户当知己，把新用户当朋友。做生意不可过于急功近利。

四、人员推销的管理决策

企业要制订有效的措施和程序，加强对推销人员的挑选、训练、激励和评价。

1. 推销人员的选拔

从选才来讲，不管是从企业内部选拔，还是社会公开招聘，都应严格进行考试与考查，择优录用。考试包括必要文化知识的笔试和必要智力水平(如反应能力、思维能力等)的考试。前者一般采用笔试，考察应聘人员知识的广度与深度，后者一般采用口试，重点考察应聘人员的语言表达、口才、理解记忆力、分析判断、灵活应变、仪表风度乃至个人形象等。经过这两个环节后，还应考察应聘人员的责任感、工作态度、工作作风、职业道德、敬业精神、创新精神等。

一般而言，优秀推销人员必须具备以下素质：①良好的语言表达能力。语言要富有激情、鼓舞性和感染力；②较强的社交能力。具有较强的沟通能力，能够取得客户的充分信任；③敏锐的洞察能力。善于察言观色，能够准确判断客户的购买欲望和对供应商的选择倾向；④快捷的应变能力。应做到思路清晰，言谈符合逻辑，适应能力强，遇事不惊，沉着应变；⑤高超的控制能力。推销员应按照需要引导谈话走势，灵活处理异议，把握洽谈的主动权，控制好交易气氛。

2. 推销人员的培训

推销人员的培训应围绕推销员的推销方法与技巧、职业道德与敬业精神、企业特色等3个内容进行训练与教育。就企业知识培训而言，主要是要求推销员熟悉产品、懂得技术、了解市场、心有用户、勇于竞争、勤于服务。使推销员能够向用户介绍产品和工厂的情况，供其所需，释其所疑；不但要让用户了解产品，还要让他们了解生产产品所用材料的优质性、技术的先进性、设备精密性、工艺稳定性及试验检测的严格性，使用户对产品摸底、放心。为此，对推销员的培训必须使其熟悉以下情况和知识：

(1)公司的历史、历界负责人和一些较出色的经营人员等史实，以增加老用户的认同感；

(2)生产工艺和设备，以利于回答买主的问题和接受买主的咨询；

(3)服务政策与服务内容,以消除用户的后顾之忧;

(4)产品投放等销售政策,以利于推销员明确企业的目标市场,产品和市场定位战略等;

(5)市场竞争特点,以便让推销员知己知彼,正确面对市场竞争;

(6)产品的使用知识,以便让推销员向用户充分介绍产品的使用价值。

此外,对推销员的培训,还应包括市场营销相关法律知识、推销员守则、考核与奖惩制度、公司销售管理等内容。

在销售队伍建设中,尤为重要的是,要以在市场上能驰骋自如的销售专家,作为销售队伍的业务带头人。因而企业对推销员的培训应有层次地进行。

从层次来讲,推销员的培训应包括:①基础性培训。这种培训主要是针对新职员进行的,培训的主要内容是让推销员掌握基本的推销技能和有关基础知识,让推销员了解卖车程序、手续等。②完善性培训。这是一种对经过基础性培训,实际从事过一段时间推销工作的初级推销员的培训。③骨干培训。这是一种针对推销员骨干,拟提拔作为带头人或者担任基层推销领导人的培训。

推销员培训除了上述按层次有步骤地综合培训外,还有专门化培训。如针对企业某种新产品的上市专门进行的推销员培训。此类培训则主要围绕新产品的技术、使用以及市场特点进行。又如企业为了打入一个新市场而进行的专门培训,此类培训则应主要围绕目标市场的特点进行培训。

培训推销员的形式应采取课堂教学、模拟实验和现场训练(一般安排在工作岗位上并指定有经验的推销员负责指导)三种方式相结合,可以结合电化教学,将公司销售以及模范推销员的推销活动的全过程播放给学员观摩。推销员培训结束时,一般应采取书面与实战演习相结合的考试方式进行结业考试,并将考试成绩与推销员的岗位安排或待遇适当挂钩。

有些企业为了适应对推销员培训的要求,建立了专门的培训学校。学校既可以作为培训推销员的基地,也可以作为销售部门业务培训或研习的场所。据介绍,雪铁龙公司在 VilLepinte 开办了一个商业培训国际中心(CIFC),它承担了雪铁龙集团海内外各成员企业的新旧车销售、售后服务、顾客服务、信息技术、汽车技术、理财等一整套培训任务。为实现培训的现代化,CIFC 还建立了培训管理系统(通过该网络安排和管理培训工作)和推销人员业务能力考评系统。

3. 推销人员的组织与管理

推销人员组织与管理的内容包括企业对推销人员队伍总体规模、组织结构、工作制度、奖惩与考核等制度的确立。

1)推销员规模的确定

确定推销人员规模的方法有两种:

(1)销售能力分析法。通过测量每个推销员在不同范围、不同市场潜力区域内的推销能力,计算在各种可能的推销人员规模下,企业的总销售额及投资收益率,以确定推销员的规模。

$$公司总销售额 = 每人销售额 \times 推销人员数目$$

$$投资收益率 = \frac{销售收入 - 销售成本}{投资额}$$

(2)推销人员工作负荷量分析法。根据每个推销人员的平均工作量及企业所需拜访的客户数目来确定推销人员的规模。即：

推销员总数 = 客户总数/平均每一推销员应拜访的客户数（在某一时间和某一区域内）

2）推销员的组织范围

组织结构共有三种可供选择的形式：①区域型结构，将企业的目标市场分成若干个区域，让每个（或组）推销人员负责一定区域内的全部推销业务，并定出销售指标。采用这种结构有利于考查推销员的工作绩效，激励其工作积极性，有利于推销人员与客户建立良好的人际关系，有利于节约交通费用。国外多数汽车厂商对推销员都是按此型组织的。②产品型结构。将企业的产品分成若干类，每一个推销员（或推销组）负责推销其中的一类或几类产品。这种结构适用于产品类型较多并且技术性较强，产品间缺少关联的情况。③顾客型结构。按照目标客户的不同类型（如所属行业、规模大小、新老客户等）组织推销人员，即每个推销员（或组）负责某一类客户的推销活动。采用这种结构有利于推销人员更加了解同类客户的需求特点。

3）工作制度

企业从上到下都有严密的工作制度，对推销员更是如此。如推销员分工负责哪一区域，它的主要职责是什么，表格如何填写和送交、如何建立客户档案、何时汇报与检查、目标是什么、紧急情况如何处理与报告等。明确的工作制度是提高工作效率的组织保证。目前，国外汽车厂商对订购新车或维修车辆的用户，规定交付时间，一旦误期，则负责向用户提供使用车辆，或者承担用户的交通费。显然没有严密的工作制度，这些汽车厂商便难以履行对用户的承诺。

4）奖惩与考核

企业应将推销员的工作情况做出公平合理的考核，根据推销员的业绩给予奖励或惩罚。惩罚是必要的手段，但一般是以激励为主。实施激励办法，对于开创销售工作的生动局面很有意义。丰田汽车厂商销售实力之所以很强，这与该公司管理有方不无关系。丰田公司在严密的工作制度和激励机制作用下，涌现出一批杰出的推销员。例如，功勋推销员椎名保久访问的顾客最多时每天达到150户，平均每天要递出数百张名片。在与顾客交往中，他专心致志同顾客谈话，向对方提供详细的信息和咨询意见，甚至帮助顾客寻找长期停放汽车的位置。对于没有驾驶执照的顾客，他则告诉顾客到哪里学习最合适，若遇到讨厌汽车的顾客，则就引导他开车兜风，以使其对汽车发生兴趣。至今，丰田公司将上门推销，仍然作为其推销人员必须掌握的销售技术之一。

对推销员的评价，一是要考察推销员的销售业绩，包括完成的销售数量、完成目标任务的情况、销售业绩额增长情况、资金的回收情况等。对不同特点的市场，企业在制定目标任务和选择考核指标时应有所不同，例如对原本销售量不大的市场，考核推销员的销售业绩增长率就比绝对销售量更有意义。二是要考核顾客对推销员的满意程度。这可以通过用户走访调查、建立用户意见收集制度（如定期对用户抽样，进行问卷函调）、建立用户投诉机制等方法，获取用户对推销员工作的满意度情况。

第三节　广　　告

广告即广而告之，是企业为品牌、产品、服务或创意，建立社会关注度和知名度最有效的工具。一条适时得体的广告对企业和产品的宣传具有重要作用，企业要善于利用广告把自已的真诚、敬意和合作传递给目标顾客。广告策略是企业促销组合重要的组成内容。

一、广告的概念与作用

广告有公益广告和商业广告之分。其中,公益广告是社会公共服务机构或者拥有广告媒体资源的机构,出于公益目的而非商业目的,向社会公众发布的“广而告之”,旨在倡导社会文明风尚、关注和贡献社会公益事业、促进社会和谐、引导社会文化进步方向等,如央视经常播放的精神文明广告、关注环保广告、关爱弱势群体广告等,都属于公益广告。本节只讨论商业广告。

关于商业广告的含义,美国市场营销协会委员会将商业广告定义为“由特定广告主以付费方式对于构思产品或劳务的非人员介绍及推广”,我国《中华人民共和国广告法》将其定义为“指产品经营者或者服务提供者承担费用,通过一定的媒介和形式直接或间接的介绍自己所推销的产品或所提供服务的活动”。由此可见,所谓商业广告,是指确定的广告主,按照有偿原则,通过适当的传播媒介,针对商品或劳务向特定的目标受众所开展的非人员方式的介绍和推广活动,旨在促进目标顾客实施广告主所期望的行动(如购买)。

商业广告(以下简称广告)是商品经济的产物。自 1841 年美国费城出现世界最早的广告公司以来,广告已发展成为集商业、艺术、美学、摄影、音乐等要素于一体的综合信息传播手段。现代广告活动的主体包括广告主、广告受众、广告媒体、广告经营者四个类别,各类主体的功能及其关系如图 10-2 所示。

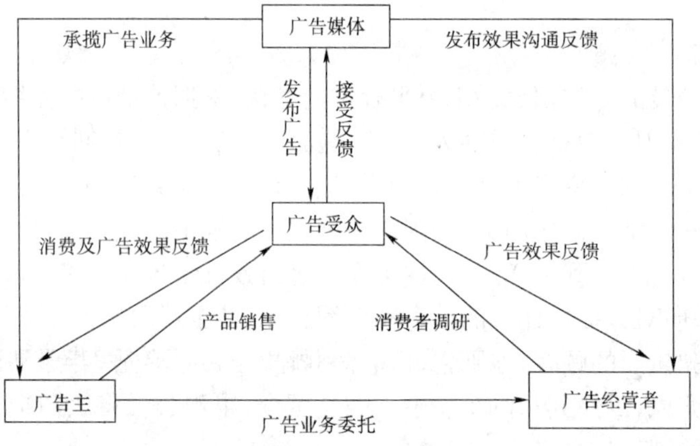

图 10-2　各类广告主体及其关系

随着市场经济的发展和买方市场的形成,广告越来越显示其促销的优势。现实生活中,广告已成为人们了解商品信息不可缺少的重要渠道。美国一位总裁指出,世界上哪里经济发达,那里的广告也较发达,人们的生活水平就高。就汽车营销而言,汽车广告备受厂商重视,汽车广告的费用不断攀升,如日本的汽车广告每年达数千亿日元,欧洲和美国分别达数十亿欧元或美元,我国目前也达到百亿元人民币。汽车广告成为广告商们重要的业务来源。

广告的商业作用有以下几方面。

1. 传播信息,引导消费

广告的主要功能就是通过各种媒体形式传播产品和购买信息,吸引消费者关注,让目标受众了解能够满足其需要的理想产品是什么,产品的实际利益是什么,通过什么渠道可以得到产品等,从而引导人们的消费。

2. 刺激需求,扩大销售

广告是一种说服性很强的沟通活动,能激发消费者的潜在购买意识,改变消费偏好,影响消费者的购买行为。广告有利于提醒老顾客继续关注本企业产品,刺激新的消费者加入购买者行列,说服处于决策徘徊的消费者做出购买决定,促使抱有偏见的消费者改变固有信念等,从而有利于巩固和创造市场需求,增加产品的销售量,提高市场占有率。

3. 增加认同,强化竞争

广告也是企业树立产品形象、品牌形象的有效途径。广告通过大力宣传企业在产品品质、服务质量、技术实力、经营理念、企业责任、商业信誉等方面的形象,强化正确的舆论导向,从而有利于消费者建立对企业及其产品的认同感,提升企业的品牌形象,增强品牌的美誉度和品牌的资产价值,提升和巩固企业的市场竞争优势地位,为企业的持续发展积蓄力量。

二、汽车产品的广告策略

广告策略系指对广告促销各项活动的整体决策,以提高广告促销活动的效果。其主要内容包括确定广告目标、广告定位、广告预算、产品生命周期的广告策略、广告媒体策略等方面。

1. 广告目标决策

所谓的广告目标,是指企业通过广告活动将要完成的特定任务或使命。很多企业认为广告的目标就是要促进企业增加产品销售,但现在营销理论界认为,广告还要服务于企业的品牌资产增值。广告只有实现销量增长和品牌增值,才能是成功的;否则;只顾及眼前的销量增长,没有对品牌资产积蓄力量,将会抵消广告效果,不能为企业的持续发展做出贡献,使企业落入广告陷阱,一旦企业减小了广告力度,消费者就会遗忘企业及其产品。因此可以说,销量增长和品牌增值是广告的两个基本目标,任何顾此失彼的广告都是不成功的广告。

企业在决策广告的具体目标时,要综合考虑企业的经营战略、经营方针、营销目标、市场定位、产品特点、生命周期、营销组合等企业内部因素和目标消费者特性、市场竞争特性等外部因素。广告目标的具体化包括:①告知信息。旨在提高产品的知名度,一般适合新产品的上市营销;②促进沟通。需要明确沟通什么内容和沟通到什么程度;③建立偏好。通过宣传企业长期一贯的产品和服务质量,帮助消费者理解企业的经营理念和社会责任,增加美誉度,建立消费者的选择偏好,为企业的品牌资产增值服务;④增加销售。宣传企业新的营销政策,让消费者认识可能获得的新利益,以增加产品的市场销售量。

2. 广告定位决策

所谓的广告定位,就是期望广告在目标用户心目中塑造一种怎样的形象,以服从和服务于广告目标。广告定位包括产品实体定位和用户心理定位 2 种策略。

1)产品实体定位

又被称为功能定位,指从产品本身的特点出发进行定位,主要包括功能定位、质量定位和价格定位,分别突出宣传产品功能、质量、价位的特色和独特价值。这是汽车产品最常采用的一种广告定位策略,汽车厂商借助传播媒介,把其产品在结构技术、质量性能、制造工艺、材料选用、功能用途、品牌价值、销售服务、整体利益等方面的特点,以富有感染力的形式传播给消费者,使用户感到物有所值、物超所值。

实体定位以突出产品的功能价值为核心,要求广告在构思、立意、宣传内容和处理方式上都围绕功能价值展开，强化功能特色，并给人以清晰的印象。例如，沃尔沃公司在进军北美市场时所作的广告，在长达30分钟的时间内列举了一系列沃尔沃轿车在有关事故中损害极小的数字，并设计沃尔沃轿车保险杠撞进墙内后，驾驶员和乘客顺利脱险的场景，以此证明沃尔沃轿车在安全方面的优良性能，让消费者对沃尔沃汽车的安全性印象深刻。事实上，沃尔沃公司在长达几十年的时间内，都始终突出其产品的安全性，已经深入人心，为世界各地用户称道。

相比较而言，我国一些汽车厂商，由于不解营销之道，常常存在这样一些问题：①定位模糊不清。让用户感到不知所云，使用户对广告没有明确印象；②定位不准确。如某微型轿车的广告强调其产品内部空间宽敞，厂家也许认为我的微型车能够做到内部宽敞，这正是一个值得大书特书的卖点，但是用户会认为你一个微型车，再宽敞又能够宽敞到哪里去呢？这表明用户对厂家的定位不认可。又例如，某微型车宣称其产品集“越野车、商务车、休闲车、旅行车”等多功能于一身，试想用户对你这样一款区区几万元的车，能够相信“集多功能一体”吗？

2）用户心理定位

又被称为情感定位，指从用户的心理特点而不是企业的产品特点出发进行定位，它突出宣传拥有本企业产品后的美好感觉，或者宣传缺乏产品而引起的各种情感缺失，而让消费者具有鲜明的认同感。心理定位主要包括：①正向定位。主要是宣传拥有本产品后的情感收获，例如某私家车宣传一家三口周末开着某某品牌的汽车郊游时的那种家庭温馨和浪漫氛围。美国营销学专家韦勒曾说过一句话：“不要卖牛排，要卖烧烤牛排时的滋滋声”。他深刻揭示了正向心理定位的特点。他认为广告在介绍产品时，应赋予一种美好的想象，对于嗜好牛排的消费者来说，想象一下烧牛排滋滋作响的场景，也许就会激发食欲。②逆向定位。主要是唤起用户的同情和支持，如脑白金广告“今年过年不收礼，收礼只收脑白金”，试想年轻的晚辈面对长者宣称除脑白金外不收其他礼品，你连脑白金都不送，对老者还有孝心吗？③是非定位。广告没有明确宣传是非观念，但消费者看了广告后，自然就会产生有利于厂商所期望的价值判断。例如，雪佛莱公司一则获得大奖的电视广告，在1分钟时间内全部用来展示美国的国旗、国徽、名山、胜水以及美国人生活和工作的情景。显然，这种以爱国主义为主题的联想广告，对于素有美国国民车之称的雪佛莱轿车会起到有利的宣传。

总之，广告定位不论采取何种策略，均要让用户在心目中形成鲜明印象，能够唤起用户的美好联想。

3. 广告费用预算

美国广告学者肯尼斯·朗曼曾经对广告投入成本和销售额的关系进行实证研究。他认为，任何产品的销售额都有一个最低和最高销售临界点。其中，最低临界点表示企业不做任何广告的最低销售额；最高临界点表示企业不受广告投入限制的情况下，增加广告投入产品所能够达到的销售额，如图10-3所示。

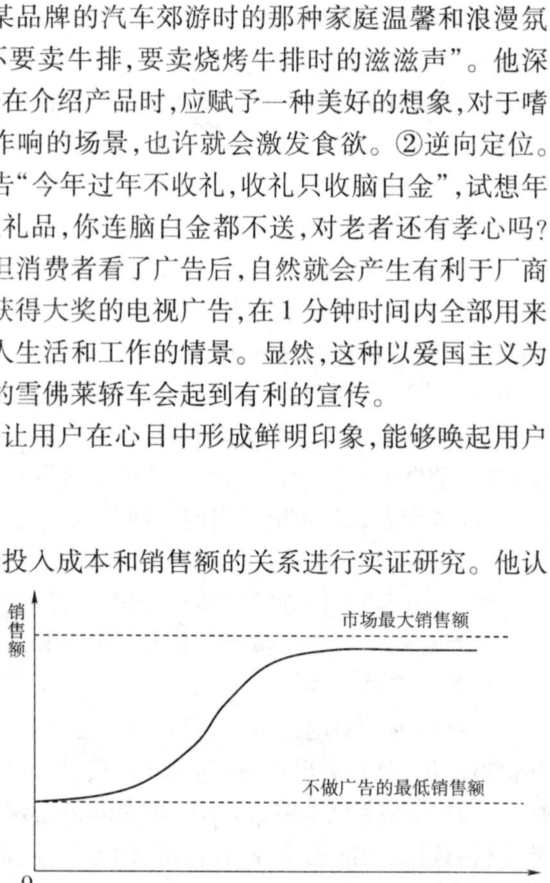

图10-3 广告效果与广告投入之间的关系

朗曼认为，在最低和最高销售额之间，广告的确可以起到促进销售的作用。这时产品的销售量和广告费用成正向变化，即广告投入增加,会使得产品销量也增加。但是,由于受到市场因素影响,产品销量在达到一定水平后,便不再有显著增长。理想的广告策略应该控制在销量接近最高临界水平时所对应的广告投入为宜,此时可以避免无谓的广告成本增加。因此,那种一味增加广告投入,希望以高额的广告投入保持销量的持续增长和建立品牌形象的想法是不切实际的。

广告的投入产出效率可以使用"投入回报率"指标进行评价。广告的投入回报率是指单位广告花费所带来的销量(销售额)增量。其数学表达式为:

广告的投入回报率 = 广告投入后的销量(销售额)增加值 / 广告投入额

企业在决策广告投入时,需要考虑的因素有:

1)产品所处的生命周期阶段

对处于导入期的产品,由于目标市场上消费者还不了解产品,品牌知名度还没有建立,这就需要较多的广告投入,以提高消费者对产品的认知程度。这时,广告主要是信息型广告,侧重点应放在介绍产品、价格、功能、品牌、产地、售后承诺等方面,灌输企业经营观念,以提高产品知名度和可信度,激发购买欲望。

对处于成长期的产品,由于前期的广告投入较多,市场建立了一定知名度,且企业已经建立销售网络,市场上竞争对手也不多,因此广告活动频率可以适当降低,节约广告费用。这时,广告的重点应转向"个性诉求",引起目标用户的观念认同,争取"回头客",培植品牌忠诚度。

对处于成熟期特别是成熟期后期的产品,由于市场上竞争产品和替代产品大量出现,它们都会有较高的广告力度,因此企业应增加广告投入,以便强化竞争优势,维持其市场地位。

对处于衰退期的产品,由于增加广告投入,市场销量也不会得到明显改善。这时,企业已经开发出新产品,故对原有产品没有必要保持较高投入,反而应该节约广告费用,将广告投入重点转向新产品的推介上。

以上不同生命周期阶段的广告投入,其变化规律如图 10-4 所示。

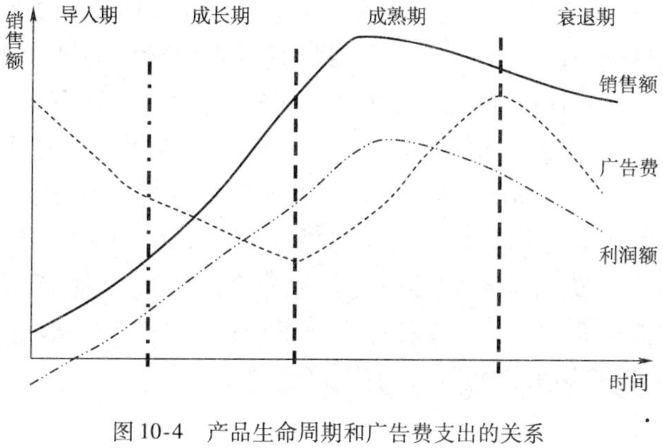

图 10-4 产品生命周期和广告费支出的关系

2)市场份额

一般而言,市场份额大的产品,广告投入应多;市场份额小的产品,广告投入可少一些。但是,如果企业希望扩大市场份额,就必须增加广告投入。通常情况下,保持现在市场占有率的广告费用远远低于扩大市场占有率的广告费用。如果品牌属于领导型品牌,由于它有较高的市场知名度和成熟的销售网络,其广告目的只是为了维持老顾客的重复购买,企业就没有必要大规模增加广告投入。如果品牌处于挑战者地位,较大规模的广告投入是不可避免的。

3)竞争情况

竞争越激烈,越需要增加广告投入,目的是宣传本企业产品的特色和优点,使之在目标顾客心目中与竞争产品区别开来;反之,如果市场上同类竞争产品较少,广告投放则可相对少一些,只需要将产品信息告知顾客即可。

4)企业成本核算

如果企业实力强大,资金雄厚,其广告投入的数量可以适当增加。但也不是盲目增加广告投入以换取市场份额增长。实力雄厚的企业,更应该将竞争手段转向新产品开发,提高产品质量和服务质量上来,因为汽车是功能性强的产品,片面依靠广告不能象保健产品那样创造销售神话。

4.广告媒体选择策略

广告媒体(Advertisement Agency)系指广告信息的传播载体。广告媒体的传统形式包括电视、广播、报纸和杂志4类。除这些主流媒体外,广告辅助媒体更是多达数百种,例如广告牌、油印品、公共汽车、流动广告车、霓虹灯、邮寄广告、产品包装物、录像带、甚至人们所穿的衣服鞋帽和个人物品等都是广告媒体形式。现代社会,广告几乎无孔不入,可以说广告已存在于社会的每一角落。而且,随着现代科学技术的发展,广告媒体越来越丰富,也改变着各种媒体的广告传播地位。例如,随着互联网络的蓬勃发展,互联网也正在成为广告重要的载体,其作用正在不断加强。据有关资料显示,2004年,中国传媒广告收入同比增长6%,但报纸、杂志的广告收入分别下降了5%和10%,而互联网的广告收入却稳步增长。

不同的广告媒体具有不同的传播特性,广告的作用效果不尽一致,分别适合不同的广告类型。企业在决策广告媒体的利用时,必须考虑媒体的特性,如媒体的受众人数和类型,信息的可阅读性和可保持性,信息表现形式的直观性和丰富性等,从而获取最好的广告效果。

1)报纸

报纸是历史上影响最大的平面广告媒体,它以视觉传达为手段,具有以下优点:①传播范围广,覆盖率高;②传播及时,信息量大;③说明性强,适合复杂的广告;④制作简单,费用相对较低。但其局限性表现在:①时效短。报纸是一种时效特点明显的传播媒体,一旦过期,其被反复阅读的可能性比较小;②广告的表现能力有限。不能声像并茂地充分展示产品特点,不能让用户产生直观感受;③广告关注度不高。读者通常是有选择地阅读报纸的版面,特别是现代报业有增加版面的趋势,这样读者就更加选择阅读版面了,如果广告出现在读者不关注的版面(特别是专门登载广告信息的副刊、加页),广告信息很难引起读者的关注,所以企业在报纸上刊载广告,一定要研究目标受众的阅读习惯,选择在传达效果好的版面上做广告,但媒体营运商对这些版面往往又要求增加广告费用,从而抵消了报纸广告原本具有的低成本优势。近几年来,报纸广告有下降的趋势。

2)杂志

杂志作为广告媒介的优点有:①读者阶层或对象十分明确,广告受众的针对性强;②杂志在读者心目中有较高的威望,说服能力强;③传播时间长,可保存;④传播的信息量较大,易于做内容较复杂的广告。其局限性有:①传播的范围较小,读者适应性差;②消遣性杂志不如主流报纸严肃,使广告的传播内容受限制。

3)广播

广播作为广告媒介的优点有:①传播速度最快,胜于日报,传播及时;②制作简单,费用较低。局限性有:①传递的信息量有限,只能刺激听觉,缺乏直观性;②随着电视的普及,广播的听众越来越少，目前其受众在城市主要为汽车驾驶者；且存在收听时间难以把握的问题，受众往往是碰巧才能获得广播信息；③不适合作内容复杂的说明性广告。

4）电视

电视越来越成为人们获取信息和休闲娱乐的主要平台，在百姓的日常生活中占有重要的地位，因此电视广告具有得天独厚的优势。电视广告的优点有：①能够综合利用各种艺术形式，声形并茂，色彩绚丽，动感直观，视觉冲击效果明显，表现力强，传播的信息量大；②覆盖面广，如果选择的广告时间合适，则收视率会很高；③传播速度快。其局限性有：①广告费用高，包括广告制作费用和电视广播收费都较高，特别是在主流电视台的黄金时间和主打节目前后时间内做广告，费用更高。②广告信息不能保存，错过播出时间，观众就没有接触广告的机会，而且观众在收看广告节目时往往心不在焉，因此企业只有大量购买电视的广告时间，反复播出，才能产生广告效果。

电视广告尽管存在一定缺陷，但相对其优势而言，它仍然是企业理想的广告媒介，这也是电视广告越来越多的原因。由于电视广播的时间资源有限，随着电视广告的增加，企业通过电视做广告的成本也在与日递增。

5）互联网

互联网是发展最快，正在成为最活跃、最富有前景的广告媒体形式。从广告角度看，互联网具有的优势包括：①广告表现力强。具有电视广告的优点，而且其感染力超过电视广告。②网络资源丰富，广告内容可以无限拓展。目标消费者可以查询产品价格、品牌、车型、质量、性能、供应商、购买途径等信息，还可以延伸到消费信贷、维修、美容、配件、保险、使用知识等信息。只要属于用户关心的任何信息，广告主都可以将其放在网上。③广告信息的可保持性好。只要网络运营商不删除广告信息，那么它都存在于网络中，消费者可以再次阅读。④不受时间限制。消费者可以在任意时间阅读广告信息。⑤信息开放。网络广告一般没有目标受众的限制，任何人都可以阅读广告信息。⑥交互式和可视化营销。在产品定制化的营销模式中，消费者还可以登录企业网站，与厂商讨论定制需求，追踪自己定制产品的生产过程。⑦"一对一"营销。通过网络营销，企业可以实现产品对最终用户的直接营销，而不再依靠中间商。⑧广告成本较低。除广告制作成本与电视广告大体一样外，其信息上网的成本较电视收费低。

互联网广告的缺陷有：①目标受众的规模有限。目前，上网的人数规模尚不够多，但这个数字在逐年增加；②消费者的信息选择权太大。网络广告只能对上网的潜在消费者，或者只能对点击广告信息的消费者才具有广告效果，这虽然避开了以上媒体信息传播的强迫性，但也减少了广告信息受众的人数，而且他们上网阅读广告信息的频次也不高。

以上各种广告媒体的优缺点，只是从基本面而言的。企业一旦选择某种媒体后，还需要做出广告媒体利用更细致的决策，特别是广告时间的决策。广告在不同时间宣传，会产生不同的促销效果。这一决策包括何时作广告和什么时刻作广告。前者是指企业根据其整体市场营销战略，决定自什么时候至什么时候作广告。是集中时间作广告，还是均衡时间作广告；是季节性广告，还是节假日广告等。后者则是决定究竟在哪一时刻作广告，如电视广告是在黄金时间作广告，还是在一般时间内作广告，是否与某一电视栏目相关联等。此类决策几乎在每类媒体都会遇到。

总之，企业在选择广告媒体时，应充分评估各种媒体的广告效果和广告成本，兼顾二者的平衡和统一。

5. 广告设计策略

确立了广告的媒体之后，还必须根据不同媒体的特点，设计创作广告信息的内容与形式。广告要做到创意应独特、新颖，表现形式要生动、具体，广告词要易记忆，宣传重点要突出，广告要富有联想空间，便于消费者树立良好的产品形象和企业形象。切忌别人看了广告后，却不知道广告要表达的是什么产品的什么内容和什么特点。广告应达到讨人喜欢独具特色和令人信服之效果，或者说要达到引起注意、激发兴趣，强化购买欲望并最终导致购买行为，并有利于企业建立品牌形象。

第四节　营业推广

营业推广可加速新产品进入市场的过程，抵御和击败竞争者，刺激购买者和向购买者灌输对本企业有利的信念。

一、营业推广的概念及特点

1. 营业推广的概念及形式

美国市场营销协会定义委员会（AMA）认为，所谓营业推广是指“除了人员推销、广告宣传和公共关系以外，刺激消费者购买行为和经销商效益的各种市场营销活动，陈列、示范、表演、展览以及推销努力。”

营业推广的对象主要包括目标用户和汽车经销企业两类。对目标用户的营业推广，目的主要是鼓励用户试买、试用，争夺其他品牌的用户。其形式主要有服务促销、价格折扣、质量折扣、展销、卖方信贷等。对经销商的营业推广，目的主要是鼓励多买和大量购进，并建立持久的合作关系。其主要形式有批量和现金折扣、展销、业务会议、推销奖励、广告补贴、商业信用、价格保证、互惠等。

2. 营业推广的目的

营业推广的目的包括引导消费者试用或直接购买新产品，起到消费示范的作用，刺激现有产品销量的增加或减少库存，鼓励经销商采用多种措施扩大产品销售，配合与增强广告与人员推销等。在国际市场上，绝大多数企业都运用营业推广工具。目前，市场营销中营业推广的总费用有超过广告费的趋势，原因是营业推广具有强烈的刺激作用，对激发需求有立竿见影的效果。同时，由于长期的“广告轰炸”，人们对广告产生了“免疫力”，广告效果相对减弱。在实践中，如果能将销售推广与广告结合使用，效果更佳。

3. 营业推广的特点

（1）促销效果的直接性。作为一种促销方式，营业推广见效快，可以在短期内刺激目标市场的需求，使之明显增长，特别是对一些优质名牌或具有特色的产品效果更好。

（2）营业推广是一种非经常性的促销活动。广告和人员推销则是连续性、常规性的促销活动。营业推广方式灵活多样，规模可大可小。企业往往可以根据销售的实际情况采取促销的新方法。

（3）营业推广的刺激性很强，是理想的短期或阶段性的促销措施。营业推广往往是企业短期或阶段性的促销行为，不会对企业的长期营销政策产生实质性影响。

二、对最终用户营业推广的主要形式

对最终用户的主要促销形式有以下几种。

1. 服务促销

通过周到的服务，使客户得到实惠，在相互信任的基础上开展交易。主要的服务形式有：售前服务、订购服务、送货服务、售后服务、维修服务、供应零配件服务、培训服务、咨询信息服务等。以下是一些汽车厂商的服务促销措施：

大众汽车厂商在德国的4000多个经销店和服务站，都可随时接受用户订车。经销商们宽敞明亮的展厅、醒目的指示牌、齐全的产品样本和价目表、布置得体的洽谈室以及考虑周到的停车场，为顾客创造了良好的购车环境。在那里，顾客不仅可以喝上可口的咖啡、热茶，而且顾客的小孩还可到展厅的游戏角去尽情玩耍。经销商给用户提供全方位服务，服务项目包括旧车回收、二手车交易、维修服务、提供备件、附件销售、车辆租赁、代办银行贷款、代办保险、车辆废气测试、顾客紧急营救等。经销商的销售业务有现货即期和远期交易两种，对于现货购买，用户一般在二、三天内即可得到汽车，而且注册牌照等手续也代为办妥，对于想购买装有各种特殊装备的顾客，经销商通过计算机订货系统查询后，向顾客提供价格、交货期等详细情况，一切购车手续在几分钟之内即可完成。用户在合同上签字后，经销商即向大众公司订货，安排生产。交货期一般为6周，客户订的车辆在生产线上一直被监控着，经销商随时可查看该车的生产进度。

戴姆勒—奔驰汽车厂商采取了一系列扩大服务、促进销售的措施，如成立卡车租车公司长期出租卡车；在欧洲实行卡车用户协议办法，持卡者可免费在公司设在欧洲的2700个维修点维修车辆和增配零件，开设了以旧换新服务项目，建有旧车销售网和旧车销售情报中心，为顾客免费提供咨询，为出租车、救护车等专用车采购大户提供特别服务；实行奔驰机场修车和维护服务，顾客可利用出差、度假时间，在机场交出车辆进行维护。

宝马（BMW）汽车厂商在世界各地的销售商都必须就BMW车的买卖、选型、运转功能、成本、保险甚至车用移动电话等特殊装备等细节问题，向用户进行内容广泛而深入的答疑和咨询服务，BMW十分重视对中间商就用户的特殊服务和全面服务进行培训。除了境内众多的培训中心外，BMW在近东、远东以及拉美都建有培训点。由于销售商直接与用户接触，BMW认为销售商是BMW的形象代表，经常对用户展开有奖调查，以发现销售商是否符合BMW的要求。BMW还设有24h巡回服务，行驶在世界各地的BMW车，一旦出现故障，只要一个电话，就近的巡回车就会赶到现场迅速排除故障。BMW还对用户报废车进行回收，建有拆卸旧车试验场，既为用户带来好处，又符合环保要求。

本田公司为了向用户提供优质服务，该公司十分注重提高经销及技术服务人员的素质。连他们的举止仪表都有具体规定。例如本田设于泰国的一个经销商，规定管理人员每两个月要到五星级宾馆进行一次接待礼仪方面的研修，定期为女职员开设美容及选择服装方面的讲座。此外，为了提醒用户，该公司在定期车检之前，通常还采取信函方式通知用户前来接受服务，并对用户的合作表示谢意。修配厂还设有娱乐设施并免费提供饮料，即使用户开来了其他公司的车，他们也一样服务周到，让用户满意而去。

2. 开展汽车租赁业务

开展租赁业务，对用户而言，可使用户在资金短缺的情况下，用少部分现钱而获得汽车的使用权。汽车投入使用后，用户用其经营所得利润或其他收入在几年内分期偿付租金，最终还可以少量投资得到车辆的产权，可以使用户避免货币贬值的风险；对我国运输经营者而言，租赁业务可使用户享受加速折旧、税前还贷、租金计入成本、绕过购车手续等优惠。对于汽车生产厂来说，可以拓宽销售市场，增加汽车的生产。对于汽车中间商而言，开办租赁业务也能够取得比进销差率更好的经济效益。用 3 ~ 5 年的时间,不断收回车款、用户延期付款的利息及手续费、租赁业务利润等,而且在租赁期满后,仍然拥有产权,可按名义货价卖给用户,再获一次利润。

据介绍,20 世纪 90 年代欧洲汽车市场连年萧条、各汽车厂商竞相推出"租借"销售法。虽然各公司在做法的具体细节上有所不同,但基本原则都是一致的。这种方法的租借期一般为 2 ~ 3 年,公司计算出三个基本要素:①租借押金,一般为新车价格的 30%;②每月租借费;③租借期满时汽车的价值(以限定里程数为基础计算),即"MGFV"(Minimum Guaranteed Future Value)价。每月租金按新车价格,减去押金、MGFV 价后,再加上利息计算出来。用户期满后有三种选择:一是付出 MGFV 价,买断这辆汽车;二是如用户认为汽车价值超过 MGFV 价,亦可卖掉,归还租借商 MGFV 价;三是归还汽车。这种销售方法,对暂时无力购买新车的用户来说,每月租借费并不高,比从银行贷款一次性买断新车合算,而汽车厂商也可从中赚取更多的利润,有利于满足更多的喜欢新车的用户要求,有利于促进新车销售。

3. 分期付款与低息贷款

针对用户购车资金不足,除租赁租借销售方式外,分期付款和低息贷款也是汽车促销的重要方式。分期付款是用户先支付一部分购车款,余下部分则在一定时间内,分期分批支付给销售部门,并最终买断汽车产权;而低息信贷则是用户购车前先去信贷公司贷足购车款,然后再购车,用户的贷款由用户与信贷公司结算,汽车销售部门则在用户购车时一次收清全部购车款。信贷业务与汽车销售业务相互独立。至于信贷公司既可以由企业、中间商或银行分别兴办,也可以由他们联合兴办。

分期付款与低息贷款销售法在西方国家十分盛行。如克莱斯勒汽车厂商每年要向数十万名顾客发放卖方贷款,用户的贷款可在两年内分 18 次偿还;福特公司不仅给予用户 400 ~ 4000美元的价格折扣,而且给予 2.9% 的低息贷款;丰田公司实行"按月付款销售";现代公司的用户购车时只需付 20% ~ 25% 的车款,余下部分在十几个月至几十个月(最长可达 50 个月)内付清。我国目前很多汽车也在推行分期付款销售。

4. 鼓励职工购买本企业产品

国外汽车厂商普遍对自己的职员优惠售车,他们将此种方式称为购买"自家车",并以此唤起职工对本公司的热爱感,激发职工的责任感和荣誉感,较好地将汽车销售与企业文化建设结合起来。例如,大众公司规定本公司职工每隔九个月可以享受优惠购买一辆本公司的轿车,每年大众公司以此种方式销售的汽车近 10 万辆。近年来,我国部分轿车公司也在推行这种销售方式,加快轿车进入家庭的进程。

5. 订货会与展销促销

订货会是促销的一种有效形式,可以由一家企业举办,也可以由多家企业联办,或者由行业及其他组织者举办。订货会的主要交易方式有:现货交易(含远期交易)、样品订购交易、以及进出口交易中的易货交易、以进代出贸易、补偿贸易等。

展销也是营业推广的有效形式,通过展销可起到"以新带旧"、"以畅带滞"的作用。同时,企业在展销期间,一般给予购买者优惠,短期促销效果很明显。展销的主要类型有:以名优产品为龙头的展销、新产品展销、区域性展销等。

6. 价格折扣与价格保证促销

折扣销售是生产企业为了鼓励中间商或用户多买而在价格上给予的优惠,包括批量折扣、现金折扣、特种价格折扣、顾客类别折扣等。这些办法都能促成中间商或大用户扩大进货量，并有助于促进双方建立长期友好合作关系。

这种推销法实际上是“薄利多销”策略的一种表现形式，其目的是刺激顾客的购买兴趣，卖方并不吃亏，为了留有打折的余地，厂商总是先把车价订得稍高一些，使打折扣后仍有利可图，同时也给用户一种“占了便宜”的印象。例如通用公司在20世纪80年代将×型紧凑轿车零售价调至比批发价高26%，雪佛兰调高20%，然后分别以削价100美元和500~700美元的折扣出售，终于打开了销售局面。克莱斯勒总裁说过，各厂家你争我斗，价格是决定性因素之一。所谓优惠促销正是价格竞争的产物。该公司在20世纪80年代中后期，给用户的折扣分别为300~1500美元不等。该公司还曾两次举办过“谢谢您，美国”活动，给1979年以来买过该公司车的人和数百万潜在买主发放“新车优惠购买证书”，持此证者可享受更多的优惠。实践表明，这种做法确实起到了促销作用。

价格保证则是针对购买者持币待购，处于观望心理而推行的促销的方法。公司对购买者发放“价格保证卡”，如果公司的产品在保证期限内出现了降价，那么用户可持卡去公司领取当时价格与购买价格的差额。这样就可以消除顾客持币待购的现象，打破销售的沉闷局面。推行此种销售方法，由于增加了即期需求，价格可能反而不会下降。这种价格保证促销方法，我国汽车厂商完全可以采用，它在汽车市场滞销时有利于用户打破“买涨不买落”的心理作用。

7. 产品试用或试销

这种促销方法是公司先将汽车产品交付用户使用，使用一段时间后，用户满意则付款购买，如不满意则退回公司。

8. 以旧换新

“以旧换新”销售方法在汽车工业发达国家十分流行。这种方法是汽车厂商销售网点收购用户手中的旧车(不管何种品牌)，然后将公司的新车再卖给用户，两笔业务分别结算。公司将收来的旧车经整修后，再售给那些买二手车的顾客。据介绍此种销售方法能满足用户追求新异的心理，又能保证车辆的完好技术状态，有较好的经济和社会效益。

9. 精神与物质奖励

企业为了对推销成绩优异的推销人员进行鼓励，充分发挥他们的能动性，可采取各种物质奖励和精神奖励的形式，激励推销人员为企业的促销作更大的努力。企业也可以对使用本产品的用户，给予物质和精神奖励，以培养用户对本企业汽车产品的忠诚感。

10. 竞赛与演示促销

企业根据目标市场的特点，对经销人员和单位组织各种形式的竞赛，以刺激和鼓励经销者和推销人员努力推销本企业的产品，树立良好企业形象。对用户可以采取知识竞赛，驾驶水平竞赛等。演示促销可提供现场证明，增强客户的信任感，激发购买欲望等。汽车产品还可通过举办汽车拉力赛将竞赛与演示结合起来。企业可以利用这些比赛充分展示企业产品的性能、质量和企业实力，以建立和保持产品形象和企业形象。

对汽车最终用户的营业推广方式还有多种。例如，神谷正太郎针对20世纪60年代很多日本人不会开车的事实，在丰田销售公司创办了汽车驾驶学校，任何人都可以去那里免费学习汽车驾驶，这一举措吸引了不少的驾驶学习者，凡来参加学习的人员，不仅很快学会了驾驶技术，而且培育了驾驶乐趣和爱好，强化了他们的汽车理论和占有欲望，不断地为丰田汽车培养忠诚客户。

三、对中间商的营业推广方式

上述对最终用户的促销方式,有些方式也可用于对中间商促销,如会议、展销、激励、奖励和价格保证等促销方式。总体上讲,生产企业对中间商的促销一般应围绕给予中间商长远的和现实的利益进行,具体方式可以在贸易折扣、建立牢固的合作机制、资金融通、广告补贴、商业信用等方面展开促销。

从贸易折扣方面看,生产企业可以从以下多个方面给予中间商贸易折扣。

1. 现金折扣

这种促销方式系指如果中间商提前付款,可以按原批发折扣再给予一定折扣。如按规定,中间商应在3个月内付清货款。如果中间商即期付款,则给予3%折扣;如果在1个月付款,则给予2%的折扣;如果在3个月内付清款项,只给予1%的折扣;如超过3个月,则不再给予折扣;显然,这种促销方式有利于企业尽快回收资金。

2. 数量折扣

数量折扣是对于大量购买的中间商给予一定的折扣优惠,购买量愈大,折扣率愈高。数量折扣可按每次购买量计算,也可按一定时间内的累计购买量计算。在我国,通常称为"批量差价"。

3. 功能折扣

这种折扣形式是企业根据中间商的不同类型、不同分销渠道所提供的不同服务,给予不同的折扣。例如,美国制造商报价:"100元,折扣40%及10%"。表示给零售商折扣40%,即卖给零售商的价格为60元;给批发商再折扣10%,即54元。

有些汽车厂商还根据中间商的合作程度给予不同折扣,如我国某汽车厂商曾与经销商建立了一种利润共享、风险均担的机制。其具体内容是:①凡在市场疲软时,保持或增加对本公司汽车订货额的经销商,在市场畅销时,有优先保持和增加汽车资源的权利。②在市场疲软时不要求增加价格折扣的经销商,则在市场畅销时相应增加其价格折扣。③在市场疲软时,合同外增购的汽车将享受较大的价格折扣。④对市场疲软时减少订货的经销企业,在畅销时也将减少资源供应量。当然,这种机制的前提条件是经销商要对制造商的产品在未来存在畅销机会抱有预期。

从建立稳固的合作机制方面看,企业还可以同中间商就服务、广告补贴、送货、运费、资金融通等方面达成长期协议。如采购支持就是制造企业为了帮助中间商采购,节省采购费用和库存费用而采取的一种方式,具体即指自动订购系统的采用。

企业向中间商提供订货的各种单据、表格,中间商通过网络向生产企业传送订单,企业一旦收到订单,立刻供货。这种方式是以前库存支持采购与网络的结合。有利于减少沟通的费用,节约时间,使中间商实现零库存。

第五节 公共关系

在现代社会化大生产中,任何组织在其业务活动和营销活动中都必须与其有关的公众打交道,发生各种社会关系、物质关系、经济关系和利益关系。对企业来说,在日常营销活动中,要和企业外部的原材料供应商、产品经销商、代理商、顾客、政府管理部门、各种公众团体打交道,要和企业内部的合伙人、股东、董事、职工等内部公众打交道,因而存在错综复杂的公共关系。

一、公共关系的概念及职能

1. 公共关系的概念

公共关系首先是领导者为获得事业的成功而确定的一系列指导思想、路线和政策;其次,作为一种管理职能,要指挥和依靠专门既定的人员为贯彻既定的公共关系政策去进行一系列有计划的活动,其目的在于不断调整本单位和公众的关系,在公众中树立本单位的良好形象,在为社会谋利益、为本单位谋利益的基础上,建立双向或多向沟通的、有利于相互了解和支持的良性交往关系。

2. 公共关系的职能

公共关系与广告、营业推广的基本功能都在于传递信息,都要利用传播媒介和传播技术进行信息沟通。但是,公共关系又与其他促销手段有所不同,并且其功能也不仅局限于促销。一般来说,公共关系的职能有:

(1)宣传企业。利用大众传播媒介,如报纸、杂志、广播、电视等,为企业进行宣传,以建立企业良好的形象。宣传报道的内容针对性强,消费公众感觉它比广告更可信。

(2)加强和社会各方面的沟通和联系。企业通过与当地政府、经销商、社会、消费者联系,增进了解,加深感情。

(3)意见反馈。建立与公众之间的联系制度,答复他们的各种询问,提供有关本企业情况的材料,对任何来访、来电、来信的人,迅速有礼、准确、友好的接待和处理。美国一家公司提出并坚持"24h 接待服务"和定期访问顾客制度,在社会公众中产生了良好的影响,效果极佳。

(4)应付危机,消除不利影响。当企业的国际市场营销战略发生失误,或出现较大问题时,可以利用公共关系给予补救;对不利于本企业发展的社会活动和社会舆论,要运用公共关系进行纠正和反驳。如美国通用汽车厂商就有过这种经历。美国新闻界曾公开了一位消费者的控告:通用汽车厂商的"卡瓦"牌汽车在任何速度下都不安全。几年后,该车型在市场上消失。通用公司为防止因"卡瓦"汽车的失误而导致整个企业的信誉下降和销售量锐减,就在国际市场上广泛开展公共关系活动,同时加强产品质量和售后服务工作,通过新闻媒介和其他方式搞好企业宣传,重新在社会公众中树立自己的形象。

需要说明的是,在社会发生突发事件后,或者全社会都在高度关注某项公益事业时,如果企业的反应不敏捷,或者反应不恰当,往往会诱发企业的公共关系危机。例如,2008 年四川汶川发生地震后,一些汽车厂商迟迟没有捐赠行动,也没有派出志愿者服务,引起网民在互联网上的强烈指责,网民指责这些企业没有社会责任心,与企业实力或企业形象不相称等。目前,国内外都在探讨企业的社会责任问题,有的企业从企业经营理念上认为,在非常情况下不能适用市场原则,当社会需要企业付出时,企业应该勇于回报社会。为此,企业设立专门的非盈利事业管理部门,负责管理此类事务,将非盈利事业作为企业的一项战略,纳入日常管理,给予经费预算,明确企业非盈利事业的发展方向,如将非盈利事业的重点是放在关爱孤寡老人方面,还是放在关心希望工程方面,是在拯救自然灾害方面做贡献,还是在化解公共事件矛盾方面做贡献,回报社会的具体方式是捐款捐物呢,还是投入人力组建工作队等。无疑,这些企业对待非盈利事业管理的理念及其实施措施,都值得学习和推广,避免企业在非常时期成为社会舆论指责和议论的焦点。

各个企业要根据不同时期不同市场的情况,确定公共关系具体内容、任务和方法。公共关系的作用虽然很大,但它不能弥补产品和企业本身的缺陷,更不能取代人员推销、广告、营业推广的作用。

二、汽车厂商公共关系活动的对象

公共关系工作的对象是公众，是一些群体，这些群体的共同利益为某一个机构的行动和政策所影响，反过来这些群体的行动和意见也影响着这个机构。一般来说，公众可以分为内部公众和外部公众；现在公众、潜在公众和将来公众；重要公众、次要公众和边缘公众等。

汽车厂商的公众有着自己的特点。首先，作为汽车行业的厂家，有众多的原材料、零部件供应厂家和配套单位，产品用户也遍布各行各业；其次，对中外合资企业而言，还涉及各投资方、政府涉外部门和许多外国组织和个人；第三，汽车厂商一般在规模和影响方面较大，它的许多事务涉及各个方面、层次的政府部门、企事业单位；第四，同其他企业一样，汽车厂商需要新闻、法律方面的工作，需要商业、服务业等方面的配合支持，同时也有着员工、家属等各种社会关系。

日本的企业在内部公共关系的建设上很值得借鉴。日本公司成功的创造了一种合作精神。组织内的每一个人都在营销，都需要另外的与日常工作不一定相关的信息。内部关系的基础是由公司的公共关系部门或广告部门创办和编辑的员工刊物、电子邮件、电影、录像、碟片等媒体。

三、企业公共关系活动的主要方法

汽车厂商公共关系活动的方法主要有：

(1)创造和利用新闻。企业公共关系部门可发布有关新闻，或举办活动创造机会以吸引新闻界和公众的注意，利用这些机会邀请企业的领导人参加活动，发表演讲，展示他们的人格魅力，宣传介绍企业的发展成绩，提高企业的知名度。

(2)参与公益活动。通过参与公益活动，如赞助文化体育活动、捐资助学、扶贫、救灾等，企业可以树立良好的公众形象，表明自己的社会责任态度，赢得公众的信任，培养与公众的友好感情，从而提高企业的美誉度。

(3)策划特殊活动。企业可以安排一些特殊的事件来吸引公众的注意，例如召开新闻发布会、研讨会或展览会，或举行各种庆典活动，主办有奖竞赛、演讲比赛等，通过丰富多彩的活动展示企业的实力和形象。现在许多世界著名的汽车厂商都十分注重在中国的公关工作，有目的的组织策划一些有意义的活动，如北京现代、东风本田都对高等学校开展过助教活动。

(4)编写和制作各种宣传资料。包括介绍企业和产品的业务通讯、期刊、录像、幻灯片或电影公众喜闻乐见的宣传品。

(5)导入 CIS。CIS（Corporation Identify System），企业形象识别系统，导入 CIS，即综合运用现代设计和企业管理的理论、方法，将企业的经营理念、行为方式及个性特征等信息加以系统化、规范化和视觉化，塑造具体的企业形象，企业将这种视觉的企业形象印制在企业的建筑物、车辆、制服、业务名片、办公用品包装、文件、招牌等方面，便于企业改善对外交流形象。

(6)设立公共关系热线电话。通过热线电话，在社会公众与企业之间建立一条方便、快捷和便宜的信息沟通渠道。这些热线电话，主要不是处理用户投诉，而是服务于企业的公共关系。

总之，企业要善于运用公共关系手段，做好公共关系的目标设计，建设公共关系的平台和载体，选择和决策恰当的公共关系方法，定期审视和评估公共关系的实施效果，为企业的生产经营营造良好的内外部发展环境。

第十一章　汽车服务策略

由于现代机电产品的结构日益复杂，技术含量日益提高，特别是关键技术和软件都掌控在制造商手中，制造商必须依靠自己的技术力量和相关设备，为用户提供包括产品安装、调试、应用、维护和维修，直至产品报废回收的全程服务，并对用户进行使用指导和培训。现代机电产品营销的重要特点就是产品与服务的联系越来越紧密，只卖产品没有服务的时代已是一去不复返，制造商已深深卷入到服务之中，优质服务并让用户满意成为厂商市场竞争的焦点和克敌制胜的利器。本章主要从汽车厂商市场营销的角度，讨论与汽车产品相关的服务策略。

第一节　服务概述

服务作为一种无形产品，相对有形产品而言，它具有自己的特点和规律。认识服务的特点和规律是做好服务营销的基础。

一、服务的概念、分类与特征

1. 服务的概念

现代市场营销在界定产品概念时，将产品定义为“活动过程的结果”或“活动过程本身”。其实，前者的概念是指实物产品（即有形产品），后者就是指服务（即无形产品）。

关于服务（Service）的概念，菲利普·科特勒（Philip Kotler）认为：“服务是一方能够向另一方提供的基本上是无形的任何活动或利益，并且不会导致任何所有权的产生。它的生产可能与某种有形产品联系在一起，也可能无关联。”另一位学者弗雷德里克等人认为，服务是“为满足购买者某些需要而暂时提供的产品或从事的活动。”而A·佩恩则认为：“服务是一种涉及某些无形因素的活动，它包括与顾客或他们拥有财产的相互活动，它不会造成所有权的变更。条件可能发生变化，服务产出可能或不可能与物质产品紧密相联系。”

由此可见，服务的涵义应当包含以下要点：①服务提供的基本上是一种活动，活动的结果可能是无形的，但这种活动有时也与有形产品联系在一起；②服务提供的是产品的使用价值，并不涉及所有权的转移，如提供了汽车维修服务，并不产生汽车所有权的改变；③服务对其需求者的重要性，并不亚于实物产品。例如，汽车发生故障后，对维修服务的需求就不亚于对汽车产品的需求。

2. 服务的分类

服务可从下面几个方面进行分类：

（1）根据服务活动的本质，即服务活动是有形的还是无形的以及服务对象是人还是物，可将服务分成4类:①服务对象是人的有形活动,如理发、外科手术等,服务的作用对象是人,而且服务过程是有形的;②服务对象是物的有形活动,如货运、汽车维修服务等,服务的作业对象是物,服务过程是有形的;③服务对象是人的无形活动,如汽车培训、汽车金融服务,服务对象是人,而且服务过程基本是无形的;④服务对象是物的无形活动,如汽车保险服务,服务对象是物,而且服务过程基本是无形的。

(2)根据服务推广的方法分类,服务包括:①顾客前往固定地点主动接触服务机构的服务,如顾客前往汽车4S店或维修店接受服务;②服务机构在固定地点主动接触顾客的服务,如直销、汽车展销会、出租汽车服务等;③顾客与服务机构在单一地点远距离交易的服务,如网上定购;④顾客在多个地点主动接触服务机构,如公共汽车服务、汽车质量保修24h热线电话;⑤服务机构在多个地点主动接触顾客,如汽车厂商通过其服务网络开展的免费检查或促销服务、服务网络前往事故现场的服务等;⑥顾客与服务机构在多个地点远距离接触等。汽车厂商往往通过其全服务网络,向前往各网点的顾客提供所需的服务,也可以主动开展一些服务,如车辆召回、免费维护和检查等。

(3)根据服务是否与有形产品相关联,服务可以分为:①与有形产品相关联的服务。通常是有形产品的附加服务,这时的服务是产品整体概念中扩增产品层面的一个构成元素,以满足顾客的附加需求。②与有形产品没有关联的服务。这时的服务是服务营运商的一项独立的产品,或独立运作的经营项目,可以满足顾客的某种需求,如保险公司针对汽车保险推出了各种保险产品,供汽车用户根据自己的需要选择购买。

由此可见,汽车营销者可以根据研究问题的需要,对服务进行不同的划分。

3.服务的特征

相对有形产品而言,服务往往具有以下特征:

(1)无形性。也称不可触知性。顾客在购买服务之前,通常不能看到、听到、嗅到、尝到或感觉到服务。因此,服务宣传一般不宜过多介绍服务的本体,而应集中介绍服务所能提供的利益,让无形的服务在消费者眼中变得有形。实际上,完全无形的服务极少,很多服务需要借助有形的实物才可以产生。顾客购买某些产品,只不过因为它们是一些有效功能的物质载体,这些载体所承载的服务或者效用才是最重要的。

(2)同一性。也称同步性。服务的供应者往往是以其劳动直接为购买者提供使用价值,生产过程与消费过程属于同一个过程,两个过程不可分离,如汽车维修过程,对车主而言是消费过程,对维修技师而言就是生产过程。这一特征表明,顾客只有而且必须加入到服务的生产过程中,才能得到服务;而且一个出售劳务的人,在同一时间只能身临其境在一个地点提供直接服务。因此,直接销售通常是服务惟一的分销途径。

(3)异质性。服务是以人(服务提供者)为中心的产业,这与实行自动化生产的制造业不同。由于人的气质、修养、文化与技术水平存在差异,不同的人操作同一服务,服务质量就很难达到完全相同;即使是同一人作同样的服务,因时间、地点、环境与心态的不同,服务效果也难以完全一致。因此,服务须特别强调保持应有的品质,力求始终如一,维持高水准,建立顾客信心,树立优质服务形象。

(4)即时性。由于服务的生产与消费是同时进行的,因此服务不能运输和贮存,也不能“退货”或“换货”,一般不能对服务再实施“售后服务”。面对服务失败,服务经营者只能与被服务者商谈损失的赔偿,或者在某些特定情况下实施服务补救措施(如对未能修好的汽车再次进行维修)。服务的即时性,也使得服务的使用价值,如不及时加以利用,就会“过期作废"。如汽车维修出现业务不足,那么所闲置的设备或服务能力就构成服务商的损失,不能象有形产品那样可以储存下来继续售卖。因此,服务业的规模、定价与推广,必须力求达到人力、物力的充分利用。

(5)度量的复杂性。服务因为以上特点,使得度量服务作业的成果不能采取单一指标,而必须使用复合指标,如"人次"、"辆次"、"工时"等。服务的价格也必须使用复合指标,如"元/辆次"、"元/工时"等。由于不同服务者的实际技能不一样,实施同一服务作业,也许花费的实际时间不一样,因此服务作业收费时,一般也不能以实际作业时间收费,而必须以定额作业时间收费。其中,定额作业时间是汽车厂商或其服务商根据各种服务作业统一确定的作业时间。

此外,服务的无形与易逝性,使得购买者不能"实质性"地占有,因而不涉及所有权的转移,也不能申请专利。

二、先进服务理念

服务经营者的任何服务都是在一定的服务理念下开展工作或活动的,服务理念的先进或进步与否,直接关系到服务作业者的工作态度和服务活动完成的工作质量。

1.服务理念的概念

服务理念(Service Concept)就是服务提供者对待服务工作的态度,是服务工作的指导思想,是服务提供者经营哲学在服务工作上的具体反映,或者说是服务提供者的经营观念或营销观念在服务工作上的具体化。服务提供者有什么样的服务理念,就会有什么样的服务行为。

先进的服务理念就是要顺应时代发展的需要,与时俱进,不断创新服务的内容和服务的形式,其根本目标就是要让被服务者充分满意,能够为服务提供者赢得市场竞争的主动地位,并将这个导向贯彻到各项服务工作的具体环节中去。

结合国内外汽车市场竞争发展的态势,我国汽车厂商在服务理念方面,一是要牢固树立"以人为本"、"全面满足客户需要"等先进服务理念,以顾客满意作为服务导向,将顾客的满意度作为评价服务工作好坏的根本依据。二是要在具体的服务工作中真正持续地贯彻先进的服务理念,无论是管理人员,还是服务员工,在工作的每一细节都要以实际行动体现先进服务理念。先进的服务理念决不只是各种响亮的口号,它必须转化到各种具体的服务工作之中。现实生活中,不少厂商虽然打出"用户是上帝"、"用户第一"、"顾客至上"等口号,但是在具体工作中,缺乏具体的操作细则,没有研究服务规范和服务标准,没有对服务实施严格考核;或者对服务不能做到长期坚持高标准、高水准,而是时好时坏;或者在服务上不能给予必要的投入,而是过度考虑服务成本的节约。这些现象导致服务质量总是差强人意,令消费者不满意。

现代汽车营销表明,由于汽车厂商的实力差距缩小,围绕价格因素以及品种、质量、交货期限和广告宣传等非价格因素竞争的空间日益狭小,市场竞争的焦点日益向服务领域转移,各厂商纷纷以给用户实实在在的利益来维持和开拓市场,而这些利益大多都是从服务中提供的。所以国际上有人称,是否具备服务能力并切实履行相应责任是汽车厂商服务真假的试金石。

由此可见,现代汽车厂商不应将服务视为法律和市场竞争压力下的被动行为,而应将其视作克敌制胜,争取市场竞争有利地位的主动行为。以先进服务理念,全面规划和指导具体的服务实践。

2. 先进服务理念的表现

面对迅速发展和越来越成熟的汽车消费市场,汽车厂商应始终以顾客需要为导向,突出顾客满意。在这个中心理念指导下,不同厂商对服务理念都有自己的理解。

1)深度营销理念

所谓深度营销是指在满足消费者表层需求之后,再以深层次的服务去巩固、保留原有顾客并拓展新市场的过程。对汽车营销者而言,深度营销有两层含义:一是以优质的服务质量巩固和维持与现有顾客的关系;二是在满足消费者目前对服务需要的基础上,不断创新服务内容和服务形式,拓展新的深层次市场。如同产品具有生命周期一样,服务也有生命周期,因为一个企业率先创新一个服务项目并取得较好的营销效果后,其他的企业也会效仿,使得本企业原有的服务优势减小。当然,其他企业也在不断实施服务创新,使得本企业的服务落后,以致本企业的服务不能满足顾客期望。因此,适时推出新的服务举措,保持服务竞争的一定优势,是汽车厂商维系竞争优势的不二法宝。

以上两个层次的核心是维持和提高顾客的信任度和忠诚度,深度营销就是通过在服务项目和服务内容的深度与广度上扩展,赢得客户的长期信赖和支持,培养客户的忠诚度(主要表现为品牌忠诚度)。所以,市场营销不能仅仅只看企业的市场份额,而要考察顾客的忠诚度。因为眼前的市场份额只能反映当下的市场竞争地位,不能预示企业未来的发展和竞争态势。这表明,从深层面来看,应以顾客的忠诚度来衡量市场份额的稳定性和质量。是否拥有足够稳定的、客户转移度小、保留度高,且能够主动接近企业的消费者群体,便成为企业核心竞争力的最终体现。

深度营销理念突破了传统产品营销只注重产品销售的框架,而把着眼点放在产品的整体利益上,并通过提供优质服务,建立顾客忠诚,维持与客户的良好关系,这是营销方式和营销理念的升华。

汽车产品因其特有的产品特征,使得汽车营销在围绕有形产品营销的同时,拓展和创新服务的内容与形式,构筑个性化、多层面和全方位的深度营销,便成为汽车厂商做好市场营销的必然选择。如汽车经销商提供汽车改装和装饰服务,为客户制定汽车保险的个性化方案,提供从买车、用车到卖车、再买车等多层面的汽车服务,办理汽车信贷、保险、维修、年审、用车指导、技术升级、二手车的评估和转让等全方位的服务业务,均是适应了汽车消费的固有特征,迎合了汽车用户对深层次服务的要求,强化了汽车用户对汽车厂商的依赖和忠诚。

2)双赢营销理念

双赢营销理念强调的是在商品(服务)的交换过程中,卖方合理利润的获得和买方利益的维护。针对汽车营销而言,汽车服务的根本目标就是在买卖双方之间建立亲善、和谐和长期的相互依存又相互信赖的伙伴关系。在这种关系中,厂商和经销商需要一种全新的理念,一种对价值和利益的新的判断。汽车厂商必须突破以销售为惟一目的的思维方式,不应以汽车的销售价格(尤其是第一次交易)作为企业利润的惟一来源。企业的目标在于为客户带来更长期的价值,创造关系维系更久的客户,以客户的终生价值(即预期可以从客户身上得到多少未来利润的现值)作为考量对象。这就是双赢理念,它带来的是企业长远发展的可能。

双赢理念不再将产品的销售价格视为买卖双方利益的分割点,克服了传统营销将双方视为“既依靠、又对立”的理念。从这一理念出发,企业的竞争战略应该是谋长远发展之大略，其行为目标不再盯在简单的、一次性的产品价格上，而是把价格视为整个经营战略中的一个步骤。企业营销策略的重心不再是考虑对产品价值余额的分割，而是考虑如何将“蛋糕”做多、做大，让消费者在消费过程中也能够品尝到“蛋糕”的滋味，并由此产生消费偏好。

当然，在供需关系中，由于资源和信息占有的不对称，尤其像汽车这类结构复杂、技术含量较高的产品，使卖方在价格上总处于优势，而买方总处于劣势的地位。因此，消费者在心理上对卖方的报价总是心存戒备，并总认为厂商会尽可能多地赚钱，未必认同卖方的价格让利。所以，沟通就成为这一理念产生效果的关键，企业要将维护客户利益的经营理念传递出去，并以强化服务等实际行动让客户感觉到厂商的诚意，让客户感觉到厂商在赚取适度利润的同时，也在充分维护自己的利益，从而能够理解和接受汽车营销者的各种行为。消费者在心理上的平衡，是汽车营销者建立客户信任和维系良好关系的开始。汽车营销者应在双赢理念指导下，构建企业竞争与发展的战略，并据此调整企业的产品策略、价格策略及促销策略。

3）超值营销理念

一般而言，消费者对产品的选择建立在对商品的外观接受、性能的满足和品牌的信任基础之上，其所获得的商品（或服务）的价值应与其所支付的成本相对应，这是一般等值的、可以接受的心理预期。顾客的心理预期与顾客的消费经验直接相关，当消费者感觉自己获得的综合价值超过心理预期时，就会感觉到超值的存在。消费者的超值感受主要有3种来源：一种是产品利益的折让，如消费者以较低的价格获得了产品（服务）；二是超越常规的服务，如获得比其他品牌更高的服务标准或更多的服务内容；三是消费者对产品或服务的认知和感知超越了原有的预期。其中，前两种形式在一般的产品营销中作为一种营销策略屡见不鲜，如汽车厂商提高了质量保修里程或时间标准。但是，第三种形式在高价值、高科技的产品营销上表现尤为突出，如汽车经销商能够认真对待消费者，向消费者完整地介绍产品的特色和好处，当好消费参谋和顾问，主动提供优质服务，创立良好的服务环境，服务人员具有良好的亲和力，这都会促使消费者感到超值服务，并主动与经销商保持密切接触。

超值服务就是营销者用爱心、诚心和耐心，向消费者提供超越其心理期待（期望值）的、超越常规的全方位服务。汽车产品是一个时代的科技、文化以及百姓生活方式的缩影，汽车设计中的理念、创意和高新技术的应用，能否被消费者感知和认同，在很大程度上取决于汽车厂商向消费者的信息传递，在这个过程中销售人员和服务人员起着极其重要的作用。例如，面对一款“最新的先进技术，赏心悦目的外观设计，全球统一的品质保证”的汽车，需要营销人员对每一位前来挑选的顾客，拿出足够的爱心、诚心和耐心，向消费者进行讲解和示范。这时，营销人员要象设计师一样讲出产品的特点，又要像一名艺术鉴赏家一样，讲出产品的美学特色和超值价值，还要象一名朋友一样，做消费者的贴心人，使消费者从感知上超越原有预期。

三、服务质量管理

1.服务质量的内涵

服务质量（Service Quality）同顾客的感受关系很大，可以说是一个主观范畴，它取决于顾客对服务的预期质量同其实际感受的服务水平或体验质量的对比差距。整体感受质量不仅取决于预期质量与体验质量的对比，也决定于技术质量和职能质量的水平。技术质量指服务过程的产出，即顾客从服务过程中所得到的东西。对此，顾客容易感知，也便于评价。

职能质量则指服务推广的过程,即顾客同服务人员打交道的过程中,服务人员的行为、态度、穿着等都直接影响顾客的感知,如何提供服务和接受服务的过程会给顾客留下深刻的印象。

顾客对服务的预期质量,通常受到四个因素的影响,即市场营销沟通、顾客口碑、顾客需求和企业形象。由于接受服务的顾客通常能直接接触到企业的资源、组织结构和运作方式等方面,企业形象无可避免地影响顾客对服务质量的认知和体验。顾客心目中的企业形象较好,会谅解服务过程中的个别失误;如果原有形象不佳,则任何细微的失误也会造成很坏的影响。因此,企业形象被称为顾客感知服务质量的过滤器或放大器。

2. 服务质量的评价

通常,可以从以下5个方面去评价服务质量:

(1)感知性。指提供服务的有形部分,如各种设施、设备、服务人员的仪表等。顾客正是借助这些有形的、可见的部分把握服务的实质。有形部分提供了有关服务质量本身的线索,同时也直接影响到顾客对服务质量的感知。

(2)可靠性。指服务供应者准确无误地完成所承诺的服务。可靠性要求避免服务过程中的失误,顾客认可的可靠性是最重要的质量指标,它与核心服务密切相关。许多以优质服务著称的服务企业,正是通过强化可靠性来建立自己的声誉的。

(3)适应性。主要指反应能力,即随时准确为顾客提供快捷、有效的服务,包括矫正失误和改正对顾客不便之处的能力。对顾客的各项要求,能否予以及时满足,表明企业的服务导向,即是否把顾客利益放在第一位。

(4)保证性。主要指服务人员的友好态度与胜任能力。服务人员较高的知识技能和良好的服务态度,能增强顾客对服务质量的可信度和安全感。在服务产品不断推陈出新的今天,顾客同知识渊博而又友好和善的服务人员打交道,无疑会产生信任感。

(5)移情性。指企业和服务人员能设身处地为顾客着想,努力满足顾客的要求。这便要求服务人员有一种投入的精神,想顾客之所想,急顾客之所需,了解顾客的实际需要,以至特殊需要,千方百计地予以满足,给予顾客充分的关心和相应的体贴,使服务过程充满人情味,这便是移情性的体现。

按上述评价标准,可通过问卷调查或其他方式对服务质量进行测量。调查应包括顾客的预期质量和体验质量两个方面,以便进行分析研究。汽车厂商每年花费一定的资金进行服务质量的调查和评估,是完全必要的。

3. 服务质量管理

如上所述,顾客期望在顾客对服务的认知中起着关键性的作用,期望与体验是否一致已成为服务质量评估的决定性因素。因此,服务质量管理首要的就是能够对顾客期望进行正确的管理,并在实际服务过程中做到超出顾客期望,而不是低于顾客期望。为了达到这一目的,企业可以通过以下几方面进行工作:

1)确保承诺的实现性

明确的服务承诺(如广告和人员推销)和暗示的服务承诺(如服务设施外观、服务价格),都是企业可以控制的,对之进行管理是管理顾客服务期望的、直接的和可靠的方法。企业应集中精力于基本服务项目,通过切实可行的努力和措施,确保对顾客所作的承诺能够反映真实的服务水平,保证承诺圆满兑现。过分的承诺难以兑现,将会失去顾客的信任,破坏顾客的容忍度,对企业是不利的。

2)重视服务的可靠性

在顾客对服务质量进行评估的多项标准中,可靠性无疑是最为重要的。提高服务可靠性能带来较高的现有顾客保持率,增加积极的顾客口碑,减少招揽新顾客的压力和再次服务的开支。可靠服务有助于减少优质服务重现的需要,从而合理限制顾客期望。

3)坚持沟通的经常性

经常与顾客进行沟通,理解他们的期望,对服务加以说明,或是对顾客光临表示感激,更多地获得顾客的谅解。通过与顾客经常对话,加强与顾客的联系,可以在问题发生时处于相对主动的地位。企业积极地发起沟通以及对顾客发起的沟通表示关切,都传达了和谐、合作的愿望,而这又是顾客经常希望而又很少得到的。有效的沟通有助于在出现服务失误时,减少或消除顾客的失望,从而树立顾客对企业的信心和理解。

4)做好服务的传递性

在服务过程中,营销者要让顾客亲身体验所提供的服务技能和服务态度,这非常有利于让顾客保持更切合实际的服务期望,增强顾客对服务的理解。每一次与顾客的接触,其实都是一次让顾客感受服务的潜在机会,而对顾客冷淡的员工则是浪费了这种机会。

5)强化服务的补救性

虽然对完美服务的追求是优质服务的特征,但一旦出现服务失误,营销者就要尽快组织一流服务的重现,实施服务补救,这是十分重要的。服务重现往往会再一次让顾客意想不到,从而为企业重新赢得顾客的信任。为此,企业必须加强力量组织好重现服务,使服务中的问题得到令顾客满意的解决。虽然在服务重现期间,顾客对服务过程和服务结果的期望,往往都会比平时更高,但这时顾客常常会比以往更加注意服务的过程,这正好为营销者提供了服务传递的机会,只要营销者全身心投入,认真对待服务的有效重现,将能使顾客顺心惬意,并为企业精心组织的服务重现而感到超出期望和感到惊喜。

四、服务的有形展示

1.服务有形展示的类型

物质产品可以自我展示,服务则不能,顾客往往看不到服务。但是,顾客可以看到服务工具、设备、员工、信息资料、服务价目表等,这些有形物都是了解无形服务的线索。由此,在服务营销管理中,一切可以传递服务特色与优点的有形组成部分,均可称作服务的有形展示。有形展示可以从不同的角度加以分类。从构成要素的角度,有形展示可分为三种类型,即实体环境、信息沟通和服务价格。

1)实体环境

实体环境包括三大因素:周围因素、设计因素和社会因素。其中周围因素是指服务现场及周围的空气质量、噪声、气氛、整洁度等。这类要素通常被顾客视为构成服务产品内涵的必要组成部分,其存在虽不致使顾客格外地激动,但如缺少这些或是达不到顾客的期望,就会破坏顾客的印象。也就是说,顾客注意到周围因素,更多的是引发否定行为而不会因之有意接近。

设计因素是指服务处所的建筑、结构、颜色、造型、风格等美学因素和陈设、标识等功能因素。这类要素被用以改善服务产品的包装,显示服务产品的功能,建立有形的、赏心悦目的服务产品形象。设计性因素的主动刺激比周围环境更易引起顾客的积极情绪,鼓励其采取接近行为,有较强的竞争潜力。

社会因素是指在服务场所内一切参与及影响服务产品生产的人,包括服务员工和其他出现于服务场所的人士，他们的人数、仪表、行为、言语、态度和工作面貌等，都有可能影响顾客对服务质量的期望与认识。

2）信息沟通

信息沟通所使用的方法有：①服务有形化。在信息交流中强调与服务相联系的有形物，让服务显得实实在在。有形因素能使服务容易被感知，而不那么抽象。②信息有形化。通过鼓励积极的口头传播、服务保证和广告中应用容易被感知的展示，使信息更加有形化。很多顾客都特别容易接受其他顾客提供的口头信息，据此做出购买服务的决定。

3）服务价格

服务价格是营销组合因素中决定收入的主要因素；而顾客之所以关注价格，是因价格可以提高或降低人们的期望。由于服务是无形的，价格是对服务水平和质量的可见性展示。价格能展示一般的服务，也能展示特殊的服务；公道的价格能表达对顾客的关心，不合理的价格也能给顾客以急功近利的感觉。因此，制定正确的价格能传送适当的信息，是一种服务有效的有形展示。

2. 有形展示的作用

有形展示的作用主要有以下几方面。

1）帮助顾客感受到服务所能带来的利益

服务展示的一个潜在作用，就是能给顾客带来乐趣优势。有形展示可在顾客的消费经历中，注入新颖的、激动人心的、戏剧性的因素，消除顾客的厌倦情绪。采用有形展示的实质，是通过有形物体对顾客感官的刺激，让顾客感受到无形服务带给自己的所有好处和利益，进而影响其对服务的需求。

2）引导顾客对服务产生合理的期望

服务的无形化及不可感知性，使顾客在使用前难以对该项服务做出正确的理解或描述。运用有形展示，可以让顾客在接受服务前能具体地把握服务的特征和功能，从而对服务产生较合理的期望，避免因期望过高而难以满足所造成的负面影响。

3）影响顾客对服务产品的第一印象

有形展示作为部分服务内涵的载体，是顾客取得第一印象的物质因素。对于新顾客而言，在购买和享用某项服务之前，往往会根据第一印象对服务产品做出判断，有形展示的成败，最终会影响顾客的购买决策。

4）促使顾客对优质服务做出客观评价

服务质量高低由多种因素决定，可感知性是其中的一个重要特质，而有形展示正是可感知的服务组成部分。有形展示可使顾客对服务产生优质的感觉。

5）引导顾客识别与改变服务形象

有形展示能有形地、具体地传达最具挑战性的企业形象。服务企业或服务产品形象的无形性，增加了改善形象的难度。形象的改变不仅是在原来形象上加入新内容，而且要打破传统观念，利用有形产品作为新设计的形象的中心载体，使形象变更的可见信息迅速传送给顾客。

6）协助服务企业培训服务员工

在利用有形展示突出服务产品的特征以及优点时，也可利用有形展示作为培训员工的手段。员工作为“内部顾客”，通过有形展示深刻、具体地理解了企业所提供的服务，会有助于保证他们所提供的服务符合企业规定的标准。

3. 有形展示的管理

服务的不可感知，主要是指其不可触及，难以从心理上进行把握。为克服因此产生的营销难题，必须使服务内涵尽可能地附着于某种实物上。服务的有形化，还必须考虑使服务更易为顾客所把握。因此，有形展示应选择那些被顾客视为重要的有形实物，这些实物最好是顾客在接受服务过程中所寻求的有形物；同时，必须保证此有形实物所暗示的承诺，在提供的服务中能完满兑现，即服务质量要与承诺的内容一致。

有形展示的最终目的，是将无形服务有形化。值得强调的是，服务人员要务必取得顾客的好感。服务产品的顾客，常常被服务企业中的某一个人或某一群体所吸引，而不只是认同服务本身。服务人员直接同顾客打交道，不仅其衣着打扮、言谈举止影响着顾客对服务质量的认知和评价，而且服务人员同顾客之间的关系直接决定了顾客与企业关系的融洽程度。为此，企业必须确切了解目标顾客的需要，明确有形展示的预期效果，并确定独特的推销重点，并将其作为该服务产品营销的重要组成部分。

以上讨论了服务的某些基本而重要的理论，它们对指导汽车营销者做好服务工作具有重要作用。

第二节　汽车的服务营销

汽车的服务，无论是直接作业于汽车产品的技术服务，还是与汽车相关的衍生服务，其服务主体（汽车厂商及其经销商）都需要研究服务策略，对服务进行策划。

一、服务营销的组合策略

一般地，有形产品的营销理论和原则也适用于服务营销。但由于服务的前述特征，服务营销战略的形成和实施以及服务营销组合均应有所不同。服务营销的组合要素依然是产品、定价、分销和促销，但每个要素的具体内涵却发生了很大的变化。

1. 产品

服务产品必须考虑的要素是提供服务的范围、质量、品牌、保证以及跟踪服务等。服务产品包括核心服务、便利服务和辅助服务。核心服务体现了企业为顾客提供的最基本效用，如汽车故障的维修服务，其核心利益就是恢复产品的使用价值；便利服务是为配合、推广核心服务而提供的便利，如汽车维修服务商前往用户故障地点拖拉故障车辆等；辅助服务是用以增加服务的价值或区别于竞争者，有助于服务商实施差异化营销战略的服务，如汽车维修服务后，维修商对汽车进行的全面技术检测等。

2. 分销

随着服务领域的扩展，服务销售除直销外，经由中介机构销售者日渐增多。中介机构主要有代理、代销、经纪等形态。如汽车厂商通常是在全社会选择适当的维修厂家，建立一套维修服务网络进行服务"分销"的；很多独立品牌的汽车服务商也在全社会实施品牌经营，在各地设立服务连锁机构，如博士汽车服务、3M 汽车服务、"小黄帽"汽车服务等都是独立的服务品牌。在分销因素中，服务地点的选择至关重要，要尽量贴近服务需求者，要有利于被服务者能够方便地得到服务。

3. 定价

一般而言，由于服务质量水平难以统一界定，特别是作用于人的服务，质量检验也难以采用统一标准,服务定价必须有较大的灵活性。而在区别一项服务与另一项服务,或者区别不同服务主体时,价格是一种重要的识别标志,顾客往往从服务价格感受到服务价值的高低。但有时,对作用于物的服务,也可以尽量制定量化标准,如汽车维修服务,服务商都有各种故障的维修工时定额、服务价目表等,维修完毕后也可以检查故障是否已排除,产品的性能质量是否恢复等。

4. 促销

服务的促销方式也包括广告、人员推销、营业推广、宣传、公共关系等营销沟通方式。为增进消费者对无形的服务的印象,企业在促销活动中要尽量使服务产品有形化。

二、汽车服务营销策略

服务是一个不断追求创新的过程,服务商应经常研究自己的服务特色,实施恰当的服务策略。结合国内外汽车服务领域的实践,汽车服务的营销策略主要有以下 3 种。

1. "四全"服务策略

汽车服务的"四全"策略,系指服务主体向服务需求者提供"全过程、全方位、全天候、全参与"的服务,并将其作为服务商的经营策略。

以汽车销售为例,"四全"服务策略的内涵有:①"全过程服务"系指服务从卖车、办牌照、上保险开始,到使用过程中的汽车维修、美容、装饰、年检、救援、汽车文化和俱乐部服务,直到旧车置换和汽车报废后的绿色回收等,实施汽车从"生"到"死"的全过程服务。②"全方位服务"系指服务不是单一项目,而是力所能及地提供尽可能多的服务项目,如汽车经销商在提供 "4S"服务模式基础上,还提供金融服务、保险服务、手续代办、救援、俱乐部、旧车置换等服务,以减少消费者搜寻服务商的时间成本和精力成本。③"全天候服务"系指服务商随时、随地准备为消费者提供服务,如汽车厂商及其经销商开通 24h 服务热线电话,随时接受服务请求或服务呼救。④"全参与服务"系指服务商内部各部门和全体员工都要参与服务用户的活动,各司其职,保持对用户服务的高效率,为用户尽可能提供方便,特别是服务商的财务、后勤部门不能让用户服从自己的固定作息时间,而应该反过来,让自己的工作根据用户的服务需要而调整。

2. 提高让渡价值策略

顾客让渡价值代表了顾客的实际利益,汽车服务商要在考虑自己合理利益的同时,努力增加顾客的利益。

一般来说,提高顾客让渡价值的策略主要有 4 种:①缩短服务半径。增设服务站点,缩短服务半径,是降低用户时间成本、精力成本和体力成本的重要途径。②缩短服务时间。缩短服务时间是借助降低用户的服务时间成本来提高用户让渡价值的措施。③美化服务环境。美化服务环境是借助提高形象价值来提高用户让渡价值的措施。服务环境可以对消费者产生潜移默化、润物细无声的影响,市场营销学有"场景销售"之说,即通过营造特定的环境氛围,展示服务商的实力,取得消费者的信任,为消费者创造友好的服务气氛。如有的服务商不仅在建筑物、标志标识方面做到环境干净、整齐,还在客户休息室配备了许多齐全的娱乐设施,如电视机、影碟机、乒乓球台以及扑克、象棋、报刊、杂志等。④提高服务档次。提高服务档次是借助提高服务价值来提高用户让渡价值的措施。如某公司推出了"推进四项工程、抓住三件大事"的销售服务措施,即围绕优质服务工程、能力建设工程、形象塑造工程、服务管理工程,从优质服务深入化、服务站点系统化、服务活动标准化三个方面狠抓落实，从而全面提升了服务的档次，获得用户的广泛认可。

3. 超值服务策略

目前，市场营销的理论家和实践家们都提出了“超值服务”的思想，即让服务超越用户的期望，使他们 101% 的满意。这就是超值服务策略。

实现超值服务的主要措施有：①价格优惠。如对忠诚的客户（经常前来接受服务的客户），在服务价格上（如配件价格、工时收费）给予一定幅度的优惠。②增值服务。拓展服务的广度和深度，如免费技术咨询、免费检查调整、免费诊断疑难、免费第二次维护等，实现超越常规，让用户获得意外惊喜。③提升形象价值。服务商通过良好的服务硬件环境和软件环境，特别是服务人员高超的服务技术、友善的服务态度、热情的服务接待等，让用户感到舒心、放心。④减少用户的非金钱成本。服务商通过“四全服务”，减少用户寻求服务的时间成本和精力成本，让用户感到方便。

超值服务是对“让顾客 100% 满意”观念的进一步提升。事实上，100% 的满意只是消费者应该得到的，而不是超值服务，只有“让用户 101% 满意”，才构成超值服务。需要说明的是，这个新增的 1%，往往并不意味着服务商的成本增加，相反可能还会增加服务商的收入。例如，服务商开展救援服务，这会让消费者感到极为方便，消费者也愿意额外支付一定的救援费用。

三、汽车服务营销策划

“凡事预则立，不预则废”，服务营销必须做到科学策划。服务营销策划包括服务形象策划、服务项目策划、服务承诺策划、服务规范策划、服务模式策划等内容。

1. 服务形象策划

如何在众多服务中形成自己的特色，树立自己的服务形象，形成自己的服务优势，这是服务策划首先要明确并解决的问题。对于服务形象的策划，企业应做好以下工作：

（1）首先要明晰企业的服务理念和品牌形象。企业要建立符合时代发展方向的服务理念，以先进理念全面指导企业服务工作。服务形象与品牌形象密不可分，服务形象是品牌形象的具体化、生动化，服务形象策划应有利于贡献品牌形象，而不能背离品牌形象。

（2）服务形象的策划需要确定一个寓意良好的服务名称。服务名称的选择要符合企业理念、企业形象，符合用户的心理期待，具有产品与行业特征，使人们会产生美好与广阔的联想，有利于提及、传播服务形象。

（3）服务形象的策划还要营造一个区别于竞争者的鲜明特色，如塑造服务亲切周到的形象、服务亲切规范的形象等。服务特色形象的策划如同企业形象策划中的行为识别，对于规范组织行为和员工行为具有重要意义，也是服务规范策划的蓝本和依据。

（4）服务形象的策划有必要运用一些视觉元素，如服务标志、标识、服务形象代言人、服务吉祥物、服务专用品等。服务视觉形象的运用犹如企业形象策划中的形象识别，对于识别和传播企业服务形象具有重要意义。

2. 服务项目策划

企业究竟应该向用户提供哪些服务项目，从消费者角度看，当然是服务项目越多越好，尤其是免费项目。但从企业角度看，服务项目必须服从企业的经营目标，是打造品牌，还是赢得竞争，抑或是增加收益，必须考虑服务效益和服务成本问题。为此，在策划服务项目时，企业可按以下程序进行决策：

（1）对目标用户进行服务需求调查，了解用户期望获得哪些服务，并按用户需求普遍性、强烈性、迫切性的顺序对服务项目进行重要程度排序。

(2)对竞争对手进行服务竞争调查,了解目前竞争对手提供了哪些服务项目,做出了哪些服务承诺,达到何种服务质量水平,分析每种服务项目对用户的吸引力度,对企业品牌形象的贡献力度有多大等。

(3)根据用户对服务项目的重视程度、竞争对手提供的服务项目和本企业服务目标、服务形象、服务资源、服务成本等方面的要求,提出适合本企业的服务项目策划。理想的情况是:企业所提供的服务项目,不仅是用户需要的,并且是超越其心理期望的;不仅是超越竞争对手的,且是符合企业品牌形象的;不仅是企业的资源和成本所能够承受的,且是企业可以盈利的。

(4)对于非理想状况的服务项目,企业就需要对其做出取舍,舍弃一些用户需求并不迫切但成本却很高的项目,或舍弃一些成本高而又难以形成服务竞争特色与优势的项目。服务项目要有利于企业形成服务特色和竞争优势,要兼顾服务成本和服务效益的平衡。

3. 服务承诺策划

企业不仅要对服务项目进行选择,还必须对服务内容和水平做出决策,并以服务承诺的形式公布于众,让消费者知晓,以增强其接受本企业服务的信心。在进行服务承诺的策划时,要考虑以下因素:

(1)服务承诺要富有特色,富有鼓舞性,甚至富有挑战性,对用户要富有吸引力。否则,不痛不痒的服务承诺不能引起消费者的兴趣,不能达到服务经营的目标。

(2)服务承诺要与企业的服务资源、服务能力和企业的经济实力相适应,并不是脱离企业实际而一味地强调承诺的市场吸引力。否则,承诺过多,企业可能会因此背上包袱,当承诺不能实现时,反而有损企业形象。

(3)服务承诺的确定,必须参考行业惯例和竞争对手的承诺项目和承诺的服务水平,有的时候不能过于刺激竞争对手,也不能陷于恶性的服务竞争中去。

(4)服务承诺也要考虑企业的产品生命周期。对处于不同阶段的产品,可以实施不同的服务承诺。当产品处于导入期时,响亮的承诺有利于打开产品市场。当产品处于成长期时,服务开始成为市场竞争的重要利器,企业应该提高服务水平。当产品处于成熟期时,服务成为争夺市场份额的重要手段。此时,服务的重点在于如何兑现服务承诺,保证服务质量,而不在于增加新的承诺或使承诺升级。当产品处于衰退期时,企业可以采取维持承诺或削减承诺的策略。

4. 服务规范策划

由于服务是无形的,具有不可存储性,不同的服务企业和服务人员往往存在服务水平的差异,服务的操作也存在分散性和独立性,而且服务质量又在很大程度上取决于用户的主观感受,因此,服务的标准化、规范化和服务质量的评价一直是个难题,这对企业的服务管理增加了难度。然而服务又直接作业于用户,用户对不同企业的服务差异仍然是可以感知的,服务水平的优劣会直接给用户留下不同的印象。

以上情况表明,企业对服务仍然需要制定服务规范与服务标准,并力求服务执行过程达到统一、规范。否则,企业就真的对服务不能实施有效管理,不能检查和评估服务绩效了。服务规范或标准的制定,要有利于建立统一的服务形象,保证一定的服务质量水平,同时要具有可衡量性,保障服务考核的可操作性。

服务规范的内容,通常包括:①服务态度和服务语言规范。主要针对服务界面与客户直接"打交道"的部门和人员,要求基本用语统一、服务姿态统一、接待流程统一、着装仪容统一,服务态度要友善、和蔼、可亲,不得流露个人情绪。②服务技术标准。对于可以从技术角度进行量化的服务项目,要制定相应的标准,如维修服务就可以实施一系列的量化标准,包括工时、配件消耗、用料、汽车性能指标等。③服务行为或过程规范。主要包括服务流程、服务记录、服务档案、服务环境、操作过程等环节的规范。

服务规范一旦确立,就要得到贯彻实施。企业可以根据服务规范,强化服务考核。具体考核可以通过员工评议、平时现场抽查或检查、用户抽样调查等方式展开。

5. 服务模式策划

服务模式系指开展服务工作的组织方式。一般来说,汽车的服务模式有 3 种。

(1)企业自己组建服务网点和派出服务队伍开展服务。这种服务模式,汽车厂商对服务机构的控制力最好,能够较好贯彻政策,保持服务质量水准和服务形象统一,也能够及时发现问题和解决问题,但其缺点是成本费用较高,也容易导致特许经销商或特许维修商为争夺利益而不满。因而这种模式一般不为汽车厂商或汽车服务商所广泛采用,他们往往只是建立少数这样的网点,目的是起到示范性效应。

(2)汽车厂商通过特许经营方式建立特许经销商或特许服务商开展服务。这种服务模式被国内外汽车厂商广泛采用。它十分有利于汽车厂商根据市场需求广泛拓展服务网点,充分发挥经销商或特约服务商在当地的经营优势,节约网点建设和市场开发费用。汽车厂商的营销部门(通过其驻外机构如子公司、分公司或大区办事处等)对特约经销商和特约维修商进行管理。

(3)社会上的自营服务机构独立开展服务。这类服务机构不是汽车厂商的特约经销商或特约服务商,而是独立自主开展汽车服务业务的经营主体。他们往往拥有贴近用户、收费便宜、服务方式和服务时间更为灵活等优势,但也面临配件质量不能得到保证、服务技术不能得到支持、服务环境难以改善、服务形象难以提升等问题。他们主要承接技术含量相对不高的服务,或者是厂商质量保修以外的服务业务。但是,目前这类服务机构的龙头企业,也在开始实施品牌经营,推行服务标准战略,发展和招募加盟网点,成为独立于汽车厂商的服务体系。

汽车厂商在建立其服务体系后,要对服务体系的服务人员及服务管理者开展有效的培训。通过培训,全面提高全服务网络的服务素质。

第三节　汽车售后服务理论与实务

从营销组合策略的角度看,汽车的售后服务属于产品策略的组成部分,但同时也具有促销意义。通常,产品是要为厂商带来营业收入的因素,而促销却是厂商营销成本的构成因素。显然,从这种意义上讲,汽车售后服务中的质量保修(俗称"三包")具有促销因素的特征,而质量保修范围之外的服务因为是有偿服务,应属于产品组合的范畴。但由于售后服务源于质量保修,质量保修至今仍是售后服务的中心工作之一,二者的联系密不可分,故在本节一并讨论。

一、汽车售后服务的概念及其功能

1. 汽车售后服务的概念

关于售后服务(Service After Marketing)的概念,现实生活中人们常常有多种理解,很多人将其视为“三包”服务(质量保修)。其实“三包”服务只是售后服务的一部分工作,这里首先对销售服务、技术服务、售后服务等几个相关概念做出界定。

销售服务泛指客户选购汽车产品时,销售部门帮助客户购买产品所做的各种非技术性服务工作。一般包括:①产品介绍,即向客户宣传产品、推荐合适产品、帮助客户挑选产品。②简化手续,即向客户通报银行账号,快捷确认和办理财务手续、有关单据等。③提车和其他服务,如提车及办理行车手续、帮助客户出库的服务;为用户初期使用提供方便(如加燃油,办理临时行车执照,指导用户检查车辆、采购技术资料、易损件、润滑油脂、冷却液、汽车美容用品及其他附件),乃至用户所需要的其他必要生活服务(如安排食宿)。销售服务工作多由销售服务人员和接待人员负责,而不是技术服务人员负责。

售后服务泛指销售部门为客户提供的所有技术性服务工作及销售部门自身的服务管理工作。就技术性服务工作而言,它可能在售前进行(如车辆整修、测试),也可能在售中进行(如车辆美容、按客户要求安装和检修附件、对客户进行的培训、技术资料发放等),但更多的是在车辆售出后进行的质量保修、维护、技术咨询及备件供应等一系列技术性工作。由此可见,售后服务并不是字面意义上的“销售以后的服务”,它并不只局限于汽车销售以后的用户使用环节,也可能是在售前环节或售中环节。换句话说,所有的技术性服务都属于售后服务的范畴,技术服务是售后服务的主要工作。通常情况下,可以将技术服务和售后服务二者视为一回事,不加区别。

2. 售后服务的起源与发展

售后服务诞生于19世纪中叶,当时西方国家的部分缝纫机制造商在他们的销售代理商那里进行必要技术的扩散和进行产品的示范操作,并为用户提供修理和技术服务。随着产业革命的深化,工业制成品尤其各种机械设备(如电机、机车、机床、汽车、成套设备等)的相继问世与发展,它们的构造日趋高级,技术含量越来越高,其制造、安装、使用和维修在技术上也日趋复杂,复杂到只有制造商才能拥有这些技术。用户和经销商必须在制造商的培训和指导下,才能充分掌握正确使用和维修的技能,制造商甚至在产品使用的全过程中自始至终直接提供全部服务。同时,任何来自用户的意见、要求和建议,也成为制造商改进产品的源泉和动力,售后服务成为相应工商企业市场竞争的有力武器。

由于汽车产品使用上的量大面广,为了充分维护用户利益和赢得竞争优势,建立专门的售后服务部门及服务网络也就成为汽车厂商的必然行为。今天,售后服务已经成为汽车厂商了解产品质量信息、提高产品性能质量、巩固和开拓市场、促进产品销售、推销企业形象的有力法宝。售后服务在理论上和实践上都已成为汽车厂商整体营销策略和市场竞争策略的重要组成部分。市场竞争愈激烈,汽车产品技术愈发展,售后服务也就愈趋向丰富和高级。

我国汽车工业企业开展售后服务始于20世纪80年代初期。当时,部分骨干企业顺应改革开放的形势需要,首先以争取汽车配件的自销权和建立早期的特约技术服务站着手,开始了按自己的营销意图建立售后服务机构的时代。伴随我国全面走向市场经济,售后服务也逐步向服务观念现代化、服务内容丰富化、服务站点网络化、服务工作标准化、服务水平高级化的方向发展,尤其部分轿车合资企业更是率先按高起点、高标准要求,主动向国际惯例靠拢,积极推进售后服务工作,并建立了具有一定规模的售后服务网络。

3. 汽车售后服务的功能

售后服务的内容丰富多彩,均意味着为用户提供实实在在的“好处”,真正为用户解除后顾之忧。也就是说,售后服务的职能应当覆盖到用户需要的一切技术性服务内容。通过服务，使用户用好汽车产品，并创造最好的使用效益，这正是售后服务的工作目标。

总观全局，售后服务应具备两大基本功能：一是对外功能，即不仅要求能够安抚用户，为用户解除后顾之忧，还要创造客户满意，利用售后服务树立和宣传企业形象。二是对内功能，即能够及时而准确地反馈产品的使用信息、质量信息以及其他重要信息，为企业在生产制造、技术改进和产品开发等方面及时做出正确的决策提供可靠依据。

售后服务的功能表明它同企业的产品设计、制造生产、质量管理等工作一样，是不可缺少的重要工作环节，因此不少企业已经明确提出，售后服务是企业产品生产的最后一道“工序”，并从质量概念上将售后服务质量看作是企业质量保证体系在企业外的延伸，从而要求售后服务必须做到指导和帮助用户用好产品，使产品始终保持良好的技术状况，帮助用户取得最佳的经济效益，以顾客满意作为企业售后服务的根本目标。

二、汽车的技术服务

汽车的售后服务大体包括技术培训、质量保修、备件（配件）供应、组织和管理售后服务网络和企业形象建设等工作内容。各部分内容的作用、地位及其他们之间关系，可以概括为“技术培训是先导、质量保修是核心、备品供应是关键、网点建设是平台、管理机制是保障、信息技术是手段、形象建设是文化”。本节主要介绍技术培训、质量保修、备品供应等技术性服务（其余的内容主要涉及售后服务的管理和运作）。

（一）技术培训

由于汽车结构及其技术特点，汽车的售后服务必然包含着经销商对用户的技术咨询，也包含着厂商对售后服务网络的技术培训。凡是需要向经销商、售后服务网络和用户宣传和交待的技术要领，均需要厂商的售后服务部门去完成或发动。任何一个汽车厂商的售后服务都必须从技术培训开始，所谓“技术培训是先导”揭示的就是这个道理。

1. 用户培训

用户培训主要集中于销售环节。对于社会已经熟悉的汽车产品，由于用户已经具有汽车使用知识，因而用户培训一般较为简单。通常情况下，用户提车时经销商会进行交车前的全面检查（或委托当地的特约服务站检查），此时可以根据用户的具体情况进行一些有针对性的简单培训，如：检查用户的技术资料是否交付完整（通常包括产品使用说明书、备件目录、维修手册、挂图、服务指南等材料）、讲解售后服务相关政策、合理科学使用汽车的经验、简易故障及其排除方法等，这类培训分散进行。

对于汽车新产品，在局部范围试销时，一般要对用户进行集中性培训，要按照统一的口径、统一的内容、统一的教材，进行标准化的讲解。

2. 服务网络的培训

服务网络（网点）的培训，是汽车厂商售后服务部门所要培训的主要对象，通常是以经销商（服务站）的技术骨干为主。对他们的培训，内容上通常要深一些、广一些，以帮助他们能够排除各种使用故障。

对经销商（服务站）的培训，主要内容有：①汽车结构及其技术内容；②常见故障、典型故障和突发故障的故障现象、形成机理及其排除方法；③新产品的技术培训，做到“先培训、后投放”；④汽车厂商售后服务尤其质量保修的管理政策和业务流程；⑤其他内容，如服务站的经营管理、大型促销（服务）活动的准备等。

3. 技术培训的组织

要做好技术培训，首先要组织好培训教材。教材的标准形式有两种，一种是完全按讲稿（义）的内容印出的教材，这种教材内容完整、齐全，可以适合学员自学；另一种是只印出需要讲解的提纲要点和必要的工程图、结构图，教材中留出足够的空白，让学员在听课时，自行按听讲内容填写要点。

教材除了文字形式外，还应包括投影胶片、幻灯片、教学挂图、声像教材甚至实物教材等多种形式，以增强教材的示范性、针对性和实用性。技术培训的教材大部分需要培训部门组织编写，少部分可以借用其他教材，或委托其他力量（如汽车专业院校）编写。

汽车厂商的所有产品，都必须要有相应的标准教材。教材可以按车型分类编写，也可以按总成系统分类编写。既要讲出本企业的技术特点，又要按车型交待清楚产品的特征。

新产品的使用技术文件和培训教材必须在产品试制试验阶段就同步编写，以保证售后服务网络能够超前得到，更好地服务于新产品的市场投放。

其次要选好一批培训教师。培训部门可以自己承担一部分教学任务，也可以在企业内外选聘一些专业人员担任教员。总的来讲，培训教师应具备必要的理论知识和较强的实践操作技能，并有一定的培训经验，因而培训师资既要能够根据培训要求挑选更换，又要大体保持队伍稳定。

三是要注重培训能力的建设。培训部门的能力包括：①培训基地接纳学员学习的能力，如要有必要的一般培训教室、专业培训教室、实习车间、样品陈列室等；②现代教学能力，如电教能力、多媒体教学能力、远程教育或网上教学能力等；③标准、规范和技术政策的研究能力，如新产品维修工艺方法、最佳工艺设施（装备）配置、维修工时制订等，均需要培训部门与产品设计部门共同研究。

（二）质量保修

质量保修是售后服务工作的核心，是售后服务的意义所在。质量保修工作的好坏，对企业形象、企业声誉具有举足轻重的影响。

1. 质量保修的概念

质量保修（Warrant），又作质量保证、质量担保、质量赔偿等，我国俗称“三包”（包赔、包修、包换），其基本含义是指处理用户的质量索赔要求，并向厂商反馈用户质量信息。在我国汽车行业内，质量保修工作的过程通常是由第一线的售后服务网点（服务站）受理用户的质量索赔要求，决定是否赔偿，厂商售后服务总部对服务站的赔偿进行赔偿鉴定，复核赔偿的准确性，并进行质量动态的综合分析，向生产和采购部门反馈产品的质量信息。

2. 质量保修的特点

质量保修具有极强的政策性和技术性。政策性强，指的是保护用户权益的法律法规越来越多，保护力度越来越大，厂商的生产经营活动必须遵守有关政策和法律的规定，切实履行自己的义务。另外，社会舆论对保护用户权益的影响也越来越大，厂商也必须顾及自己的社会形象。为了适应这种形势需要，国际上普遍建立了车辆召回制度，对存在质量隐患的已售出车辆，汽车厂商必须无条件召回，进行零部件更换，消除质量隐患，并承担全部相应的费用。

技术性强，指的是汽车产品有其特殊性，由于其结构复杂，零部件数量极多，生产配套厂家多，用户的使用条件千差万别，汽车故障千奇百怪。而汽车故障究竟是属于产品质量故障，还是用户使用不当故障，一般需要进行较为复杂地调查和鉴定，这些工作并不是简单依靠某个法律条文或某个机构就能够解决的。通常情况下,汽车厂商负责产品质量故障的调查和鉴定,只在重大故障鉴定意见不能与用户达成共识时,才请有关部门进行调查和鉴定。目前国内汽车厂商大部分都声明保留最终技术仲裁权,并只对产品本身质量原因的直接损坏零件赔偿,不负担相关损失的赔偿(这些做法可能缺乏合法性,但在现实条件下却常常存在)。

3. 质量保修的工作要求

质量保修工作的要点有三:一是"准确",系指准确地做出质量故障鉴定,既要维护企业的利益,又要维护用户的利益;二是"快速",系指对用户的求救要迅速处理,快速服务,国际上各大汽车公司都保证24小时之内,把质量保修零件送到用户手中,并向全世界公布其服务热线电话;三是"友善",系指售后服务人员要"善待"用户,对用户的愤慨、怨恨、不满,应始终保持一种平和的心态,认真解决产品的质量故障。因为质量保修面对的是企业的产品质量缺陷,如果售后服务人员用愧疚的心情面对用户的损失,既可以缓解用户的不满,又可以维护企业的形象。

4. 质量保修的工作内容

质量保修的工作内容主要有二:一是质量保修规范的制订;二是质量信息的分析处理。

1)质量保修规范

制订质量保修规范,包括制订整车(零部件)的保修里程或保修时间,制订质量故障的受理、鉴定和赔偿程序,即质量保修流程。表11-1简明给出了某汽车公司关于质量保修的规定(表中的特别补偿只针对动力部分)。

某汽车厂商质量保修简表 表11-1

按汽车载质量分类	一般补偿	特别补偿
小型车:1~3t	不超过60 000km或3年	不超过100 000km或5年
中型车:4~8t	不超过20 000km或1年	不超过50 000km或1年
大型车:8~12t	不超过20 000km或1年	

有的厂商还针对不同的零部件给予不同的保修规定,例如对发动机的保修规定就与底盘零件的保修规定不同。此外,有的零部件因属于是配套件,零部件供应商也有他们的质量保修规定。

质量保修规范的制订,是汽车(零部件)厂商依据其生产质量控制水平、产品使用故障规律、有关法律法规或技术标准规定,并参照行业内同类产品的质量保修规定等因素,综合确定的。需要说明的是,汽车厂商在确定质量保修里程或保修时间时,应充分考虑用户的利益及市场竞争的需要,目前经常有汽车用户对一些厂商偏低的质量保修规定予以指责。

关于汽车产品质量赔偿的工作流程是,用户在质量保修期限内出现产品故障时,首先向当地的经销商(特约服务站)提出质量故障鉴定或赔偿要求,经销商(特约服务站)无条件地受理用户的请求,然后进行质量故障鉴定,确定故障责任和是否进行赔偿,并处理与用户的意见分歧。如果属于产品质量故障,则进行免费换件,也不收取工时费用(劳务费用),否则进行有偿的维修服务。服务站负责回收质量故障更换下来的旧件,填写有关质量保修表格材料,建立车辆质量保修档案,并将旧件和有关证明材料寄送给汽车厂商售后服务的理赔部门。理赔部门依据旧件和有关证明材料,对质量故障进行再鉴定,确定服务站的赔偿是否正确,对服务站的正确赔付,则转入结算程序,将配件金额及工时劳务费用打入服务站的账户;对服务站的错误赔付,则不予结算,其损失由服务站自理。如果发生质量故障的零部件属于配套件(采购件),那么厂商的理赔部门再向厂商进行二次索赔,其程序与上述过程相似。

在上述流程中,厂商对经销商(特约服务站)正确的质量保修(含厂商委托他们进行的活动服务)所付出的工时、人力和配件成本进行补偿,整个补偿过程的操作、监督称为质量保修费用结算。

质量保修费用结算过程,一般包括以下几个步骤:

(1)经销商(特约服务站)定期(通常每月一次)将质量保修结算单据,包括用户签字的费用结算单、首保单或二保单、旧件标签(用以记载更换旧件信息的小卡片),以及将更换下来的旧件,一并寄回给厂商售后服务部的理赔部门(旧件仓库)。

(2)厂商售后服务部的旧件验收人员,验收寄回的旧件是否正宗、故障原因是否属于质量保修范围,如验收正常,则将单据及验收结果交给结算组,由结算人员予以结算,如发现旧件不属于本公司出品或旧件故障不属质量保修范围,则该旧件的工时费、零件费不予结算。

(3)结算组根据标准工时及零件费用进行结算,并由财务人员审核结算结果。

(4)审核无误后,由结算人员通知经销商(特约服务站)开出发票(既是服务商的收据,又是厂商的支付凭证),财务人员收到发票后,将费用划拨到经销商(特约服务站)的账户,账户上的余额通常用以支付经销商(特约服务站)今后的备件采购。

上述质量赔偿的工作流程如图11-1所示。

经销商(特约服务站)的售后服务作业,除了质量保修外,还包括对用户的有偿服务和受厂商委托的活动服务。前者系指为用户进行的质量保修范围以外的维修等服务,这类服务要向用户收取相关的服务费用;后者系指由于厂商或经销商(特约服务站)本身通过开展宣传活动,给用户提供额外利益的免费服务(不属于质量保修的概念范畴)。

2)质量保修信息的分析处理

质量保修为汽车厂商收集、分析和研究自己的产品质量状况,了解质量变化动态提供了最有说服力的素材。当今的汽车厂商都十分注重通过质量保修收集、整理其产品质量信息,并使用计算机手段对质量保修信息进行分析、加工和利用,以便掌握产品的质量动态。通常在汽车市场活跃(畅销)时,质量保修信息可以及时反映厂商的生产质量动态,而汽车市场平淡(滞销)时,质量保修信息则反映的是数月前的生产质量情况。

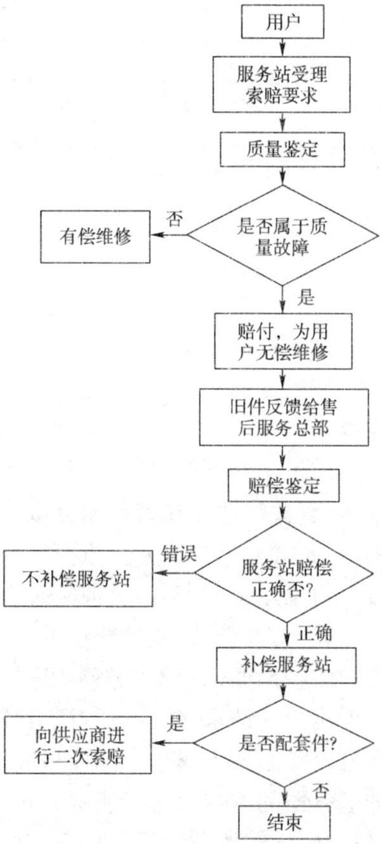

图11-1　汽车产品质量赔偿工作流程图

汽车厂商要想获得高质量的信息,必须要有规范的信息载体和收集完整的信息内容。通常可以以质量赔偿鉴定单和重要质量信息反馈单作为信息载体。而信息内容一般应包括汽车车型号、底盘号、发动机号、生产日期、销售日期、用户使用性质(是否是专业的运输机构、是否带拖挂、是否自用等)、驾驶员的年龄与文化程度、发生故障时已行驶里程、当时的工作状况(载荷、车速等)、发生故障的地点及地形(道路)特征、故障发生的日期、故障总成及其生产序号、故障零部件的生产厂家、故障状态、故障编码、造成故障的原因（机加工、热处理、铸造、设计、装机等）、使用责任单位、质量故障赔偿金额及故障排除费用（含总成或零部件的价值金额、工时劳务费、辅料费、救急费、差旅费等）、经销商（特约服务站）鉴定员对故障的判断分析和处理方法、用户对故障的意见等。这些信息要作为车辆质量保修档案进行管理，通常应保存数年的时间，并借助计算机进行管理。

在对信息内容规范的基础上，还需要在信息的收集、分析和处理等环节予以规范，设计合理的信息流程。图 11-2 给出了汽车产品质量信息的收集、分析和处理的一般流程。汽车厂商售后服务的质量保修部门在收到质量保修信息后，要及时输入计算机质量保修管理系统，建立车辆质量保修档案，对质量故障信息进行分类统计，形成初步的质量分析报告，将这些信息及时反馈给生产厂商的有关质量责任部门和质量管理部门，并由他们具体研究和改进质量工作。

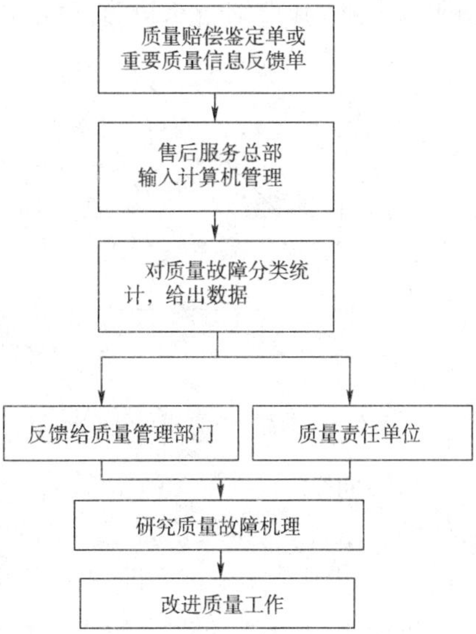

图 11-2　产品质量信息处理流程图

通过质量保修计算机管理系统，质量信息的分析处理可作如下的常规统计分析：

（1）汽车厂商历年单车平均赔偿金额；

（2）汽车厂商历年 100 车赔偿金额；

（3）主要质量故障发生频次历年对比；

（4）历年各质量责任单位质量赔偿发生频次和金额；

（5）各大总成发生的质量赔偿频次占总频次比例；

（6）某一重要质量故障按生产月份发生的频次分布；

（7）某一重要质量故障按生产序号发生的频次分布；

（8）某一重要质量故障按汽车行驶里程发生的频次分布；

（9）按故障原因发生的赔偿车次；

（10）按区域分布统计的赔偿车次；

（11）故障总频次与汽车行驶里程的分布关系；

（12）3000km 范围内故障频次与汽车行驶里程的关系。

例如，某汽车厂商有种车型活塞“烧顶”质量问题是其多年的痼疾。理论上讲，导致这个故障现象的原因比较复杂，涉及到发动机设计（参数选择的合理性）、使用（燃油及用户私自调整点火正时）和附件质量（采购）等多个环节、多种因素。为了解决这个故障问题，通过质量保修计算机分析处理，得出了一条具有两个“高峰”的故障频次与车辆行驶里程的变化曲线（图 11-3）。经过研究，认为出现第一个高峰的原因，肯定在于设计、附件质量和出厂的装配质量，但第二个高峰的形成原因却难以界定。厂商本着“边研究、边解决”的原则，首先决定从设计着手，修正有关设计参数，更改分电器结构，控制因制造质量而引起的点火分散，同时为发动机厂、总装配线配置发动机点火正时仪，严格出厂检验。同时，制定了“强制走合维护”的售后服务政策，规定用户在车辆行驶 2000km 左右必须接受此项服务（否则视为用户主动放弃此类故障质量保修的权利），要求经销商（特约服务站）对用户新车逐台严格调整“点火正时”。随着这些措施的落实，质量保修信息很快便表明活塞“烧顶”故障的赔偿率明显下降，并得到一条新的曲线（图11-4）。

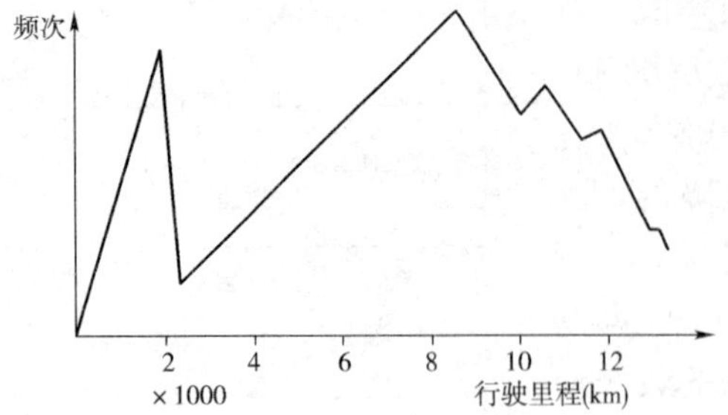

图11-3 故障频次的里程分布（改进前）

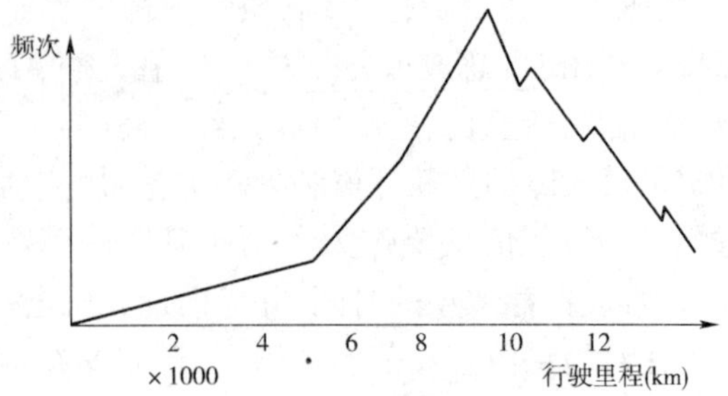

图11-4 故障频次的里程分布（改进后）

新的曲线只有第二个高峰，第一个高峰已经消失。这表明公司采取的上述措施是非常有效的。至此，基本可以肯定，第二个峰值是由于用户自行调整点火正时和燃油使用不当造成的。公司于是又决定立即通过报纸、杂志及通过服务站向广大用户宣传点火正时及燃油的正确使用，同时宣布公司将严格控制此类故障的质量赔偿。这些措施一经落实，该故障迅速下降，经过计算机数据处理，原来的曲线消失了。

但是在大约一年以后，一条新的曲线又出现了（图11-5）。活塞"烧顶"故障又突然告急，而且在走合维护前连续发生相同的故障。经过用户现场调查，结果表明分电器点火分散度过大是造成活塞"烧顶"的主要原因。厂商立即决定，全部召回已经售出的车辆，更换分电器总成，并把入库的分电器总成通知供应厂家全部拉回，正式要求供应商立即改进产品质量，否则将取消其供应商资格。此后，这个质量故障很快就得到降低，恢复到正常水平。

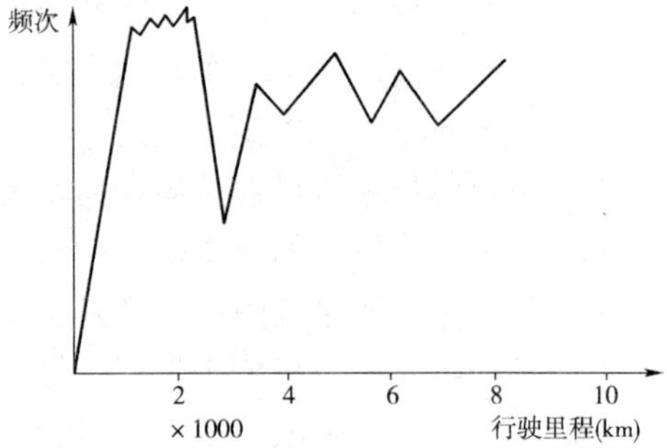

图11-5 故障频次的里程分布

（三）备件供应

备件（配件），在我国被广泛地称作汽车配件。备件供应就是配件营销，它是售后服务工作的关键。备件供应具有两大职能，一是为维持本企业汽车正常运转提供"粮草"，是维持汽车处于良好技术状况的保障条件；二是汽车厂商以备件让利形式，通过支持其服务站开展备件经营，取得效益，以促进售后服务网络的运转和发展。备件供应需要做好的工作主要包括：确立合适的备件经营机制，做好备件的仓储作业，基于备件需求的科学预测、现代仓储管理技术和IT技术，推进备件供应工作的现代化等。

1. 备件供应的经营机制

长期以来，欧美日等汽车工业发达国家，一直实行备件专营制度。据介绍，推行这一制度的理由除了保护售后服务网络的利益外，还有：①汽车零部件开发、生产技术、结构图纸等均属于汽车厂商的工业产权范畴，他们为了保护自己的知识产权，有权只向其供应商提供相关技术，并要求供应商不得随意扩散技术；②只有实行备件的专营专控，才能保证备件的数量、质量和价格。如按照售后服务的需要控制各种零部件的产量，敦促供应商严格把握备件质量，规范备件的市场流通渠道，维持备件的市场价格。

在备件专营制度下，零部件厂商的供货都采取价格的双轨制，备件的价格通常略高于主机装车的零部件价格，因为备件的包装、防锈要求高于装机的零部件。另一个原因是，相对主机装车而言，备件的需求在批量上更小，在需求频次上更多，备件的物流成本更高。

在备件专营制度下，汽车厂商一般不直接面向普通最终用户供应备件，也不向售后服务网络以外的汽车维修站和配件经营商供货，而是保障其售后服务网络的备件需要，促进服务站提高正宗备件的市场占有率和维修业务的市场占有率。

我国国情决定了广大用户的汽车维护和修理，可以不完全依靠汽车厂商的售后服务网络体系。一般规模较大的单位用户（集团用户）都有自己的专业汽车修理班组，全社会也存在大量的独立维修企业或维修店，他们独立地自由采购维修配件。但同时也存在假冒伪劣配件和非法生产配件充斥市场的问题，很难在所有的汽车产品上推行备件专营制度。只有通过汽车厂商的售后服务网络与社会独立维修机构之间充分竞争，大家“比质量、比服务、比价格”，争取汽车用户，在竞争中谋求发展。

按备件的使用性质，通常可以把备件分成以下几类：

（1）消耗件：指在汽车运行中会出现自然老化、失效和到期必须更换的零部件，如各种皮带、胶管、密封垫、电器零件（火花塞、传感器、继电器、白金、分火头、分电器盖）、各种滤芯、轮胎、蓄电池等。

（2）易损件：指在汽车运行中因为自然磨损而失效的零部件，如轴瓦、活塞环、活塞、凸轮轴瓦、缸套、气阀、导管、主销、主销衬套、轮毂、制动鼓、各种油封、钢板销、套类零件等。

（3）维修零件：指汽车运行一定的周期后必须更换的零部件，如各种轴、齿类、各类运动件的紧固件，及在一定使用寿命中必须更换的零件（如一些保安紧固件、转向节、半轴套管等）。

（4）基础件：指组成汽车的一些主要总成的基础性结构件。此类零部件的价值较高，原则上应当是全寿命零件，但可能会因典型使用条件而造成损坏，通常应予修复，但也可以更换新件。如曲轴、缸体、缸盖、凸轮轴、车架、桥壳、变速器壳等。

（5）肇事件：指通常是因为交通肇事而损坏的零部件，如前梁（保险杠）、车身覆盖件、驾驶室、传动轴、水箱等。这类零件通常按2‰的在用车数储备。

配件供应的基本业务流程是：汽车厂商的经销商（特约服务站）通过网络、电话及传真向汽车厂商售后服务的备件部门订购备件，备件部门收到需求信息后，马上查询所需备件的库存情况，如果数量充足，就立即办理备件交易手续并及时出库发货。如果某些配件库存不足，便立即向制造厂商或供应商发出采购定单。

2. 备件的仓储作业

备件仓储中心的主要任务是储存备件。备件中心通常依据备件物流进行合理布局，并划分为若干区域，各区域的作业任务分别为：

（1）接受检查区。这是备件中心的第一个区域，在备件入库时将进行备件的检查，包括数量清查、配套协作件的质量抽检（通常按10%的比例抽样）或普检等。

（2）仓储区。通常按不同车型、不同总成、不同用途或按备件的周转速度分区存放，以优化备件物流。目前，备件仓储多采用立体化仓库，甚至自动化仓库，并实行计算机控制和进行库存管理。备件进出库一般应遵循“先进、先出”的原则，即进库时间早的备件，应当优先出库。

（3）取货区。主要是仓库的通道，应保证通道畅通、干净。通常根据需要，在这一区域要合理布置一些自动小车（轨道或电脑导行），或者人力取货小车（铲车）等。

（4）防锈包装区。防锈处理通常指对备件的加工表面进行的涂敷处理，而包装包括收货包装和发货包装，收货包装是对外协配套件更换原标记、更换材料的作业，发货包装是在收到发货指令后，根据发货数量进行的运输包装。包装是一项专业性较强的工作，既要满足保护备件不受损坏的要求，又要能够起到防伪、品种数量醒目的作用，还要做到艺术性强以便宣传企业文化。在备件专控条件下，汽车厂商发出的备件，无论其原产地是否为汽车厂商本身，一律视作汽车厂商的原厂出品，汽车厂商向用户承担产品质量责任，因而对配套采购件、协作件，必须要拆除供应商的原包装，进行统一的再包装。

(5)发货区。应有一定的装卸作业场地，发货方式通常有铁路运输、公路运输、水上运输等方式，目前备件的集装箱运输形式日益被广泛使用。发货区的发货台、搬运设备等设施，必须与运输方式相适应，要有利于备件货物的装运，尽量减少中转和节约装运劳动。

以上是仓储中心的基本作业。目前，一些较大型的汽车厂商因其产品市场范围较广，为了保证各地的服务站及时得到备件，他们通常在本部以外的适当区域设有备件分库。分库的各种业务受总库管理，其出入库及库内作业与总库是一样的。

现在还有一种现象，即有的厂商自己不设备件仓库，将仓储任务完全交给供应商，汽车厂商需要备件时，临时向供应商进货(供应商的仓库甚至设在汽车厂商的地盘内)。

3. 备件营销的现代化管理

备件营销现代化管理涉及较多内容，这里只简要强调两个方面的内容。

一是做好备件需求的科学预测，合理储存各种备件的数量，包括车型停产后社会在用车辆继续需要的备件的储存。

充足的备件供应能给用户以安全感和亲切感，对开拓和巩固市场无疑起到促进作用。但备件的储存数量也不是越大越好，储存过多会导致备件功能失效，而且会增加企业的流动资金占用，增加存储费用，不利于节约营销成本。因而企业应当追求合理的经济储备，做到既满足社会对备件的需要，又节约仓储费用。这就不能离开备件的科学预测，为此企业要积累各地区在用汽车的车辆数、地区使用特点、汽车行驶平均里程、各种备件的历史消耗等资料，采用科学的预测方法，认真测算各种备件的合理存储规模。要做到这些工作应当越来越容易，因为现代计算机技术和数据库技术的应用日益深入和普及，各种备件的历史数据很容易记录和进行统计分析。

为了做好备件需求的科学预测，建立一定的数学模型，进行定量预测是必要的。目前，定量预测的数学方法很多，可以找到预测效果较好的模型。通常，厂商可以依据某种车型的某种零件100车的年消耗量，根据其车型的社会保有量和平均车况，采用趋势外推法进行简单的数学测算，也可以按备件部门历年的某种备件的实际供应量，采取移动平均法进行测算，这些简单的数学方法一般可以满足备件预测的要求。这些预测数据，既是汽车厂商备件年度供应计划的依据，又是售后服务网络开展备件经营的依据。

二是要引入计算机技术、数据库技术、信息识别技术、通讯技术及互联网技术等现代信息技术手段，实现仓储业务作业和管理的现代化。

抓好备件的经营管理及分析研究相应的营销策略，理顺从备件计划、订货、采购、接受、入库、质检、仓储、订价、合同、发货、运送、交付等诸环节的关系，力求提高效率，降低成本，促进周转，方便用户，更好地服务于整车市场是汽车厂商在备件工作上的目标。但由于备件品种极其复杂，需求差异较大，信息处理量极大，不采用以上现代科技手段几乎难以完成任务。近代汽车厂商备件营销已全部采用计算机管理，管理覆盖范围包括计划、合同、采购，进货、出库、发票、结算、市场分析、用户管理，总库与分库全部联网管理等。与此同时，现代通讯如程控电话、传真、网络传输等技术，信息识别如条形码技术、防伪技术等，都可以为做好备件经营服务。

备件营销的现代化管理还应包括备件订货方式的规范化。订货通常实行正常贮存订货和紧急订货两种方式。正常贮存订货方式，系指按商定的供货价格供货（汽车厂商通常每年公布1~2次备件价格，按价格本规定的期限执行规定的价格），供货周期相对长一些（通常为2~3个月），适合正常的备件供应。紧急订货方式，系指按商定的供货价格2~3倍供货，供货周期通常为1~2天，适合紧急需求的备件供应。

关于备件的定价，也有多种策略。一种策略是执行统一的备件价格，其好处是定价简单，便于公开，但其缺点是不利于激励规模大的服务站经营备件的积极性。另一种策略是执行有差别的备件价格，汽车厂商对不同地区、不同车型、不同特征的代理商，给予不同的折扣率（属于商业机密），但一般都是按备件营业额的多少，执行不同的折扣百分点，或者是针对合同基数以上的销售额加大折扣率（基数内执行统一价格），这种定价方法的优缺点与统一定价正好相反。总之，备件定价要有利于保护售后服务网点取得效益，有利于打击伪劣假冒备件，保护自己的工业产权或知识产权，要利于给用户以实惠。

三、售后服务网络的建设与管理

售后服务网络是执行售后服务的平台。汽车厂商通常采取特许经营方式，在全社会组建自己的服务网络，并由这个网络代表制造商完成各种售后服务工作。这个从事售后服务的基层网络组织通常叫做特约服务站。服务站的类型一般有两种：一种是集汽车营销、服务和其他职能于一体的汽车经销商下设的维修工厂或车间，这类服务站寓于整车销售网络之中；另一种是只单纯承接汽车维修业务的小型维修企业，这类服务站一般是前一种服务站的补充形式，例如在第一种类型的服务站不能覆盖或服务能力不足的市场区域设立这种服务站。这里主要讨论售后服务网络的规划与布局、网络建设与管理、特约服务站的建设与管理等。

（一）售后服务网络的规划与布局

售后服务网络是伴随汽车厂商生产经营的发展而不断发展的。其建设与发展首先就是要合理确立整个服务网络的网点规模（数量）和布局。

1. 售后服务网络（点）规模的确定

售后服务网络的规模，主要是指网点的数目，即平均服务能力下的网点数量。这个规模应与全社会对汽车厂商售后服务的需要相适应。售后服务网络规模的大小，取决于以下因素：

（1）本企业产品的社会保有量（Q）；

（2）每车每年平均所需的服务次数（F）及每次服务的平均工时（H）。其中服务工时主要取决于服务设备的生产率；

（3）本企业售后服务网络（点）对本企业产品的服务占有率（r），即对本企业产品而言，售后服务网络每年完成的服务频次数与服务总频次数之比；

（4）服务站的平均设计服务能力（P），它取决于服务站的设计工位数及工作时间；

（5）服务站的平均服务能力利用系数（ε）。

那么，全售后服务网络的规模（即服务站数目 M）可由式（11-1）确定：

$$M=\frac{Q\cdot F\cdot H\cdot r}{P\cdot \varepsilon} \tag{11-1}$$

汽车厂商要依据以上因素对自己的服务站数目进行测算，大体确定自己的服务网络的规模，并通过市场调查或用户调查，了解其服务网点的数量是否能够充分满足用户对售后服务的需要。规模过小，产品就不能得到良好的售后服务，就会增加用户等待服务的时间，降低用户对售后服务的满意水平；反之，规模过大，又形成服务站的业务不足，导致服务站的效益下降。

2. 售后服务网络网点的布局

布局系指汽车厂商根据全社会对本企业售后服务需要的地理分布及企业今后开拓市场需要，而对服务站进行地理布置和确立组建顺序的工作过程，布局必须坚持以下原则。

(1)统一规划、分别建设相统一的原则。首先，汽车厂商必须根据自己市场营销的战略需要，对全售后服务网络做出总体上的战略安排，对未来一定时期内全售后服务网络的规模、功能进行统一规划。其次，由于建立健全的、完善的服务网络需要投入必要的人力、财力和时间，建网工作不能一蹴而就。这时，汽车厂商就必须对需要建网的地区、网点排出顺序，分别建设。

(2)现实需要与市场开拓相统一的原则。售后服务网络既要充分满足现有用户的需要，又要充分满足潜在用户的需要。尤其是汽车厂商准备开拓一个新的目标市场时，售后服务必须首先到位，以解除用户的后顾之忧。此时，要考虑在新的市场地区建立必要的服务网点，但数目不可一下子建得太多。

(3)服务能力与服务地域相统一的原则。服务站的服务能力必须与其服务地域的范围相适应。各服务站的服务地域不可过大，范围过大可能会导致：①给用户造成不便，要么延长了服务时间，要么减少了服务站的服务市场占有率；②服务站的服务压力过大，同样会诱发以上后果；③增加了服务站对用户上门服务的费用和服务成本，削减了服务站的经济效益。相反，服务地域范围也不可过小，范围过小又会导致：①服务站服务能力闲置，削减服务收入和经济效益；②服务站服务规模偏小，不能获得服务规模效益；③所需服务站数目增多，增加了服务网点建设的压力。因而，汽车厂商必须对服务站的合理密度、服务地域范围、服务站规模做出合理设计。

汽车厂商要根据其市场营销的需要，做好售后服务网点的规划与布局，确定服务网点的规模(服务能力)、数量及其比例关系。对于传统目标市场，由于本企业的汽车保有数量较多，因而服务网点的数量要多一些，且要考虑不同规模网点的搭配，以便各司其职，相互协作，相互补充，而不是相互恶意竞争。随着汽车维修理念向着“立等修理”、“快修”、“零修”、“小修”、“换件修理”、“总成更换”等修理方式转变，售后服务网点的平均规模趋于缩小，网点数目趋于增加，要求售后服务网点尽量贴近市场、贴近用户。对于企业拟开拓的新型目标市场，服务网点的建设必须先于产品的实际投放，以便支持市场开拓。但由于服务的业务量可能不大，因而网点的规模不宜太大，数量也不宜多。

(二)售后服务网点的建设与管理

汽车厂商对其售后服务网络体系进行规划之后，就要具体发展网点成员(特约维修站)了，并对网点实施规范管理。售后服务网点的建设与管理，系指汽车厂商根据其营销战略和具体服务需要，对其售后服务网点进行选建、考评、撤并和优化的过程。

1. 建点依据

规模较大的汽车厂商往往需要数千个服务站，且服务站的数目往往多于经销商的数目。服务站选点主要考虑的是目标市场保有量、辐射周边市场的能力，同时对发展中的目标市场和主要竞争对手的重点市场加以倾斜。

2. 建站条件

服务站必须具备以下的资质条件：

(1)具备一定的组织机构条件，一般要求财务独立、维修场地独立，最好组织机构也独立。

(2)硬件条件，要求具有足够的场地和专业的维修设备，表11-2是某汽车厂商对其服务站的设备要求清单。

某汽车厂商对其服务站的设备要求清单 表11-2

设备类别	包括的设备
通用设备	车床、砂轮机、座式台钻、气(电)焊、起吊设备(单臂吊、卧式千斤顶等)、技术服务车
专用设备	镗缸机、珩磨机、气阀研磨机、制动鼓镗机、制动摩擦片光磨机、车架车身整形设备★、车轮拆装机★、车身维修用点焊机★、调(喷、烤)漆设备★、清洗槽(轿车用高压热水清洗机)★、压床半轴套管拆装机、U形螺栓拆装机、车轮螺栓拆装机、双立柱举升器★、车身维修用点焊机★
检测设备类	曲轴动平衡机、传动轴动平衡机、万能电器试验台、前轮定位仪、弹簧压力检测仪、探伤仪、废气分析仪、灯光检测仪、高压油泵试验台、喷油嘴试验器、硬度计、车轮动平衡仪、柴油机烟度仪、发动机测试仪
台架类	发动机冷、热磨试验台、制动摩擦片钻铆作业台、发动机装配作业台、减速器拆装台、小车减速器检修台、变速器吊架、变速器检修台、发动机吊架、离合器作业台、“三泵”(油泵、水泵、气泵)试验台、传动轴作业台
电教、通讯设备类	程控电话、复印机、电视机、打字机、录像机、传真机、照相机、投影仪、计算机、标准屏幕

注：有★为轿车专用设备。

(3)服务人员条件。特别是维修技术人员(技工、技师)、质量故障鉴定人员及必要的经营管理人员等数量和资质必须符合汽车厂商的要求。

3. 建站程序

服务商要进入汽车厂商的售后服务体系，通常要遵照以下程序(与汽车厂商选建经销商的程序大体类似，只是所要求的具体硬件、软件条件不同)：

(1)申请。社会独立维修企业(维修店)向汽车厂商的地区管理机构提交建站申请书，并接受地区管理机构对其硬件设施的考察。同时，申请者还需申报一些相关材料，如公司结构、经营规模、股本比例、经营项目、经营历史和业绩、公司内外照片等。

(2)初审。汽车厂商的网点管理部门根据申请者申报的材料和地区管理机构的考察报告，结合服务网络规划方案，审查其是否符合自己的售后服务网络体系布局发展规划，对符合条件(资质条件满足，且申请区域尚可以发展)的申请者通知进行服务站的建设。

(3)建设。通过初审的申请者应根据汽车厂商的统一标准委托当地设计院进行设计，经厂商的网点管理部门认可后，进行服务场所建筑主体的建设，包括：①工程规划：服务站的规模与功能、场地规划、业务大厅、修理车间、配件仓库、照明等。②标记与标识：标识、灯箱、标记牌、色谱、宣传画等。工程规划竣工后，再进行设备条件和信息系统的建设，组织与配备服务站人员。

(4)审批和签约。建设完毕后，汽车厂商的服务管理部门将再次按照事先确立的验收规范，对申请者进行全面考察、考评和验收。通过验收后，由汽车厂商的网点管理部门或地区管理机构与申请者签订特约服务站合同书。正式签订合同后，申请者就成为汽车厂商服务网络的一员（特约服务站），享受相应的权利，履行相应的义务。

以上程序如图 11-6 所示。

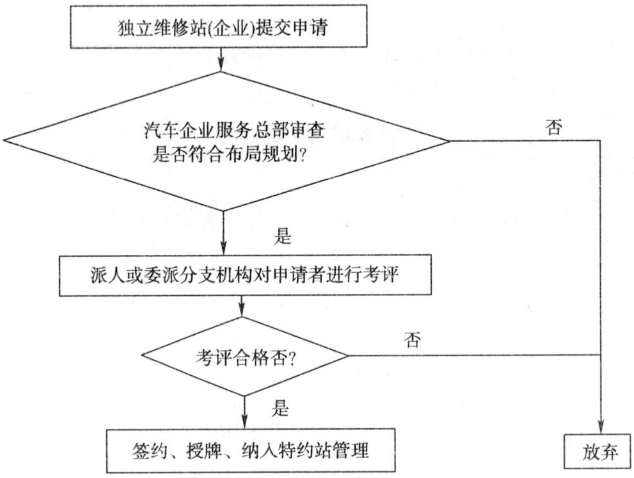

图 11-6　汽车企业特约维修站选建程序

汽车厂商在建立新网点时，应严格按照申请、调查、论证、审批的程序建设，避免人为因素干扰，保证网点的成功建设，从而形成售后服务建站管理的科学规范。

4. 汽车厂商对网点的管理

汽车厂商不仅要注重服务网络的建设，也要注重对服务网络的管理，包括对网点进行业务培训、日常管理、定期考核与优化调整等，实施网点的动态管理。

1)培训

由于服务站的功能比较复杂，培训内容应该较宽，可以是产品技术的或某一专业技术的，也可以是经营的，还可以是服务站专业人员的（质量保修鉴定、财务、备件或配件经营等）。

2)日常管理

汽车厂商的地区管理机构负责协助和管理服务站，支持和监督服务站做好以下方面的工作：①以标准价格维修汽车；②热情周到地为用户服务；③按时按量完成各种报表、信息收集与传送；④积极配合汽车厂商的服务宣传、促销活动；⑤保证服务站经营的配件都是由厂商提供或认可的。

3)考核

不同汽车厂商对服务站的考核项目不尽相同，但基本的考核项目主要有以下几点：①服务站的组织结构：主要考核服务站是否有独立的财务、人员编制和作业场地，人员配置是否达到厂商的要求。②人员培训和服务站形象建设：主要考核服务站的培训工作是否符合要求，服务站是否有统一的企业形象、标识、灯箱、宣传画等。③服务站工作环境：主要考核服务站整体布局是否符合厂商要求，出入口设计是否合理，维修车间、工具设备是否标准等。

④优质服务:主要考核服务站是否按照业务流程规定的要求服务用户。这一项目通常采用实地观察或秘密采购的方式完成。⑤服务站内部管理:主要考核服务站着装、文具、文档是否符合标准,从业人员是否接受了符合厂商要求的培训和是否具有专业资质证明(证书)等。⑥信息反馈与广告宣传:主要考核服务站对质量信息、当地市场信息等信息的反馈是否及时、准确,各类报表完成质量如何。服务站的广告、宣传工作是否符合要求,对统一安排的宣传、优惠活动配合度如何等。⑦配件管理和索赔工作:主要考核服务站配件经营管理水平,服务站索赔工作是否符合规定,数据传递、索赔质量以及旧件的回收保管工作等。⑧档案资料:主要考核服务站档案是否齐全,是否准时上报给厂商。⑨用户调查和访问:主要考核服务站的服务态度、服务水平以及整个服务体系在用户心目中的形象等。这一项目通常采用市场调查法予以考核。⑩环境保护:主要考核服务站的消防灭火设施、绿化、废气排放、废油和废液的处理等是否符合要求。表 11-3 列出了某汽车厂商售后服务管理考评的基本项目。

某汽车厂商特约维修站年度考评内容 表 11-3

序号	项目内容	序号	项目内容	序号	项目内容
1	维修站组织机构	7	企业内部管理	9	配件管理
2	外观/厂房/场地	7.1	业务接待	9.1	物料管理
3	工作环境	7.2	车间管理	9.2	配件经营管理
3.1	业务接待室	7.3	数据管理	9.3	仓库管理
3.2	修理车间	7.4	领导者管理水平	10	广告宣传
3.3	用户休息室	8	索赔工作	11	信息反馈
4	用户调查和访问	8.1	索赔处理	12	档案资料
5	优质服务	8.2	索赔件回收	13	环境保护
6	人员培训	8.3	信息反馈	14	其他

汽车厂商对其服务网点通常实施年度管理,即对全部售后服务网络成员进行年度审查,将年审的结果或等次作为对网点成员进行奖惩、升降级、撤并的依据,以保证全售后服务网络体系的不断优化。

对于年度检查评比的先进服务站通常要进行表彰奖励,汽车厂商既可以给予现金奖励,也可以给予物质奖励,如奖励交通工具、照相机、彩电、录像机、复印机、打字机、传真机、计算机等物品,以实物方式奖励有助于帮助服务站改善工作条件。

(三)服务站的建设与管理

服务站的建设与管理,是售后服务网络(点)建设与管理的重要内容之一,包括选择合适的建设方式、制定建设规范、统一业务流程及建设外观形象等。

1. 服务站的建设规范

汽车厂商对服务站具有业务规划、指导与管理职能。很多汽车厂商还要求其特约维修站实行排他性经营,对其特约维修站从外观建筑、布置,到室内设计、设备配置和经营管理软件等,都有非常具体的规定,有统一的要求。

表 11-4 列出了某品牌轿车为其特约维修站制订的"建站模式规划手册"的主要内容。在每一项内容上,均提供了非常具体的规定。如对建筑物提供了立体彩色效果图、平面施工图等;对各种标识和箱牌提供了具体尺寸、图案;对组织、人员及其培训也提供了具体的机构

设计、素质要求、培训日程及学习内容。总之,特约维修站只需要筹措资金和组织施工即可,其余的所有问题都不用再操心了。

某轿车特约维修站建站模式规划手册主要内容　　表 11-4

序号	项目内容	序号	项目内容	序号	项目内容
1	工程规划	2.4	标记牌	6	人员培训规划
1.1	总则	2.5	指路牌	6.1	培训须知
1.2	维修站规模功能	2.6	全国分布图	6.2	管理人员入学条件
1.3	工位定义	2.7	色谱	6.3	基础培训入学条件
1.4	场地选择	3	工程规划审批与验收	6.4	人员培训计划
1.5	总平面规划	3.1	厂房建设程序	6.5	课程日程安排
1.6	建筑设计要素	3.2	竣工验收	7	工具与设备规划
1.7	业务大厅	4	计算机系统管理规划	7.1	定货流程
1.8	二楼的设置	4.1	人员准备	7.2	必备工具与设备
1.9	修理车间	4.2	计算机硬件准备	7.3	选配与选购件
1.10	配件仓库	4.3	计算机软件准备	7.4	常用工具清单
1.11	拓展	4.4	其他准备	7.5	发动机专用工具
1.12	照明	4.5	培训	7.6	变速器专用工具
2	标记与标识	5	组织与人员规划	7.7	底盘专用工具
2.1	标识	5.1	人员与组织机构	7.8	本品牌专用工具
2.2	灯箱	5.2	组织机构	8	其他
2.3	蓝带墙	5.3	职位		附录

以上规划手册的内容十分全面、具体,是特约服务站建设必须遵循的技术规范,也是检查验收的技术依据。

2. 服务站的能力建设

服务能力多指服务站单位时间内完成的技术服务工作量(工时)。其建设的主要内容包括服务站的场地面积、设备配置及经营管理能力等。

(1)确立服务站的占地面积(S)。占地面积等于服务站的建筑面积(S_b)与露天停车场面积(S_p)之和。其中 S_b 由式(11-2)确定:

$$S_b = S_k(1 + f_b) \tag{11-2}$$

式中:f_b——辅助面积系数,即车间通道、仓库、办公室、接待室、会议室等辅助建筑面积占服务作业面积(S_k)之比。

而 S_k 则由式(11-3)确定:

$$S_k = \frac{S_c \cdot Q_0 \cdot \sum_{i=1}^{n} X_i \eta_i H_i}{\xi \cdot H_0} \tag{11-3}$$

式中:S_c——平均每一服务作业工位的占地面积,m^2;

Q_0——汽车企业在服务站服务区域内的产品保有数量,辆;

X_i——每车每年平均所需的各类服务频次数(次),主要取决于当地汽车的使用状况、使用条件和平均车况;

η_i——服务站在其服务区域内对汽车企业产品服务的市场占有率,%;

H_i——平均每车每次接受各种服务所需的服务工时(h),主要取决于设备的生产率,%;

ξ——每工位的平均工作时间利用率,%;

H_0——服务站的年均工作时间(h),即法定工作日历数与每日工作小时数的乘积;

$i=1,2,3,\cdots,n$ 分别表示维护、小修、中修和大修等作业类别。

上述停车场地占地面积 S_p 由式(11-4)确定:

$$S_p = S_v \cdot Q_r \cdot H_i(1+f_p) \tag{11-4}$$

式中:S_v——平均单车的占地面积,m^2;

Q_r——服务站每天平均接收或交付用户的车辆数,辆;

H_i——平均每车每次在服务站接受服务的时间(天);

f_p——停车场通道等辅助面积系数,%。

(2)服务站的设备配置。这些设备包括五种类型:①通用设备类,如车床;②专用设备类,如烤漆设备;③检测设备类,如动平衡机;④台架设备类,如各总成检修台;⑤电教、通信和办公设备类,如投影仪、传真机等。表11-4已经作了说明,本处从略。

(3)服务站的经营管理。特约服务站的经营收入主要有:备件经营收入、质量保修得到的汽车厂商的劳务补偿、受汽车厂商委托的服务促销活动的劳务补偿、质量保修范畴以外的各种服务收入等。此外,服务站还广泛开展了旧车置换、汽车租赁、汽车融资及各种手续代办等业务,这些业务也是服务站增加经营收入的新型来源。

3. 服务站的业务流程

(1)招揽用户。由于市场竞争日益激烈,服务站需要主动出击寻找客户,不能完全坐等客户上门。招揽客户的步骤如图11-7所示。

与经销商合作得到用户购车档案 ⟹ 制作定期维护一览表 ⟹ 邀请函(邀请电话)

⟹ 预约记录 ⟹ 来厂记录

⟹ 未来店原因分析 ⟹ 改善方案

图11-7 特约服务站招揽客户的步骤

(2)预约用户。涉及的内容有:①电话邀请:根据用户车辆档案,当临近维护日期时,打电话提醒和邀请用户;②受理预约:当用户主动预约来站进行维修服务时,要及时受理;③确定预约来站日期;④制作维修服务卡。

(3)接待用户。包括这样一些程序:①顾客接待。当用户来服务站时,应迅速出迎,问候顾客;引导顾客停车;引导用户前往接待前台。②确认来意。记录用户陈述;明确用户需求,是定期维护(PM),还是一般修理(GR),拟或钣金/喷漆(B/P)。③受理车辆。陪同用户前往停车场,安装CS件(脚垫,转向盘套,座位套);检查车辆外观(如损伤痕迹、凹陷等);检查车辆有无贵重物品,是否交用户保管;起动发动机,检查有无异响。④诊断。询问故障现象;故障再现确认;推测故障原因。⑤费用估计。确定作业项目;列出作业所需零部件、油脂类、结算工时费;确认所需零件库存情况;计算估计金额。⑥确定完工时间。确认车间作业情况;预计作业需求时间;了解用户需求的取车时间,必要时调整作业计划。⑦用户确认。说明作业内容,估计费用,交车日期/时间;针对报价、交车时间征求用户意见;用户签字确认。⑧说明交车程序。说明交车时支付费用的方法(支票/现金/其他),确定用户是等候还是离店。

(4)配件管理。配件管理要求做到:①对无库存的零部件必须向零部件部门及时确认到货日期;②对在库待修车辆应根据预定到货日期安排作业;③对无库存零部件而用户需要用车时,应请用户按预定到货日期预约来店;④零部件到货日期不能保证交车日期时,必须事先与用户联系,征求用户同意;⑤必须每日检查,及时掌握零部件到货情况。

(5)维修作业管理。此项管理的内容涉及:①作业指示:选派合适的技术工人,指示作业内容及作业时间的要求;②作业进度:每日早中晚三次,调整维修管理板,必要时调整完工时间;③控制完工时间,当某些项目变化时要及时与用户联系重新确认交车时间,作业内容,维修金额;④完工时间延迟,作业内容追加时要及时与用户沟通,并征得用户的同意。在进行作业过程中,要注意对车身保护,安装车身保护件(翼子板保护罩)。

修理作业一般要遵循以下步骤:①故障及车辆情况核实;②明确作业内容;③领取零部件;④实施作业;⑤记录故障原因、作业内容;⑥签名确认。

对于新产品上市以后首次发生、频繁发生、涉及安全、招致用户很大意见或修理费用很高的故障要填写质量信息报告。

作业项目完工检查:检验人员根据问诊表、接车修理单等,逐项核实确认。必要时试车,检查有无遗留物品,如工具、资料等。检验过程发现有误或遗漏马上返修,返修后务必重新全面检查。

(6)清洗车辆。包括外观清洗和内部清洗。前者即把车外洗干净,包括玻璃、轮毂、车窗;后者包括仪表台、座椅、地板、烟灰罐,必要时对地毯应进行吸尘处理。

(7)结账。接待人员把接车修理单交财务人员制作结账单 ,并再次与用户确认交车时的付款方式。

(8)交车。向用户说明此次的作业内容及驾驶注意事项,提醒其下次维护的时间或里程,并对修理结果做出共同的确认。收取费用时要向用户说明零件费,工时费用情况,收取费用后要向用户致谢。送别用户时要陪同用户到停车场,取下车内护罩,道别并欢迎下次光临,目送用户离去。

(9)跟踪服务。维修完毕后,服务站应对用户进行跟踪服务。通常要制作跟踪管理表,交车一段时间(一般是一周)后打电话给用户,感谢用户并询问车辆情况/维修时费用是否满意,记录用户的评价。跟踪服务发现问题时,必须及时反馈给接待人员。因作业有误,发生返修时必须优先处理。

4.服务站的形象建设

企业形象对现代企业生产经营活动的作用越来越大,良好的企业形象是企业重要的无形财富。售后服务如同销售一样,它是汽车厂商生产经营活动与用户使用消费的联系纽带,售后服务工作属于“窗口”性工作,对企业形象建设肩负重要使命。为推进企业形象建设,售后服务必须实行“标准化”,它包括服务站建筑物设计、布置的标准化(如服务站大门、厂房外墙等按标准色彩、图案建设);厂标、厂徽、标牌、悬挂物及色彩搭配的标准化(如树立灯光的或荧光的标准厂徽、标准路牌、标准图案,标准统一的字体、字样及颜色等);服务程序的标准化;工作人员着装的标准化及服务态度好、精神面貌佳、服务素质高等内容。总之,同一汽车厂商各服务站的外观形象必须标准化、统一化。图11-8是法国雪铁龙公司服务站的外观形象示意图。

四、售后服务的管理

良好的售后服务管理是做好售后服务工作的保障条件。售后服务管理,除了前一节所述的网点管理外，还涉及管理机构的设置、售后服务的物流管理、信息管理、服务风险管理（控制）与服务活动策划等。

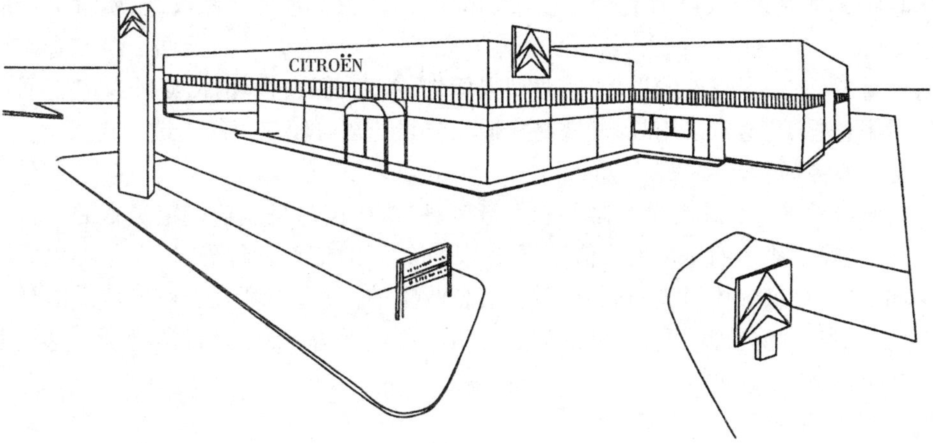

图 11-8　法国雪铁龙公司服务站外观形象

1. 售后服务管理部门的设置

汽车厂商的售后服务管理体系一般包括三个层次，最高层次为汽车厂商的营销部门设立的售后服务管理总部，中间层次为汽车厂商在各地设立的地区营销管理机构的服务管理组/管理员，基层层次为特约服务站。三个层次各司其职，总部是全售后服务网络体系的心脏和发动机，统领各种管理职能，中间层次履行辅助管理职能，而特约服务站具体承担各项服务工作。

现代企业的市场营销部门，有多种组织形式。不论采取哪种形式，都应体现“以顾客为中心”等现代经营理念。另一方面，为了提高管理效率，部门设置应当“扁平化”，管理层次不宜过多。

汽车产品售后服务管理部门的基本组织形式，仍然大体是按照职能专业化、区域专业化或产品专业化设置的，或者是这几种形式的混合结构。这些内容已经在第三章进行了介绍，这里就不再展开讨论了。

2. 售后服务的物流管理

售后服务的物流涉及备件物流和质量保修更换下来的旧件物流。备件物流的流向是从汽车厂商的备件仓库或地区分库，向特约服务站流动；而旧件物流的流向是从特约服务站，向汽车厂商进而向零部件供应商（限协作件或配套件）流动。

关于备件（配件）的物流管理，前面已经对备件的需求预测、计划、经营、订货、储运及包装等内容，进行了足够的叙述，这里从略。下面只对旧件的物流管理进行一定的叙述。

汽车厂商一般都规定，质量保修更换下来的旧件必须全部保存，进行严格的编号、挂标签，以便能很方便地查找和与赔偿单核对。除非经过售后服务部总部定期巡视人员的同意，批准销毁和指定寄回部分重要样品外，特约维修站不得随意将旧件进行处理和遗弃。对属于协作、配套性质的旧件必须100%返回汽车厂商的售后服务总部，以保证这些样品能全部返还给供应商进行“二次索赔”，并为他们改进产品质量提供样品。

汽车厂商之所以对旧件的保管做出以上规定，主要是因为旧件的缺陷部位，客观地记录着零部件损坏的原因，是质量保修中故障责任鉴定的重要物证。汽车厂商作为质量赔偿的承担者，自然有权要求特约维修站保管好旧件，并进行必要的旧件样品审查。

当然，旧件样品的搜集和陈列，还具有其他作用，如旧件样品可以充当质量保修专业人员技术培训的实物教材，同时它们也以实物的形式记录着企业产品改进、质量进步的发展历程。

对于重要部件、保安件的损坏件，典型损坏件，首发、偶发损坏件，必须及时寄回汽车厂家的售后服务总部，通常采用邮政、铁路托运或公路托运等较快速的运送方式。

3. 售后服务的信息管理

售后服务的各个工作环节都凝聚着大量信息，这些信息是企业的宝贵资源。售后服务的信息管理，除了前述的质量保修信息管理、备件经营的信息管理外，还应包含更广泛的含义。例如，各种信息载体形式的规范问题，信息收集的固定机制问题，信息传递的畅通性问题，信息去伪存真的处理问题，信息价值的分析挖掘问题等，都需要科学管理。这里着重强调以下几个问题：

1）信息处理分析

对搜集到的信息必须加以分析，信息才能被真正利用。一般采用定性分析、定量分析和定时分析相结合的方法来分析市场信息。定性分析多用来对市场的宏观环境、管理体制、市场组织、分销渠道等加以分析；定量分析多用来对成本、利润、购销数量、市场占有率等加以分析；定时分析则对同一时间内的市场情况及变化趋势进行分析，它通常和定性分析、定量分析相结合使用，分析某一特定时间内市场的变化。

信息处理的步骤包括：①筛选。通过不同渠道收集的信息有一个“去粗存细、去伪存真”的过程，企业需要根据信息的重要性和真实程度，去掉不重要的信息。既可以根据需要按时间先后对信息弃旧取新，也可以按产品、售后服务、质量信息、市场信息等分类对比，决定取舍，还可以利用专业知识和经验对信息进行选择。②分类。筛选过的信息需要确定为某一类别，如用户信息、配件信息、质量信息、经销商信息等，分类的方法根据企业实际情况而定，各企业分类方法各不相同。③分析处理。即对信息进行人为加工，以进一步找出信息间的联系和事物的发展趋势。

2）质量保修费用结算与监控

信息系统为企业售后服务费用管理服务，可实现售后服务费用本地或异地自动结算，并建立了质量保修费用分析系统，对费用构成（零件费、工时费、走保费所占比例）、平均年维修频次、年平均维修费用、平均每次维修费用、重大质量事故赔偿额进行分析，还可对相邻或路况特征相近的区域进行费用比较，以增加质量保修费用赔付的真实性。

3）配件供应、仓储与销售管理

信息系统为配件日常业务服务，可以实现自动制定月度配件采购计划、减少采购的盲目性；对仓库实现计算机管理、降低库存；提高对客户的满足率、缩短结算时间、减少客户购买配件时间，从而能改善和加强售后服务工作。

4）车辆用户信息管理

车辆用户信息管理系统，应当包括车辆用户档案系统、车辆用户服务跟踪系统、车辆用户分析研究系统等。档案系统是基础，为其他系统提供原始翔实的数据；服务跟踪系统记录着在用车辆及用户的服务信息，是企业推行“主动服务”不可或缺的助手；分析研究系统可以帮助企业研究自己的客户群体是谁，客户使用产品和购买产品的特点如何，客户何时将产生新的需求等，它是企业充分挖掘客户价值，不断发现新商机的秘密武器。

4. 售后服务的风险管理

汽车厂商售后服务的风险主要来自以下两个领域:一是备件储备不够科学合理,要么导致备件缺货不能满足服务需求,降低服务质量;要么导致备件储备过多,长期积压,占用企业的流动资金,增加售后服务成本。二是质量赔偿过程中,不能对售后服务商(特约维修站)进行有效监控,不能杜绝服务商的欺诈行为。这里着重对后一类风险进行一些说明和讨论。

质量赔偿风险主要有以下四种表现:①对于可以互换的零部件,服务商在报告质量故障部位时,将那些维修工时少的零部件报告为维修工时多的零部件,从而可以从汽车厂商那里结算更多的服务工时费用;②尽管汽车厂商对所有的质量赔偿要进行鉴定,但是有的质量故障是不容易进行事后鉴定的,服务商将一些非质量保修范围的故障(如因用户使用原因导致的故障),描述为故障质量保修范围内的故障,例如汽车电路的线束烧结,就非常不容易鉴定其故障原因;③对于刚过质量保修期(里程)不久发生的质量故障,服务商将其列入质量保修期(里程)内的质量故障,汽车厂商很难鉴定故障是否发生在质量保修期内;④服务商串通少数用户,将已过质量保修期车辆的故障报告为质量保修期内车辆的质量故障,即张冠李戴,将此车的故障报告为彼车的质量故障。以上所列的第二、三种情形,服务商还常常双重获益,一方面依照汽车厂商关于质量保修的有关规定说服用户,向用户收取备件费用和服务工时费用;另一方面又向汽车厂商办理质量赔偿,无偿获得备件和结算工时费用。

在不过多增加服务管理成本的前提下,汽车厂商要做到完全杜绝上述风险,通常是不现实的。但是,汽车厂商依然可以通过一些有效措施加强对服务商的监管,尽量减少上述风险造成的损失。这些措施包括:①根据厂商内部生产质量的变化水平,研究判断各类质量故障赔偿动态是否与生产质量变动的趋势相矛盾,重点研究逆势变化的故障赔偿,例如内部生产质量在提高,而赔偿也在增加的情况;②利用计算机和现代信息处理手段,对各个服务商的各类质量赔偿进行对比研究,对高于平均赔偿水平的服务商要进行重点调查,要求其做出合理解释,重点查处那些某种质量赔偿(平均单车)明显高于同一地区其他服务商的服务商;③利用计算机和现代信息处理手段,对各个服务商的各类质量赔偿进行历史数据的对比研究,重点调查那些某种质量赔偿(平均单车)突然明显增加的服务商;④建立稽查机制,汽车厂商可以从质量保修用户中抽取一些赔偿样本,进行用户抽样调查,调查质量保修的真实性和是否收取有关费用;⑤建立严厉的欺诈处罚制度,对经查实的欺诈行为,给予服务商一定(或较高)的经济处罚,直至停止其特约服务商的资格。

5. 售后服务的活动管理

汽车厂商经常需要通过其售后服务网络开展各式各样的服务活动,例如为新产品批量投放市场进行保驾护航的活动;应对激烈竞争,争取竞争主动地位的服务让利活动(质量保修范围外的额外优惠活动);支持社会公益事业,树立良好企业形象的活动;开展车辆召回活动(即汽车厂商对其存在故障隐患的车辆召回至其服务商,进行免费更换零部件或进行维修的活动)等。汽车厂商通常要为这些活动承担费用,对服务网点给予一定的活动补偿经费(一般采取记入服务商质量保修账户的支付方式)。

要做好售后服务的活动管理,关键是要合理确定和明确活动的目的、选择开展活动的方式、策划活动的方案、概算和保障活动的费用、全面评估(预评估)活动的效果等,具体内容还涉及活动开始的时间和持续的时间、活动的组织领导、活动的应急预案、活动的宣传报道等。售后服务的活动管理,可以借鉴市场营销学中关于营业推广的有关知识,也可以借鉴公共关系的理论和知识,在此从略。

第十二章　汽车营销的信息化策略

近年来，信息化建设成为汽车厂商在激烈的竞争中生存与发展的必由之路。加强汽车营销的信息系统建设，成为提高客户满意度和企业竞争力的重要手段，也是汽车厂商开展网络营销、推行电子商务和实施客户关系管理的基础。本章将对这些内容进行初步介绍。

第一节　营销信息化相关概念

一、信息与信息化

1. 信息

随着人类社会步入信息化时代，物质、能源与信息已成为社会发展的三大资源。信息技术是当代人类最活跃的生产力，正在对经济和社会的发展产生巨大而深远的影响。信息化水平的高低已成为衡量一个国家、一个地区现代化水平和综合国力的重要标志。

关于信息(Information)的含义有许多种说法，一种通俗的解释是：信息是人们关心的事情的情况。例如，对于汽车厂商来说，汽车产品的市场需求和销售利润的变化就是重要信息；对于消费者来说，产品的功能及市场价格是重要信息。因此，关于某事物的同一情况对于不同的个人或群体具有不同的意义，某事物的情况只有被人关心或需要时才能称为信息。但是，不同学科对信息的定义有所不同。在经济管理领域，通常认为信息是提供决策的有效数据；哲学家认为它是熵的数理化；数学家认为它不过是概率论的发展；通信工程则把它看成是不确定性的描述，是可以通信的知识。在汽车营销中，我们认为信息既是可以通信的数据和知识，又是管理和决策的重要依据。

信息在国民经济中有如下作用：

(1)信息是联系客观事物(或系统)各部分的纽带。一个企业，正是通过其物流(原料、半成品、成品等)、能量流(水、电、汽、风等)和信息流(物流、能量流的量、质及控制信息等)三者的紧密联系，才构成一个有机的整体。

(2)信息是客观事物(或系统)的表征。企业的生产、经营情况正是通过其产品结构、产值产量、经营总额、利税总额等信息来体现的。

(3)信息是客观事物(或系统)管理与控制的依据及实现手段。企业领导者正是通过掌握企业生产、经营的有关信息，来判断目前生产、经营状态是否正常，从而做出有关调整的决策并加以实施，以便使生产、经营活动正常进行。

(4)信息是经济发展的保证。信息是很重要的经济资源，有人提出“信息是现代经济发展的保证”这一论断。

2. 信息化

信息化(Informatization)是近年来世界各国都非常关注的并具有深远影响的战略课题。与此相应,有关未来信息社会的种种构想与预测也在不同的杂志刊物中出现,以不同的方式被公众所了解。我国十七大报告指出:“全面认识工业化、信息化、城镇化、市场化、国际化深入发展的新形势新任务,深刻把握我国发展面临的新课题新矛盾,更加自觉地走科学发展道路,奋力开拓中国特色社会主义更为广阔的发展前景。”信息化被提到与工业化、城镇化、市场化、国际化同等重要甚至更为重要的位置。

信息化系指加快信息高科技发展及其产业化,提高信息技术在经济和社会各领域的推广应用水平,并推动经济和社会发展前进的过程。它以信息产业在国民经济中的比重,信息技术在传统产业中的应用程度和国家信息基础设施建设水平为主要标志。信息化是我国《国家中长期科学和技术发展规划纲要》中制造业科技发展的重点方向和任务,也是《2006~2020年国家信息化发展战略》的重要任务。持续推进国民经济信息化是应对经济全球化、提高国际竞争力的迫切需要。

信息产业对国民生产总值增长的贡献率不断上升,已经成为当代经济发展的主要驱动力之一。由信息化驱动的经济结构调整,将大大提高各种物质和能量资源的利用效率,大大提高企业在市场经济中的竞争力。

二、汽车厂商营销信息化

1. 汽车厂商信息化

汽车厂商信息化就是指企业将因特网技术和信息技术应用于汽车产业生产、营销、技术、服务及经营管理等领域,通过信息资源的深入开发和广泛利用,获取信息经济效益,不断提高生产、经营、管理、决策、服务的效率和水平,进而提高企业经济效益和企业竞争力的过程。实质上是将企业的生产过程、物料移动、事务处理、现金流动、客户交互等业务过程数字化,通过各种信息系统网络加工生成新的信息资源,提供给各层次的人们洞悉、观察各类动态业务中的一切信息,以做出有利于生产要素组合优化的决策,使企业资源合理配置,以使企业能适应瞬息万变的市场经济竞争环境,取得最大的经济效益。具体到一个企业,企业信息化就是要实现企业生产过程的自动化、管理方式的网络化、决策支持的智能化和商务运营的电子化。

汽车厂商信息化从发展程度看,分为 3 个层面或 3 个不同发展阶段:

第一是初步利用计算机技术应用于企业生产、经营管理的部分子系统,以单机或小型局域网为主,以减轻劳动强度、提高业务处理的效率和准确率为目的的孤立的信息处理系统。

第二是部分或全部集成的信息系统,以先进的管理思想为基础,将电子信息技术、现代管理技术和先进的制造技术紧密结合,应用于企业产品的全生命周期的各个阶段,通过信息集成、过程优化和资源、组织优化,实现物流、信息流和价值流的集成和优化运行,实现人(组织)、技术和经营管理三要素的集成,以企业新产品研制和产品生产上市快、质量优、成本低、服务好、保护环境和提高企业竞争力为目的,实现企业的现代化管理。

第三是利用互联网实现企业与企业之间、企业与政府之间、企业与其他组织之间的广泛的信息交流与信息集成,并广泛地开展电子商务,实现企业的设计、制造、管理和贸易的无纸化、网络化、智能化。

2. 汽车厂商营销信息化

汽车厂商营销信息化是指采用现代信息技术，把汽车市场营销的整个过程建立在对信息的搜寻、加工、处理的基础上，将营销活动的商流、物流、现金流与信息流统一起来，以实现汽车厂商营销对消费者需求的准确把握、对市场信息的敏锐洞察和顾客服务的优质提供。

传统的汽车营销方式是建立在庞大的物理销售网、遍布各地的销售人员和铺天盖地的广告攻势的基础之上的，但是越来越多的汽车厂商已经意识到信息在现代企业竞争中的重要作用，所以信息反馈已成为汽车厂商营销渠道的重要功能之一，利用各种信息进行营销决策，制定、评估、调整营销策略和计划，从而提高营销绩效是现代汽车厂商经营管理活动中的常态。要实现这一过程或目的，需要解决3个方面的问题，即企业需要解决什么营销问题、解决问题需要哪些信息，以及从何处采用何种方式获取这些信息并如何对信息进行分析，这决定了汽车厂商营销信息化建设的内容。从营销信息化建设内容看，汽车厂商营销信息化可分为硬件部分建设（一般是企业内部网络的建设）和软件部分建设（一般是信息系统的建设）；从应用类别看，汽车厂商营销信息化又可分为制造企业营销信息化和服务企业营销信息化，受篇幅所限，本书主要介绍制造企业的营销信息化。

汽车厂商实施营销信息化的目标一般包括：通过提高信息透明度以及信息链处理速度，来减少计划生产车辆数量，降低库存及物流成本；提高产品的可配置性以及加快响应速度来满足终端客户的需求；加强从分销渠道所获得市场变化、反馈、确认等信息；减少业务流程的衔接端口以及职责重组；业务流程标准化；避免在分销渠道降价竞争；从经销商业务开始与整车厂集成；更好的支持经销商运作；提高经销商管理水平等。为达到以上目标，我国汽车厂商除了建设企业级营销管理信息系统外，往往还会进行汽车电子商务，或采用网络营销模式，或进行客户关系管理。

第二节　汽车厂商营销信息化系统

汽车厂商营销信息化系统（Automotive Marketing Management Information System，AMMIS）是一个以人为主导，利用计算机硬件、软件、网络通信设备以及其他办公设备，进行汽车厂商管理、业务信息的收集、传输、加工、储存、更新和维护，以企业战略竞争、提高效益和效率为目的，支持汽车厂商高层决策、中层控制、基层运作的集成化人机系统。AMMIS强调从系统的角度来处理企业经营活动中的问题，把局部问题置于整体之中，追求整体最优化。它能使信息及时、准确、迅速送到管理者手中，提高管理水平。AMMIS在解决复杂的管理问题时，可广泛应用现代数学成果，建立多种数学模型，对管理问题进行定量分析。AMMIS把大量的事务性工作交由计算机来完成，使人们从繁琐的事务中解放出来，有利于管理效率的提高。

一、AMMIS的特征

1. 为管理服务

AMMIS的目的是辅助汽车厂商进行营销事务处理，为营销管理决策提供信息支持，或者是宣传企业，扩大影响，因此必须同汽车厂商的管理体制、管理方法、管理风格相结合，遵循管理与决策行为理论的一般规律。为了满足管理方面提出的各种要求，AMMIS必须准备大量的数据（包括当前的和历史的、内部的和外部的、计划的和实际的）、各种分析方法、大量数学模型和管理功能模型（如预测、计划、决策、控制的模型等）。

2. 适应性和易用性

根据一般系统理论，一个系统必须适应环境的变化，尽可能做到当环境发生变化时，系统不需要经过大的变动就能适应新的环境。这主要要求系统便于修改。一般认为，最容易修改的系统是积木式模块结构的系统。由于每个模块相对独立，其中一个模块的变动不会或很少影响其他模块。建立在数据库基础上的 AMMIS，具有良好的适应性。与适应性一致的特征就是方便用户使用。适应性强，系统的变化就小，用户使用当然就熟能生巧，方便容易了。易用性是 AMMIS 便于推广的一个重要因素，要实现这一点，友好的用户界面是一个基本条件。

3. 信息与管理互为依存

汽车厂商的营销决策和管理必须依赖于及时正确的信息。信息是一种重要的资源，在物流管理控制和战略计划中，必须重视对信息的管理。

二、AMMIS 开发方法

目前常用的 AMMIS 开发方法有：结构化系统分析与设计方法、原型法、目标导向（或称为面向对象）方法、计算机辅助软件工程方法等，本节主要介绍结构化系统分析与设计方法和原型法。

1. 结构化系统开发方法

结构化系统开发方法（Structured System Development Methodologies），亦称 SSA&D（Structured System Analysis and Design）或 SADT（Structured System Analysis and Design Technologies），是迄今为止开发方法中应用最普遍、最成熟的一种。结构化系统开发方法的基本思想是：用系统工程的思想和系统工程的方法，按用户至上的原则，以结构化、模块化的方式，自顶而下地对系统进行分析与设计。

结构化系统开发方法的突出优点就是它强调系统开发过程的整体性和全局性，强调在整体优化的前提下来考虑具体的分析设计问题，即自顶向下的观点。它强调的另一个观点是严格地区分开发阶段，一步一步地进行系统分析和设计，每一步工作都及时地总结，发现问题及时地反馈和纠正，避免开发过程的混乱状态。另外，结构化系统开发方法还有简单、清晰，易于学习掌握和使用，采用了图形描述方式，用数据流图为即将开发的系统描述了一个可见的模型，也为相同的审查和评价提供了有利的条件等优点。

由于上述长处，结构化系统开发方法自 20 世纪 70 年代逐步形成以来，在数据处理领域一直相当流行。但是，长期使用的过程中，也暴露出了结构化分析方法的一些薄弱环节甚至是缺陷，主要体现在以下几点：

（1）所需文档资料数量大。使用结构化方法人们必须编写数据流图、数据字典、加工说明等大量文档资料，而且随着对问题理解程度的不断加深或者用户环境的变化，这套文档也需不断修改，这样修改工作是不可避免的。然而这样的工作需要占用大量的人力物力，同时文档经反复变动后，也难以保持其内容的一致性，虽然已有支持结构化分析的计算机辅助自动工具出现，但要被广大开发人员掌握使用，还有一定困难。

（2）AMMIS 多为人机交互式的系统。对交互式系统来说，用户最为关心的问题之一是如何使用该系统，如输入命令、系统相应的输出格式等，所以在系统开发早期就应该特别重视人机交互式的用户需求。但是，结构化系统开发方法在理解、表达人机界面方面还较差，数据流图描述和逐步分解技术在这里都发挥不了特长。

（3）结构化系统开发方法为目标系统描述了一个模型，但这个模型仅仅是书面的，只能供人们阅读和讨论而不能运行和试用,因此在澄清和确定用户需求方面能起的作用毕竟是有限的。从而导致用户信息反馈太迟,对目标系统的质量也有一定的影响。

2. 原型法

原型法是20世纪80年代随着计算机软件技术的发展,特别是在关系数据库系统(RDBS)、第四代程序生成语言(4GL)和各种系统开发生成环境产生的基础上,提出的一种从设计思想、工具、手段都全新的系统开发方法。

原型法的基本思想是试图改进生命周期法的缺点,在短时间内先定义用户的基本需求,通过强有力的软件环境支持,开发出一个功能并不十分完善的、实验性的、简易的信息系统原型。运用这个原型,与用户一起反复进行补充、修改、完善、发展,直至得到用户满意的系统。所以,原型方法依据的基本模型是循环或迭代模型。

原型方法的工作过程如图12-1所示。

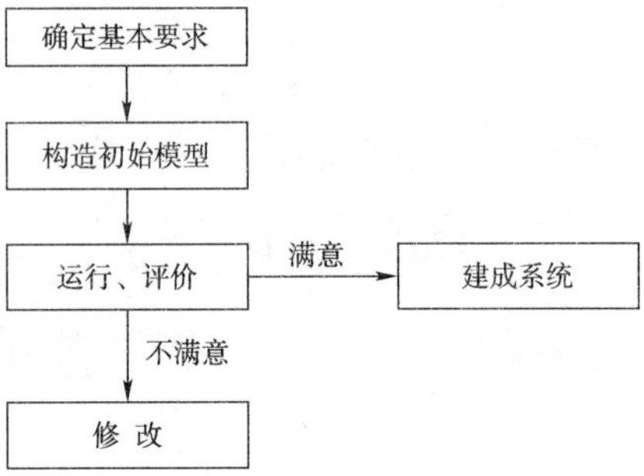

图12-1 原型法的工作过程

原型法的优点是开发周期短、见效快,开发成本低,可逐步投资,需求或设计不正确时可及时修改,用户始终参与开发,能及时纠正错误。

其缺点是系统开发的管理较困难,系统的许多方面没有明确目标,而处于不断修改的状态下,开发人员控制较难,容易造成混乱。同时,原型法是一种模拟方法,这样其对许多内部处理程序和拥有大量逻辑计算的功能模块等均无法模拟。

三、AMMIS实例

由于信息技术的发展,计算机和网络的普及应用,很多供应商开始在企业内部以及企业与经销商、维修服务商之间建立各种信息管理系统(如MIS,DRP,ERP等),以达到资源共享、管理信息的作用。系统的建立要切合企业实际,立足现在,着眼未来,并且保证企业业务信息的完整性与安全性。我国各汽车厂商使用的AMMIS由于规划时的目标各不相同,系统功能也就不完全一样。现以我国某汽车厂商为例,讲述AMMIS的结构与功能。

1. 汽车厂商营销管理主要业务

汽车厂商营销管理的主要业务通常包括整车分销、售后服务管理、网点管理和信息管理四部分。

1)整车分销业务

整车分销,指的是汽车厂商将汽车产品批发(供应)给经销商(含代理商,下文同),以及经销商将整车销售给最终用户,并提供相关附属服务的整个流程,因此,整车分销业务可以分为两部分:汽车厂商的整车供应和汽车经销商的汽车零售。

汽车厂商通过其销售公司(部门)或其总代理商(以下统称供应商),负责制造商所制造的所有产品的销售工作,前者隶属于制造商,后者属于独立核算的经营者。基本功能是完成整车销售的整个流程,包括进货、验收、物流、存储、定价、销售等环节,如图12-2所示。

2)汽车售后服务管理实务

汽车厂商的售后服务,有的是由经销商负责,有的是由经销商与特约维修站(以下简称维修服务商)共同完成。

汽车厂商设有售后服务部门(通常称用户服务部、服务运营部或技术服务部等),主要进行质量保修技术鉴定、费用结算、配件供应、策划售后服务宣传以及管理服务网络等。

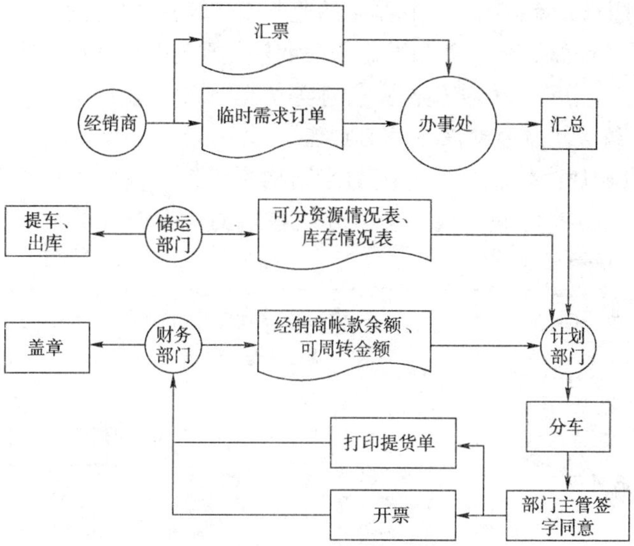

图 12-2　汽车制造企业销售业务流程简图

售后服务作业可以分为三类:①有偿服务:为用户维修汽车并向用户收取规定的服务费用。②质量保修:在质量保修期内,按质量保修规定为用户进行的维护,以及由于产品质量问题而为用户进行的维修、更换零部件的服务都是不收费的。③活动服务:不在质量保修规定范围内,由于汽车厂商或维修服务商自己通过开展宣传活动,额外提供给用户的免费服务。

在质量保修和受汽车厂商委托的活动服务中,维修服务商付出的工时、人力和配件成本需要凭相关单据由汽车厂商来付费,汽车厂商对整个付费过程的操作、监督称为质量保修费用结算。我国某汽车厂商的结算流程如图 12-3 所示。

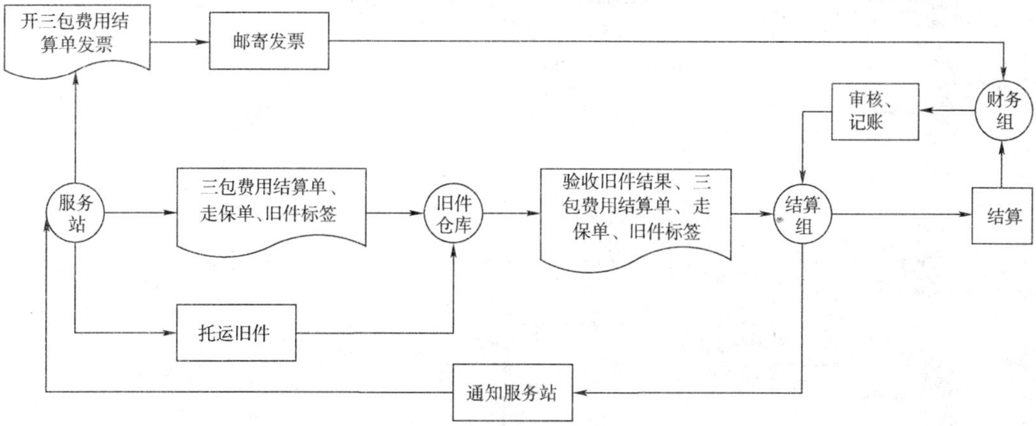

图 12-3　质量保修费用结算流程图

3)网点管理实务

我国汽车厂商根据自身的需要,在全国范围内建立了经销商(销售与服务的主渠道)和特约维修站(以服务为主,是辅助渠道),组成企业的营销与服务网络。一些汽车厂商的售后服务网点与销售网点保持着相对的独立,其网络结构如图 12-4 所示。其中,大区管

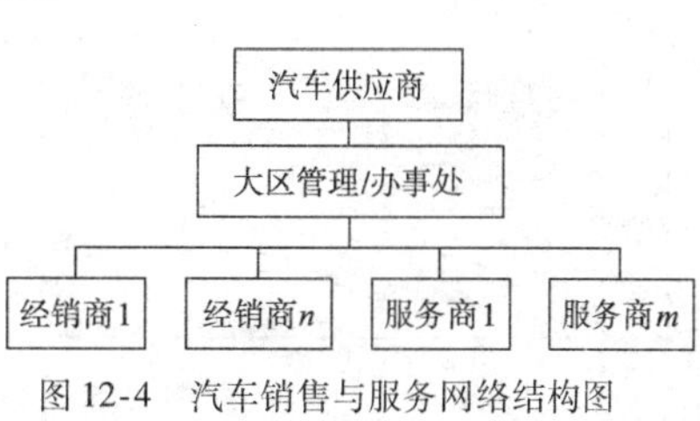

图 12-4　汽车销售与服务网络结构图

理/办事处一般隶属于汽车厂商，代表厂商管理经销商与维修服务商，处理疑难问题，监督经销商和维修服务商按照双方签订的合同和制定的业务模式经营，以达到“双赢”的目的。

网点管理包括经销商网络管理和维修服务商网络管理，管理内容都包括规划网点、制定网点选建政策、确定建点程序和实施网点管理等。

2. 汽车厂商营销管理信息管理系统的功能

图 12-5 为该汽车厂商信息管理系统网络结构图。经销商和维修服务商的信息通过拨号上网的方式，由 Internet 传递给地区办事处所在地的代理服务器，经处理后，再通过拨号

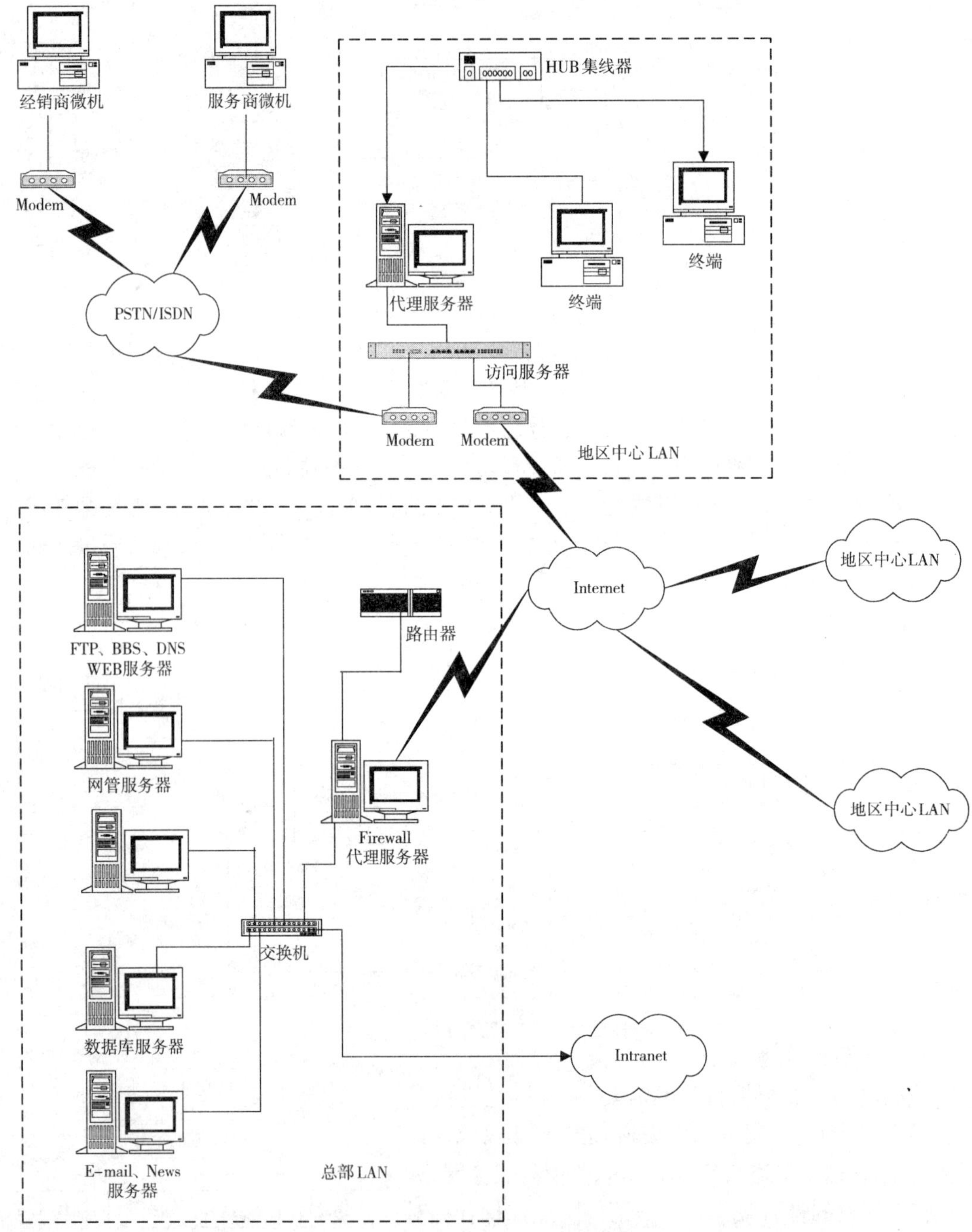

图 12-5　汽车制造企业营销管理信息系统网络结构图

上网的方式由 Internet 传递给供应商总部的服务器,然后企业员工通过 Intranet(企业局域网)根据设定的权限访问数据。其信息管理系统由以下子系统组成:

1)营销决策支持子系统

为企业领导层服务,向企业领导层提供各种有用的决策信息,提高企业的决策水平,帮助企业领导了解企业内部各部门运作情况和外部经营环境。通过决策支持系统,领导层可以随时了解整个企业经营活动的动态统计信息:当日汽车厂商营销总部经营情况、当日各营销网点销售情况、各地汽车市场信息等。

2)市场辅助预测子系统

为企业市场研究服务,系统建立的市场预测和分析模型,其指标体系的各种指标参数可根据实际情况实时修改,使模型更为符合实际,并通过对竞争对手和本公司营销信息的动态监控达到较为准确地预测出市场变化趋势的目的。

3)计划与订单管理子系统

为企业销售与计划业务服务,提供产销计划管理、自动分车(资源分配)、开票、信息统计(如合同及其执行情况、销售汇总信息、各经销商销售信息、库存汇总信息、社会库存信息、经销商回款信息、用户信息等)功能;实现销售、计划、财务、储运等业务的数据共享。

4)财务管理与风险监测子系统

为企业财务业务服务,提供财务凭证管理、商务政策执行管理、经销商账龄分析、经销商财务分析等功能,并且通过对财务凭证的分类统计,可以方便统计经销商付款、欠款情况、企业当日财务状况、经销商库存及挪用货款情况等有关企业财务方面的报表,同时该系统中的商务政策执行管理系统对销售折让和降价补贴统一管理和监控,通过核对本系统的销售发票凭证、社会库存信息以及储运部门发车信息,从而有效的控制和减少因销售折让和降价补贴所造成的额外的损失;另外该系统的经销商账龄分析、财务分析可以对经销商的财务情况、欠款情况做出初步分析,从而对恶意拖欠的经销商及早做出预警,减少"呆账"、"坏账"情况的发生,有利于企业防范经营风险。

5)储运业务管理子系统

为企业储运业务服务,根据不同企业的现状,该系统提供了两套解决方案。对于还未实现第三方物流的企业,该系统详细记录每一台车的入库、出库、提车等情况,严格做到"先进先出",并根据每台车的实际情况(目的地、送货方式、送货日期等),提供商品车配送的解决方案以供参考。同时,该系统还建立了库存分析,为企业的经营决策提供数据。对于已实现第三方物流的企业,系统可提供与物流企业管理系统的接口,储存每台车的详细档案,为市场预测与分析服务。

6)售后服务质量分析子系统

为企业售后服务业务服务。该系统可收集售后服务质量信息,并对信息进行全面统计分析,按类别、分布区域、出厂时段、发生质量事故原因等方面分析一段时间内发生质量问题的零部件,做出故障原因分析报告,为工厂的技术改进和提高采购工作质量提供依据。

7)质量保修费用结算与监控子系统

为企业售后服务费用管理服务。系统可实现售后服务费用的本地或异地自动结算,并建立了质量保修费用分析系统,对费用构成(零件费、工时费、走保费所占比例)、平均年维修频次、年平均维修费用、平均每次维修费用、重大质量事故赔偿额进行分析,还可对相邻或路况特征相近的区域进行费用比较,以增加质量保修费用赔付的真实性。

8)配件供应、仓储与销售管理子系统

为配件日常业务服务,它可以实现自动制定月度配件采购计划、减少采购的盲目性;对仓库实现计算机管理、降低库存;提高对客户的满足率、缩短结算时间、减少客户购买配件时间,从而能改善和加强售后服务工作。

9)企业外派机构(办事处等)业务管理子系统

该系统是整个LAN上的一个节点,是企业本部管理系统的外延,可收集、分析所在区域内宏观与微观信息、汇总订单及监控本区域经营风险、售后服务质量及监督企业商务政策的履行。

第三节　汽车营销电子商务

随着信息技术的进步,因特网已经不再仅仅是一个识别潜在供应商、搜索产品和进行广告服务的信息平台,它越来越明显地成为一个能够进行网上交易、完成各种财务事务、获得服务的网络。相对于其他行业,汽车行业是最适合开展电子商务的行业之一,因为汽车产品及零部件数量多,供应商和经销商的地理分布范围广,产业链很长,需要广地域或全球采购、生产和销售。因此,电子商务对汽车营销具有十分重要的意义。

一、电子商务概述

电子商务是一个涉及面很广,包容量很大的业务活动范畴。虽然世界各国都在大力发展电子商务,但目前对电子商务本身却尚未形成一个统一的说法。许多专家和学者都尝试从不同角度来界定电子商务的内涵和外延。总体来说,电子商务的概念可从广义和狭义两方面来界定,狭义的电子商务是指运用现代信息技术和网络技术,借助计算机网络系统进行营销宣传、业务洽谈以及支付结算等的商务活动及网上贸易方式,即E-Commerce。广义的电子商务(E-Business)是包括电子交易(E-Commerce)在内的利用Internet进行的全部商业活动,如市场分析、客户联系、物资调配、售后服务等,这些商务活动是电子商务技术应用走向深入的产物。

电子商务可以按照不同的标准划分为不同的类型,按实质内容和交易对象来分,电子商务主要有3类:商业企业对消费者的电子商务模式(Business to Consumer,B to C,或根据谐音记作B2C),商业企业对商业企业的电子商务模式(Business to Business,B to B或B2B),商业企业对政府的电子商务模式(Business to Government,B to G或B2G)及消费者对消费者的电子商务模式(Consumer to Consumer,C to C或C2C)。

1)商业企业对消费者的电子商务(B to C)

是指企业以互联网为主要服务提供手段,实现公众消费和提供服务,并保证与其相关的付款方式的电子化等电子商务运营模式。企业对消费者的电子商务模式主要适用于网上商店(在线零售商店)。但是网上销售无形产品和劳务与销售实物商品是有很大不同的,它们的方式有较大的区别。

2)商业企业对商业企业的电子商务模式(B to B)

商业企业对商业企业的电子商务(B to B)是指商业企业(公司)使用互联网或各种商务网络向供应商订货或付款,特别是通过增值网络上运行的电子数据交换(EDI),使企业对企业的电子商务得到了迅速扩大和推广。并不是说两个企业之间通过网络进行了一次买卖交易就实现了B to B交易,许多企业之间的一次性交易还是B to C交易,只有在上下游相关企业之间达成了某种合作协议的前提下所进行的交易才算是B to B交易。在B to B交易模式中，企业可以将内联网有限度地对合作伙伴开放，即允许合作伙伴有条件地通过互联网将订货信息直接发送到自己的企业内部网，进而自动将订单分解到生产车间，从而最大限度地实现商业信息传输和信息处理的自动化。美国福特、通用和克莱斯勒三大汽车公司就共同建立一个电子商务中心，将通过中心的网站，三大汽车公司同他们的5万多家供应商联网，组成了一个有效的供应链。

3）商业机构对政府的电子商务模式（B to G）

该模式主要包括：政府机构通过互联网进行工程的招投标和政府采购；政府利用电子商务方式实施对企业行政事务的管理——管理条例发布以及企业与政府之间各种手续的报批；政府利用电子商务方式发放进出口许可证，为企业通过网络办理交税、报关、出口退税、商检等业务。这类电子商务可以提高政府机构的办事效率，使政府工作更加透明、廉洁。例如香港特区政府从2000年4月份开始应用政府电子商务采购服务系统——电子投标系统（ETS），半年多时间就处理了429次投标，涉及金额5.78亿港元，占香港政府采购投标总额的79%。ETS系统使全球范围内的供应商通过互联网下载有关文件，进行查询，递交投标书，以及查看投标结果。近年来，为了加强对政府采购的管理，提高财政性资金的使用效益，促进交易的公开性，我国一些地方政府的国家机关、事业单位和其他社会组织财政性资金采购物资和服务时，已陆续开始实行“政府采购”政策。随着政府对电子商务的重视，企业与政府间的电子商务活动将越来越广泛。

4）消费者对消费者的电子商务模式（C to C）

消费者对消费者电子商务模式的特点是消费者与消费者讨价还价进行交易。实践中较多的是进行网上个人物品拍卖。

二、电子商务在汽车营销中的应用

电子商务在汽车营销的具体应用上，是通过以下一些主要的功能体现其价值的。

1）企业采购

在组织市场上企业采购工作是一个复杂的多阶段过程。企业采购属于B2B电子商务模式，许多汽车厂商已经在专用网络上使用了电子数据交换来自动完成例行采购，利用互联网可以进一步降低采购费用。

2）库存管理

汽车厂商与供应商之间传统的供应链运作效率很低，表现在每次供货量很大、每批供货间隔时间很长，其结果是企业的库存量很大，供应商对企业的商品需求不能做出快速的反应。企业产品的库存过大会造成大量资金积压，库存过小会产生脱销而影响销售量。美国汽车制造商通过专用网络及电子数据交换系统与供应商之间沟通供货信息。供应商能够及时查阅整车厂今后两个月的生产计划以及近几天内的详细供应需求，使供应商可以从容地安排本企业的供货和生产，同时及时向整车厂商供货，使整车厂的年库存周转次数由近20次增到130次左右，从而节省了大量库存费用。丰田公司的网络部也曾为该公司经销商展示各种二手车提供网络服务，使得丰田二手车在经销商手中转手时间由90天减少到10天左右。

3）客户服务

电子商务可以让汽车厂商为消费者提供更好的服务。通过电子商务，汽车厂商不仅可以为客户提供详尽的产品信息、服务介绍，还能为消费者提供产品或服务的预定和咨询接待，以及售后服务或动态服务的状态查询，从而更高层次地满足客户需求。

4）寻求新的销售机会

企业利用web站点可以进入一个新的市场。web商务的特点是具有多媒体功能和交互能力，其页面能够显示各种彩色并附有音响的动画图像，可以很有效地宣传、介绍企业的产品，客户可以进行浏览访问、允许来访者输入数据进行信息交流。汽车厂商还可以通过电子商务站点与销售商接触、树立品牌形象，与客户进行交流，实现信息管理和信息分发，提供顾客服务、技术支持和网上销售。对于汽车行业而言，中小型汽车厂商通过电子商务可以获得许多新的销售机会。

5）企业组织形式

电子商务的发展将会导致企业营销组织形式的变化，企业内部信息管理系统的运用使得企业的中间管理层次变得多余，企业中间管理层将从层次型的"金字塔"结构转向基于信息的扁平结构，这种扁平的管理组织结构有利于把市场信息、技术信息和生产活动相结合，使企业管理者能够对市场做出快速反应。

三、汽车营销电子商务的基本组件与功能模型

汽车营销电子商务的基本组件包括证书、CA中心，支付网关、电子柜员机、用户端电子钱包等。电子商务正是在这些基本组件构成的平台上发挥其功能的。

1）汽车营销电子商务基本组件

①证书：在一个电子商务系统中，所有参与活动的实体都必须用证书来表明自己的身份。证书一方面可以用来向系统中的其他实体证明自己的身份（每份证书都是经"相对权威的机构"签名的），另一方面由于每份证书都携带着证书持有者的公钥（签名证书携带的是签名公钥，密钥加密证书携带的是密钥加密公钥），所以，证书也可以向接收者证实某人或某个机构拥有公开密钥，同时也起着公钥分发的作用。

②CA体系：CA（Certificate Authority）是证书授权的意思。在电子商务系统中，所有实体的证书都是由证书授权中心即CA中心分发并签名的。一个完整、安全的电子商务系统必须建立起一个完整、合理的CA体系。CA体系为用户的公钥签发证书，以实现公钥的分发并证明其有效性。该证书是一个经证书授权中心数字签名的，包含公开密钥拥有者信息以及公开密钥的文件。CA机构的数字签名使得攻击者不能伪造和篡改证书，以此实现身份认证和信息的完整性检验、交易防抵赖等。CA机构应包括两大部门：一是审核授权部门（RA：Registry Authority），它负责对证书申请者进行资格审查，决定是否同意给该申请者发放证书，并承担因审核错误引起的、为不满足资格的证书申请者发放证书所引起的一切后果，因此它应由能够承担这些责任的机构担任；另一个是证书操作部门（CP：Certificate Processor），负责为已授权的申请者制作、发放和管理证书，并承担因操作运营错误所产生的一切后果，包括失密和为没有获得授权者发放证书等，它可以由审核授权部门自己担任，也可委托给第三方担任。

③支付网关：支付网关与支付型电子商务业务相关，位于公网和传统的银行网络之间，其主要功能为：将公网传来的数据包解密，并按照银行系统内部通信协议将数据重新打包；接收银行系统内部传回来的响应消息，将数据转换为公网传送的数据格式，并对其进行加密。即支付网关主要完成通信、协议转换和数据加解密功能，并且可以保护银行内部网络。此外，支付网关还具有密钥保护和证书管理等其他功能。

④POS（Point Of Sales）——信用卡服务系统：POS系统并不仅仅是消费者在现代商场中

常见的POS收款机或电子算盘,真正的POS系统是指经过优化的一种销售解决方案,它是具有强大的财力和技术作后盾的信息管理系统,其运行的核心仍是信息管理。

POS系统是目前商业现代化管理中最为流行和最有效的跟踪顾客销售行为的技术系统。在该系统下,商业部门在建立顾客档案的时候,都会给顾客分配一个顾客号,顾客到收款台结账时,收款员就会把顾客的消费信息通过POS输入到计算机系统中,这样每个顾客采购商品的时间、种类、数量都会在计算机里有详细的记载。商家根据这些信息,对顾客的购买行为进行分析,从而为顾客提供更有价值的服务。它最核心的功能,就是使企业随时掌握顾客信息,更深入地了解顾客需求,建立顾客档案,进行有针对性、个性化的服务。很长时间以前,商家就已经意识到建立顾客档案、了解顾客购物习惯进而更深入地了解顾客需求的重要性,但是却缺乏有效的技术手段。直到信息技术得到高速发展,MIS及POS系统等在商业管理中得到广泛应用之后,商家才真正做到了这一点。

⑤电子柜员机:支付型电子商务业务通过电子柜员机软件系统接入公网,是电子商务系统中的支付服务器,它必须能处理用户的申请并和银行(通过支付网关)进行通信、发送和接收加密信息、存储签名钥匙和交换钥匙、申请和接受认证、与数据库进行通信以便存储和填写订单及保留和处理记录等。

⑥EOS(Electronic Ordering System)——电子订货系统:批发零售商将所发生的订货数据输入电脑后,这些资料便可以很快通过EOS的电脑通信网络传达至总公司、批发商、商品供货商或制造商那里。因此,EOS能够处理从新商品资料的说明直到会计结算等所有商品交易过程中的作业,几乎涵盖了整个商品流。

⑦EDI(Electronic Data Interchange)——电子数据交换:EDI是其他电子商务环节如EOS系统、POS系统的作业得以顺利实现的基础。电子数据交换沟通了政府、企业、用户之间的信息传送,使之能够进行有效的交流。EDI包括硬件和软件两大部分,硬件主要是计算机网络,软件包括计算机软件和EDI标准。从硬件方面来讲,出于安全考虑,以前的EDI一般是在专用网络(即VAN)上实现的,但因特网作为一个费用更低、服务更好的系统,正在逐渐成为EDI的另一种更为合适的硬件载体。目前,因特网安全性能正在不断提高,一些在因特网上实现EDI的软件已经问世,可以为用户提供较为安全、可靠的数据交换服务。EDI标准有多种,其中较为典型的有美国国家标准局制定的一个称为x12的标准(用于美国国内),以及联合国支持制定的一个行政、商业、交通用的EDI格式EDIFACT(用于其他国家)。通过计算机处理,可以实现这两种标准之间格式的转换。近年来,EDI在西方主要发达国家已经得到十分普遍的应用。据统计,美国有90%以上的商品通过EDI方式出厂,一些大型企业已普遍应用EDI与供应商和销售商联网,美国近几年每年有20亿美元的销售通过EDI来实现。此外,约有一半以上的EDI用于企业、事业单位、政府之间传送订单、合同、发票、保险单、海关申报单、账单、库存报表等文件。

2)汽车营销电子商务系统的功能模型

图12-6说明了电子商务的功能模型,描述了CA中心、支付网关、电子柜员机、用户端电子钱包等电子商务基本组件之间的结构关系。

四、汽车营销电子商务系统的应用框架

电子商务的基本框架结构是指实现电子商务从技术到一般服务层所应具备的完整的运作基础。它包括网络技术设施的3个层次和电子商务应用的4个支柱,如图12-7所示。

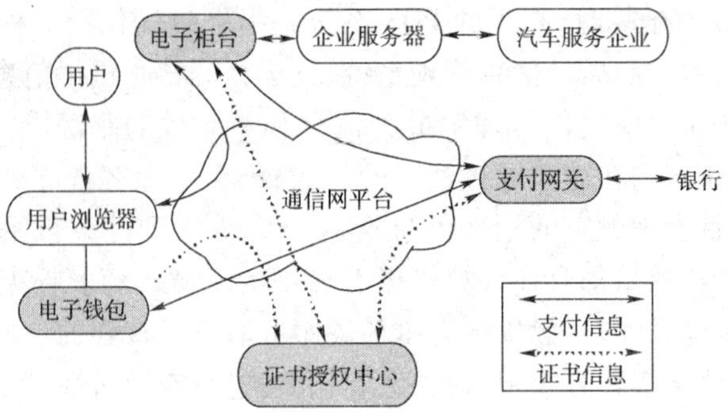

图 12-6　汽车服务企业电子商务的功能模型

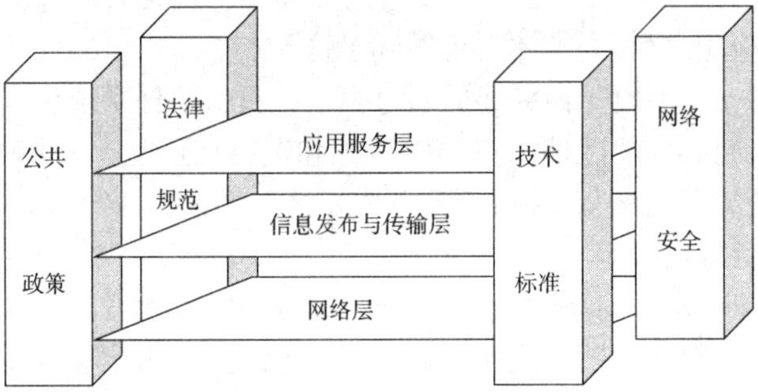

图 12-7　电子商务的应用框架

1. 电子商务技术设施的 3 个层次

1)网络层

网络层指网络基础设施,即所谓的“信息高速公路”,是实现电子商务的最底层的硬件基础设施,它包括远程通信网(Telecom)、有线电视网(Cable TV)、无线通信网(Wireless)和互联网(Internet)。这些网络都在不同程度上提供电子商务所需的传输线路。目前这些网络基本上是独立的,研究部门正在研究将这些网络连接在一起。就现在来看,大部分电子商务的运作还是基于互联网。

2)信息发布与传输层

在网络层提供的信息传输线路上,根据一系列传输协议来发布传输文本、数据、声音、图像、动画、电影等信息。最常用的信息发布所应用的是万维网 WWW、FTP、Gopher、Telnet 及 News。文件的传输一般有电子邮件、EDI、FTP 或点对点档案传输等。

3)一般商业服务层

一般商业服务层可以实现标准的网上商务活动服务,如标准的商品目录服务、电子支付、商业信息安全传送、客户服务、电子认证等。

2. 电子商务应用的 4 个支柱

1)公共政策

公共政策是指政府制订的促进电子商务发展的有关政策,包括互联网络的市场准入管理、内容管理、电信及互联网络收费标准的制定,电子商务的税收政策等。

2)技术标准

技术标准是信息发布、传递的基础,是网络上信息一致性的保证。为了保证商务活动数据或单证能被不同国家、行业贸易伙伴的计算机识别处理,一定要有数据、格式的一致约定。

电子商务标准体系包括公共标准、网络标准、应用平台标准和应用技术标准。我国电子商务技术应用标准包含了4个方面:EDI标准、商品编码标准(HS)、通信网络标准和其他相关的标准。

3)网络安全

如何保障电子商务活动的安全,一直是电子商务能否正常开展的核心问题。作为一个安全的电子商务系统,首先必须具有一个安全、可靠的通信网络,以保证交易信息安全、迅速地传递;其次必须保证数据库服务器的绝对安全,防止网络黑客闯入盗取信息及计算机病毒。为此制订了一系列安全标准,如安全套接层(SSL)、安全HTTP协议、安全电子交易(SET)等,并采用了电子签名和电子认证、防火墙等比较成熟的安全手段。

4)法律规范

法律维系着商务活动的正常运作,网络活动必须受到法律制约。法律制定的成功与否直接关系到电子商务活动能否顺利开展。电子商务的法律规范涵盖了知识产权保护、电子合同、数字签名、网络犯罪等诸多方面。

五、汽车营销电子商务存在的问题

汽车营销电子商务的发展前景无疑是非常广阔的,鉴于我国该系统起步较晚,信息化和网络化程度不高等原因,目前汽车营销电子商务系统需要重点解决以下几方面的问题。

1)网络基础设施建设问题

网络基础设施是制约电子商务大力发展的瓶颈。经过多年发展,中国在网络基础设施建设方面已经取得了一定成就。在互联网络方面,现已初步形成了一些较大的互联网络,但与我国人口相比,在网络基础设施建设方面仍显得投入不足,我国网络基础建设的发展与电子商务发展的要求还有很大差距。因此,要促进汽车营销电子商务的快速发展,就必须加大投入,进一步完善网络基础设施建设。

2)政府的角色定位问题

政府对电子商务活动不应过多地干涉,而应遵循电子商务的国际准则,尽量放权于企业。政府在其中所起的作用应是扶持和服务,而不是控制和干预。当然,当交易中出现侵犯知识产权等现象时,政府应有及时、准确的应对措施。目前在我国普及电子商务应用所面临的社会环境是:政企不分,信用制度不完整,流通秩序比较混乱,地方利益和部门利益纵横交错而滋生出形形色色的保护主义。面对这样的情况,政府部门应思考如何管理才能化消极因素为积极因素,在推进电子商务应用的普及过程中发挥应有的作用。

3)管理问题

作为国民经济的支柱产业,汽车产业同样存着管理水平滞后的问题,与电子商务的发展要求存在较大差距。目前,我国绝大多数汽车厂商在采购、生产、销售、售后服务等方面还是相对独立的手工操作,对人和物的管理还相对粗放,信息流、资金流和物流基本还未实现集约经营管理,致使企业资源的配置无法实现最优化。毫无疑问,这种管理模式难以达到电子商务条件下各环节高效、协调、统一、即时的要求。

对于大多数汽车厂商而言,影响汽车营销电子商务发展的一个重要因素是缺乏高效、先进的企业管理信息系统的支持。在生产、库存、财务管理、客户支持等相关环节,没有相应的资源共享和信息支持,电子商务将很难实现。为了解决这一问题,几乎所有的世界著名汽车厂商都拥有高度发达的ERP、CIM、SCM等系统。这些系统是电子商务的基本组成部分,在提高企业销售能力和客户服务能力水平、降低产品库存等方面起着重要作用。但是在我国，汽车厂商在这方面还存在较大的差距，尽管有些企业已经实施了ERP等系统，但由于企业原有管理基础较差、管理人员素质较低，真正能发挥这些信息系统的作用，并使其与电子商务有机集成的汽车厂商还非常少。因此，加强信息管理系统的开发与应用，切实提高企业的管理水平，是发展我国汽车营销电子商务的重要前提。

4）标准问题

由于汽车产品品种多、规格复杂，不同的企业执行各自的标准从事生产经营活动，使得整个汽车行业很难形成统一的标准。尤其是汽车零部件的生产和销售，由于自身基础、国家归口管理等多方面的原因，长期以来一直缺乏适用的统一标准，致使整个行业的生产和销售出现"散、乱、杂"的局面，甚至导致了鱼龙混杂、假冒伪劣产品泛滥现象的发生。这种缺乏行业标准或行业标准混乱的状况，在很大程度上影响了汽车营销电子商务活动的有序开展。因此，汽车行业实行标准化管理和标准化经营是促进汽车营销电子商务发展的重要条件。

5）网络安全问题

安全问题是企业应用电子商务最担心的问题，而如何保障电子商务活动的安全，将一直是电子商务的核心研究领域。在我国，尽管真正实现全面的汽车营销电子商务还有很长一段时间，但是汽车零部件、装饰件等的网上交易，以及汽车供应商和生产商的网上交易在现阶段不但可行，而且十分重要。而目前的网络安全问题还在一定程度上影响着电子商务的进行，无论是消费者个人隐私权的保护，还是在线支付的安全性问题，都有待进一步完善。

6）消费者的观念问题

要开展汽车营销电子商务，不能不考虑消费者的观念问题。目前，中国消费者对电子商务的接受程度还比较低。据有关调查，经常光顾汽车网站的访问者中，真正愿意体验网上购车者不到5%。这主要是由于汽车消费是一笔相当大的支出，加上目前商业信誉度较低，使得许多消费者仍相信眼见为实，对网上交易抱着非常谨慎的态度。因此，应该根据汽车营销电子商务未来发展的要求，通过各种途径积极开展汽车营销电子商务的宣传工作，尽快普及电子商务有关知识，提高商业信誉度，转变消费者观念。

7）人才培养工作

汽车行业应大力加快以下三种电子商务人才的培养：第一是培养从事电子商务理论研究与从事实务的专门人才，积极开展对企业业务流程重组、物流系统优化设计、电子商务交易模式，以及网络营销和传统营销的整合等领域的深层次理论研究，为企业的战略规划提供科学依据；第二是培养既懂技术（主要指计算机硬软件、网络技术、通信技术）、又懂管理（主要指系统科学管理、现代商务管理）的人才；第三是培养具有创新精神的网络经济、网络管理人才。目前，在应用汽车营销电子商务的各个企业乃至整个行业中，应大力开展在岗员工的电子商务知识和技能培训，与有条件的高校和科研单位合作，开设电子商务专业或方向，系统培养电子商务的专门化人才，建立一支素质较高、结构合理、专业配套的梯形队伍。

六、汽车营销电子商务平台实例

在全球互联网浪潮的兴起下，国内很多汽车厂商都建立了自己独立的电子商务平台，开展网上宣传及在线信息交流业务。现以某汽车厂商为例，介绍其汽车营销电子平台的结构和功能。

1. 销售公司整车商务流程结构

该公司销售公司目前实行的是经销制，在全国设立各级经销商，通过经销商来销售汽车整车产品。销售公司在总部有整车总仓库，并在全国设立了5个整车中转仓库，进行库存车辆的调拨，来完成公司的销售任务与战略。销售公司虽然也有少量的零售业务，但主要的业务是对经销商的批发业务，这种批发交易业务数量大、次数多，且经销商遍布全国各地，给销售公司的业务发展带来了挑战。

该公司的整车商务业务流程如图12-8所示，由经销商的需求订单开始，到计划员的批发分车、财务开票、仓库提车等，最终完成车辆的配送和交付。此流程图反映了销售公司的业务部门和人员分配，表明了销售活动的整个过程。

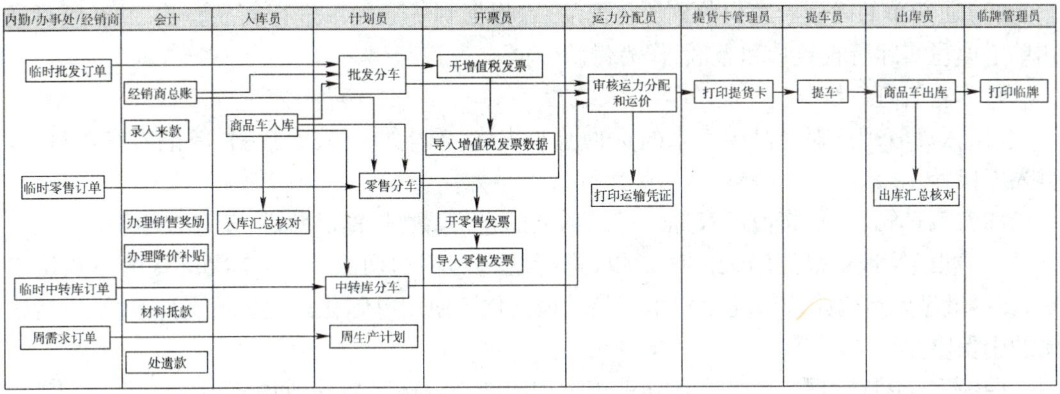

图12-8 整车商务业务流程图

2. 电子商务平台的功能结构

销售公司整车销售B2B电子商务平台的功能结构如图12-9所示。

1）商品信息管理

（1）商品信息登记和管理。主要功能是维护在整个网络中的商品信息，其中主要包括：新商品登记；商品价格制定；商品促销和优惠等。

（2）商品信息发布。主要是将系统内部的商品信息及时发布到Internet上，便于客户进行查询与检索。

（3）商品信息的浏览和查询。向所有用户提供方便、快速、有效的查询工具，并根据各种属性快速的进行商品定位和浏览。

（4）商品信息统计。对所进行销售的商品进行统计，包括价格、规格、数量、浏览次数等，便于掌握商品结构，确定是否满足客户需要。

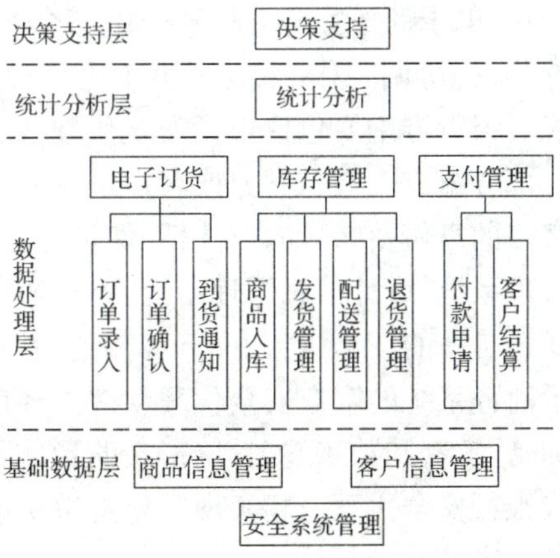

图12-9 电子商务平台功能结构

2）客户信息管理

（1）客户档案登记。客户档案主要包括：客户代码、名称、地址、电话、开户银行、银行账号、税号等情况，以及信誉度、资产状况等多种信息，以便全面掌握客户情况。

（2）客户信用管理。根据客户的购买情况、付款情况以及挂帐资金情况等，对客户进行预付款、信誉度的确定，并及时根据可获得实际消费情况以及资金挂帐情况进行调整，冻结客户购买的可能,降低企业经营中的风险。

(3)客户消费查询与统计。随时掌握客户购买趋势的变化,及时调整经营和产品策略。对客户而言,便于掌握自身的订货、付款、信誉度等情况。

3)电子订货系统管理

(1)订单的录入与查询。客户在网上查询到所需的商品信息后,直接进行订单的录入,其内容包括:商品代码、定购数量、送货期限、订单有效期限等信息。当该笔订单经过审批后,客户可以查询该笔订单的到货时间、应付账款等。

(2)订单的审核和确认。销售中心收到客户订单时,先验证客户的身份及信誉度,当确认该客户可以进行订货后,对该订单进行审批,并将审批结果通知客户。

(3)通知单的确认。客户收到所订商品后,根据到货通知单进行商品验收,并在到货通知单上填写实际所收数量和金额,作为付款依据。

4)库存管理系统

(1)入库管理。对产品中心来的货物验收入库,产生验收入库数据,登记库存账目,进行入库保管。

(2)库存管理。负责商品存储。记录商品的仓位、数量、商品状态、库存金额等。

(3)配送管理。根据当天的送货单,进行配送车辆的调派,产生本次送货的车辆调度单,要尽量做到运输路线最优化和车辆装载最优化。使用电脑化配送决策支持系统,进行物流的全程监控。

(4)商品退货管理。商品配送和销售过程中的不合格商品,返回配送中心,统一退货。

(5)库存分析。目的主要是进行存货控制管理,通过设定的每类商品的最小库存量、最大库存量、安全库存量,随时进行报警。

5)支付的安全管理

由于电子商务系统由商家、客户和银行三方通过 Internet 连接起来,并实现具体的业务操作,电子商务安全支付系统由三个安全代理服务器及 CA 认证系统构成。它们遵守相同的协议,协调工作,来实现整个电子商务交易数据的完整性、保密性、不可否认性等安全功能。银行方主要包括银行安全代理、数据库管理系统、审计安全信息管理系统、业务系统等几部分组成。它与商家或客户进行通信,实现对商家或者客户的身份认证机制,认证商家和客户的身份及账号的合法性,保证业务的安全进行。商家方主要包括商家安全代理、数据库管理系统、审计信息管理系统、Web 服务器系统等几部分组成。在客户方,电子商务的用户通过自己的计算机与 Internet 相连,在客户计算机中,除了 WWW 浏览器软件外,还装有电子商务系统的客户安全代理软件。客户安全代理的主要任务是负责对客户端敏感信息进行加密、解密和数字签名,以密文的形式与商家或银行进行通讯,并通过 CA 和商家安全代理或银行安全代理一起实现用户身份认证。

6)统计分析系统

分析统计的主要内容包括以下几个方面:

(1)商品进销存分析。根据采集到的数据做出科学的计划、决策,并下达执行,同时根据市场情况不断地调整计划,修正错误,构成科学的计划管理体系。

(2)销售分析。通过销售信息的采集,能够准确掌握各品种、各价位档次商品的销售情况,及时调整经营管理策略,同时也为商品促销以及新产品的引进提供了依据。

(3)客户消费分析。对客户的消费进行定期跟踪,准确了解客户和市场需求,掌握并调整客户信誉度,降低企业经营风险。

(4)价格分析。为决策者确定经营策略和价格策略提供依据。

(5)促销分析。对所采取的促销策略前、中、后的商品销售情况进行对比统计,以使企业更清晰了解促销活动的成功性,并为今后的经营管理活动提供依据。

3. 电子商务平台的信息系统

图 12-10 为汽车整车销售电子商务平台信息系统,清楚地反映了商流、信息流、资金流和物流的产生、传递的过程。该商务平台实现了客户登录、信息查询、下订单、库存信息、发票、运输物流信息和数据统计分析等。

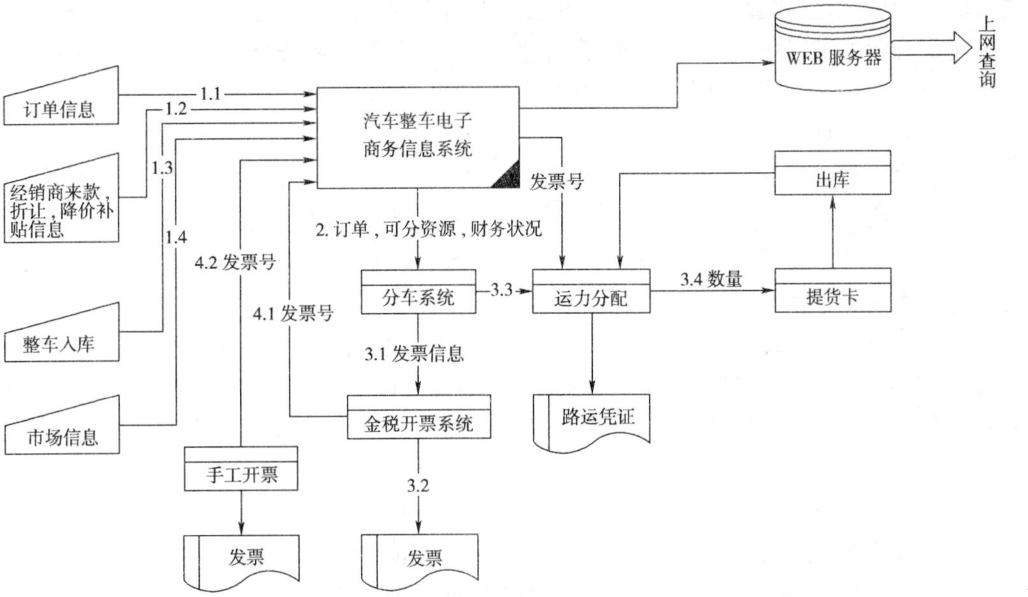

图 12-10 汽车整车电子商务信息系统

在电子商务时代,进行贸易的顺序并没有改变,还是要有交易前、交易中和交易后几个阶段,但进行交流和联系的工具变了,从以前的纸质单证变为现在的电子单证。这个阶段的一个重要特点就是信息流的电子化,更多地表现为票据资料的流动。此时信息流处于一个极为重要的地位,它贯穿商品交易过程始终,在一个更高的位置对商品流通的整个过程进行控制,记录整个商务活动的流程,是分析物流、导向资金流、进行经营决策的重要依据。系统中的信息流由客户、商品和交易等基础信息及这些信息资源的收集、管理、利用构成。

1)登录和客户信息管理

客户通过汽车销售公司的网站首页进入销售公司的电子商务网站。销售公司销售模式为经销制,它的客户为经过授权的各级经销商,因而在电子商务中,实行了严格的会员制,只有通过身份验证的经销商会员才能登录本商务平台。

登录后经销商就可以查看产品信息,如车辆价格信息、各品种车辆的配置、发动机及车身颜色等信息。这些信息准确、详实、更新快,给经销商选购车型、购车提供了最大方便,并能更好地满足客户的需求,密切了与客户的关系。统一市场价格避免了经销商乱调车价的现象,能更好的实现销售公司的市场战略。

2)网上订单

经销商会员登录后,要想买车应进入订单录入界面,经销商只可以提交自己及其所拥有的下级部门的订单,以防止大量无效订单的出现。合同类型为经销商的经营性质。订单类型分临时定单、周订单、月定单三种类型,其中临时订单为经销商目前的现实需求,而周订单和月订单则带有合同性质,是经销商的预测一定时段内的可能需求。销售公司的所有整车产品系列都在列表中,经销商选择要购买的品种,选择发动机、档位、面漆颜色和空调等型号,确定购买的数量,最后提交需求订单。在最终提交前经销商可以反复修改需求订单,提交时有购买清单可以进行核查,核对无误后进行提交。核对时若发现清单有误,可以返回订单录入界面重新选择。

销售公司对经销商的需求订单进行处理,区分出有效订单和无效订单。对有效订单再进行购买确认,根据库存量和订单有效期限安排出库或形成企业的生产计划。

销售公司的批发售车需要考虑库存、经销商的资金信用和结余账款等信息,决定对需求订单是否予以确认。需求订单处理后产生分车结果,并进行开票结账,产生财务信息,以及提车、运输等物流信息。

商流为接受订单、购买等销售信息,还有技术支援、售后服务等信息。商流解决的是商品价值与使用价值的实现,经过商流,商品变更了所有权。信息流解决的是流通主体之间的信息传递。从经销商下订单开始产生商流,到销售公司接受订单,商品交易得到确认,也就完成了一次商流过程。

销售公司按照经销商的订单,提车出库、安排运输路线并计算运费,在此过程中产生运输凭证、提货单等单据信息和运费支付信息,开始商品配送,这时也就产生了物流。对配送的商品车进行计算机化管理,在网上进行发布在途商品信息,例如运输车队、运输路线和到达时间等。既方便了销售公司的管理,又满足了经销商运输信息查询的需要,提高了管理水平和客户服务质量。待商品到达客户,客户进行商品种类、数量、质量等的检验,通过检验并收货签字后,物流过程也就基本结束了。运输中发现的不合格产品,由运输车队反运回销售公司仓库,集中进行相应的处理。经销商可以上网查询,查看订单执行处理情况与订购车辆运输信息。

第四节　汽车网络营销

伴随着网络经济时代的到来,一个以互联网为基础的网络虚拟市场开始形成。互联网所具有的全球性、虚拟性、跨时空性和高增长性的特点,使网络虚拟市场成为一个潜力巨大的数字化新兴市场。

一、网络营销概述

网络营销(e-Marketing),是相对于传统营销而提出的一个新的概念,网络营销是借助互联网、计算机通信和数字交互式媒体,运用新的营销理念、新的营销模式、新的营销渠道和新的营销策略,为达到一定的营销目标所进行的经营活动。网络营销贯穿于网络经营的全过程,从信息发布、市场调查、客户关系管理,到产品开发、制定网络营销策略、进行网上采购、销售及售后服务都属于网络营销的范畴。

必须注意到网络营销和网上销售(在线销售)是两个不同的概念,网上销售只是网络营销的一个重要组成部分,网络营销的目的是为了扩大销售(包括网上销售和非网上销售),但它并不一定会使网上直接销售量大幅度上升,然而网络营销肯定会促进产品及服务的总销售量的增长。

在理想的状态下，企业的网络营销活动的全过程都可以建立在互联网络的基础之上。通过内联网促进企业内部信息流通，建立内部信息管理系统，实施企业资源计划；通过外联网实现上下游合作伙伴的合作，进行产业链管理；通过互联网进行产品及服务的咨询、定单处理、实现电子支付、进行物流配送的管理和售后服务等。网络营销是未来企业营销的新模式，它将给企业带来新的商机。

二、网络营销理论

网络营销是企业整体营销战略的一个组成部分，网络营销理论是传统营销理论在互联网环境中的应用和发展。

1. 直复式营销理论

直复式营销（Direct-marketing）是指利用直接反馈的广告、邮件、电话和其他相互交流形成的媒介所实施的大范围市场营销体系。传统直复式营销依靠产品目录、印刷品邮件和报刊杂志上带回复表的广告，而现代通信技术的发展使得互联网成为直复式营销的最佳媒介。互联网具有方便快捷、双向沟通，内容篇幅不受限制，文字、声音、图像、动画共存的优良特性，它可以方便地在企业和顾客之间架起桥梁。顾客可以通过网络看货、下订单，企业通过网络接受订单、安排生产及发货，因此直复式营销策略和技巧也可以在网络营销中采纳。基于互联网的直复式营销完全符合直复式营销的理念。

2. 关系营销理论

关系营销以系统论为基本思想，将企业置身于社会经济大环境中考察企业的市场营销活动，认为企业营销是一个与消费者、竞争者、供应商、分销商及政府管理机构发生互动作用的过程，正确处理与他们的关系是企业营销的核心。关系营销的基本立足点是建立、维持和促进与顾客和其他商业伙伴之间的关系，以实现参与各方的目标，从而形成一种兼顾各方利益的长期关系。关系营销将建立和发展与相关个人、企业组织的关系作为企业市场营销的关键变量，其核心是争取与维持客户，为顾客提供满意的产品和服务，通过加强与客户的联系与沟通，维持与客户的长期关系，在此基础上开始营销活动，实现企业的营销目标。

3. "软营销"理论

"软营销"理论是针对工业化时代的"强势营销"提出的新理论。在传统营销中，最能体现强势营销特征的是两种促销手段：传统广告和人员推销。在传统广告中，消费者通常是被动地接收广告信息的"轰炸"，企业通过不断地灌输强势信息的方式在消费者心中留下深刻的印象，至于消费者是否愿意接受，是否需要这样的广告信息则不予考虑；在人员推销中，推销人员根本不考虑推销对象是否需要和愿意接受，只是根据推销人员自己的判断强行展开推销活动。所以这二种强势促销手段都试图以一种灌输的方式引导消费者，而不管消费者是否需要，因此这二种手段往往会引起消费者的反感和厌弃。"软营销"与"强势营销"的根本区别在于：软营销的主动方是消费者，强势营销的主动方是企业。软营销强调企业进行市场营销活动的同时必须尊重消费者的感受和体验，让消费者舒服地主动接纳企业的营销活动。

4. 整合营销理论

整合营销表示营销不再是单一的企业营销部门的活动，而是综合了与企业经营活动存在关联的各个内部企业单位与外部主体如供应商、顾客等的全局性活动。它要求企业整合各种可以利用的内部资源和外部资源，从而最大限度地获得竞争优势。

网络整合营销理论包含三层含义：

(1)把顾客整合到整个营销决策中来。企业必须意识到顾客对自己的重要性，并着手研究顾客的需要，生产相应的产品去满足顾客。企业的中心从生产转向市场，将顾客的需求作为企业营销活动的起点。满足消费者的个性化需求，让顾客参与产品的设计与定价可以激发他们对企业的信任感和参与意识，从而争取到新客户，拉住了老客户。

(2)把原料供应商、产品分销商、仓储及配送部门整合在一起，实行供应链管理，缩短产品的生产与供货周期，提高营销效率，降低产品成本。

(3)将传统营销手段与网络营销手段整合到一起，虽然网络具有其他传媒无法比拟的快速、廉价与互动的优越性，并不意味着网络营销手段可以完全取代传统营销手段。

网络营销的活动大都在网络媒体上进行的，它既是市场调研的工具，又是产品的销售渠道，同时还是广告和公关的媒体，也是顾客实行电子支付的场所，这就使得网络营销成为一个各部分密切相关的全过程营销。有时对某个具体的操作方法是属于哪个营销策略很难分得清楚，必须采用整合营销的观念来看待网络营销的整个过程。

三、网络营销的特点与功能

1. 网络营销的特点

同传统营销方式相比，网络营销具有一些新的特点。

1)网络市场是一个虚拟的全球性市场

计算机网络构建了一个虚拟空间，通过计算机系统可以生成各种虚拟环境，作用于人的视觉、听觉甚至嗅觉，在虚拟空间中，可以方便地建立网站、组建虚拟公司、虚拟商场，用逼真的图像、声音、文字及链接展示商品及服务信息，通过网络进行商务谈判、签订电子合同、实施电子支付，其经营规模不受限制，因而网络营销突破了传统营销中的范围以及所受的消费者群体、地理位置半径的限制，打破了地区封锁。企业进入互联网就等于进入全球性的虚拟市场，它可以通过网络搜集情报信息，可以顾客身份在全球范围内采购原料以及商品，也可以经销商身份向全世界范围的企业与个人销售产品及服务。

2)网络营销是全天候的在线营销，让用户感到操作方便节省时间

在现代社会中，人们不再是日出而作，日落而息，不同类型的人群其生活规律是不一样的，所以在任何时候都可能产生购买的要求。在跨国营销中，不同国度的时差不同，给企业营销活动带来了不少麻烦，网络营销彻底地解决了这个问题。网站的服务器是24小时不停机的，只要找到一台联网计算机，消费者可以在任何时间、任何地点进行网上购物。顾客不需出门，不需乘车赶往商场，只要通过计算机登录上网，他就进入了虚拟空间，在虚拟空间网站与顾客的距离为零，网站的地址就是一个域名(或 IP 地址)。顾客只要在浏览器上键入网站的域名，他就登陆了网站，可以随时通过网络搜集商品信息，发送订货单，实行电子支付。据中国互联网络信息中心 CNNIC 的调查，用户进行网络购物的主要原因是“节省时间”与“操作方便”。

3)网络营销可以提供大量信息，其信息更新速度快

信息不对称、顾客不能获得足够的商品价格信息曾是厂商获利的一个秘诀。然而在现代信息社会，顾客希望多获得信息，进行充分的质量、性能、功能、价格的比较。由于商品的科技含量越来越高，顾客需要的信息咨询与售后技术指导也越来越多。网站可以为顾客提供海量信息，从而满足顾客的信息需求。此外商品信息、价格信息经常会变化，需要及时更

新，无论是厂商印制宣传册、制作发布广播、电视、报纸、杂志、广告，其速度都比不上网页的制作发布速度，所以顾客在网站上总能搜集到最新的信息。

4）网络营销将许多售前、售中、售后服务项目整合在一起

营销活动往往经历多个环节，如信息搜集、价格比较、技术咨询、签订合同、发送订单、货款支付、商品配送、企业的原料采购、制订生产计划、库存管理、售后服务，其中不少环节都可以在网络上进行一体化运作。顾客可以在网上搜集商品价格信息、进行技术咨询、发送订单、实行电子支付，如果购买的是信息服务或电子商品还可以通过网络直接下载，从而方便了消费者，简化了购买过程。企业可以通过网络接受订单，根据订单制定生产计划，通过网络进行库存管理、发货及商品配送、完成售后服务。

5）网络营销实行的是双向交流，即刻反馈

绝大多数媒介只能进行单向的信息传递，网络的互动性促成了网络营销的双向交流，同时这种交流的传输速度非常迅速，顾客可以即刻从企业得到反馈，企业也可很快了解顾客的需求，既提高了顾客的购物效率，也提高了企业的经营效率。

2. 网络营销的基本功能

网络营销系统是电子商务系统的有机组成部分。一个完整的网络营销系统可以包括以下功能：

1）市场调研

通过网络搜集市场情报，收集企业竞争对手的信息，了解企业合作伙伴的相关业务情况，向消费者征求对企业推销商品及服务的认知程度、评价与意见，为新产品开发做准备，为调整企业生产决策或营销策略提供依据。

2）信息发布与咨询

进行广告宣传，发布商品与服务信息，设立 FAQ 回答顾客经常提出的问题，设立留言板与电子邮件信箱让顾客留下建议与提问，并及时回答相关问题。

3）网上销售或网上采购招标

销售型站点要建立购物区及相关网络销售数据库，设立购物车方便顾客选购商品，发送商品订单。招标型站点要公布招标办法及要求，设计投标书，制订公正合理的招标评标程序。

4）网上支付与结算

网上支付应支持多种支付方式，如银行卡、电子钱包、电子支票、电子转账、邮局汇款等。在银行卡支付中又涉及到多种银行卡，需要和多家银行金融机构进行合作，确定认证和结算办法。

5）订单处理

通过电子数据交换系统或网络数据库进行定单的自动处理与传输，再通过营销管理信息系统将定单任务分解到各个营销环节及业务部门。

6）物流配送

根据订单要求，在最短的时间内按照客户指定的时间及地点将商品发送至客户。

7）客户关系管理

建立客户档案，加强与客户的联系，整理客户留下的订购资料，解决用户提出的问题，研究顾客提供的评价、意见及建议，为改善产品及服务质量提供参考。

8）提供售后服务

解决产品使用中可能出现的问题，如退货、维修、技术支持和电子产品的升级。

四、网络营销系统

网络营销系统是指企业进行网络营销活动所必备的由营销人员以及软硬件设施组成的整体。网络营销系统区别于传统营销系统之处在于它是由互联网支撑的，它的各个组成部分均通过网络相连，呈现网状结构。这一系统涵盖了企业、网络服务供应商、消费者、银行金融机构、物流配送公司、政府管理机构（税务、工商、海关）以及认证机构。由于网络营销是电子商务中最重要的组成部分，所以网络营销系统的构建要纳入企业电子商务系统的总体规划。

1. 网络营销系统的组成

一个完备的网络营销系统一般由以下几个部分组成。

1）网络营销平台

网络营销平台是指开展网络营销的有形界面，它由服务器、各种网络设施及软件系统和计算机终端所组成。网络营销平台一般是建立在互联网的平台上，网络营销平台包括信息发布系统、在线销售系统和原材料采购招标系统或拍卖系统。

2）企业内部局域网

企业内部局域网是一个分布在企业内较小地理范围内的计算机网络，它由一台或多台服务器及若干工作站组成。构建局域网的目的是为了更好地实现资源共享与内部信息的迅速传输、提高管理水平与企业经营的效率。在企业内部的局域网上，可以有效地实现企业资源计划（ERP），进行办公自动化操作、产品制造生产计划与生产流程管理、项目管理、人力资源管理、财务管理、客户关系管理、供应链管理及市场营销管理。

3）电子支付结算系统

在网络营销中，电子支付是一个重要环节，它不是企业可以独立完成的。网络营销企业必须与银行金融机构合作，构建电子支付结算系统。

4）物流配送系统

物流配送系统是网络营销中的一个瓶颈环节，对大多数企业来说，企业可以自营物流，可以借助传统流通渠道，也可以委托第三方物流配送公司来完成商品的配送。

5）进出口报关管理系统

对于进出口企业还需要增加一个进出口管理系统，在企业与国际运输公司、海关之间建立网络通道，实行进出口运输的自动化管理及电子报关。

6）认证系统

网上交易与支付环节通常要经过 CA 认证中心和金融认证系统来共同完成认证。

2. 网络营销的层次

实际上不是所有企业都能将营销活动的各个环节都搬上网。由于企业的应用能力和技术上的限制，在从传统营销向网络营销的转变过程中，需要有一个渐进的过程，应由浅入深，由简单到全面循序进行。网络营销的弹性很大，根据企业对互联网的应用能力及水平，企业从事网络营销可以分为 3 个层次。

1）企业上网宣传

企业上网宣传是网络营销的起步阶段，也是目前大部分中小企业上网的基本层次。在这一层次上网站的建设比较简单，成本也较低，然而它对企业开拓市场，促进外部甚至国际信息交流的效率却很高。企业上网宣传的目的是树立企业形象和宣传产品,企业网站信息由企业定制,没有传统媒体的时间、版面等限制,也可伴随企业的发展进步不断实时更新;企业网站可应用文字、图像及多媒体手段吸引受众,并要在网站的必要部位留下单位通讯地址如电话、传真号及电子邮件以方便顾客在网下进行业务联系,其目的是通过上网宣传来促进网下的交易。

2)建立企业内部网

当企业通过上网宣传打开局面后,就可能收到较多的定单,生产规模会逐步扩大。在电子商务的环境中,顾客对产品的交货期以及质量的要求较严。企业会发现其内部的信息化管理及生产工序的安排跟不上形势的发展,需要建立企业内部网来提高企业内部信息的传递速度;加强客户关系管理;根据顾客订购产品的品种数量,运用数据库自动安排生产工序;计算原材料消耗量;检查监督生产的进程。进而对建立企业内部信息管理系统(MIS),供应链管理系统(SCM),客户关系管理系统(CRM)产生需求。

3)开展在线营销

企业可以在内部网站的基础上建立网络营销平台,网络营销不仅包括面向消费者的零售方式,也包括企业间的网上直接交易,它是一种高效率、低成本的市场交易方式,代表了一种新的经营模式。由于在线营销合并了全部中间销售环节,并提供更为详细的商品信息,消费者能更快更容易地了解商品特性及价格,从而在消费选择上居于主动地位,开展在线营销使得企业与众多销售商的联系更为方便。

3. 网络营销的步骤

汽车网络营销的基本步骤如下:①售前服务。包括市场调查、制定营销策略、确定产品服务价格、建立网络营销平台、进行广告促销宣传。②售中服务。包括会员申请、认证、接受订单、电子支付、订单审核与发货、电子报关(外贸企业)。③售后服务。包括商品配送、客户关系管理、商品退货、商品保修维修、售后技术支持、电子产品的产品升级。

五、网络营销的模式

进行网络营销最重要的是根据企业的性质和营销目标选择合理的营销模式,营销模式的确立对于企业经营的成功至关重要。目前国际上常用的网络营销的模式主要有以下几种。

1. 在线商店模式

在线商店模式的主要目标是利用网络技术缩短企业与顾客的距离,它是向消费者直接销售产品或提供服务的经营模式。这类网站实质上是一个电子版的产品目录商,这些虚拟的店铺通过精心编制的文字和图片来描述它们所提供的产品和服务,进行促销活动,它们拥有网络数据库,提供在线交易系统。一旦消费者决定购买则发出订货单,企业据此安排生产、组织送货。

在线商店可以分为二大部分:第一部分是消费者可以接触到的部分——在线商店的前台部分,即顾客在电子商店中选择商品、通过购物车核对所购物品的品种数量、下电子订单、进行电子支付、选择付款方式和送货方式等一系列过程。第二部分是在线商店的后台管理部分,包括网站的维护与更新、客户关系管理、订单管理、电子支付平台、库存管理和商品配送系统等部分。在线商店的前后台业务流程可参见图12-11。采用这种模式的网站有当当网上书店等。

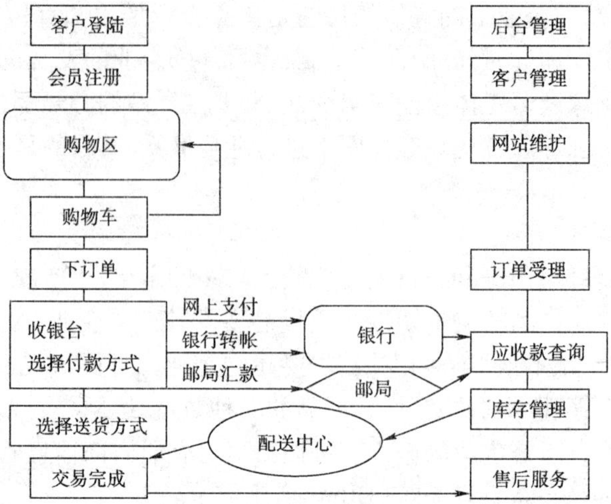

图 12-11　在线商店前后台业务流程图

2. 企业间网络营销模式

企业间的网络营销模式是利用网络营销平台将企业的上下游产业紧密地整合在一起，即将原料供应商、产品经销商、运输商、往来银行甚至海关连成一体，实行网络的交易与管理，有效地加快了信息的流通速度、减少中间流通环节、缩短供货周期、降低经营成本、提高运营的效率和经济效益。随着 B to B 电子商务的逐渐成熟，这一模式将成为企业间营销的理想模式，而传统代理和分销方式将被远远抛在后面。

企业间的网络营销系统既可以建得相对简单，只跟某一个企业建立 B to B 的供应关系，也可以建得很复杂，将多个上下游合作伙伴用网络连成一体。企业间网络营销系统需要企业建立一个高效、实用、易于扩展的网络营销平台，还要配备一个企业内部局域网，将网络营销平台与企业资源计划、供应链系统、客户关系管理系统、配送系统等整合成一个完整的电子商务系统，参见图 12-12。一些实力较强的大企业均采用这种模式，如上海通用、广州本田等。

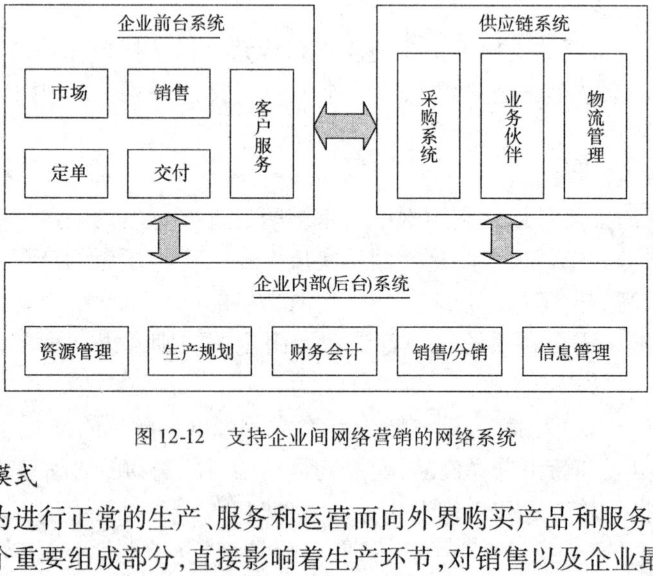

图 12-12　支持企业间网络营销的网络系统

3. 网上采购模式

采购是企业为进行正常的生产、服务和运营而向外界购买产品和服务的行为，它是企业运营过程中的一个重要组成部分，直接影响着生产环节，对销售以及企业最终利润的实现有着很大的影响。网上采购就是企业通过互联网采购产品，包括企业通过网络了解供应商的产品信息，通过比较选择合适的供应商，经过贸易洽谈达成交易及签订采购合同的全部过程。企业实行网上采购可以建立网上采购平台，也可以利用公共采购平台。在传统采购中由于中间环节过多提高了进货成本，由于管理不善及其他人为因素造成采购原材料价格过高或质量低下，相比之下网上采购则有着如下的优点：

(1)利用网络将采购信息进行整合和处理、统一定货，选择合适的供货商，从而求得最大批量折扣。

(2)利用网络将生产信息、库存信息和采购系统连接在一起，企业根据需要适时采购，最大限度地降低库存，减少资金占用和仓储成本，避免价格波动对生产的影响。

(3)实行库存、采购管理的自动化和科学化，提高采购效率和保证原料质量，避免人为因素造成的不必要损失。

网上采购有三种形式：

(1)卖方为主的形式。这种方式以卖方列出销售产品目录，让买方选购，如戴尔(www.dell.com)、英特尔(www.intel.com)和思科(www.cisco.com)。这种网上采购模式的业务流程参见图12-13。

(2)买方为主的形式。这种方式以买方列出要买的产品目录，由卖方进行竞价。

(3)中立采购平台形式。由中间机构设立公共采购平台将买卖双方串在一起，如波音公司(www.boeing.com)。

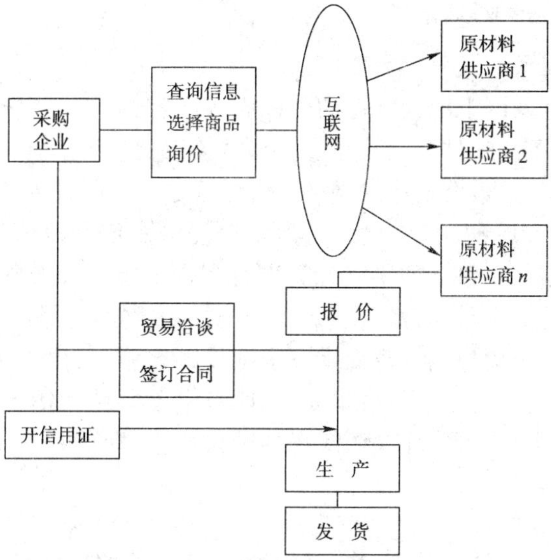

图12-13　网上采购系统

4. 网络招投标模式

网络招投标是通过互联网完成招标和投标的全过程。图12-14显示了一个网络招投标的业务流程。

5. 电子报关模式

入世后中国企业与国际市场的联系更为紧密，进出口贸易会越来越多。企业的全球化运作，对商品进出口物流的速度有了更高的要求，而影响进出口物流速度的瓶颈往往是报关环节，要提高进出口贸易的效率，必须要解决报关的速度，因此电子报关将是一个发展趋势。电子报关有如下优点：

(1)提高海关的管理效率，减轻工作强度，改善通关质量，减少通关时间。

(2)促进企业进出口贸易,杜绝逃税现象;如果海关和银行能够联网,就可以掌握进出口商品的真实价格和交易额,有效制止用假发票欺骗海关。

在我国一些海关已经率先实行了电子报关,凡是有报关权的企业并具有联网条件的,均可采用EDI方式向海关进行电子申报。电子报关的程序包括企业填写电子报关申请表,海关进行电子审单,办理税费征收手续以及查验放行等一系列过程,电子报关系统业务流程可参见图12-15,有关电子报关的详细填表说明可参见中华涉外网。

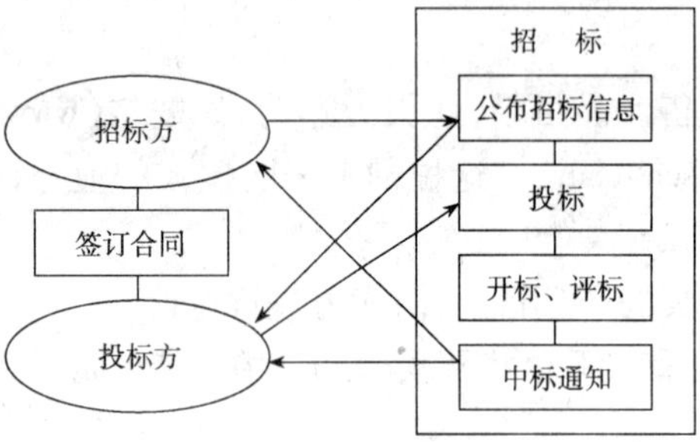

图12-14　网络招投标的业务流程

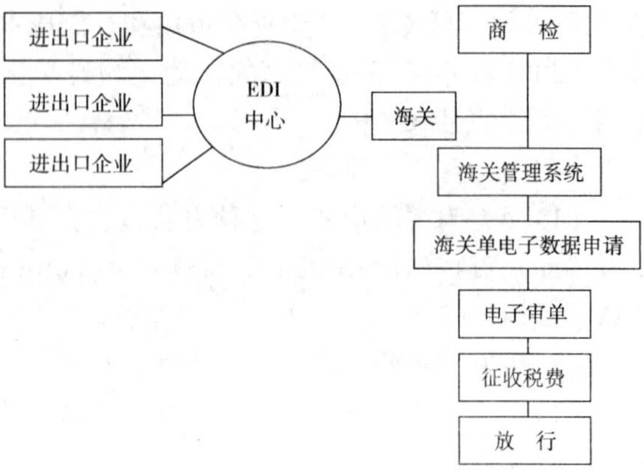

图12-15　电子报关系统业务流程

6. 电子邮件营销模式

电子邮件列表是互联网上比较常见的一种服务内容,有许多表现形式,如新闻邮件、电子刊物、网站更新通知等。邮件列表既是建立顾客关系的有效工具,又是网络营销的最重要手段之一,同时也被认为是最有前途的网络广告形式之一。邮件列表的作用是:作为公司产品或服务的促销工具;方便和用户交流;在为用户提供一定有价值信息的同时获取“注意力”。如果作为营销工具,也许无法准确计算出有多少销售收入来自于邮件列表,事实上通过邮件列表直接获得盈利则是非常实在的。国外的许多网站已经依靠邮件列表获得了满意的利润。目前大部分电子商务网站都提供电子邮件顾客服务,由于传统媒体如电视和广播广告缺乏针对性,而传统的直邮广告成本太高,所以电子邮件营销更受到商家的青睐,而且由于电子邮件营销的成本较低,可以降低产品销售价格,即使开发不常购买的顾客也有利可图。

第五节　汽车营销的客户关系管理

在市场经济高度发展、竞争日益趋于同质化的今天,企业为创造顾客满意所运用的一些传统手段诸如:提供超值服务、顾客奖励计划等,由于竞争对手之间相互模仿,造成顾客的消费预期随着消费经验的增长而不断提高,企业经营成本难以控制,从而降低了顾客对顾客满意的认知。20世纪90年代,一些学者基于对关系营销理论的研究,提出了客户关系管理的概念,通过将现代营销理念与IT技术的结合为企业实行对消费者的定制营销(批量定制)提供了一种低成本运作的途径。

一、CRM的概念与功能

客户关系管理(Customer Relationship Management,简称CRM)是由美国Gartner Group

公司首先提出并应用于实际系统的，随后，学者和企业界对其展开了广泛而深入地研究，并从不同的角度对 CRM 的核心概念进行了界定，比较有代表性的主要有以下几种。

Robert Shaw 指出：客户关系管理是一个互动过程，用于实现企业投入与顾客需求满足之间的最佳平衡，从而实现企业利润的最大化。CRM 是通过赢得、发展、保持有价值的客户，增加企业收入，优化盈利性并提高客户满意度的商务战略，通过获得更多的客户线索，更广泛地共享客户信息，增加收益，提高给客户的价值，以实现企业和客户的"双赢"。

Emma Chablo 则从系统整合的角度提出：客户关系管理是通过人、过程与技术的有效整合，将经营中所有与顾客发生接触的领域如营销、销售、顾客服务和技术支持等整合在一起的一套集成的方法。CRM 借助先进的信息技求和管理思想，通过对企业业务流程的重组来整合客户信息资源，并在企业内部实现客户信息和资源的共享，为客户提供更经济、快捷、周到的产品与服务，改进客户价值、满意度、盈利能力以及客户的忠诚度，保持和吸引更多的客户，最终实现企业利润的最大化。

另外一些学者从技术应用的角度将 CRM 界定为一种建立在信息技术平台上分析并影响客户消费行为的管理技术。与传统管理工具相比，具有以下几个特征：重视顾客满意度、对客户构成进行分析、深度分析利润构成、分析的连续性、巩固现有客户的忠诚度。

Gartner Group 则将 CRM 定义为企业的一项商业策略，按照客户的分割情况有效地组织企业资源，培养以客户为中心的经营行为以及实施以客户为中心的业务流程，并以此为手段来提高企业的获利能力以及客户满意度。

从上述介绍可以看出，客户关系管理是基于对顾客价值及其形成过程的深入分析，运用现代 IT 技术和系统集成技术，通过为顾客提供个性化的产品和服务建立和发展与顾客之间长期、合作的和有利可图的关系，在实现顾客价值最大化的同时为企业赢得竞争优势的管理手段。

企业通过实施 CRM，能够向企业的销售、市场和客户服务的专业人员提供全面、个性化的客户资料，并强化跟踪服务、信息分析的能力，使他们能够协同建立和维护一系列与客户之间卓有成效的"一对一"关系，从而使企业能够提供更快捷和周到的服务、提高顾客满意度、吸引和保持更多的客户。同时，在管理层面，企业内部通过信息共享和优化商业流程可以降低企业成本，提高高层管理人员的决策速度和准确性，同时在客户服务中心、大客户销售代表、零售商、售后服务网点之间快速的信息传递有助于企业各部门、各利益相关者协同工作，提高效率。

二、客户关系管理内涵分析

从前文对客户关系管理概念的分析不难发现，CRM 的核心是管理理念和信息技术结合，这两个因素紧密结合，不可分割，一是管理理念的把握和渗透，市场环境和人的需求的演变，须审视企业与客户关系程度及其与企业目标关系，建立一种适合企业长期发展的理念战略和在此基础上的经营策略，进而改进相适应的企业业务运作流程，改变企业的行为方式；二是信息技术的运用，如果没有信息技术的运用，管理者难以从日常众多的管理数据中提炼有用的信息，企业也无法实现柔性化生产以合理的成本满足消费者多样化的需求。综合 CRM 的内涵和目前的应用状况，可将 CRM 运作归纳为三个层次：运作层次的 CRM、协作层次的 CRM 和分析层次的 CRM。

运作层次的 CRM：对销售、营销和客户服务三部分的业务流程和管理进行信息化，以提高日常前台运作的效率和准确性，主要是销售自动化，营销自动化和服务自动化。

协作层次的 CRM：对与客户进行沟通所需手段（如电话、传真、网络、电子邮件等）的集成和自动化处理，以帮助企业更好地与它们的客户进行沟通和协作，主要是语音技术、网上商店、面对面沟通。它是基于 web 的应用系统，集成了其他信息系统（如 ERP、CRM、PDM、业务系统、SCM 等），使企业能够释放存储在内部和外部的各种信息，使企业员工、客户、供应商和合作伙伴能够从单一的渠道访问其所需的个性化信息，并能在一个平台上协同工作。在此平台上通过提供不同的门户如客户门户、合作伙伴门户、员工门户等，客户（广义）可以分享 CRM 所涵盖的各种功能。

分析层次的 CRM：对上面两部分的应用所产生的信息进行加工处理，产生客户智能，为企业的战略决策提供支持，主要是数据仓库、客户数据库、客户细分系统、报表和分析系统，利用数据挖掘技术建立各种行为预测模型，提供对客户数据和客户行为模式进行分析的能力。

三、客户关系管理技术方法

CRM 是在应用最新信息技术进行客户信息收集、处理和分析的基础上实现营销、销售和服务流程自动化的企业管理工具。因此 CRM 所涉及的全部方法无论是数据收集、处理、分析、建模、集成还是数据挖掘或者数据仓库都是围绕信息技术展开。具体来说，CRM 所涉及的具体技术方法包括：数据仓库（Data Warehouse，DW）、数据挖掘技术（Data Mining，DM）和在线分析处理工具（Online Analytical Processing，OLAP）。

1. 数据仓库

最初运营数据（企业与客户已发生的业务处理记录）是从客户接触点收集的，这些客户数据连同遗留下来的内部客户数据和外来的市场数据经过整合和变换装载到数据仓库，根据 W. H. Inmon 的观点："数据仓库是一个面向主题的、集成的、时变的、非易失的数据集合，支持管理部门的决策过程"。从本质上讲，是一种信息集成技术，将从多个数据源收集的信息存储在一个一致的模式下，允许将各种应用系统集成，为统一的历史数据分析提供坚实的平台，对信息处理提供支持。相对于其他数据存储系统，数据仓库具有以下几个方面的特点。

（1）面向主题：数据仓库围绕一些主题，如客户、产品和某些组织等，关注数据建模与分析，而不是集中于组织机构的日常操作和事务处理。

（2）集成：将多个异种数据源，如关系数据库、一般文件和联机事务处理记录，集成在一起，使用数据清理和数据集成技术，确保命名约定、编码结构、属性度量等的一致性。

（3）时变：数据存储从历史的角度（如过去的 5～10 年）提供信息，数据仓库中的关键结构，隐式或显式地包含时间元素。

（4）非易失的：数据仓库物理地分离存放数据；这些数据源于操作环境下的应用数据。由于这种分离，数据仓库不需要事务处理、恢复和并发控制机制，通常也只需要两类数据访问（数据的初始化装入和数据访问）。

一个数据仓库一般来说包含数据源、数据 ETL 工具、数据建模工具、核心仓库、目标数据库、前端数据访问和分析工具以及数据仓库管理平台等 7 个主要组成部分。

（1）数据源：为数据仓库提供源数据，如 ERP 数据库、CRM 数据库、MIS 数据库、Excel、Access、SQL Server、DB/2 和 Informix 等都可以作为数据仓库的数据源。

（2）数据ETL（抽取Extraction、转换Transformation、输入Load）工具：其功能使从数据源中抽取数据后检验和整理数据，并根据数据仓库的设计要求重新组织和加工数据，输入到数据仓库的目标数据库中。这些ETL工具的工作效率、易用程度及纠错能力等是衡量数据仓库管理系统的重要性能指标之一。

（3）数据建模工具：用于为数据仓库的源数据库和目标数据库建立信息模型。

（4）核心仓储：用于存储数据模型和元数据，其中元数据描述数据仓库中源数据和目标数据本身的信息，定义从源数据到目标数据的转换过程。

（5）目标数据库：存储经检验、整理、加工和重新组织后的数据。

（6）前端数据访问和分析工具：供业务分析和决策人员访问目标数据库中的数据，并进一步深入分析使用。

（7）数据仓库管理平台：提供系统管理员的日常维护和管理环境，主要任务包括批处理作业管理、数据安全管理、数据冲突解决、数据质量核查、管理数据仓库元数据的更新和删除、复制、备份与恢复等，从而为保证数据仓库正常运转提供基本的管理坏境。

2. OLAP工具

OLAP是一种数据访问工具，目的是对历史数据进行统计并有效地向系统用户显示，主要通过多维的方式来对数据进行分析、查询和生成报表（维是人们观察数据的特定角度）。OLAP分析数据库有多维数据库（Multidimensional Database：MDDB）和多关系数据库（Multi-relational Database：MRDB）两种类型。相应地，OLAP工具有多维工具（DOLAP针对多维数据集的操作）和关系工具（ROLAP直接从存有预统计值的关系数据库的操作），以及综合以上两种方法的综合工具。这两种数据库采用不同的数据库模型，其目的都是为了将预处理结果以合理的方式存储，供OLAP工具使用。

OLAP是一种软件技术，使各种人员包括客户通过对信息的多种可能的观察角度进行快速、一致和交互性的存取以获得对信息的深入了解，具有以下几个方面的特征。

（1）提供数据的多维概念视图：使最终用户能多角度、多侧面及多层次地考察数据库中的数据，从而深入地理解包含在数据中的信息及其内涵。

（2）快速响应用户的分析请求。

（3）分析功能：提供用户强大的统计、分析（包括时间序列分析、成本分配、货币兑换、非过程化建模和多维结构的随机变化等）和报表处理工具。

（4）共享特征：指OLAP系统应具有很高的安全性，如当多个用户同时向OLAP服务器写数据时，系统应能在适当的粒度级别上加更新锁。

（5）信息性：指OLAP分析所需的数据及导出的有用信息。

3. 数据挖掘

数据挖掘面向行为预测，从数据仓库中挖掘出有价值的带有规律性的行为模式，并对未来趋势做出预测的一个数据分析过程，目的是为了建立一个符合"历史经验"的预测模型，找出最有价值的信息和知识，指导商业行为或辅助科研，其中模式是利用挖掘算法得到的结果，是对一种可能性分布的简单描述，根据具体作用细分为分类模式、回归模式、时间序列模式、聚类模式、关联模式、序列模式等；信息或知识是通过对模式进行处理而得到的易于理解的结果，并通过各种可视化工具展现。目前流行有五种挖掘预测算法：回归分析、决策树、神经网络、聚类和零点预测、规则引导等。

四、CRM 系统的建立

1. CRM 系统的结构

CRM 系统涉及企业的各个部门,包括市场、服务、财务、管理、生产等各个系统,CRM 将各个部门的信息有机的集成起来,并进行信息的转换、处理,从而为一线服务人员随时提供顾客最新信息以及企业的生产、服务能力和资源状况,更好的为顾客服务;同时为企业高层领导制订战略提供决策依据和解决方案。不同行业由于行业业务流程有很大不同,而业务流程决定了系统功能,因此不同行业对这些功能的侧重是不同的,但是针对"营销、销售、客户服务、客户交互和客户分析"等面向客户的业务领域是每个行业所必须考虑依次而设计的各种模块或其组合。通过对国内外的汽车厂商与销售服务企业 CRM 系统的调查和分析,汽车行业运用的 CRM 系统功能主要模块有:客户管理、联系人管理、销售管理、营销管理、客户服务管理、呼叫中心、合作伙伴关系管理、知识管理、商业智能、电子商务等。一个典型的 CRM 系统如图 12-16 所示。

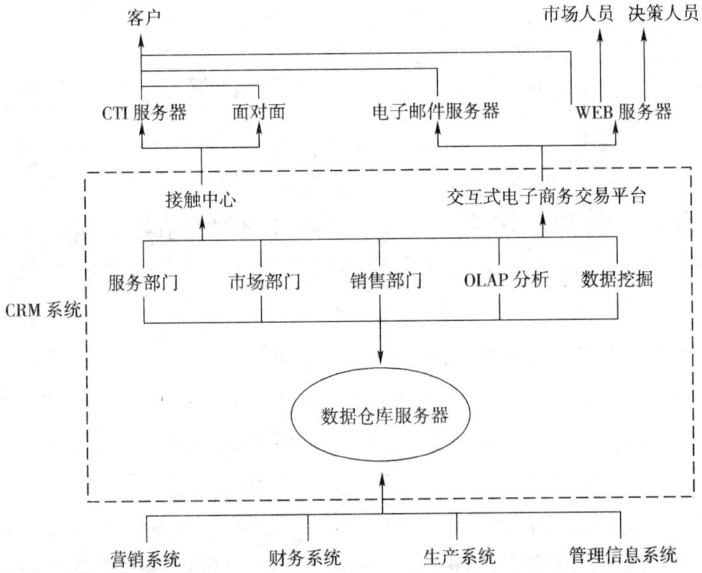

图 12-16　CRM 系统结构

其中,完整的客户信息系统是 CRM 的最主要组成部分,它必须包括以下内容:①基础资料:即客户的最基本的原始资料。包括客户名称、企业组织形式、性质、联系方式、规模等。②客户主要特征:主要包括服务区域、销售能力、发展潜力、经营观念、经营政策等。③业务状况:主要包括销售业绩、经营管理者和业务人员的素质、与其他竞争者的关系、与本企业的业务关系及合作态度。④交易现状:主要包括顾客的销售活动现状、存在的问题、企业的形象、声誉和信用状况及交易的条件。

2. CRM 系统的功能实现

CRM 系统的功能主要分为四个模块。

(1)决策支持模块:该模块的主要功能是利用企业的各种信息源分析营销过程中存在的问题,对营销效果、营销模式、服务质量、服务模式、客户流失、客户发展情况、业务相关性、市场竞争、销售状况、销售业绩等方面采取 OLAP、数据挖掘等技术手段的分析,从而为企业的决策人员、市场人员、服务人员等更好的提供正确的基础信息，同时各种信息还可以展现给各个部门的相关人员。

(2)综合管理模块：该模块的主要功能是对企业内部的各种信息，包括公共信息、管理信息、营销信息、宏观政策信息、服务信息、客户信息、产品信息等进行集成，为企业的各层次管理人员能够有效利用信息提供一个综合平台，从而实现信息共享。

(3)电子商务模块：未来企业的交易基本上可以以电子化的方式完成，电子商务为行业的发展提供了新的平台，该模块可以完成网上交易、信息管理、信息采集、邮件的存储转发等功能，从而避免了更大的成本支出，同时也加快了与企业客户的交易速度，减少了非正当的竞价。

(4)系统管理模块：该模块主要功能是对企业的 CRM 系统进行有效的管理维护、系统监控、系统帮助等功能，从而保证系统的正常运行。

3. 客户关系管理的实施

企业导入实施 CRM，一般分为四个阶段：准备阶段；工作流程重组阶段；辅助软件设计、安装和试运行阶段；应用、维护和评估改进阶段。

1)准备阶段

该阶段完成以下几项工作。

调研和沟通：CRM 的成功很大程度上取决于企业全体员工的参与，因此，企业导入 CRM 之初就必须进行广泛的沟通，在管理人员和一线员工中尽可能的取得共识，在此基础上识别出企业对 CRM 的需求，明确谁是我们的客户，与期望实现的客户关系管理标准水平相比，目前客户管理工作存在的差距和潜力。明确定义 CRM 项目实施"成功"和"失败"的标准(定性和定量的定义)。该阶段的完成标准是存在一个清楚明确的研究问题和目标，设计拟达到的客户关系管理标准。

组织：在董事会和总经理的支持下，在外部专家指导下，创建一个 CRM 实施领导小组。领导小组的首要任务是制定工作计划。

计划和培训：围绕客户的需求，明确实施 CRM 的目的、任务和方法，制定 CRM 实施战略计划，并对相关管理人员和员工进行培训。

2)工作流程重组阶段

CRM 需要一个以客户为中心的经营理念和文化来支持有效的营销和服务流程。企业应该与客户一起讨论商业模型和组织结构状况，在此基础上重新设计业务流程。具体来说包含以下几个方面的工作。

重新设计功能性活动：进行功能性活动设计时，仔细评定所有与客户相互影响的部门的角色，然后确定如何改造企业以便使我们做的每一件事都是为了帮助客户的，而且所作的每一件事都是以最有效率的方式进行的。

重新设计工作流程：重新设计工作流程是为了保证企业的活动真正是以客户为中心，一些部门的角色和职责必须在这一阶段做出调整。

设计以客户为中心的工作标准体系，设计与实施 CRM 相一致的激励制度。

进一步员工培训：强调变革的紧迫性，鼓励观念更新、行为转变。

3)辅助软件设计、安装和试运行阶段

CRM 的实施，必须借助信息技术的最新成果，在完成了前期的工作后，设计、选择一个功能强大的辅助软件是 CRM 成功与否的另一个关键，值得注意的是，软件仅仅是支持新的

工作流程而不是驱动因素。工作内容有:

软件选型:根据前面的 CRM 需求分析,结合本企业的成本预算,选择合适的供应商和软件。

安装调试:将 CRM 系统与企业已有信息管理基础设施整合起来。

试运行:CRM 系统注重客户的数据的集中统一管理,将传统客户管理模式中存在于不同部门的客户信息片断连成一个统一的整体,使得公司内部每一个员工都有对同一客户的统一认识。CRM 系统的运行要求改变员工的思维和工作习惯,因此,CRM 运行初期有一个艰难的适应期,必须通过一段时间的强制运行,改变员工的行为,直到员工认识和感受到 CRM 的功能和优势,变强制执行为主动运用。

4)应用、维护和评估改进阶段

在与客户的持续互动中不断充实、更新 CRM 数据仓库,不断从数据仓库中挖掘有用信息,将新的信息与以往知识连接起来,运用知识发掘市场机会,为客户提供有效而精确的服务,不断降低客户服务成本,提升企业赢利能力。

五、汽车制造商、经销商和客户信息共享的 CRM 系统

1. 系统说明

汽车经销商所面对的客户群,无论是集团客户,还是私家车用户,每一个目标顾客的购买习惯和价值取向各不相同,例如:出租车公司可能要求有固定的配置,如相同的颜色、统一的整车装备、统一对燃气燃油系统进行改造等;而私家车用户,因其数量多分布广泛,一般很难在某一个或几个方面表现出相同的消费特征(尽管这个消费群体也可能会表现出一定的统计特征)。针对以上特点,该系统设置了灵活的自定义功能,可以充分满足从多种维度对客户进行分类,并且对不同类别的客户定义不同的属性,以便收集信息。这些信息同时成为数据分析和挖掘的基础。

对汽车经销商而言,该系统将客户信息统一在一个信息平台上,查询客户信息,既可了解客户姓名、地址、电话等基础资料和购车时间、车辆的种类、性能、选购的配件等客户购车信息,还可以了解车辆的维护信息、上牌的时间等最近的服务信息。对于出租车公司这类客户,汽车经销商最关心的是出租车的数量,换购数量,某种车型占全部车辆的比例等。这些信息都可以记录、保存,并且将联络人等重要信息在公司内部共享。

对于汽车厂商而言,发展渠道是最为关心的问题。该系统可以掌握所有现有的渠道信息和交往纪录,形成完善的联络关系纪录,保证信息成为公司财富,不会随着人员的流失发生数据丢失。系统还能够方便地将与客户打交道的每个环节的关键信息记录下来,这大大提高了制造商在采购、库存、配送等方面工作的效率。

2. 系统功能

该 CRM 应用软件是多种功能组件、先进的技术与多种渠道的融合。功能组件包括销售管理、营销管理以及客户服务和支持等。实现的渠道包括 Web、呼叫中心和移动设备。下面作具体说明。

1)销售管理

功能主要包括:客户与联系人管理、销售机会和潜在客户管理、工作日程安排、待办事宜与工作流、产品配置与报价、销售渠道管理、销售合同管理、销售预测与报表、竞争对手跟踪、佣金管理、销售费用管理、网上定购、WEB 资料库与自助服务、E-mail。

2)营销管理

功能模块包括:市场预算与收入跟踪管理、市场活动管理、市场活动反响跟踪、促销内容管理、市场宣传资料、工作流自动化、任务管理、市场衡量指标、时间表管理、电话促销管理、邮件促销管理、WEB 促销管理。

3)客户服务和支持

客户服务和支持(Customer Service&Support Applications,CSS)通常通过呼叫中心环境或 Web 部署并且实现自助服务。功能包括:客户和联系人信息、统一标准答案与解决方案管理、服务跟踪与外勤服务、服务定单、产品维修、服务条款、担保书以及服务合同管理、待办事宜与工作流、产品投诉跟踪、客户建议与提案、WEB 资料库与客户自助、服务分析与报表等。

4)呼叫中心

呼叫中心发展至今,已经经历了简单的人工热线电话系统、交互式自动语音应答系统、采用 CTI 技术实现语音和数据同步的兼有自动语音服务和人工服务的客户服务系统等三个阶段,这三个阶段的产品都是服务于传统的电话用户。该系统充分利用以往研制人工、自动语音服务系统的丰富经验,在研究了国内外各种信息服务系统的基础上,集中优势开发力量,开发出了第四代呼叫中心多媒体呼叫中心,它是在第三代产品的基础上,增加 Web,Email,Fax 等接入手段,具有高度的开放性、可扩展性,从而便于用户通过更方便多样的手段享受呼叫中心提供的服务,充分发挥呼叫中心的作用。

综上所述,汽车厂商应认识到网络技术的应用和普及已经改变了整个汽车业的经营环境,营销管理信息系统、汽车电子商务与网络营销、客户关系管理的应用正在给企业带来机遇与挑战,企业只有正视现实,积极推进营销信息化的稳步发展,充分利用信息技术和网络优势,才能在营销手段的竞争中立于不败之地。

第十三章　汽车国际市场营销

在经济全球化的背景下，汽车厂商生产要素的配置和市场竞争日趋国际化，特别是我国加入 WTO，我国汽车厂商进入国际市场展开营销，越来越成为一种必然选择。总体上讲，国际市场营销与国内市场营销，从营销理论上讲仍然是相似的，但由于国际、国内两个汽车市场在发展阶段、竞争状况和营销环境等方面存在很大差别，因此国际汽车营销者的营销策略，在内涵上就大不同于国内营销。

第一节　国际市场汽车营销概述

一、国际市场汽车营销的概念

国际市场营销（International Marketing）是指营销者在本国本土以外的其他国家或地区开展的生产经营活动。这里所指的“其他国家或地区”，一般是相对独立关税区而言的，不一定是以政治意义上的拥有主权的领土（领海、领空）疆域为界。

国际市场营销并不就是单一的产品出口，而是以国际营销环境为背景，以全球资源优化配置为手段，以获得国际经营效益为目标，以企业的营销组合为手段，所开展的综合性跨国营销活动。

汽车厂商开展国际汽车营销，将面临不同于本国的人文环境、政治制度、法律体系、经济发展水平、商业习惯以及社会文化等因素的挑战。所以，国际市场营销能否取得成功，不仅取决于企业在产品、定价、分销、促销、服务、品牌等可控因素的运用，关键还要看企业能否跨越异国的各种营销环境的障碍，特别是在文化上能否融入当地。

二、国际市场汽车营销的特点

与国内市场营销相比，国际市场营销虽然拥有资源配置和人才利用更广泛、市场规模更大等优势，但由于其营销环境差异较大，使得营销过程更加复杂、决策风险更大、营销手段更烦琐。国际市场营销具有如下特点。

1. 营销环境复杂

由于各国在政治制度、法律体系、经济水平、科技进步、技术标准、宗教信仰、风俗习惯、使用条件、语言文字等方面各不相同，国际市场营销面临更复杂的宏观营销环境。

复杂的营销环境，为国际市场营销可能增加了很多意外因素，营销者在适应和利用国际营销环境方面会遇到更多的困难。特别是社会文化和价值取向的差异，关系到国际目标市场的消费者是否能够接受来自异国他乡的产品和企业文化，关系到营销者与消费者之间的理解、沟通和文化认同,也关系到消费者信念和消费偏好能否建立等。

2. 市场竞争激烈

国际市场上,营销者更多,特别是存在一批实力雄厚的营销者,因此国际市场营销的竞争往往比国内更加激烈、竞争层面更高、竞争程度更充分。对汽车营销而言,由于国际上汽车的供给能力大大高于需求能力,潜在市场增长缓慢,世界汽车工业巨头已瓜分国际汽车市场,并拥有丰富的国际经营经验,因此新进入或拟进入国际市场的汽车营销者,不可避免会遭遇来自强大对手的竞争压力。

3. 经营风险较高

由于国际营销环境复杂,特别是目标市场国家的政治动荡和政权更迭(这种现象在一些国家经常出现),往往会导致政局不稳、经济发展思路和经济政策的调整,同时国际经济和国际市场行情也更加容易发生变化,这些不可控因素使得国际市场营销面临极大的风险,包括政治风险、运输风险、信用风险、汇率风险、价格风险、行情风险、商业风险等。

4. 营销管理困难

对国际营销者而言,面临很多营销决策和营销管理的困难。例如,因为技术标准和使用条件的差异,国际营销者在产品策略上的标准化及产品结构方面可能不同于国内,需要对产品进行创新设计;受国际市场价格、关税、汇率变动和外汇管理政策的影响,国际产品定价更加富有策略性;宗教信仰、风俗习惯、价值观念的不同,国际促销必须考虑目标市场的社会文化特点;由于语言文字、社会文化、制度流程的差异,在与国外的政府、营销渠道企业、竞争者和公众开展合作和实施公共关系时会遇到意想不到的问题;国际营销业务活动的开展,往往需要招募会语言、懂业务、熟悉国际贸易惯例、了解目标市场国家社会文化的复合型人才,而这些人才往往难求;在产品进出口、报关、国际运输、商品检验检疫、外汇管理等业务方面,往往手续十分繁杂,专业特点明显等。

三、国际市场汽车营销的意义

开展国际市场营销,实施国际经营战略,既是欧美日汽车厂商现实经营的需要,也是加入 WTO 后我国汽车产业未来发展的需要。对汽车厂商而言,国际营销具有以下意义。

1. 有利于汽车厂商提升综合竞争实力

通过开展国际经营,汽车厂商可以在国际市场上短兵相接,彼此交流和学习,建立先进的营销理念,追踪汽车产业的国际发展动向,学习国际先进技术,掌握更丰富的营销手段和方法,提高营销决策的水平,深刻理解营销的艺术,从而有利于汽车厂商增强市场竞争的整体实力。

我国在加入 WTO 后,特别是近年来,汽车产品的出口保持快速增长,少数企业开始尝试国外建厂,取得可喜成绩。但是,我国的汽车出口,总体上还主要限于边缘市场(不被国际汽车大厂商重视的市场),未触及欧美日汽车大亨们的总体利益,经营手段也主要是依靠低成本竞争。我国汽车厂商的国际竞争能力还十分低下。在这种情况下,我国汽车厂商如果不抓住当前国际新兴汽车市场需求增长的机遇,不积累参与国际市场经营的实力,将会使我们永远难以参与国际汽车产业的分工和协作,不能较快缩短与国际大型汽车跨国集团的实力差距,并最终被他们排斥在国际市场之外。

2. 有利于汽车厂商分享国际分工与合作的利益

当今的世界经济就是一种国际分工与合作的经济,因此国际采购、全球营销便成为国际经济的重要特点。汽车厂商参与国际营销,有利于充分利用国内、国际两种社会资源,实现资源配置的最优化,分享国际分工与合作的好处,形成自己的比较利益,并从国际市场上获得良好的收益,抵御在单一市场上进行营销的经营风险。

随着科学技术的发展和国际竞争的日趋激化,当代国际分工的形式也在发生了深刻的变化,行业内的分工正在成为现代国际分工的主要形式,其突出表现是产品零部件的国际生产专业化分工进一步加强,通过利用不同国家的优势而产生的"国际综合性产品"在当代国际贸易中所占的比重进一步增强。

对我国汽车厂商而言,适应当代国际分工交换的发展趋势,树立国际分工的观念,运用国际市场营销的战略和战术,有计划地开展国际专业化生产和技术合作,扩大零部件和整车产品的生产和出口,这是我国汽车厂商扩大出口、提高竞争力的重要途径之一。所以,开发国际市场,有利于我国汽车厂商积极参与汽车行业的国际分工,并从中获得好处。

3. 有利于汽车厂商形成产品开发能力

由于开展国际市场营销,有利于汽车厂商利用最新的技术成果,学习借鉴别人的成熟技术,也有利于充分选用国际先进的汽车零部件,从而便于汽车厂商利用国际资源开发自己的新产品。同时,国际市场竞争压力更大,消费者(或目标市场国的法律)对汽车厂商的责任要求更高,迫使国际汽车营销者必须推进技术进步和提高服务质量,其最终结果是汽车厂商的产品开发能力提高了,市场竞争能力增强了。

当前,我国汽车产品的技术含量低、质量水平不高、款式品种少,无法满足国际市场快速变化的要求,汽车出口主要还是局限于国际低端汽车市场(甚至将汽车作为工程机械使用),并主要依靠低成本手段,这都是我国汽车厂商产品开发能力低下的反映。汽车厂商应该看到,国际市场特别是工业发达国家的市场,对价格已经越来越不敏感,产品的创新与品质才是影响销路的主要因素。另一方面,产品的科技含量低、附加值低,使得汽车厂商不能获得良好的收益回报,弄不好就是"花钱赚吆喝"。通过参与国际市场营销,已经成为我国汽车厂商获得未来快速发展的必然选择。

总之,国际市场营销的产生和发展不是偶然的,它是企业从事国际经济活动的客观需要。开发国际市场,可以促进企业形成产品开发能力,获得更好的经营回报,增强市场竞争的综合实力。

第二节　国际市场汽车营销环境

国际市场汽车营销会面临国内与国外、国家与国家、民族与民族之间的营销环境的差异。了解国际汽车营销的各种特殊环境,是汽车厂商进行国际汽车营销的基础和前提。本节着重讨论政治法律环境、经济环境和文化环境的特殊性。

一、国际市场汽车营销的不可控环境因素

汽车厂商的市场营销活动要想向国外市场扩展并取得成功,必须掌握下述国际市场营销中的不可控因素。

1. 政治法律环境

1)政治环境

现代社会,任何经济活动都不可能独立于政治因素之外。对于汽车厂商而言,开展国际

市场营销活动的前提就是必须取得东道国政府的批准，政府是外国企业中一个几乎可以支配一切的隐性合伙人，是企业每一项国外经营活动的组成部分。汽车厂商对此必须保持高度的政治敏感性，对政治环境中的各种因素给予足够的重视。

由于一国政府用以实现国家目标的方针不同，对外商的基本政策和态度会有很大差别。这种态度主要有三种：鼓励（欢迎）、限制和禁止。它们是通过政府所制定的一系列有关的政策体现出来的，汽车厂商要了解政府对外国企业进入本国汽车市场的态度，充分利用好各种鼓励政策，在政府规定的范围内开展生产和营销活动。

汽车厂商无论在世界上的哪个国家从事营销活动都会有政治风险，只是风险发生的概率和影响程度不同而已。政治风险产生的直接根源有：东道国的政体改变、执政党更迭、武装冲突与社会动乱、政治独立、对外战争、国际政治同盟关系的形成或改变、外交关系变化等。

政治环境变化对外国经营者引起的风险主要有：国有化、外汇管制、贸易壁垒、价格控制、雇工规定等。因此，汽车厂商应努力争取东道国企业的合作，保持与东道国各政党的友好关系，在政治环境稳定的国家和地区可以考虑建立生产基地，而在政治不稳定的国家或地区，宜采取产品出口的策略。

2）法律环境

法律是国际市场营销环境中一个重要而又复杂的因素，国际企业进入多少个国家，就要面临多少种不同的法律环境。国际市场营销的法律环境是由国际经济法律、市场营销目标国法律以及国际营销企业母国法律共同形成的综合法律环境系统。

国际经济法（International Economic Law）是指约束国际之间经济关系的法律规范的总和，它包括国际私法、国际公约或条约、国际惯例等。国际私法是调整涉外民事法律关系的规范的总称。一般地讲，目前国际上主要运用属地管辖原则、属人管辖原则、协议管辖原则和专属管辖原则等4种原则来确定国际商事争端的司法管辖权。

国际条约、公约或协定（International Agreement, or International Convention）一般是指两个或两个以上的主权国家或关税地区为确定彼此间的经济、贸易关系所缔结的书面协议。签订了国际条约、公约或协定的国家，彼此间的贸易就要按有关条约、公约或协定进行，即企业的国际营销还必须符合东道国缔约或参加的有关国家或国际经济贸易组织所做出的有关国际经济问题的决议。

国际惯例（International Practice）是调整和约束企业国际营销行为的重要法律规范。国际惯例是通过各国的反复实践逐渐形成的某种特定行为、习惯和规范。在现行的国际惯例中，有些内容已被国际条约所采用，即出现惯例条约化的趋势，因此，国际惯例的作用越来越重要。

影响国际市场营销活动最经常、最直接的法律因素是目标市场国即东道国有关国外企业在该国活动的法律规范，它涉及的范围十分广泛，包括企业在产品开发、商标运用、定价、促销、分销渠道等所有的商业活动。

从全球范围看，汽车厂商母国法律对国际市场营销行为的影响，主要可归结为进口贸易立法管制、出口贸易立法管制、技术贸易立法管制、投资立法管制等4个方面。汽车厂商还要特别关注有关的行业法律和技术规范，如汽车产品质量技术标准等。

各国为了治理环境污染，相继制定出控制汽车排放量的强制性控制标准，对汽车排放的要求越来越严。汽车厂商要密切关注各国法律法规的变化，以生产和销售符合目标市场国家或地区技术法规要求的汽车。

2. 经济环境

经济环境是汽车厂商在国际市场营销中,确定目标市场和制定营销决策首先要考虑的因素。分析一国的经济环境,一般可从经济发展水平、经济结构和经济特征等方面入手。

1)经济发展水平

美国经济学家罗斯托按经济发展过程将世界各国的经济发展水平归纳为五个阶段:传统社会、起飞前夕、起飞阶段、趋向成熟阶段、高消费时期。传统社会是自然经济占主导地位,生产力水平低,经济发展落后,人们的文化知识水平低,无法进行最基本的经济建设;起飞前夕阶段虽然存在一定的自然经济成分,但现代的科学技术已开始应用于工农业生产,交通运输、通信及电力等基础设施逐步建立,政府大力促进民族工业的发展,人们的教育受到重视,人均收入水平也在上升,市场仍存在一定的局限性;起飞阶段的经济已大致形成了经济成长的雏形,农业及各项产业逐步现代化,投资增加较快,新兴的工业部门不断涌现,国家拥有某些高度发达的产业部门,尤其是加工制造部门,个人收入的增长较快;趋向成熟阶段的国家能维持经济的长足进步,更现代化的科技应用于各种经济活动,同时,还能够多方面地参加国际营销活动,由于人们的收入增加更快,对各种耐用消费品的需求急剧上升,产品饱和度较大;高消费时期的国家注重耐用性消费、财富及各项服务业的生产,个人所得猛增,整个经济呈现大量生产、大量消费的状态,经济中最为重要的特征是,第三产业在国民经济中的比重很高,因商品的市场饱和度已经很高,所以市场机会更多地取决于发展和创新。

一国的经济发展水平与汽车厂商的国际市场营销密切相关。所处的经济发展阶段不同,居民收入水平明显不同,消费者对产品的需求也就不一样,因此会直接或间接地影响到企业的国际市场营销。对于汽车产品而言,起飞前夕阶段商用车的需求开始增加,起飞阶段乘用车的需求增加,到了趋向成熟阶段轿车普遍进入家庭,而高消费时期对汽车产品的差异化需求较大。

2)经济结构

经济结构是指一个国家的第一产业、第二产业和第三产业之间,劳动密集型产业、资本密集型产业、技术密集型产业和知识密集型产业之间,以及各产业所属部门之间的比例关系。经济结构直接决定需求结构。通过对一国经济结构现状及其变化趋势的分析,国际营销者可以发现某些市场机会。从目前情况看,各国的经济结构大致可以划分为生存经济、原材料或能源出口经济、新兴工业化经济、发达工业经济等4种主要类型。

生存经济类型的国家生产力水平低,自给自足的传统农业经济占统治地位,商品经济很不发达,市场基本封闭,所以进入该国的机会极小。原材料或能源出口经济类型的国家某种自然资源储量极为丰富,资源开采部门发展迅速,这类国家大量从国外进口轻纺产品、日用消费品、耐用消费品及开发本国资源所需的机电产品、大型成套技术设备、运输工具等,阿拉伯等石油国属于这一类国家。新兴工业化经济类型的国家是依靠国内廉价而丰富的劳动力资源,大力发展国内的加工制造业,带动了能源和原材料进口需求量大幅度增加,同时制造业所生产的劳动密集型产品也大量出口,使得这些国家进出口贸易的迅速增长,如现阶段的中国大陆地区。发达工业经济类型国家的特点是工业基础雄厚,生产力水平高,资金充裕,技术先进,以通信、信息、网络等为主的第三产业迅速发展,这类国家是国际市场上资本、技术密集型产品及知识、信息产品的主要输出国;同时,也是原材料或能源及劳动密集型产品的进口国,这些国家国内的消费市场庞大,消费水平高,是国际市场营销的主要目标市场,美国、日本和西欧的一些发达国家均属于此类国家。

汽车厂商要了解目标市场国的经济结构，进口的产品种类及市场规模，有针对性地开展国际汽车营销。对于新兴工业化经济国家和发达工业经济类型国家的汽车产品，多集中于家用中高档轿车和大吨位的、专用的商用车，对于原材料或能源出口经济的国家的汽车产品，则偏重于中低档轿车和通用型的商用车。

3）经济特征

经济特征主要包括人口、收入、基础设施、自然条件和城市化程度等方面。人口因素决定着市场规模和市场潜力的大小，人口通常是由总人口、人口密度、年龄结构、人口自然增长率等指标来衡量。总人口的多少一定程度上影响市场容量的大小；人口密度影响企业的促销方式；年龄结构影响消费结构和购买力水平；人口自然增长率的变化会对市场需求大小和需求结构产生影响。收入水平的高低决定了一国消费市场的购买力大小。基础设施包括交通运输条件、能源供应、通信设施以及商业和金融的基础设施，是衡量市场营销环境优劣的重要因素。自然资源影响产品的需求结构和人们的购买偏好。城市化程度影响一国的产业结构和消费市场结构。

3. 社会文化环境

由于社会文化的影响，各国消费者往往都会有其独特的购买方式与消费嗜好，身处异国的营销者往往难以理解或认同。这也是汽车国际市场营销中最棘手、最需要关注的问题之一。

不同国家的人民，不同的社会文化，代表不同的生活模式，对同一产品可能持不同的态度，因此，社会文化因素会直接或间接地影响产品的设计、包装、产品被接受的程度、信息的传递方法、分销与促销的措施等。此外，人们的消费方式、满足需要与欲望的考虑顺序，以及他们满足自我的方式等，也都是以他们的文化为基础的。文化形成并支配着人们的生活方式。因此，国际商界有一条定律：重视文化分析者成功，忽略文化分析者失败。

一国的文化环境尽管错综复杂，但可以从它包括以下因素：教育水平、语言、宗教、民族、风俗习惯、审美观念、态度和价值观念、社会阶层和社会组织等几个方面去分析。教育水平代表着一国的国民素质。语言的差异往往意味着文化的差异。宗教是一种信仰，影响着人们的价值观念和行为规范。此外，还有风俗习惯、态度和价值观念、社会阶层和社会组织等，都对人的生活方式、购买的商品和购买的行为产生深刻的影响。

二、当今国际市场汽车营销环境的基本特点

当今，国际汽车市场营销环境较以往相比，具有如下特点。

1. 汽车市场日趋国际化

汽车国际贸易与国际投资迅速增长，汽车市场日趋国际化。越来越多的汽车厂商已不满足于其国内市场，而将眼光转向国际市场，先通过产品出口的形式进入国际市场，进而投资建设汽车生产基地，实现本地化生产，达到降低成本和占领国际汽车市场的目的。

2. 国际汽车市场呈现寡头垄断的竞争结构

国际汽车工业经过一个世纪的发展，已逐步演变成少数几个厂商分享市场的寡头垄断局面。从市场地区看，国际汽车销售市场主要被北美、西欧和亚洲所占领，其中美国、中国、日本、德国近几年的销量位居世界前4位。从汽车厂商来看，世界范围内的大汽车集团进一步兼并合作，使得集团化、跨国生产的趋势进一步加强。从企业规模看，丰田、通用、福特位

于第一层次，大众、日产、PSA、本田、奔驰等位居第二层次，其他企业如FIAT、雷诺、VOLVO等位于第三层次，而韩国、中国、墨西哥、巴西、俄罗斯等国家的汽车厂商位于第四层次，国际市场经营面临很大的风险。汽车从设计、制造到销售进一步趋于被上述大型汽车厂商集团所垄断。寡头垄断的形成是汽车工业成熟的标志，而汽车厂商间竞争、兼并、追求规模效益使这种特征更加明显。

3. 汽车市场呈现出明显的买方市场特征

目前，全球的汽车生产能力已大于销售量，在北美、西欧、日本等汽车市场已趋于饱和，美国几大汽车厂商自21世纪开始纷纷降低产量，产品加价现象已不复存在，各厂家都在加大产品服务领域的投入。目前，世界各主要汽车厂商都纷纷把目光投向亚洲、中南美、东欧等区域，尤其以中国、俄罗斯、印度和巴西等国家为代表的新兴汽车市场上。

4. 汽车产品结构正在发生明显的改变

21世纪汽车产品将围绕环保、安全、节能、舒适、方便等几个方面，在新型动力开发、原材料选用、零部件模块生产、整车装配以及汽车使用等环节中充分体现汽车与环境的和谐。

国际主要汽车市场的基本产品特征是：轿车销售占国际汽车市场的主导，轻型商用车份额正在稳步提高。在世界许多国家的汽车市场上，轿车生产和销售仍占主要地位，美国、日本市场上，轿车的市场占有率在70%以上，西欧在90%以上。但近年来，轻型商用车的生产和销售在比例上有提高的趋势。

5. 国家积极参与国际汽车市场的争夺

许多国家为了保护和支持本国的汽车工业，采取了一些的措施，主要包括：

(1)通过关税和非关税壁垒来限制外国汽车产品进口。发展中国家多采取关税和部分非关税壁垒的手段来限制外国汽车的进口。发达国家更多采用非关税壁垒的手段来限制外国汽车产品的过量进口。

(2)采取各种奖励出口措施。如采取提供出口信贷、巨额低息贷款，减免国内税收(出口退税)等政策，以提高本国汽车出口国际市场的竞争力。

6. 竞争手段从价格竞争转向非价格竞争

随着经济的高速发展，各国人民生活水平的提高，对汽车产品的质量、功能、售后服务等提出了更高的要求。从当今国际汽车产业的竞争态势看，谁能生产出更符合目标国消费者需求的汽车新产品，谁就能占有更多的市场。售后服务也越来越受到各国消费者的重视，在消费者心里，售后服务与产品质量同等重要。这使得在国际汽车市场的竞争中，价格竞争已无绝对优势可言，非价格竞争正在激烈展开。

第三节　国际市场汽车营销策略

汽车厂商在熟悉国际汽车营销环境基础上，必须结合自身的资源要素和整体经营实力，决策自己的国际目标市场，并根据各个目标市场的具体特点，选择恰当的经营方式，研究制定正确的营销策略。

一、国际市场目标的选择

国际市场汽车营销者首要的任务就是要加强对国际汽车市场进行研究，做好市场细分和评估，选择自己拟经营的国际目标市场。这是因为：选择国际目标市场就是为企业确定国际经营的主攻方向,就是为企业制定准确而有效的营销策略打下坚实基础,避免经营失误。

如同国内市场营销一样,汽车营销者在选择国际目标市场的过程中,需要率先对国际市场进行充分研究,对国际市场进行细分,并对各个细分国际市场进行评估,然后慎重决策自己的目标市场。从本质上讲,这个过程与国内营销并无二样。

需要说明的是,汽车厂商在评估国际细分市场时,更要充分考察目标市场是否真正具有分割市场的机会,企业是否具有价格优势、技术优势或品牌优势,产品能否打入目标市场;要充分评估国际目标市场的各种风险,包括可能的政治风险、经济风险、文化风险、经营风险、运作风险等,企业研究国际经营风险通常比研究国内经营风险困难得多。

二、进入国际市场的方式

国际汽车经营者在确定其目标市场的同时或之后,还要研究具体进入国际市场的方式。这些方式主要有:产品出口、国外生产、补偿贸易、加工贸易、跨国经营和独资经营等。

1. 产品出口

产品出口(Product Export)是企业走向国际市场的最初期、最简单的经营方式,也就是企业将所拥有的生产要素留在国内,在本国制造产品,再通过一定的渠道将产品销往目标市场国的方式。其特点是汽车厂商不需增加多少投资,所面临的经营风险不大,但也常常面临出口规模不能扩大的困扰。

产品出口包括直接出口和间接出口两种方式。

1)间接出口

所谓间接出口(Indirect Export)是指制造商通过外贸中间商(出口商)作为出口代理,将产品打入国际市场的一种经营模式。在出口过程中,制造商本身并不直接参与实际的出口业务。

间接出口的特点是制造商经营的国际化与企业的国际化相分离,即制造商的产品走出了国界,而他们的营销活动却几乎是在国内进行的。间接出口的优点是制造商可以利用出口商的销售渠道和销售经验,把产品打入国际市场;制造商不必在国外建立销售网点,节省了投资和相关费用;由经验丰富的出口商负责国际市场营销活动,可以大大降低制造商对外营销的风险。但间接出口,制造商不能控制国际营销的主动权,不能及时了解国际市场的需求信息,不利于制造商根据国际市场需要及时生产适销对路的产品,不利于培养自己的国际营销队伍和积累国际营销经验,不利于制造商形成国际市场的营销能力。

间接出口,具体又包括委托国内出口商、委托国内出口代理商和委托合作组织三种形式。

2)直接出口

所谓直接出口(Direct Export)是指制造商在海外建立自己的分销渠道,将产品直接销售到国际市场的一种经营方式。如果制造商的外销数额已达到一定的规模,或外销市场增长很快,制造商就可考虑采取直接出口方式。直接出口时,制造商需要自己负责在海外的全部营销活动,如国际市场调研、寻找海外客户、发展和建立分销渠道、独立进行产品定价和办理出口文件手续等。直接出口是企业开始真正进入国际市场的标志。

直接出口的优点是企业可以自由地选择海外市场,对国际市场营销活动拥有很大的控制权,可以提高企业自身的国际营销水平;可以直接获取国际汽车市场的最新资料,为企业的及时决策提供依据;建立自己的海外营销机构,可以节约出口代理的代理费用,使企业获得更多利润。但直接出口,企业自己面临的风险增加,对企业的国际经营能力要求较高。

直接出口包括设立国内出口部、建立海外市场营销分公司、派遣巡回销售代表、建立海外经销商或代理商机构等形式。对汽车出口而言,汽车厂商一般需要在海外建立经销商、代理商或服务商体系,由他们完成在目标出口国开展产品销售和服务等具体工作。

2. 国外生产

国外生产的主要特点是:国际汽车营销者以较低的风险实现了国外的产品生产,降低了产品的成本,扩大了在当地的市场份额,绕开了贸易壁垒,容易取得东道国政府和同行企业的支持与合作。国外生产有以下几种形式。

1)国外装配

国外装配又称为KD生产(包括CKD、SKD),就是在国外投资或与外国企业合作,开设装配制造分厂,将国内生产厂生产的汽车零部件、主机和装配用的工具、设备等出口运抵国外的装配分厂组装、调试成最终产品,再进行出售或交货。国外装配一般需要国内总厂提供生产设备、技术和有关零部件等方面的支持。国外装配的优点是它比在国外全部生产投资少,而且较为简单,相对于整机或最终产品的出口而言,可以减少关税及其他费用的支出,并且可以使大部分生产、增值、技术等留在本国。国际汽车营销者在早期向国外转移生产时常常采用这种方式。

2)许可证协议

许可证协议又叫技术授权或许可证贸易,是一种相当简单的走向国外市场的方法。借助许可证协议,发证人(即许可方)一般不必大量投资即可进人国外市场,风险甚小,同样,受证人(即被许可方)一般不必从头做起,即可使用发证人的制造程序、商标、专利、技术诀窍以及其他有价值的东西,迅速获得生产知识和品牌信誉,在市场上销售产品。许可证协议的缺点是许可证协议终止后,对方可能成为竞争对手,因而许可方一般不转让自己的核心技术。受证人(即被许可方)必须付给发证人特许酬金。

3. 补偿贸易

国际补偿基本原则是向卖方以贷款形式购进生产设备、技术和专利等,进行原有生产规模的改建和扩建,或者直接建立一个新厂,以便尽快提高劳动生产率,保证产品质量,加强产品在国际市场上的竞争实力。其贷款可不用现汇支付给卖方,而是有待项目竣工投产后,以该项目的产品或其他产品清偿贷款。国际补偿贸易有以下四种形式。

1)产品返销

产品返销就是进口机器设备和专利技术的一方,在签订贷款合约时明确规定,在协议期内,用该设备和技术生产出来的产品偿付所贷之价款,即贷款方进行产品回购。这是当前国际补偿贸易的基本形式。

2)互购

互购是指出口机器设备和专利技术的一方,在签约贷款时,必须承诺在协议期内,向设备进口方购买一定数量的产品。这些产品不一定是由上述进口的设备和技术生产出来的直接产品,而是可用其他产品进行偿付,或称之为产品互购。

3)补偿部分

进口机器设备和专利技术的一方,对引进的技术设备,部分用产品偿还,部分以货币偿还。偿还的产品可以是直接产品,也可以是间接产品;偿还货币可以用现汇,也可以用贷款后期偿还等方法。

4)第三国补偿贸易

第三国补偿贸易就是在国际补偿贸易活动中,进出口双方不直接发生联系,由国际中间代理商从中斡旋。增加一个环节,能够使谈判双方减少冲突或僵持的局面,更便于讨价还价,各抒己见。第三国补偿贸易贷款的渠道和偿还的方式灵活多样,虽然要多付佣金,但是能够尽快地促使双方达成协议,还可以进一步扩大补偿的范围。

4.加工贸易

近年来,经济国际化趋势日益明显,大大促进了对外贸易的发展。国际贸易在各种方式的运用上,也越来越灵活多样。加工贸易的经营方式主要在汽车零部件的生产贸易中应用。加工贸易的主要方式有:

(1)进料加工。进料加工是指国外进口(购买)原材料、辅料、零部件、配套件和仓装物料,加工成成品后再返销出口的业务。

(2)来料加工与来件装配。该方式是指由国外委托方提供原料、材料和辅料,必要时也提供某些设备,按照委托方的品质、规格、款式等要求进行加工生产或装配,成品按规定时间交给委托方销售。承接方对上述原料与设备有使用权,没有所有权,产品经营盈亏与承接方无关,只收取事先约定的加工费。

(3)来样定制。该方式是集上述两种方式之和的一种加工贸易方式,国外厂商实行生产全过程委托,包括产成品的包装和商标印制等。这类业务委托方要求较高,对产成品的检验也较严格,在其他条件不变的情况下,承接方必须在掌握加工和装配技术的基础上,才能顺利完成。

5.合资经营

指两个或两个以上不同国籍的投资者,各自以一定比例的投资额,在选定的国家或地区投资,并按照该投资国或地区的有关法令组建合资企业的经营模式。合资企业的通常做法是"四共",即共同投资、共同经营、共担风险、共负盈亏。合资企业所在国的一方主要是以场地、厂房、设备、现金等作为投资股份,外方则以设备、工业产权、资金等作为投资股份。合资经营各方按注册资本比例分享利润和分担风险及亏损。这是目前国外汽车厂商在我国投资的主要形式。

1)合资企业的投资比例

对于合资汽车生产企业的投资比例,各国政府都有明确的法律规定。因为,投资者持股比例的大小,直接关系到在合资企业经营管理中和利益分配上的权利与义务。因此,投资比例问题历来为各国投资者所关注。各国政府也为此专门有一些法律和规范,如美国尽管实行比较开放自由的金融政策,但在对外投资部门、投资比例等方面仍有一些专门规定。交通运输方面,在美国的航空公司和在美国注册的船舶公司中,外国投资者不得拥有超过25%的股权。大多数发展中国家也有类似规定,而且坚持出口产品越多的企业其外资比例可以越大,但对产品以内销为主,并使用当地资源的合资企业,外资比例要受到严格限制。我国对整车的合资企业要求企业的注册资本中,外国合资者的投资比例不得超过50%。

2)合资企业的优势与弊端

合资企业的优势无论对国外投资者还是对东道国来说,合资企业都有其自身的优势。对于海外直接投资者而言,合资企业由于有东道国企业的参与,而易于获得东道国政府和人民的合作,降低了政治风险,可以顺利打开东道国市场的销售渠道,并可以迅速熟悉当地法令、商业惯例、文化习俗等;合资企业的产品容易被东道国人民看作是本国产品,减少了商品进入东道国市场的阻力,有利于迅速占领市场。对于东道国投资者而言,合资经营可以弥补其资金不足和解决技术缺乏的问题,可以引进先进的生产设备,促进企业的技术改造和产品的更新换代;合资企业的产品可以通过合资外方在海外的销售渠道打入国际市场,扩大出口;东道国企业可以获得科学的管理方法,提高现有劳动力的技术水平和劳动生产率,增加其利润。

合资企业的弊端主要是,由于双方背景、兴趣、动机等各不相同,投资各方对合资企业经营目标的选择可能不同;双方因文化和习惯等方面的差异在管理方法上也容易产生分歧;对跨国公司而言,其全球战略很难在合资企业中得到很好的贯彻;对于东道国企业而言,也比较容易受到合资外方的控制。

6. 独资经营

独资经营就是国际营销者在国外单独投资,建立拥有全部股权的子公司,并独立经营、自担风险、自负盈亏的一种经营模式。站在东道国的立场上,独资公司属于一家外国企业,即由外商提供全部资金,在本国开办子公司或分公司,独立经营,并获得全部利润。

独资企业的建立有两种基本方式:创建和购并。创建是指跨国公司在东道国建立一个新的企业,尤其指建设新工厂或其他实业投资。购并是指跨国公司通过购买东道国现有企业而在东道国建立自己的国际独资企业的行为。

对于外国投资者而言,独资经营的优势是:投资者对子公司的经营活动有着完全的决定权和控制权,在经营管理上,能够排除各种外界干扰,完全按照自己的意志和目标进行经营管理,有利于跨国公司的集中管理与决策,以及技术及经营方针的保密;独资企业有利于保证产品的质量和品牌信誉,并可独享全部经营利润。对于东道国而言,其好处是:可以向外商独资企业提供劳动力,解决就业问题,培养技术、管理方面人才;可以向独资企业销售和配套原材料、零部件、半成品等,有利于东道国学习先进技术,特别是零部件生产技术;可以促进本国同行业企业与外商独资企业竞争,促进本国的产业进步等。

独资经营的局限性主要有:对于外国投资者而言,所需投资规模较大,费用太高;经营的政治风险和经济风险都较高,因为其商业活动主要反映了跨国公司总部的利益,因而东道国的政府和人民往往对外商独资企业的产品不是太欢迎。

三、国际市场汽车营销的组合策略

国际市场汽车营销者在海外开展生产经营活动,同样需要认真研究自己的营销组合策略,包括产品策略、价格策略、分销策略、促销策略、公共关系策略和政治权力运用策略等内容。

1. 产品策略

在制定产品组合策略时,国际营销者必须考虑究竟以什么样的产品形式进入国际市场,是在国际市场上销售与国内市场完全相同的产品呢,还是对现有产品进行部分改造以适应国际市场的需要,抑或是开发一种全新的产品推向国际市场。

国际营销者还必须考虑品牌问题。现有的产品品牌在名称、图案、商标等方面是否与目标市场国家或地区的法律和社会文化相冲突,品牌标识和品牌发音是否会令目标国消费者误解,从而对自己的品牌形象不利?在不存在以上问题时,如果产品未作任何更改,可以不更改品牌要素,沿用原来的品牌,以便发挥原有的品牌资产价值。如果产品针对目标销售国进行了部分更改,或者是全新推出的产品,则最好重新进行品牌设计,可以采取保留主品牌、更改副品牌的策略。如果产品是合资生产或在国外生产,副品牌可以针对目标销售国的文化特色进行设计,要有利于在当地建立良好的品牌联想。

2. 分销策略

选择和建立分销渠道是国际市场营销中极其重要也是十分困难的环节之一。由于各国环境差异很大,各自的商品分销也相差甚远。在不同的国度,应针对其市场特点采用不同的渠道策略。

(1)窄渠道策略。该策略又称为独家销售特定商品或劳务的渠道策略。买卖双方的利益、权利和义务由协议明确规定。这一策略包括独家包销和独家代理两种形式。

(2)宽渠道策略。该策略又称广泛性分销渠道策略,是指出口汽车产品在国际市场上各个层次的环节中尽可能多地选择中间商来推销其产品的分销渠道策略。这一策略的特点是:中间商之间形成强有力的竞争,有利于该商品进入更广阔的国际市场。

(3)长渠道策略。该策略又称多环节渠道策略,是指出口商在国际市场上选用两个以上环节的中间商为其推销产品的渠道策略。这一策略的特点是商品能进入更广阔的市场地理空间和不同层次的消费者群,但容易形成该商品较大的市场存量(中间商的库存),并增加销售成本,导致最终售价上升。

(4)短渠道策略。该策略是指出口商在国际市场上直接与零售商或该商品用户从事交易的渠道策略。这一策略包括两种形式:一是出口商越过中间环节,直接与大型零售商从事交易;二是出口商直接在目标市场建立自己的直销网络。

针对汽车产品的特点,国际汽车营销者仍然需要在海外建立"短而宽"的渠道,并实施品牌专卖(如4S店模式),这是国际汽车产业的成功惯例。但是,在产品出口的早期阶段,由于汽车出口商还未建立自己的分销渠道,而是通过代理商销售时,也可以由目标国的代理商根据具体情况而安排合适的渠道策略。

3. 定价策略

这里主要讨论国际市场营销中制定商品价格的特殊性。

1)国际市场的商品价格构成

由于商品进入国际市场产生了商品分销渠道延长的问题以及关税及运输和保险费用增加、汇率存在差价等一系列的问题,同一产品的国际市场价格与国内价格有较大的差异。一般来说,国际产品价格较国内产品价格增加了以下几项构成要素:关税、国际中间商成本、运输和保险费、汇率变动等。

2)正确选择计价货币

国际市场营销活动使用多种计价货币。国际交易的每笔交易周期较长,外币汇率波动较大,正确选择计价货币是国际市场营销的重要定价策略。在选择计价货币时,应注意以下几方面的问题:

(1)出口国与进口国是否签订了贸易支付协定,是否规定使用某种计价货币。

(2)如果两国间没有签订计价货币的协议,一般选用可兑换货币。可兑换货币指那些可以在国际外汇市场上自由进行交易的货币,如美元、日元、英镑、欧元等。

(3)出收"硬"、进取"软"的计价策略,意思是在出口商品时宜争取用"硬货币"计价(自由兑换货币),而在进口商品时宜争取用"软货币"计价(一般是进口国本币)。

(4)如因各种条件限制,只能以"软货币"计价时,可以根据该国货币币值疲软趋势加价,也可以在交易合同中订立保值条款,规定该货币贬值时,按贬值率加价。

3) 国际转移定价

国际转移定价是指跨国公司的母公司与各国的子公司之间,或各国的子公司之间转移产品和劳务时采用的国际定价方法。当今的国际贸易中有很大一部分是跨国公司的内部交易。跨国公司为了加强各子公司的经济核算和效益评估,制定了这一内部交易价格——国际转移价格。但是,许多跨国公司都把国际转移价格作为国际市场营销的重要定价策略,实际上都把国际转移价格定得偏离正常的国际市场价格,以实现其利润的最大化。整车制造厂商与同属一公司的零部件厂商的内部交易价格,可以采用内部转移价,通过避税达到增大利润的目的。常用方法如下:

(1) 当产品需要从 A 国向 B 国转移时,如果 B 国采用从价税,且关税较高,则采用较低的国际转移价格,以减少应纳的关税。

(2) 当某国的所得税较高时,转移产品到该国则把转移价格定高;而将产品转出则把转移价格定得较低,降低跨国企业在该国的利润,在该国少纳所得税(企业所得税),即高进低出的转移价格。

(3) 当某国出现较高的通货膨胀率时,如向该国子公司转移产品,也可采用高进低出的转移价格,避免资金在该国大量沉淀而贬值。

(4) 在实行外汇管制的国家,跨国公司转移产品进去时采用高定价,而在转移出来时则采用低定价,降低在该国的利润。这样既可避免利润汇出的麻烦,又可少纳所得税。

跨国公司人为地操纵国际转移价格,有利于其整体利益的最大化,但是,这些做法要以不触犯他国政策和法律为前提。

4. 促销策略

1) 广告策略

国际广告活动究竟应采取有差异的个性化广告,还是无差异的标准化广告,应根据产品或劳务的性质、各国市场的同质性或异质性、各国政府的限制和社会文化差异大小等来决定。

标准化广告策略是指把同样的广告信息和宣传主题传递给各国市场。这种策略要求撇开各目标市场的差异性,突出基本需求的一致性,广告应围绕产品功能定位。其特点是可节约广告费用,有利于保持企业和产品的统一性。但一般来说,汽车的标准化广告必须以汽车产品的形象定位与目标市场的心理需求保持高度一致为前提。随着经济国际化的发展,越来越多的广告信息趋于标准化。如沃尔沃轿车向全世界各地始终传递着一个"安全"的主题。

个性化广告策略是指同一汽车产品在不同的国家和地区传递不同的广告信息,突出各国市场的差异性,广告可以实施心理定位。其依据是不同的国家和地区,在政治制度、法律、文化、风俗习惯、经济发展状况等方面存在着巨大的差异,广告信息的传递应对这些差异作出调整。这一策略的特点是针对性强,广告促销效果往往较好。

随着广告费用的增加,对国外分销商或子公司的广告活动进行评估和控制在广告促销中日趋重要。国际广告的控制策略主要采用三种方法:①高度集中管理国际广告,控制营销成本。②分散管理广告,国外分销商或子公司按销售额的一定比例提取广告费,开展个性化广告促销。③按广告职能的不同,分别采取分散或集中的国际广告管理。

2) 人员促销策略

国际市场营销中,人员推销最易受到目标市场国家的社会、文化和语言等因素的制约。

人员推销对专用车辆、大型商用车辆的销售和对产业用户、集团消费的销售，具有明显的作用。

国际汽车营销者在决定使用人员推销手段时，必须考虑以下因素：

(1)市场的集中程度。人员推销对产品市场的消费群体相对集中时很有效，而对于消费群体相对分散的市场，它的作用就很有限。

(2)市场用户类型。对大客户、产业用户，一般购买量大，并具有需求的连续性，因而广泛应用人员推销；而对于点多面广的普通汽车用户，宜采用广告宣传的方式，人员推销只面向中间商或批发商。

(3)产品的技术含量。若产品技术含量很高，顾客很难全面了解产品的性能及特点，单凭广告不易使其产生购买欲望，在这种情况下，人员推销就有必要。

(4)产品的价格。高价格的产品使顾客产生风险感，人员推销可以及时解除顾客的心理压力，坚定顾客的购买信心。

国际汽车营销者在应用人员推销时，在推销员的选拔上要注意：优先选择目标市场国家中能驾驭两种特定外语的当地人，特别是那些具有销售经验的人才，这样既可利用他们在当地的社会关系资源，又能减弱国际企业在当地的外来形象。其次是选择母公司所在国移居到目标市场国家的人才。他们懂得两国的语言和文化，只需学习推销技术、销售政策和产品知识，就可能成为优秀的销售人员。再次是选择母公司所在国具有外语基础，并愿意到国外工作和生活的人员。他们最好能具有销售技能和懂得目标市场国家的社会文化、政治法律等环境因素。这类人才易与母公司沟通，忠诚度较高。

3)营业推广策略

在汽车市场中，营业推广是一种行之有效的促销手段，针对不同的销售对象、不同的国际市场环境，营业推广的策略也有所不同。营业推广的具体形式类似于本书第十章的方法。

4)公共关系策略

在国际市场营销中，公共关系促销策略的地位愈来愈高。现代跨国企业为了进入目标市场国家，特别是一些封闭性较强的市场，应用各种公关策略，如与政府官员、当地名人以及工会、社团等人士交往，为其产品进人市场领取钥匙，并采用各种公关活动在东道国树立良好的形象。公共关系活动的主要方式有：

(1)尊重和支持当地的政府目标，与当地政府保持良好的关系，让当地政府认识到国际企业的经营活动有利于当地经济的发展。

(2)利用各种宣传媒介，以第三者身份正面宣传企业的经营活动和社会活动，使当地人对国际企业产生好感。

(3)听取和收集当地各种不同层次的公民对本企业的各种意见，迅速消除相互间的误解和矛盾。

(4)与国际企业业务活动有关的各重要部门和关键人物保持良好的关系。

(5)积极参加东道国的各种社会公益活动，对当地的教育事业、文化活动、慈善机构等定期捐助，并积极组织国际教育和文化交流。

(6)协调企业内部的劳资关系，尊重当地雇员的社会文化偏好、习惯和宗教信仰，调动员工的积极性。

5)政治权利的应用

政治因素对国际市场营销具有重要作用，两国政府和人民的友好，往往是促进两国贸易最突出的环境因素。领导人的政治访问往往伴随一个庞大的经济代表团，素有"政治开路、文化搭台、经贸唱戏"之说。

国际汽车营销者应积极争取本国政府制定有利于本国企业开拓国际市场的外交和外贸政策，争取支持自己开拓国际市场，既要争取利用各种方式进入国际市场，也要争取本国政府对外援助的采购。汽车厂商在进入国际市场的过程中，还可以充分依靠本国政府的驻外机构（大使馆、领事馆）的协助，办理有关手续。各国驻外使馆一般都为本国企业提供一般性的当地市场信息，参与政府或企业的经贸活动，指导和协助有关厂商在当地建立海外贸易中心或出口开发办事处等。

国际汽车营销者还应争取当地政府的支持，积极参与当地政府的各项建设工作，支持其公益性活动。要学会充分利用两国友好的双边关系，解决与当地企业的贸易争端。

参考文献

[1] 迈克尔·波特. 竞争战略. 北京:华夏出版社,1997.
[2] 菲利普·科特勒著. 营销管理. 上海:上海人民出版社,2003.
[3] 张国方. 汽车营销. 北京:人民交通出版社,2003.
[4] 张国方. 汽车服务工程. 北京:电子工业出版社,2004.
[5] 张国方. 现代汽车营销. 北京:电子工业出版社,2005.
[6] 张国方,刘刚. 汽车销售与服务. 北京:人民交通出版社,2006.
[7] 李江天. 汽车营销实务. 北京:电子工业出版社,2005.
[8] 王怡民. 汽车营销技术. 北京:人民交通出版社,2003.
[9] 陈友新. 汽车营销艺术通论. 北京:北京理工大学出版社,2003.
[10] 孙凤英主编. 汽车营销. 北京:机械工业出版社,2004.
[11] 菀玉凤. 汽车营销. 北京:机械工业出版社,2005.
[12] 刘可湘. 汽车服务企业经营与管理. 北京:人民交通出版社,2004.
[13] 高玉民. 汽车特约销售服务站营销策略. 北京:机械工业出版社,2005.
[14] 姜正根. 汽车营销学. 北京:中国劳动社会保障出版社,2001.
[15] 苗月新. 市场营销学. 北京:清华大学出版社,2004.
[16] 艾强,伍晓曦,王丽芳著. 组合营销策略与方法. 广州:广东经济出版社,2004.
[17] 杨永恒. 客户关系管理. 沈阳:东北财经大学出版社,2002.
[18] 阿德里安·佩恩. 梁卿等译. 关系营销. 北京:中信出版社,2002.